Nilüfer Göle
Europäischer Islam

Nilüfer Göle

Europäischer Islam
Muslime im Alltag

Aus dem Französischen von Bertold Galli

Verlag Klaus Wagenbach   Berlin

Inhalt

9 Einführung
Muslim-Europäer: Von der Collage zum Gewebe
9 Spannungen zwischen zwei Realitäten
12 Das Geheimnis hinter dem Auftauchen des Islam
im öffentlichen Bereich Europas: eine Feldforschung
16 Das neue Gewebe der muslimischen
und nicht-muslimischen Bürger Europas

20 Dankesworte

27 Europa: Kein Eintritt für den Islam?
29 Die Fatwa und der Schleier:
Über Europa bricht der Islam herein
31 Laizität und Leitkultur als identitätsstiftende Grundpfeiler
36 Die Aufhebung des Multikulturalismus
40 Kann man von Islamophobie sprechen?
43 Die Affären Houellebecq und Fallaci
oder der verführerische Hass auf den anderen
49 Die neuen Gesichter »aus dem rechtsextremen Lager«

55 Gewöhnliche Muslime
55 Medienfiguren des europäischen Islam
58 Tariq Ramadan, umstrittener muslimischer Intellektueller
und in Europa Verfechter eines »gemeinschaftlichen
Universalprinzips«
61 Der neue islamische Habitus der in Europa lebenden Muslime
64 Erscheinungsformen des Islam im öffentlichen Bereich
68 Die Forschungsroute im Europa der Kontroversen
um den Islam
72 Die Rolle des »experimentellen öffentlichen Bereichs«
(EÖB) in unserer Forschung

77 Die Kontroversen um das muslimische Gebet
77 Schwierigkeiten dieses wichtigen Rituals
im europäischen Kontext
79 Frankreich und Deutschland:
Debatte über die öffentlichen Gebete
82 Die Kontroverse von Bologna im Jahre 2009
85 Eine Debatte des »experimentellen öffentlichen Bereichs«
in Bologna
89 Die Muslime Italiens – »falsche Italiener«?
92 Die tiefgreifenden Veränderungen durch den islamophoben
Diskurs im öffentlichen Bereich des demokratischen Europas

97 Stumme Minarette und transparente Moscheen
98 Die Grundsatz-Diskussion im Hinblick
auf das Schweizer Referendum von 2009
102 Zwei Istanbuler Moscheen als Sinnbild
für die neue politische und ästhetische Herausforderung
105 Sarajevo: globaler Islam gegen lokalen Islam
108 Köln: Die zukünftige große Moschee
wird neben dem Dom akzeptiert
112 Wenn durch die Moschee eine neue Öffentlichkeitskultur
entsteht

119 Die Kunst, das Sakrale und die Gewalt
119 Die Liebe zum Sakralen in Anbetracht der Säkularisierung
124 Die Grundsatz-Diskussion
über die »dänischen Karikaturen« von 2005
127 Wenn von der Kunst Gewalt ausgeht
131 Die Entwicklung eines reduzierten
und entmenschlichten Muslim-Bildes
134 Ein fiktiver Gebetssaal in Brüssel
140 Die Kunst und die interpretatorische Kompetenz

145 Das islamische Kopftuch: aktive Minderheiten
145 Das Kopftuch: Zeichen der Unsichtbarkeit
und der übersteigerten Sichtbarkeit
151 Der didaktische Laizismus
und das »ostentative« Kopftuch

155 Die Stasi-Kommission und die Deutsche Islam-Konferenz:
die paradoxe Normalisierung des europäischen Islam
158 Das Scheitern der politischen Kandidatur
einer dänischen Muslimin
162 In Kopenhagen wie anderswo:
die schwierige Hybridisierung der Identitäten
164 Der Streit um die sexuellen Normen
des öffentlichen Lebens
167 Von den sichtbaren Minderheiten
zu den aktiven Minderheiten

173 Was tun mit der Scharia?
173 Die Scharia und das islamische Gesetzeswerk
177 Wenn die Muslime Europas die Scharia ablehnen
178 Der Aggiornamento-Versuch von Tariq Ramadan
181 2008 berücksichtigt der Erzbischof von Canterbury
die »mehrfache Zugehörigkeit«
185 2008 bis 2009: die Kontroversen
um die *Sharia-Councils* in Großbritannien
190 London: der britische Islam
und die wiederentdeckte Staatsbürgerschaft
193 Die »Entgleisung« des britischen Islam

199 Die Lebensstile nach den *Halal*-Regeln
199 Von der Scharia zu den allgemeinen *Halal*-Regeln
201 Die »eklektische Anwendung der *Halal*-Regeln«
204 Die erstaunlichen französischen Dispute der 2010er Jahre
208 Die *Halal*-Normen und die »republikanische Tafel«
in Toulouse
211 Das Schinkenverbot mit muslimischem Humor betrachtet
214 Die Bedeutung der »Geduldsarbeit«
und die Beliebtheit des »*Halal*-Schinkens«
217 Die heikle Frage der Kohärenz zwischen Glauben
und Begierde
220 Musik, Ernährung und Sexualität:
die Schmelztiegel für neue Formen islamischer Normen

225 Der jüdische Gradmesser
227 Die Kontroversen um den Islam und das Judentum
230 Die Ablehnung der *Halaka* und der Scharia
hat im christlichen Europa eine lange Tradition
232 Die Lektionen aus den Kontroversen
um die Beschneidung
237 Die »christlich-jüdischen Wurzeln« Europas
241 Ist das Zusammenleben von Juden
und Muslimen in Europa unmöglich?

247 Schluss
Die Muslime betreten die europäische Bühne
248 Auf dem Weg in ein postokzidentales Europa?
250 Orientalisches Christentum
und okzidentaler Islam
254 Die ungewöhnliche Verankerung
des Islam in Europa
258 Der islamische Beitrag zur Entwicklung
eines öffentlichen Bereichs in Europa
261 Kunst lässt die Europäer die sich mit den Muslimen
ergebenden Möglichkeiten erahnen

267 Nachwort
Gesellschaftliches Zusammenleben trotz der
Attentate vom Januar 2015
267 Ein neuer Bruch im euromuslimischen Kollektivgedächtnis
270 Die Gegenkultur der 68er-Bewegung und deren Folgen
274 Die Großdemonstrationen vom 11. Januar oder:
Wie gestalten wir das gesellschaftliche Zusammenleben?

278 Anmerkungen

Einführung

Muslim-Europäer: Von der Collage zum Gewebe

Seit dem ausgehenden 20. Jahrhundert zeigt sich in der urbanen Landschaft Europas die muslimische Präsenz. Die Muslime mit ihrer religiösen und ethnischen Vielfalt sind nun untrennbar mit dem Leben vieler Stadtviertel verbunden. Man begegnet ihnen auf der Straße, in der Schule und in Freizeiteinrichtungen. Diese Präsenz lässt die Mehrheit der Gesellschaft alles andere als unberührt. Die alltäglichen Anzeichen für die Präsenz des Islam in der Öffentlichkeit verunsichern das Kollektivbewusstsein der europäischen Länder, die von säkularen Freiheitswerten und Lebensarten geprägt sind. Überall in Europa beschäftigen sich unzählige Kontroversen mit den Modalitäten der islamischen Präsenz und natürlich mit der dabei mitschwingenden Frage: Ist der Islam mit den westlichen Werten kompatibel oder nicht?

Spannungen zwischen zwei Realitäten

Auch das kosmopolitische London, das für seinen ethnischen Pluralismus und seine Multikulturalität bekannt ist, bleibt von der sich in ganz Europa ausbreitenden sozialen Unzufriedenheit nicht verschont. Die beiden britischen Künstler Gilbert und George haben 2013 versucht, die in ihrem Wohnviertel in East End[1] spürbaren Spannungen, die Angst und das Misstrauen mittels Fotografien und Collagen einzufangen. Als Zeugen der Ankunft dieser neuen Bevölkerungsgruppen, die andere Religionen, andere Berufe und andere Verhaltensweisen mitbrachten und die Atmosphäre des East End spürbar veränderten, beschlossen sie, ihre Sichtweise der Gegenwart darzustellen. Die Straßen des Londoner Ostens, so wie sie sie gekannt haben, mit ihren Schildern und Werbeplakaten, den im Bohème-Stil lebenden

Linksintellektuellen auf dem Fahrrad und den Müttern mit ihren Kinderwägen. All diese stillen, vertrauten und beruhigenden
Szenen verschwinden mehr und mehr und überlassen den Platz
den Vorzeichen einer Katastrophe, so jedenfalls scheint es ihnen.
Über diese Fotomontage-Reihe will das Künstlerpaar »Wahrheiten« über die moderne Welt kundtun. Mit ihren Fotos versuchen
die beiden, die komplexe Koexistenz verschiedener Religionen,
Glaubensrichtungen, Lebensstile und Politikstrategien darzustellen – vom religiösen Extremismus bis hin zum kapitalistischen
Laizismus –, deren einziges Bindeglied die alltäglichen Realitäten
des Stadtlebens im zweiten Jahrzehnt des 21. Jahrhunderts sind.
»Unsere Epoche«, so sagen sie, »erlebt einen modernen Krieg,
einen Krieg der Werte.«[2] Ihre Bilder zeigen uns Straßen mit
Tandoori-Restaurants, mit verschleierten Frauen, mit radikalen
Imams und Jugendlichen, die sich in ihre Kapuzenjacken einge-
hüllt haben. Und inmitten dieser bunten Montage sieht man die
Selbstportraits der beiden Künstler, Gilbert und George, regungslos in ihren unvermeidlichen Tweed-Anzügen mit Krawatte sowie eine Unzahl kleiner Bonbons, vergleichbar mit bedrohlichen
Bomben …

Vor unserem Auge erscheint eine ultramoderne Stadtlandschaft, wo kulturelle Praktiken, Konfessionen und politische
Überzeugungen zu einer bunten Girlande – und Quelle der Unzufriedenheit – aneinandergereiht werden. Die charakteristischen
Züge der muslimischen Migranten neben denen der britischen
»Ureinwohner« lösen Verwirrung aus. Gilbert und George, zwei
homosexuelle Atheisten und glühende Verfechter der sexuellen
Freiheit, stoßen überall auf die – aus ihrer Sicht undurchschau-
baren – Muslime. Frauengestalten in schwarzen Burkas verleihen
den belebten Londoner Straßen einen mittelalterlichen Aspekt.
Aber mit ihren Turnschuhen und Laptop-Taschen sind sie gleichzeitig wohlvertraute Gestalten unserer Gegenwart. Das Künstler-
duo verbindet flüchtige Straßenszenen mit disharmonischen Realitäten – die Ultramoderne und der religiöse Extremismus – und
will so in Anbetracht einer Alltagssituation, die in ihren Augen
möglicherweise explosiv ist, eine Schockwirkung erzielen.

Die kleinen Scheinbomben sind eine Warnung im Hinblick
auf Terrorismus, Krieg, willkürliche Gewalt und Zerstörung. Diese

metallisch-glänzenden Objekte, in Form und Größe identisch mit Bonbons, sind in Wirklichkeit Kapseln mit Distickstoffmonoxid, besser bekannt unter dem Namen Lachgas, einem neuen Rauschmittel, das bei den Jugendlichen sehr beliebt ist. Die Inhalation dieses Gases bewirkt einen euphorischen Zustand mit Lachanfällen und Halluzinationen. Vor allem im Londoner Osten, in der Nähe einer bekannten Moschee in Brick Lane, blüht der Schwarzhandel mit diesen Lachgas-Kartuschen.[3] Auf den Fotos erinnern diese Objekte sowohl an Bomben als auch an Drogen und werfen ganz bewusst die Frage nach der Beziehung zwischen Dekadenz und Gewalt auf. Die Gesichter sind hinter Schleiern oder Masken versteckt. Mit dem Titel »Sündenbock« *(Scapegoat)* enthüllt diese Fotoserie das paranoide Klima einer Gesellschaft, die von einer Kultur kritischer Wahrnehmung und gegenseitiger Feindseligkeit geprägt ist.

Diese künstlerische Darstellung der aktuellen Wirklichkeit erinnert an die Art, wie die Medien das »Problem« mit dem Islam behandeln. Der Pop-Art-Stil und die Fotomontagen der Zeitungen überspitzen in ähnlicher Form wie viele Medien die charakteristischen Züge der Muslime und arbeiten vor allem mit der Unmittelbarkeit von Affekten, ganz besonders mit der Ablehnung und der Angst. Das Auftreten von Spannungen zwischen den beiden Realitäten und Welten wird wie eine Kollision dargestellt, wie ein Krieg zwischen verschiedenen Wertesystemen, wie ein Kulturschock. Eine Sichtweise, die seit dem 11.September 2001 zunimmt. Die Zerstörung der Twin Towers von New York durch die Luftangriffe der Al-Qaida ist eine Form von »Urbizid«,[4] ein Mord an Zivilisten, aber auch eine Zerstörung des innerstädtischen Lebens und der beruhigenden Routine des Alltagslebens. Das Ereignis hat mit seiner Gewalt Menschen zusammengebracht, die durch Raum, Zeit und Kultur weit voneinander entfernt –waren. Denn in einer verstörenden surrealen Collage transportiert es Bilder von New York und Kabul, von George Bush und Bin Laden.[5] Die Terrorakte der Dschihadisten zielen auf öffentliche Plätze und Knotenpunkte – Straßen, Bahnhöfe, U-Bahnen und Linienbusse –, auf Begegnungsstätten – Cafés, Diskotheken und Jugendzentren –, auf Gebetshäuser – Synagogen und Moscheen –, auf Ausbildungs- und

Handelsplätze – Schulen, Banken, Märkte und Einkaufszentren –, auf Stätten der Kultur – Museen und Bibliotheken –, also im Grunde auf sämtliche Plätze, an denen die Mitglieder einer Gemeinschaft untereinander Verbindungen herstellen. Zielscheibe der Attentate ist das Herz des öffentlichen Lebens. Das demokratische Zusammenleben soll erschüttert werden.

Europa muss sich im Augenblick mit dem Auftauchen einer neuen Welt auseinandersetzen und mit der Tatsache, dass Symbolfiguren des Islam mitten im öffentlichen Leben in Erscheinung treten. Europa, das sich von der Macht der Kirche befreit und eine sexuelle Revolution erlebt hat, das zudem mit der Anerkennung der Rechte sexueller Minderheiten eine weitere Säkularisierungswelle erlebt hat, muss sich nun dem »Islam-Problem« stellen. In diese neue – »ultramoderne« – Etappe fällt die Konfrontation zwischen den Verfechtern der sexuellen Demokratie, wozu in erster Linie die Feministen und Homosexuellen zählen, und den Akteuren des europäischen Islam. Die religiösen Bürger mit Migrationshintergrund und die alteingesessenen antireligiösen Bürger teilen sich denselben öffentlichen Raum, haben aber nicht das Gefühl, zum gleichen Zeit-Raum zu gehören. Durch das gemeinsame öffentliche Leben entstehen zwar Schnittstellen und eine gewisse Nähe, aber es kommt nicht wirklich zu einer Verbindung zwischen den Bürgern mit ihren unterschiedlichen Überzeugungen, geschweige denn zu einer gegenseitigen Anerkennung.

Das Geheimnis hinter dem Auftauchen des Islam im öffentlichen Bereich Europas: eine Feldforschung

Wie kann man diese – nach herkömmlicher Meinung – widersprüchliche, wenn nicht gar antagonistische Realität darstellen? Manch »autochthoner« Bewohner fürchtet, eines Tages keine Entscheidungsgewalt über sein Leben mehr zu haben, im eigenen Land zur Minderheit zu gehören und sogar Opfer eines »gegen die Weißen gerichteten Rassismus«[6] zu werden. Die Muslime klagen oft, dass sie unter einer allgemeinen Islamophobie leiden und für alles zur Rede gestellt werden, was mit dem Islam zu tun hat. Wegen ihrer Überzeugungen und Religionszugehörigkeit werden sie oft verdächtigt, nicht hinter den Werten des Landes zu stehen. Wie ist es möglich, dass im Herzen Europas eine neue Welt in Erscheinung tritt, die so viel Misstrauen weckt, dass sogar Verschwörungstheorien kursieren? In seinem Essai *Énigmes et Complots* untersucht der Soziologe Luc Boltanski detektivisch die wissenschaftlichen Forschungen. Im Zusammenhang mit Krimis und Spionageromanen definiert er dieses rätselhafte Geheimnis als eine Besonderheit, »die man als anormal bezeichnen kann und die im Kontrast steht zu der Art, in der sich die Dinge unter mutmaßlich normalen Bedingungen präsentieren, so dass der Geist es nicht schafft, diese besorgniserregende Eigenheit in das Feld der Realität einzuordnen«.[7] Unter »Welt« versteht er »alles, was passiert«, und zwar in vereinzelten Momenten und nicht vollständig steuerbar, ein »plötzliches Auftauchen der *Welt* inmitten der Realität«.[8]

Um also die neue, durch die sporadische und nicht steuerbare Erscheinung des Islam ins Wanken geratene europäische Realität darstellen zu können und um zu begreifen, warum dessen Präsenz im öffentlichen Bereich Europas die Wirkung einer besorgniserregenden Eigenheit hat, bedarf es der Feldforschung, die in der Soziologie das zentrale Werkzeug ist. Dies war das Ziel des Forschungsprojektes EuroPublicIslam, dessen wichtigste Ergebnisse zu den Berührungszonen zwischen dem Islam und Europa das vorliegende Buch einem breiten Publikum darlegen will.[9] Um das Geheimnis zu lüften, das sich mit dem Auftauchen des Islam im öffentlichen Bereich in Europa ergibt, mussten beide – der Islam *und* Europa – als makrohistorische und soziologische Kategorien beiseitegeräumt werden. Unter diesem Gesichtspunkt sollte die Feldforschung ansetzen, also bei einfachen Bürgern, die viele unterschiedliche Gesichter und Überzeugungen besaßen und aus ganz verschiedenen Ländern kamen. Das besondere Augenmerk lag auf deren Interaktionen im Alltag.

Vier Jahre lang, von 2009 bis 2013, habe ich die Feldforschung durchgeführt, mit einem Team von ForscherInnen und Dokto-randInnen der Pariser *École des hautes études en sciences sociales (EHESS)*. Wir haben eine Reihe öffentlicher Kontroversen ausgewählt, die zu dieser Zeit geführt wurden, um einen Einstieg in die Materie zu haben. Die Landkarte dieser Kontroversen diente mir als Leitfaden, um die Route für die Feldforschung zu erstellen und die Orte für die Untersuchung auszuwählen: Sie verteilten sich auf 21 Städte in verschiedenen europäischen Ländern.[10]

Zu den Kontroversen kommt es, wenn die Muslime um eine Möglichkeit bitten, in ihrem Alltagsleben in Europa die islamischen Regeln befolgen zu können. Es handelt sich also nicht um mediale Phänomene, sondern um Kontroversen, die sich auf präzise Vorfälle beziehen, auf einen bestimmten Ort beschränken und sowohl muslimische als auch nicht-muslimische Bürger betreffen. Jeder Vorfall zieht Kreise in der Öffentlichkeit, lässt verschiedene Akteure in Erscheinung treten, löst einen verbalen Streit aus und mündet in diversen Aktionen.

Auf europäischer Ebene führen Themen wie der Bau einer Moschee, der Schleier bei Frauen, das Essen nach den *Halal*-Regeln oder der Begriff des Heiligen schnell zu Kontroversen, die von den Medien aufgegriffen werden. Für die Feldforschung interessant sind diese Angelegenheiten jedoch nur, wenn sie in der Alltagswirklichkeit aufkeimen, und zwar zu einem bestimmten Zeitpunkt, an einem präzisen Ort und mit klar identifizierbaren Personen. Die Forschungsarbeit besteht also darin, an die Orte zu fahren, wo diese Kontroversen aufgetreten sind, und Personen zu interviewen, die involviert sind oder sich betroffen fühlen. Wir haben sie einzeln interviewt, im Rahmen von durch Fragen gesteuerten Gesprächen, aber bei Diskussionsrunden auch in der Gruppe. Die Einzelgespräche berücksichtigen die Besonderheiten der persönlichen Erfahrungen sowie die individuelle Art eines jeden, seinen Glauben zu deuten und zu leben. Bei den Diskussionsrunden ist es durchaus möglich, Schwarz-Weiß-Gegensätze zu überwinden und zu erkennen, ob sich neue Perspektiven auftun oder nicht. Die vollständige Aufzeichnung der vor Ort ermittelten Daten umfasst mehr als 3.000 Seiten. Die Videoaufzeichnungen von den Diskussionsrunden wurden zu einem 60-minütigen Dokumentarfilm verarbeitet.[11]

Befragt wurden bei dieser Feldforschung vor allem einfache Bürger muslimischer Kultur, die selten aufgefordert werden, sich an den Debatten in den Medien zu beteiligen, darunter praktizierende und nicht-praktizierende Muslime, Immigranten und Konvertiten, Feministinnen und Imams, alle unterschiedlicher Herkunft: Pakistani, Türken, Algerier – aber auch junge Leute, die in Europa geboren sind oder aus interkonfessionellen Ehen stammen; Frauen mit Schleier oder Frauen, die keinen Schleier tragen, sich aber trotzdem zu ihrer muslimischen Identität bekennen, Verbraucher, die biologische *Halal*-Produkte bevorzugen, Gläubige, die sich in ihrer Stadt eine neue Moschee wünschen, und Konvertiten, die das islamische Kulturerbe in Europa verteidigen.

Unsere Feldforschung hat so dem »ganz einfachen Muslim« aus dem zeitgenössischen Europa eine Stimme verliehen, den Menschen, die bei den öffentlichen Kontroversen im Fokus stehen, bei den Debatten in den Medien oder in der Politik aber fehlen. Nicht zuletzt ging es auch darum, die Standpunkte der Nicht-Muslime zu Gehör zu bringen. Auch sie werden paradoxerweise oft ausgeklammert, wenn es um das »muslimische Problem« geht.

Die Kategorie der »Muslime« ist während der soziologischen Feldforschung in tausend Stücke auseinandergebrochen und erfuhr zahlreiche Erweiterungen auf Grund großer Unterschiede zwischen der einen und der anderen Gruppierung in Bezug auf ethnische Zugehörigkeit, Route der Migrationsbewegung, Verhältnis zum Glauben und zu den europäischen Normen. Unsere Fragen bezogen sich auf die unterschiedlichen Vorstellungen vom Islam, auf die Grenze zwischen dem, was zu erlauben und was verboten ist, auf das, was für sie heilig oder blasphemisch ist, und auf das, was auf ihre persönliche Entscheidung und was auf die islamischen Vorschriften zurückgeht.

An unserer Feldforschung haben Frauen und Männer teilgenommen, die interagieren, nachdenken und gemeinsam debattieren wollten. Sie waren bereit, in einer durch präzise Fragen gesteuerten Unterhaltung von mehr als anderthalb Stunden Antworten zu geben oder sich an einer Diskussionsrunde zu beteiligen und vier Stunden über die Realitäten des europäischen Islam zu debattieren, und zeigten so ihr Interesse und Engagement für die Angelegenheiten der Stadt. Am Ende äußerten alle ihre Zufriedenheit über die Gelegenheit, einfach nur von sich zu erzählen, ohne wie üblich aufgefordert zu werden, sich zu den Integrations- und Diskriminierungsproblemen zu äußern oder ihre Meinung zum islamischen Radikalismus zum Besten zu geben. Im Rahmen unserer Forschung fanden sie Gehör und hatten Gelegenheit, sich mit ihren Mitbürgern auszutauschen. Oft äußerten sie den Wunsch, diese Begegnungs- und Dialogerfahrung fortzusetzen.

Die Feldforschung wurde in europäischen Städten auf Französisch und Englisch, aber auch auf Deutsch, Italienisch, Spanisch, Niederländisch, Türkisch und Bosnisch durchgeführt. Trotz der Sprachschwierigkeiten und nationalen Eigenheiten haben wir in ganz Europa bei den öffentlichen Angelegenheiten des Islam eindeutig Dynamiken der Übereinstimmung erkannt. Beim Studium der Kontroversen konnten wir tatsächlich eine transversale Methodik anwenden. Nationale Besonderheiten tauchten hingegen in den individuellen Berichten und beim Gebrauch der politischen Sprache auf. So fanden wir in den Äußerungen der Teilnehmer auch die Themen heraus, die zum spezifischen Ambiente des jeweiligen Landes gehören, in dem sie leben, wie etwa den Laizitätsgrundsatz bei den Franzosen, die Pflicht der Erinnerung bei den Deutschen, das Recht der sexuellen Minderheiten bei den Dänen, den Multikulturalismus bei den Briten, die Freiheit zu provozieren bei den Niederländern oder den Katholizismus bei den Italienern.

Das neue Gewebe der muslimischen und nicht-muslimischen Bürger Europas

Diese Feldforschung berücksichtigt also die religiöse und kulturelle Diskrepanz in den europäischen Realitäten, im Alltagsleben der »einfachen« Bürger. Wenn die Muslime aufzeigen, wo sie im öffentlichen Leben Unterschiede sehen, machen sie sich auch Gedanken über die von der Mehrheit in Europa getragenen Normen und Werte. Um zu wissen, ob jenseits einer Collage aus Realitäten, die entweder der einen oder der anderen Seite fremd sind, ein Bild von Europa entsteht, haben wir bei den gegensätzlichen

Akteuren nach Möglichkeiten gesucht, eine »Öffentlichkeit herzustellen«. Wir suchten nach Bedingungen, in denen Raum und Zeit geteilt wurde.

Jeder sozialwissenschaftliche Forscher steht vor einem Dilemma: Auf der einen Seite soll er eine empirische Forschung betreiben, auf der anderen Seite soll er einen konzeptionellen Rahmen schaffen, der Schlüssel zum Verständnis sozialer Gegebenheiten liefert, sozusagen die Schlüssel für eine bessere Welt. Man versucht, ein Theorie-Korpus, eine Methode und einen Stil zu finden, der für die Art, wie der Forscher die Welt sieht und ihr einen Sinn gibt, prägend sein soll. Wie kann ich der Vielfalt der Gesichter und Stimmen dieser neuen, mitten in Europa um die Angelegenheiten des Islam entstandenen Welt Rechnung tragen? Der Beruf der Teppichweberin drängt sich mir auf. Die anatolischen Frauen, die viele Stunden vor einem Webrahmen sitzen, zählen zu meinen Kindheitserinnerungen. Immer wenn wir die Ateliers der Teppichweberinnen besuchten, sah ich sie von hinten vor vertikal gespannten Fäden in allen Farben sitzen. Sie knüpften diese gefärbten Fäden einzeln und legten mit den Knoten parallele Reihen an. Die Flinkheit ihrer Bewegungen und die Geschicklichkeit ihrer Hände flößten uns Bewunderung ein. Es ist für mich ein vertrautes, aber gleichzeitig auch weit zurückliegendes Bild. Dieser Beruf hat mich nie gereizt: Das Weben als Frauenhandwerk war für mich wie das Gegenteil von wissenschaftlicher Arbeit, was ich anstrebte.[12] Mit einer gewissen Befangenheit, aber auch Erleichterung wurde mir bewusst, dass dieses verdrängte Bild mir den Schlüssel für eine neue Lesart bietet: Europa wurde wie ein Teppich gewebt, mit den Kontroversen als Knoten, mit den Gesichtern und Stimmen von ganz unterschiedlichen Akteuren. Mit diesen Fäden in allen Farben stellten sich Wiederholungsmotive ein – und eine europäische Komposition entstand. Die Motive sind die interkulturellen Übermittler der verschiedenen Stile, sie manifestieren die Veränderungen in den Details, in den Begegnungs- und Übernahmezonen zwischen den einzelnen Kulturen.[13] Der Beruf der Weberei gehört zum hellenistischen Erbgut Europas und ist ein spezifisch weiblicher Beruf, der seine Wurzeln und seinen Sinngehalt aus der griechischen Mythologie schöpft. Seit der Antike steht die Arbeit mit der Wolle bei den Frauen für deren Eifer, schöne Werkstücke zu fabrizieren und den Vergnügungen zu widerstehen. Sie besitzt einen zentralen Platz in der Wirtschaft des *oikos*, des Hauses. Aber darüber hinaus dienen diese »Frauenarbeiten« als Quellen für Metaphern und als Bedeutungsträger, und zwar nicht nur in den Angelegenheiten des Hauses, sondern auch in denen der Stadt. Sie sind es, die den Faden der Rivalität oder der ehelichen List aufwickeln, den Faden des Krieges oder den der geeinten Stadt.[14]

Der Stil eines Volkes oder eines Kulturkreises definiert sich nicht über seine Gesamttransformationen, sondern über die mikrosoziologischen Veränderungen in den Details, in der Art zu handeln, zu denken, zu wohnen, sich zu kleiden, sich zu vernetzen und beieinander zu sein. Die Ankunft des Islam in Europa vollzieht sich in dem Kulturbereich, in dem die Frauen die zentralen Figuren sind. Die Art, wie sie ihren Platz im sozialen Leben einnehmen, verändert die Grenzen zwischen den privaten und öffentlichen Räumen und bestimmt den Ausgang der aktuellen Konflikte.

Solange die Realitäten und die konkurrierenden Kulturen nebeneinander existieren wie in einer »Collage« und sich gegenseitig fremd sind, ist ein gesellschaftliches Zusammenleben nicht möglich. Wie man beim Kunstwerk der beiden britischen Künstler sehen konnte, ist eine Collage der zwei im Gegensatz zueinander stehenden Identitäten – Muslime versus Europäer – potentiell »explosiv«. Ohne Interaktion gibt es keine Möglichkeit, sich miteinander vertraut zu machen, eine gemeinsame Entwicklung einzugehen und sich gegenseitig zu verändern, kurz: in einer Gesellschaft zusammenzuleben. Im Rahmen unserer Feldforschung wurde ein alternativer Begegnungs- und Dialograum geschaffen, ein Sammlungsraum. Im Gegensatz zur »Collage« nahm Europa vor unseren Augen die Gestalt eines Teppichs an, gewebt mit den vielfältigen Fäden der muslimischen und nicht-muslimischen Bürger, ein Kollektiv-Produkt, nahezu anonym, aber mit deutlich zu unterscheidenden Motiven, die Kreativität in der Öffentlichkeit – den einzigen Schutzwall für die demokratische Ausnahmestellung Europas – entstehen lassen.

Es ist in erster Linie jene hoffnungsvolle Bilanz, die ich versucht habe, in diesem Buch darzulegen. Natürlich ist es nicht möglich, mit diesem Buch den ganzen Wissensstoff, den die lange, im Kollektiv durchgeführte Feldforschung erbracht hat, im Detail nachzuzeichnen.[15] Zunächst habe ich den oft durch brutale Gewalt geprägten Kontext in Erinnerung gerufen, in welchem die durch die neuartige Präsenz des Islam in Europa ausgelösten Kontroversen in den Medien, in der Politik und Literatur ausgetragen werden. Anschließend habe ich von neuen »muslimischen Stimmen« berichtet, welche diese Kontroversen begleiten, sich aber viel diskreter ausnehmen und Grundlagen sind für die Einrichtung eines »experimentellen öffentlichen Bereiches« (EÖB), wie wir ihn in verschiedenen europäischen Städten ̀veranlasst haben. Eine Einrichtung, die meines Erachtens entschieden effizienter ist als die vielen opportunistischen Meinungsumfragen, um herauszufinden, »was der Islam wirklich will in Europa«. In den folgenden Kapiteln, dem Herz dieses Buches, habe ich andere Sichtweisen auf die öffentlich manifestierten Realitäten des europäischen Islam vorgestellt, Realitäten, die sich hinter den in den Medien ausgetragenen Kontroversen verbergen: das Beten auf der Straße, der Bau von Moscheen, die Auseinandersetzungen um die »Blasphemien«, der Schleier für die Frauen, die Verweise auf die Scharia, die Lebensführung nach den *Halal*-Regeln und das Verhältnis zum Judentum. In der Schlussfolgerung geht es mir unmissverständlich um das Warum der schöpferischen Freiheit, die Europa zu einer Ausnahme macht und nach meinem Dafürhalten mit den in Europa lebenden Muslimen einen Horizont des Möglichen errichten kann.

Dankesworte

Dieses Buch ist das Ergebnis einer Befragung zum zeitgenössischen Islam, die ich mit einer gewissen Beharrlichkeit seit den späten 80er Jahren durchführe. Ich wollte besser verstehen, warum in der muslimischen Gesellschaft neue Gesichter auftauchen: junge Frauen, Intellektuelle oder Persönlichkeiten des öffentlichen Lebens, die um ihre Anerkennung an den Universitäten, in den öffentlichen Debatten oder im Parlament kämpfen. Mir ging es weniger um die Achse des politischen Islam. Was mich viel mehr interessierte, war die Tatsache, dass der Islam über diese neuen Akteure Eingang in die öffentliche Sphäre gefunden hat. Um die internen Dynamiken des modernen Islam und die Herausforderungen, die dessen Praxis für die säkularen Normen der modernen Gesellschaften darstellt, besser begreifen zu können, wollte ich untersuchen, wie wichtig der muslimische Schleier ist. Es ging mir um die Subjektivität der muslimischen Frauen und deren Auslegung des Glaubens im alltäglichen Bereich. Damit habe ich die Grenzen zwischen dem privaten und dem öffentlichen Leben verschoben.

Seit 2001 betreibe ich meine Forschungen an der Pariser *École des hautes études en sciences sociales* (EHESS). Es liegt mir sehr viel daran, meinen Kollegen dafür zu danken, dass sie mich in diese Hochschule integriert haben, ganz besonders Michel Wieviorka, der großes Vertrauen in meine Arbeiten hatte. Meine Seminare bei der EHESS drehten sich um die Thematik des modernen Islam und dessen Erscheinungsformen im öffentlichen Leben der europäischen Länder. Die Definitionen von privat und öffentlich, die Aufteilung in innere und äußere Räume und die Werte des Heiligen und der Sexualität im Islam zählten zu den bevorzugten Themen meiner Überlegungen. Über meinen Unterricht definierte ich einen Studienbereich des Islam und richtete den Blick auf eine ganze Reihe von Modernitäten, um die Besonderheit der Praktiken und der Erfahrungen zu begreifen. Meine Seminare boten mir die Gelegenheit, diese Themen gemeinsam mit meinen Doktoranden und Kollegen zu vertiefen. Ich empfinde eine unendliche Dankbarkeit gegenüber der EHESS, die in ihrer Art eine einzigartige Institution in Frankreich ist, denn sie erlaubt es den Forschern, die neuen Grenzen des Wissens zu ergründen, ohne in einem Kulturkreis oder in einer wissenschaftlichen Disziplin gefangen zu sein. Sie ist die einzige Gemeinschaft, der ich mit zwangloser Freude angehöre.

Meine Seminare ermöglichten es, neue Arbeitshypothesen zu erarbeiten und eine Feldforschung zu planen. Sie war notwendig, um diese Hypothesen den Realitäten des Islam in Europa gegenüberzustellen. Im Rahmen der Ausschreibung für das »Ideenprogramm« des 7. Forschungsrahmens der Europäischen Union entwickelte ich das Projekt EuroPublicIslam. Als Preisträgerin des ERC Advanced Grant, der wegbereitende, unter der Verantwortung eines Spitzenforschers verwirklichte Projekte fördert, konnte ich diese Feldforschung über die Kontroversen des Islam in Europa realisieren.

EuroPublicIslam hat die Alchemie zwischen dem in meinen Seminaren entstandenen konzeptionellen Rahmen und der empirischen Feldforschung vor Ort in die Tat umgesetzt. Dank der über vier Jahre laufenden Finanzierung konnte ich eine experimentelle Methodologie des öffentlichen Bereichs entwickeln und in 21 europäischen Städten eine Feldforschung verwirklichen. Unter meinen DoktorandInnen und PostdoktorandInnen, die alle mit meinem konzeptionellen Rahmen vertraut waren, wählte ich die Mitglieder des Forschungsteams aus. Für die jungen ForscherInnen erwies sich diese Feldforschung als eine Gelegenheit, den Beruf des Soziologen zu erlernen und zu vermitteln. Jede(r) von ihnen war ein oder zwei Jahre am Projekt beteiligt, und zwar in unterschiedlichen Phasen des Projektverlaufs, und hat verschiedene Aufgaben übernommen: beispielsweise der Entwurf einer Kartographie dieser Kontroversen, das Vorbereiten der Dokumente für die Feldforschung, die Durchführung der Gespräche, die Zusammenstellung von Diskussionsrunden, die Dreharbeiten für den Dokumentarfilm oder das Organisieren der beiden internationalen Kolloquien. Sie waren auch an den beiden Sammelbänden beteiligt, die zu dieser Feldforschung erschienen sind. Alle Gespräche wurden von den Mitgliedern des

Teams geführt. Ich selbst leitete hingegen die Diskussionsrunden, die »experimentellen öffentlichen Räume« (EÖR).

Zu dieser Mannschaft aus jungen ForscherInnen gehörten Cagla Aykac, Julie Billaud, Zehra Cunillera, Francesca De Micheli, Valentina Frate, Anahita Grisoni, Warda Hadjab, Rachid Id Yassine, Bochra Kammarti und Simone Maddanu. Sie arbeiteten alle an unterschiedlichen Promotionsthemen: die Figuren des Islam im öffentlichen Leben Europas, die afghanischen Frauen, die jungen Theologinnen in Europa, das Kulturerbe und die Museen in Marokko, die Künstlerinnen in Ägypten, die Naturheilkunde und der Kult des Wohlbefindens, die Liebe und das Intimleben bei den jungen muslimischen Europäern, der Islam und der europäische Regionalismus, das islamische Finanzwesen, die muslimische Jugend in Italien. Sechs von ihnen haben während des Projektes (2009–2013) an ihrer Promotion gearbeitet und den Doktorgrad erworben, mit Ausnahme von Francesca De Micheli, die bereits den Doktortitel der Soziologie besaß, als sie sich dem Team anschloss. In administrativer Hinsicht wurde das Projekt zunächst einmal von Erden Göktepe auf den Weg gebracht. Später übernahmen Dounia Bergaoui und Thibault Dilly die Verwaltungsaufgaben. Alle verfolgen heute eine Karriere in der Forschung, Lehre oder der Leitung von europäischen oder außereuropäischen Institutionen. Die Nähe zu diesen jungen ForscherInnen war ein besonderer Glücksfall für mich. Ohne sie wäre eine Feldforschung in diesem Ausmaß nicht möglich gewesen. Ihnen allen spreche ich meinen Dank aus.

Untergebracht war das Forschungsprojekt EuroPublicIslam in Reid Hall, dem Pariser Campus der Columbia University in New York. Seit über einem Jahrhundert kommen Studierende, ProfessorInnen und KünstlerInnen nach Reid Hall mit dem Ziel, ihr Wissen auszutauschen und zu vermitteln. Mein Dank gilt Danièle Haasc Dubosc, die 2009 Direktorin von Reid Hall war, und Nebahat Avcioglu, die damals für die Koordination der Forschung zuständig war. Die Gastfreundschaft dieser beiden hat mir die Verwirklichung eines Traums ermöglicht: die Arbeit in einem Atelier, das zuvor von Architekten genutzt worden war. Dieser Ort war für das Projekt von entscheidender Bedeutung, denn der handwerkliche Aspekt war von Anfang an prägend für den

Forschungsbetrieb. Ich hatte unseren Arbeitsplatz in der Tat als Atelier konzipiert, weil das Atelier ein nach innen – zur Produktion hin – ausgerichteter Ort ist – beispielsweise ein Atelier, in dem die Architekten auf einen Wettbewerb hinarbeiten, oder ein Webatelier, um bei der Metapher dieser Feldforschung zu bleiben. Im Gegensatz zum »Büro« oder zum »Forschungszentrum« konnte ich im Atelier mit der Geisteshaltung des Handwerkers arbeiten und mich schützen vor den Zwängen der Kommunikation, vor den Allüren des Expertentums und des Individualismus, wie sie im Allgemeinen in den Büros vorherrschen. Der Atelierraum war ein Ort, wo das Wissen heranreifen konnte. Man tauchte ein in einen langsameren, kontinuierlichen Zeitrhythmus, der in der sozialwissenschaftlichen Forschung unbedingt notwendig ist. Wie die im Rahmen des Projekts durchgeführten Befragungen, die sowohl zum öffentlichen Bereich als auch zur subjektiven Privatsphäre hin ausgerichtet waren, konnte dieser Übergangsraum einen Ausgleich zwischen diesen beiden Herangehensweisen schaffen.

Ohne François Gèze, der bis 2014 den Verlag La Découverte geleitet hatte, wäre dieses Buch nicht in dieser Form erschienen. Mit seinem Talent als Herausgeber hat er mir geholfen, ja mich sogar gezwungen, den Blickwinkel des Ateliers auch wieder aufzugeben, mich der Außenwelt zuzuwenden, meine Gedankengänge mitzuteilen und für ein breites Publikum zu schreiben. Ich hatte das unglaubliche Privileg, von seinen Erfahrungen als aufmerksamer und anspruchsvoller Lektor profitieren zu dürfen. Schon mit der Veröffentlichung von *Musulmanes et Modernes*[16] bewies er sein Vertrauen in mich. Es ist mir eine Freude, mit *Musulmanes au quotidien* ein weiteres Buch bei La Découverte zu veröffentlichen, und hoffe, dass diese Arbeit den Weg bereitet für alternative, gegen den Zeitstrom gerichtete Überlegungen zum europäischen Islam.

Ich danke meiner Freundin Catherine Orsot Cochard, die mich mit ihrer sorgfältigen Lektüre des Textes dazu gebracht hat, meine Gedankengänge klarer darzulegen und mich von sprachlichen Automatismen und vom wissenschaftlichen Jargon zu lösen. Von meinen Doktoranden war allein Zehra Cunillera während des ganzen Projektes Mitglied des Teams. Sie war vom

Anfang bis zum Ende dabei. Zusammen mit Warda Hadjab, ebenfalls Doktorandin, hat sie mich während der Redaktions- und Publikationsphase begleitet und unterstützt. Beide haben auch die Veröffentlichung der beiden Sammelbände, die aus dem EuroPublicIslam-Projekt hervorgegangen sind, verfolgt. Es war mir eine große Freude, Tag für Tag meine Arbeit mit ihnen zu teilen, und es ist mir ein Bedürfnis, ihnen meinen Dank und meine Freundschaft zu bezeugen.

Das EuroPublicIslam-Projekt hat neue Problematiken aufgedeckt. Die Fruchtbarkeit eines Projektes misst sich an dessen Fähigkeit, in seinem Kielwasser neue Thematiken – ja neue Projekte – hervorzubringen. Wir haben gesehen, dass die ästhetischen und künstlerischen Dimensionen des öffentlichen Lebens gerade bei politischen Grundsatzfragen sichtbar wurden. Dieser Spur folgend, untersuche ich seitdem in Zusammenarbeit mit Architekten und Kunsthistorikern die Wechselwirkung zwischen der Kunst und der Politik, vor allem im Zusammenhang mit dem Bau von Moscheen in Berlin und Istanbul. EuroPublicIslam hat auch gezeigt, wie notwendig es ist, die Stellung des Judentums in Verbindung mit den aktuellen Kontroversen um den Islam und der Öffentlichkeit zu untersuchen. Unter diesem Gesichtspunkt habe ich die Forschungsgruppe »*A Shared Perspective of Jews and Muslims for Europe*« eingerichtet. Sie setzt sich zusammen aus Forschern vom Jerusalemer Van-Leer-Institut, vom Istanbul Policy Center der Sabanci-Universität, von der Berliner Mercator-Stiftung und vom Pariser Centre d'Études Sociologiques et Politiques Raymond Aron (CESPRA) der EHESS-Hochschule.

Unter denen, die im engsten Familienkreis an meine Ausdauer glaubten, ist natürlich auch mein Mann Asaf Savas Akat zu nennen, ein intellektueller Humanist und passionierter Wirtschaftsexperte. Ihm schulde ich ohne Umschweife unendlichen Dank. Ohne dieses Gefühl von Solidarität zwischen uns hätte ich aus unserem gemeinsamen Leben kein Leben im Exil machen können.

Dieses Buch ist all denen gewidmet, die an dieser Feldforschung in 21 europäischen Städten beteiligt waren. Sie alle grüße ich von ganzem Herzen. Von Toulouse bis Córdoba, von Sarajevo bis Genf und von Paris bis Istanbul haben sie ihre Zeit geopfert, um sich in Debatten zu engagieren. Dafür danke ich ihnen. Gerne hätte ich jeden von ihnen namentlich genannt und ihre Beiträge in voller Länge zitiert. Ich hoffe, sie werden sich in den Motiven des vor unseren Augen entstehenden europäischen Teppichs wiederfinden, in ihrem anonymen Kunstwerk. Ich bin ihnen unendlich dankbar, dass sie uns – weit über den Rahmen dieser Forschung hinaus – gezeigt haben, dass für uns alle eine andere Zukunft möglich ist.

Europa: Kein Eintritt für den Islam?

> »Während der Spaziergänger gedankenverloren
> und doch neugierig dahingeht und sich die Aus-
> lagen von Kurzwarengeschäften und Apothe-
> ken ansieht, an vollen Cafés vorbeikommt und
> einen Blick auf Zeitungen und Magazine wirft,
> die an einem Kiosk aushängen, sieht er plötzlich
> an einer Tür ein Schild: ›Kein Zutritt‹. Die Auf-
> schrift erinnert ihn daran, dass seinem ziellosen
> Umherwandeln Grenzen gesetzt sind.«
>
> Orhan Pamuk: »Kein Eintritt«[17]

Der Flaneur, seit Baudelaire Symbolfigur der Moderne, zeichnet sich dadurch aus, dass er frei ist in seinen Spaziergängen, in seinen Beobachtungen als Zuschauer und in seinen alltäglichen Erkundungen der Stadtlandschaft. In den modernen Gesellschaften mit ihren Migrationsströmungen ist es der Migrant, der zu dieser Symbolfigur geworden ist: Er zieht umher, passiert Grenzen und integriert sich in neue Landschaften, in neue Städte. Aber im Gegensatz zum Flaneur kann er nicht umherziehen, ohne auf Hindernisse zu stoßen. Seine Bewegungsfreiheit wird ständig in Frage gestellt.

Orhan Pamuk, türkischer Schriftsteller und Nobelpreisträger, beschreibt in seinem Text auf allegorische Weise die Hindernisse, auf die der Spaziergänger/Migrant trifft. Dieser begreift schnell, was Diskriminierung bedeutet: »Das Schild soll also genauer gesagt bedeuten, dass dort für manche kein Eintritt ist, für andere aber doch ... Gemeint ist eigentlich: Hier darf nicht jeder rein, der will! Ein paar Privilegierten wird der Eintritt gestattet, wer dagegen ohne dieses Privileg hineinwill, wird abgewiesen ...« Hinter dem Schild hört man die Stimme derer, die Angst haben, von den Neuankömmlingen überschwemmt zu werden: »›Es kommen zu viele Leute herein‹ … mag es da geheißen haben, und: ›Lassen wir nur ein paar herein.‹ Daraus folgt zwangsweise, dass es hinter dieser Tür eines Tages zu einer Diskussion darüber kam, wer von diesen vielen Menschen eigentlich hereingelassen werden sollte und wer nicht.« Die Leute, die drinnen sitzen, wollen sich ihre Privilegien bewahren, ihre materiellen Güter, ihre Vorlieben und Gewohnheiten. Der Text von Orhan Pamuk illustriert die wechselseitigen Dynamiken und das Definieren eines »Wir« in Bezug auf den Anderen. Es ist die strukturierende Wirkung des Fremden auf die europäische Identität. Der Autor versucht die Emotionen beider Seiten zum Ausdruck zu bringen: auf der einen Seite diejenigen, die aus Sorge um ihre Identität diese Grenzen errichten, und auf der anderen Seite die, welche vor der verschlossenen Türe stehen und sich ausgeschlossen und gedemütigt fühlen. Diese Identitätssuche, dieses Kräftespiel zwischen denen, die Barrieren errichten, und denen, die sie überschreiten, ist eine gute Beschreibung für die Choreographie, die im öffentlichen Leben Europas in Szene gesetzt wird. Die aktuellen öffentlichen Debatten, die Kontroversen um die Einwanderung und den Islam beziehen sich auf die Integrationsregeln, auf die Grenzen für die Ausgeschlossenen und auf die Bedingungen, unter denen man an der Definition des europäischen Wir-Gefühls teilnehmen darf.

In den Ländern Europas stehen die Kontroversen um den Islam seit über einem Vierteljahrhundert im Vordergrund. Den Auftakt in Frankreich bildete 1989 die »Kopftuchaffäre«, mit der junge Musliminnen an den französischen Schulen für Aufruhr sorgten. In England war es die vom Iran verhängte Todes-Fatwa gegen den ursprünglich aus Indien stammenden britischen Schriftsteller Salman Rushdie, dem Verfasser der *Satanischen Verse*. Zwei Ereignisse ganz unterschiedlicher Natur – im ersten Fall ging es um die religiösen Praktiken junger französischer Staatsbürgerinnen, im zweiten Fall um die Tatsache, dass ein nicht zur EU gehörender Staat auch jenseits seiner Grenzen die islamischen Gesetze durchsetzen will – haben die Präsenz des Islam in Europa offenkundig gemacht, eine beunruhigende Präsenz.

Die Fatwa und der Schleier:
Über Europa bricht der Islam herein

Mit dem Tragen eines Kopftuchs vollzogen die muslimischen Mädchen einen friedlichen Akt, der damals nur eine Minderheit betraf. Die Fatwa hingegen, die über den aus einer muslimischen Familie stammenden Salman Rushdie wegen seines als blasphemisch angeprangerten Buches gegen den Koran und den Propheten verhängt wurde, war ein Todesurteil. Diese beiden Begebenheiten haben, obwohl sie nicht miteinander zu vergleichen sind und auch zu ganz unterschiedlichen Bereichen gehören, den Islam ins europäische Rampenlicht gestellt und eine öffentliche Debatte ausgelöst. Die mit der Scharia und der Verschleierung der Frauen einhergehenden archaischen Kräfte tauchen plötzlich im Kollektivbewusstsein auf. In beiden Fällen war die Ankunft des Islam mit einem Einbruch in den säkularen Bereich Europas verbunden. Die Fatwa wies außerdem noch auf den Verlust eines gewissen Wohlbehagens hin, das durch die säkulare Trennung von der muslimischen Welt garantiert gewesen war.

Mit Erstaunen – manchmal auch mit Wut – entdeckten die Europäer, dass der Einfluss des Islam nicht mehr nur zu einem auf die muslimischen Länder beschränkten, fernen Universum gehörte, sondern ebenso zur Realität vor Ort, einer Realität, die möglicherweise für die Intellektuellen, die Schriftsteller, die Künstler und die Frauen eine Bedrohung darstellte. Die Kopftuchaffäre – womit der Islam bei den Frauen in Erscheinung trat – hat dieses Gefühl von beunruhigender Nähe verstärkt. Oft wurde das Auftauchen des Islam als Rückschritt empfunden, als Gefahr für die Rechte der Frauen und die freie Meinungsäußerung, als ein Hinterfragen von allem, was in langen Kämpfen gegen den Einfluss der Kirche und durch die Säkularisierung der politischen Macht erreicht worden war. Begriffe, die eigentlich zum religiösen Sprachgebrauch gehören, wie etwa die Blasphemie, die Unterwerfung oder die körperliche Züchtigung, tauchten plötzlich in der säkularisierten Öffentlichkeit Europas auf.

Die Todes-Fatwa gegen Salman Rushdie in England und die Kopftücher, die in Frankreich von einer Minderheit von

Schülerinnen getragen wurden, schufen eine Konfliktsituation, die bis heute andauert. Nach diesen beiden Affären hatten viele das Gefühl, Opfer einer Einmischung zu sein, und so änderte sich das Repertoire der öffentlichen Debatten in Europa. Die Medien machten im großen Stil mobil gegen die Präsenz des Islam. Es ging um zwei Punkte: die Gleichberechtigung von Mann und Frau und die Gedankenfreiheit. So ging es in der Berichterstattung einerseits um den Gegensatz zwischen den Gesetzen des Heiligen und der Freiheit und andererseits um den Gegensatz zwischen den Werten der Frömmigkeit und der Sexualität. Der öffentliche Diskurs in Europa konzentrierte sich mehr und mehr auf die weltlichen Werte, um erneut eine Identität zu definieren und sich über ein Wir-Gefühl abzugrenzen, ein Wir-Gefühl als Schutzmauer gegen den Islam.[18] In manchen Ländern wurde das gegen die Träger von religiösen Symbolen gerichtete Schild »Kein Eintritt« sogar an Schulen, Gerichten oder Schwimmbädern aufgestellt, um die Präsenz des Islam in der Öffentlichkeit einzuschränken.

Die Angst wegen der Andersartigkeit der muslimischen Präsenz brachte einige Vertreter der politischen Führung Europas dazu, entscheidende Merkmale ihrer Kultur und Grundelemente ihrer nationalen Identität zu definieren, um für die Einwanderer Integrationsbedingungen aufzustellen. So tauchten 1998 in Deutschland neue Themen auf: der Begriff *Leitkultur* beispielsweise, um in Anbetracht größerer fremder – hauptsächlich von muslimischer Tradition geprägter – Gemeinschaften die maßgebliche (Leit-)Kultur zur Geltung zu bringen. 2003 wurde in Frankreich ein Grundsatz, den man seit fast hundert Jahren für umgesetzt und allgemein anerkannt hielt – der Grundsatz der Laizität –, einer rigorosen Überprüfung unterzogen. War er durch die religiösen Forderungen der muslimischen Bevölkerungsgruppen nicht in Gefahr geraten? Dass in Deutschland der Begriff der Leitkultur geprägt wurde und in Frankreich der Grundsatz der Laizität bekräftigt wurde, diente dem Ziel, von der eingewanderten Bevölkerung – obwohl sie schon seit geraumer Zeit präsent und zum allergrößten Teil »integriert« war – die Anerkennung der Werte zu fordern, die für die vorherrschende Kultur stehen. Beide Begriffe – der eine verweist auf den »französischen Exzeptionalismus«, der andere auf den »deutschen

Kulturessentialismus« – preisen die Eigenheit der nationalen Identität und gliedern die Beziehungen zwischen den Kulturen hierarchisch. Als potentielle Träger eines Integrationsmodells haben diese beiden Begriffe im Laufe dieser Debatten eine neue Bedeutung bekommen: Sie wurden zu einer Umschreibung für den Ausschluss.

Laizität und Leitkultur als identitätsstiftende Grundpfeiler

In Frankreich sind die Kraft und die Vielfalt des politischen Laizitätsgrundsatzes abhängig von dessen Fähigkeit, ein Zusammenleben zu organisieren. So jedenfalls schreibt es der auf die Laizität spezialisierte Historiker Jean Baubérot. Die Laizität basiert auf vier Grundprinzipien: die Trennung von Kirche und Staat, die Neutralität der staatlichen Autorität gegenüber den verschiedenen Glaubensrichtungen, die Gewissensfreiheit und die Gleichberechtigung. Laut Jean Baubérot haben jedoch die Debatten über den Islam und das Verbot religiöser Symbole im öffentlichen Bereich zu einer Überbewertung des Neutralitätsgrundsatzes geführt. So verlangte man etwa in dessen vermeintlichen Sinne eine Neutralisierung des gesamten öffentlichen Bereiches und nicht nur die Neutralität des auf die Einhaltung der Regeln achtenden Schiedsrichters. Baubérot bezeichnet diese extensive Auslegung der Neutralität als »repressive Laizität«, denn sie unterdrückt »religiöse Ausdrücke, die das Gesetz von 1905 gebilligt hatte«. 2003 enthielt sich Jean Baubérot als einziges Mitglied einer Kommission der Stimme, als ein Gesetz empfohlen wurde, das die Anwendung des Laizitätsgrundsatzes und das Verbot auffälliger religiöser Symbole an den öffentlichen Schulen regeln sollte.[20]

Die ursprünglich im Hinblick auf das Christentum entwickelte Laizität sah sich nun mit einer Religion konfrontiert, die außerhalb des christlichen Weltbildes steht.[21] Aufgrund dieser Zwangsbegegnung mit dem Islam wurde sie von zahlreichen Akteuren neu interpretiert: Fragen nach der Sichtbarkeit der Religion, nach dem öffentlichen Bereich und dem Feminismus nahmen deshalb einen zentralen Platz in den Diskussionen über die Laizität ein.

Ab 2000 beziehen sich in Frankreich die öffentlichen Debatten zur Laizität – ein weit zurückreichendes philosophisches und juristisches Konzept – implizit (oder immer mehr auch explizit) auf den Islam. So entwickelte sich ein neues Gegensatzpaar, mit zwei Begriffen, die eigentlich nur schwer miteinander zu vergleichen sind: Laizität versus islamisches Kopftuch. Die Paarung dieser beiden antagonistischen Begriffe wäre in den frühen 90er Jahren noch undenkbar und ohne Zusammenhang gewesen, doch das neue ideologische Konzept hat sie untrennbar miteinander verbunden.[22] Trotz der Empörung der Leute, die sich dagegen wehrten, dass der Laizitätsgrundsatz auf ein »Stück Stoff« reduziert wird, hat der islamische Schleier die Laizitätsdebatten in Frankreich voll und ganz bestimmt.

Im Vergleich zum angelsächsischen Modell des Multikulturalismus wurde das französische Modell wegen dessen »Blindheit« gegenüber den Unterschieden kritisiert. In dieser staatsbürgerlichen Tradition der Laizität kam es nämlich zu einer Umkehrung: Man schaute nun wie besessen auf die kulturellen und religiösen Praktiken der Muslime, um daran deren »Unterschiede« festzumachen und zu beurteilen, ob sie gegen den Laizitätsgrundsatz verstoßen, ihn befolgen oder gar verinnerlichen. Die laizistische Tradition hat so ihr Potential der Unparteilichkeit verloren, um zu einem Messsystem für die Identität zu werden; sie entwickelte sich zu einer Integrationsbedingung, welche die Einwanderer muslimischer Kultur zu erfüllen hatten. Und die politische Macht brachte Rundschreiben in Umlauf, um als Gegenreaktion auf die religionsspezifischen Forderungen die Umsetzung des Laizitätsgrundsatzes in den Krankenhäusern und öffentlichen Kantinen zu überwachen.

Ab den 90er Jahren kam in Frankreich eine Identitätsdebatte auf: Die Frage »Was macht einen Franzosen aus?« nahm ab diesem Zeitpunkt einen zentralen Platz ein,[23] und Historiker, Intellektuelle und Politiker diskutierten sie nun regelmäßig im Fernsehen, in den Zeitungen und Büchern. Die als Grundelemente der nationalen Identität verstandenen »kulturellen Werte« – so unpräzise sie im Zeitalter der Globalisierung auch waren – wurden den Immigranten muslimischer Kultur als unumgängliche Integrationsbedingung präsentiert. Unter der Präsidentschaft von

Nicolas Sarkozy wurde 2007 ein »Ministerium für Immigration, Integration, nationale Identität und solidarische Entwicklung« eingerichtet. Einen besseren Beweis für die Gleichsetzung der nationalen Identität mit dem politischen Willen, die Integrationsfrage im kulturellen und identitären Rahmen abzuhalten, gibt es sicherlich nicht.[24]

Aber Frankreich war kein Einzelfall. In Deutschland kamen damals vergleichbare Fragen zur kulturellen Identität auf. Im August 2010 veröffentlichte Thilo Sarrazin ein Buch mit dem Titel *Deutschland schafft sich ab*.[25] Es wurde im Nu zum Bestseller (mehr als eine Million Exemplare wurden innerhalb eines Jahres verkauft) und löste Debatten aus, die die Öffentlichkeit in Deutschland umstrukturierten. Dabei ging es vor allem um das nationale Selbstverständnis und dessen Verhältnis zum Islam. Sarrazin, SPD-Mitglied und Direktor der Bundesbank, gehört zum Establishment. Für ihn ist der Islam ein Hindernis auf dem Weg zur Integration und zum Fortschritt. Sein Buch liefert eine dramatisierende Analyse eines wirtschaftlichen und kulturellen Niedergangs Deutschlands. Es führt kulturelle und statistische Argumente an, um zu zeigen, dass die Integration der muslimischen Gemeinschaft – türkisch und arabisch – gescheitert ist. Sarrazin ist der Meinung, dass Deutschland riskiert, auf Grund der demographischen Expansion von »weniger gebildeten und weniger intelligenten« Bevölkerungsschichten seine wirtschaftliche Wettbewerbsfähigkeit, sein Kulturerbe, ja sogar seine »Substanz« zu verlieren.[26] Er bedauert, dass die Mehrheit der in Deutschland lebenden Türken Angela Merkel nicht als ihre Kanzlerin anerkennen und Deutschland nicht als ihre Heimat akzeptieren. Sarrazin beschreibt seine Verzweiflung über die gesellschaftliche Veränderung der Kultur: »Ich möchte nicht, dass das Land meiner Enkel und Urenkel zu großen Teilen muslimisch ist, dass dort über weite Strecken türkisch und arabisch gesprochen wird, die Frauen ein Kopftuch tragen und der Tagesrhythmus vom Ruf der Muezzine bestimmt wird.«[27]

Vor uns haben schon andere darauf hingewiesen, dass »Sarrazin« – eine Ironie des Schicksals – einer der Namen ist, die man während des europäischen Mittelalters den im Mittelmeerraum lebenden muslimischen Völkern gegeben hat. Die

Rassismus-Vorwürfe konterte Thilo Sarrazin tatsächlich auch mit dem Hinweis, dass er ein europäischer »Bastard« sei und sein Name auf die Familie väterlicherseits zurückgehe, die aus Südfrankreich stamme, wo der Begriff »sarrasin« eine allgemeine Bezeichnung für die »arabischen Piraten« war. Auf die Frage, ob er die Türken hasse, erwiderte Sarrazin, dass sein Äußeres, vor allem sein Schnurrbart und seine dunkel melierten Haare, dem eines Türken im gewissen Alter recht ähnlich sei und er deshalb in Berlin-Kreuzberg nicht weiter auffalle.[28] Namhafte Medien erklärten sich den allgemeinen Erfolg Sarrazins damit, dass er den »Mut« gehabt habe, »das Schweigen zu brechen« und mit den Tabus im Zusammenhang mit den Migrationsfragen aufzuräumen, auch auf die Gefahr hin, des Rassismus angeklagt zu werden. Er wurde dennoch gezwungen, von seinem Posten bei der Bundesbank zurückzutreten, und die SPD leitete ein Ausschlussverfahren gegen ihn ein. Aber auch die überaus heftige Kritik an Sarrazin täuscht nicht darüber hinweg, dass dessen Buch auf internationaler Ebene ein großes Echo hervorgerufen hat. Auch die deutschen Medien wollten natürlich in nichts nachstehen: Der *Spiegel* bezeichnete ihn mit kritischem Vorbehalt als »Volksheld«, die rechte Wochenzeitung *Focus* als »Tabubrecher«, die linke Tageszeitung *taz* hingegen als »Salonrassisten«.

Wie in Frankreich gehörte diese Diskussion eindeutig zu einer weiter in die Vergangenheit zurückreichenden Debatte über die »nationale Identität«. »Kann man Deutscher werden?« Die Frage, vom Anthropologen Édouard Conte 2002 gestellt,[29] lässt schon vermuten, dass der Erwerb der deutschen Staatsangehörigkeit komplex ist. In diesem Land mit seinem besonderen historischen Kontext wird die Staatsangehörigkeit – im Gegensatz zu Frankreich – nicht über das »Recht des Bodens« (ius solis), sondern über das »Blutrecht« (ius sanguinis) definiert. Im Jahre 2000 hat Deutschland seine Politik in dieser Hinsicht etwas gelockert: Die Restriktionen für die Anerkennung der doppelten Staatsbürgerschaft bestehen zwar immer noch, aber das Abstammungsprinzip wurde abgemildert. Die parlamentarische Rechte startete deshalb eine Debatte über die »Leitkultur«, um die Hierarchie zwischen den Kulturen zu bewahren und die doppelte Zugehörigkeit der Bürger – insbesondere der türkischen

Migranten – zu verhindern. Die bis dahin vor allem die juristische und politische Domäne betreffende Integrationsfrage verschob sich in den Kulturbereich.

Paradoxerweise war es Bassam Tibi, der aus Syrien stammende Professor für Politikwissenschaften an der Universität Göttingen, herausragende Persönlichkeit des öffentlichen Lebens und Verfechter eines aufgeklärten Islam sowie eines mit dem Islam versöhnten Europas, der 1998 den Begriff der »Leitkultur« geprägt hatte. Mit dem Terminus »Leitkultur« wollte Bassam Tibi eine Kartographie mit Werten und Normen entwerfen, die für ihn die Grundlage der europäischen Moderne bilden und für die Integration der Migranten und Muslime richtungsweisend sein können. Die Akzeptanz und Anerkennung dieser Werte durch die Muslime stellen für ihn in der Frage, ob Letztere zu Europa gehören, ein Hauptkriterium dar. Abhängig davon, ob der Akzent nun auf der nationalen oder europäischen Dimension lag, bekam die Idee der »Leitkultur« im Verlauf der Debatten aber eine neue Ausrichtung. 15 Jahre später haben sich deren Wesensmerkmale vervielfacht: Bewahrung der deutschen Kultur und Ablehnung des Multikulturalismus, Verurteilung des kulturellen Relativismus und Forderung nach einer absoluten Loyalität gegenüber der dominanten Kultur. Der Begriff spielte in Deutschland eine wichtige Rolle: Er löste Debatten zur Frage der nationalen Identität aus und sorgte vor allem in der Migrationspolitik für eine Umorientierung auf kultureller Ebene. Die Übernahme der sozialen Normen wurde zu einer Vorbedingung für die Teilnahme an der nationalen Gemeinschaft.

Die klare Trennlinie zwischen dem deutschen Kulturalismus-Modell und dem französischen Universalismus wurde im Verlauf der Debatten um den Islam immer undeutlicher. In Frankreich führten sie zu einer kompromisslosen Bestätigung des Laizitätsgrundsatzes, der als ein spezifisches Element des französischen Exzeptionalismus hingestellt wurde. Aber damit wurden dem universalistischen Ideal der französischen Kultur die Kleider des kulturellen Partikularismus übergestülpt, was de facto dem deutschen Modell gleichkam, welches man ja eigentlich kritisierte. Die Idee, dass nicht alle Kulturen gleichwertig sind, dass der Islam beispielsweise die Frau unterdrückt und keine

Meinungsfreiheit toleriert, wurde bestätigt, ganz im Gegensatz zum »kulturellen Relativismus« und zu einer Politik, die man mit dem Begriff »Multikulturalismus« umschreiben könnte. In beiden Fällen wurde die Übernahme der Werte der nationalen Gemeinschaft zu einer Bedingung für die vollständige Integration der Muslime gemacht.

Die Aufhebung des Multikulturalismus

Die Rückbesinnung auf die nationale Identität, das Bekenntnis zur Besonderheit der kulturellen Werte Europas, die zwingende Notwendigkeit, die Überlegenheit der westlichen Zivilisation zu verteidigen, all dies beendete die Annäherungen an den Multikulturalismus und den kulturellen Relativismus. Auf europäischer Ebene kamen die ersten kritischen Stimmen gegen den Multikulturalismus in den Niederlanden auf, die ja eigentlich recht stolz auf ihr multikulturelles Gesellschaftsmodell sind. Der holländische Schriftsteller und Journalist Paul Scheffer, intellektuelle Koryphäe der liberalen Linken in seinem Land, eröffnete im Januar 2000 die Debatte mit seinem Artikel »The multicultural drama«.[30] Damit erschütterte der Autor die linke Szene schwer, denn er unterstrich die Zerbrechlichkeit einer für die Migration »offenen Gesellschaft«, wenn die Integration der ethnischen Minderheiten scheitert. Er kritisierte den Multikulturalismus, weil er – seiner Meinung nach – den sozialen Frieden bedrohe. Man könne die Konflikte nicht mehr vermeiden, erklärte er, und man dürfe den kulturellen Konservativismus, der den Respekt vor den Traditionen anderer befürwortet, nicht mehr tolerieren. Der Multikulturalismus führe nicht nur zu einer Trennung der einzelnen Gruppierungen, sondern er legitimiere auch den kulturellen Konservativismus, weil er rückschrittliche Traditionen – wie beispielsweise die Verbrechen aus Ehre – als zu respektierendes Erbe akzeptiere. Für Scheffer mündet der Multikulturalismus in Indifferenz und Nachlässigkeit, was die Politik gegenüber den kulturellen Praktiken der eingewanderten Muslime hinlänglich bewiesen habe. Die These vom gescheiterten Multikulturalismus wurde anschließend von einem Großteil der

Medien übernommen. Bereitwillig stellten sie die muslimische Kultur auf eine Ebene mit der Gewalteskalation einer radikalen Minderheit. Nach der Unterstützung, den die Todes-Fatwa von 1989 gegen Salman Rushdie durch diese Minderheit erfuhr, haben die Anschläge der Al-Qaida auf New York und Washington im Jahre 2001 und der Mord an dem holländischen Filmemacher Theo Van Gogh im November 2004 durch einen fanatischen Islamisten das Gefühl der Zerbrechlichkeit und Unsicherheit weit über die Niederlande hinaus verstärkt. Das Bild von den gelassenen, toleranten Gesellschaften war in tausend Stücke zerbrochen.

Die Nachricht vom Ende des Multikulturalismus hat zwei widersprüchliche Auswirkungen. Die Kritik an diesem Begriff leitet zunächst die Fragen zur Migration und zum Islam ins Zentrum des Kollektivbewusstseins der direkt betroffenen europäischen Gesellschaften. Entsprechend der zentralen Hypothese des vorliegenden Buches wurde der Islam dort zu einer der wichtigsten öffentlichen Angelegenheiten, die alle Bürger angehen, nicht nur die muslimischen Gemeinschaften. Unter diesem Gesichtspunkt ändert sich mit der Kritik am Multikulturalismus der Umgang mit dem Migrationsproblem, und alle Bürger werden aufgefordert, darüber zu diskutieren. Während die multikulturelle Politik eines Staates sich zu den vertikalen Verbindungslinien zwischen dessen Repräsentanten und den betroffenen Gemeinschaften bekennt, so stellen ihre Kritiker diese hierarchische Struktur in Frage: Sie wollen die Fragen zur Migration und zum Islam in der öffentlichen Arena – also ganz unten – behandelt wissen, appellieren also an das Kollektivbewusstsein und fordern die Bürger auf, sich selbst mit den Angelegenheiten ihrer Umgebung auseinanderzusetzen. Eine offene Gesellschaft setzt voraus, dass alle Traditionen einer kritischen Prüfung unterzogen werden. Dementsprechend werden die innerhalb der europäischen Gesellschaften auftretenden Fragen zur Migration und zum Islam nicht mehr allein den Staaten überlassen, sondern sie werden zu einem der komplexen Bestandteile der Städte, die Gegenstand von Debatten und gegebenenfalls auch Überprüfungen sein müssen.

Aber die kritische Prüfung des Multikulturalismus kann paradoxerweise auch dazu führen, den Islam ausschließen zu wollen. Die Vertreter dieser Richtung stellen die zahlreichen Bekenntnisse zum Multikulturalismus als eine Last dar, weil er das angebliche Schuldgefühl der Europäer wegen ihrer kolonialen Vergangenheit kompensieren soll. Von diesem Hindernis gelte es sich zu befreien, um der bedrohlichen Gegenwart des aus den ehemaligen Kolonien stammenden Islam die Stirn bieten zu können. Plötzlich stürzten sich unzählige linke wie rechte Intellektuelle und FeministInnen in eine kritische Überprüfung der religiös-konservativen Praktiken der Migranten-Gemeinschaften. Unmittelbar danach tauchten in der Öffentlichkeit neue Vertreter mit muslimischem Migrationshintergrund auf, die sich in dem Maße legitimierten, wie sie sich der Kritik am Islam angeschlossen hatten. Eine der Galionsfiguren dieser neuen Allianz zwischen den laizistischen Muslimen und den europäischen Intellektuellen mit kritischer Haltung gegenüber dem Multikulturalismus ist die Somalierin Ayaan Hirsi Ali, die 1992 ins Exil gegangen und 1997 holländische Staatsbürgerin geworden war. Sie verteidigt eine »Null Toleranz«-Politik gegenüber dem Islam und dient zahlreichen Frauen als Referenz – ich werde im nächsten Kapitel darauf zurückkommen.

Das ungemein große Echo, das Aktivitäten dieser Art in den Medien auslösten, ist eine Erklärung dafür, warum 2010 – ein Jahrzehnt nach den ersten Angriffen auf den Multikulturalismus durch Paul Scheffer – einige politische Führungskräfte aus Deutschland, Großbritannien und sogar Frankreich – obwohl die Franzosen selbst nie zu dieser Richtung gehörten – vereint das Ende des Multikulturalismus feierten. Für die Kanzlerin Angela Merkel war das Modell eines multikulturellen Deutschlands, in dem unterschiedliche Kulturen in Harmonie miteinander leben, »total gescheitert«.[31] Als Ersatz für den kulturellen Relativismus sprach die Kanzlerin auf einem Kongress der Jungen Union von der zwingenden Notwendigkeit, die »christlich-jüdische Tradition« zu stärken. An ihr sollten sich die deutschen Werte orientieren. Die Auflösung des Multikulturalismus war somit eine logische Folge dieser Aktionen. In der Politik kam es zu einer nationalen (Rück-)Besinnung und zu einem Bekenntnis zu den westlichen Werten, auf Kosten des ausgeschlossenen Islam.

Für den deutschen Philosophen Jürgen Habermas war diese Wendung in den öffentlichen Debatten über den Islam ein alarmierendes Zeichen für ein »unter Xenophobie leidendes

Europa«.[32] Aus seiner Sicht war Deutschland 2010 »das Opfer von Agitationsattacken und im Zustand einer politischen Verwirrung in Bezug auf die Fragen zur Integration, zum Multikulturalismus und zur ›nationalen‹ Kultur als ›Leitkultur‹, Debatten auslösend, die beim allgemeinen Publikum eine Zunahme der xenophoben Tendenzen zur Folge hatten«.[33] Habermas verurteilte die Instrumentalisierung des jüdischen Erbes, um damit – unter Ausblendung der Erinnerung und der Geschichte – die europäische Kultur zu definieren. »Die Verfechter der ›Leitkultur‹ beziehen sich auf die ›christlich-jüdische Tradition‹, durch die ›wir‹ uns angeblich von den Ausländern unterscheiden, vereinnahmen dabei das Judentum in arroganter Weise und verdrängen in einer unglaublichen Missachtung all das, was die Juden in Deutschland erlitten haben.«[34]

Der französische Philosoph Jacques Rancière spricht vom Aufkommen einer neuen Rassismus-Form, die jedoch nicht auf eine »Volksleidenschaft« zurückzuführen sei, sondern »von oben komme«. Dieser »Rassismus von oben« wird seiner Meinung nach »nicht von irgendwelchen rückständigen sozialen Gruppen getragen, sondern in erster Linie von einem Großteil der intellektuellen Elite, [...] von einer Intelligenzija, die links, republikanisch und laizistisch sein will«.[35] Die in Frage kommenden Intellektuellen, so sagt er, hätten sich der Staatslogik unterworfen und würden die Legitimierung von Argumenten unterstützen, die für die gesellschaftliche Aberkennung beziehungsweise den Ausschluss sprechen. Tariq Modood, Politologe und Verfechter des Multikulturalismus in England, will mit dem Ausdruck »kultureller Rassismus« auch den Aspekt der Ächtung, der Gruppen mit kulturellen und ethnischen Divergenzen ausgesetzt sind, mit einbeziehen.[36] Es ist eine Möglichkeit, auf eine xenophobe Haltung gegenüber dem Islam hinzuweisen, die sich nicht nur auf die Hautfarbe und die ethnischen Unterschiede beschränkt, sondern auch kulturelle Merkmale und abwertende Stereotypen einschließt.

Fremdenfeindlichkeit, »Rassismus von oben«, »kultureller Rassismus«: Alle diese Ausdrücke zielen auf eine Verurteilung der diskriminierenden Politik und der Vorurteile gegenüber den Fremden, den Migranten und Muslimen. Sie richten ihr

Augenmerk auf die Kategorien der Rasse, der Ethnie und der Kultur und betonen so in Europa ein Radikalisierungsphänomen bei der Wahrnehmung der Migranten muslimischer Kultur. Aber können sie die seit den 90er Jahren auftretende Nervosität der europäischen Öffentlichkeit gegenüber dem Islam begreiflich machen? Beziehen sich diese Ausdrücke nicht vielmehr auf die Probleme der Migration als auf die Präsenz des Islam?

Kann man von Islamophobie sprechen?

Der Soziologe Vincent Geisser beschrieb das Aufkommen einer »neuen Islamophobie«. Sein 2003 veröffentlichtes Buch hat Geschichte gemacht.[37] Er zog eine direkte Linie von der christlichen Anti-Mohammed-Ideologie des Mittelalters über die Arabophobie der Kolonialzeit bis zur aktuellen Islamophobie und betonte die Notwendigkeit, zwischen der Islamophobie und dem Rassismus zu unterscheiden. Geisser brandmarkte die Rolle der Intellektuellen und der Medien bei der Prägung und Verbreitung von islamfeindlichen Vorurteilen und Stereotypen. Für ihn ist »die Islamophobie nicht einfach eine Verlagerung des antiarabischen, antimaghrebinischen und gegen die Jugendlichen der Banlieue gerichteten Rassismus, sondern auch eine Religiophobie«.[38] Es geht nicht mehr ausschließlich um die Symbole der Migration, sondern um die sichtbaren religiösen Zeichen. Auf sie zielen die Debatten um den Schleier, die Moscheen oder die Minarette. Es sind die »Symptome des Islam«, denn in einer bestimmten phantasmatischen Vorstellung des Westens ist diese Religion eine Krankheit.[39]

Geisser unterscheidet verschiedene Islamophobie-Formen. Die Islamophobie der Medien und der Intellektuellen trägt dazu bei, Stereotypen aufzubauen und in Umlauf zu bringen sowie Vorurteile gegen einen imaginären, bedrohlichen Islam zu wecken.[40] Der Autor geißelt die Rolle dieser Intellektuellen, die er die »neuen Angst-Experten« nennt, weil sie eine »latente Islamophobie« verbreiten. Sie führen einen ideologischen Kampf gegen den Islamismus, zeigen jedoch keinerlei Interesse für den »wahren Islam« der Muslime. Letztere sind für sie nur »Randfiguren und Schattengespenster«. Wenn man Muslime einlädt, sich an den Debatten zu beteiligen, dann nur um folgende Bilder zu propagieren: »Arabischer Intellektueller im Kampf gegen den muslimischen Fanatismus im eigenen Land« oder »Die algerische Feministin als Gewaltopfer religiöser Spinner«. Dabei handelt es sich um einen aufgeklärten Mufti, der gegen die obskuren Auslegungen des Korans vorgeht, beziehungsweise um eine »befreite« Beurette, welche die Öffentlichkeit in Frankreich wegen der Brutalitäten des Islamismus in den französischen Banlieues alarmiert.[41] Solche »neuen muslimischen Helden« werden von den Medien im großen Stil lanciert. Dieser Liste kann man auch den neuen Typus »integrierter« Migrantinnen hinzufügen, die gegen den »muslimischen Integralismus« kämpfen.[42]

Nach Geisser kehrt sich bei der Islamophobie – im Gegensatz zum Rassismus – das Verhältnis zwischen der Mehrheit und der Minderheit um: Jetzt werden die Europäer zu Opfern gemacht. Die »wahren Opfer« wären also nicht die von den Blicken der Mehrheit stigmatisierten Muslime, sondern die »alteingesessenen« Franzosen, die durch die »galoppierende« Islamisierung und durch sämtliche Formen von Mondialismus und Kosmopolitismus im tiefsten Innern ihrer nationalen Identität verletzt werden.[43] Die Islamophobie dient so der Identitätsfindung, denn sie unterscheidet klar zwischen einem »Wir«, das mehr und mehr Gefahr läuft, in der Minderheit zu sein, und einem massiven »Sie«, das seine kulturelle Verschiedenheit und seinen religiösen Glauben durchsetzt. Diese aus allernächster Nähe beobachtete Verschiedenheit löst Angst aus, vermittelt ein Gefühl von Bedrängnis und provoziert Abwehrreaktionen. Heute ruft die Migration in Europa Reaktionen hervor, die man mit Begriffen wie Fremdenfeindlichkeit oder antiarabischer Rassismus beschreiben könnte – aber Begriffe dieser Art berücksichtigen nicht die entscheidende Rolle der religiösen Dimension. Der Ausdruck »Islamophobie« hingegen versucht sie mit einzubeziehen.

Der Ausdruck »Islamophobie« hat jedoch nicht den gleichen Status wie die eben zitierten – und als legitim geltenden – Begriffe. Er erweckt Assoziationen des Kampfes, und sein Gebrauch ist deshalb umstritten. Für die einen hat er einen Aspekt der Angst, weil er bei einem Diskurs dessen »irrationale« Seite betont und Kritik an den Repräsentanzen einer Gemeinschaft zulässt, die auf ihre muslimische »Identität« – ohne Besonderheiten, ohne Gesicht und ohne Geschichte – verwiesen wird.[44] Für die anderen ist es angeblich ein von den »iranischen Mullahs« erfundener Begriff, der von den Islamisten verwendet wird, um jede Form von Kritik am Islam zu verhindern; für diese Leute ist schon allein der Gebrauch des Wortes »Islamophobie« ein Angriff auf die Meinungsfreiheit.[45]

Kann man von einer Islamophobie sprechen? Die Frage ist zweideutig: Geht es um die politische Legitimität des Begriffes oder um dessen sprachliche Eignung? Ist er legitim und kann er im politischen Bereich in gleicher Weise verwendet werden wie die Begriffe Rassismus, Fremdenfeindlichkeit oder Antisemitismus? Kann er die Art des Ausschlusses besser begreifbar machen? Der Islamophobie-Begriff hat zumindest den Vorteil, dass er die religiöse Dimension – in unserem Fall die des Islam – der neuen sozialen und politischen Spaltungen erkennen lässt. Trotzdem findet der Begriff nur schwer Eingang in den Sprachgebrauch der französischen Linken, die in der Mehrheit nach wie vor blind gegenüber der Religionsfrage ist: Obwohl sie sich seit Langem den Kampf gegen Rassismus und Fremdenfeindlichkeit auf die Fahnen geschrieben hat, muss sie sich den neopopulistischen Vorwürfen stellen, »politisch korrekt«, »konformistisch« und im Hinblick auf den Islam sogar passiv zu sein.

Die Intellektuellen der europäischen Linken lassen sich leicht mobilisieren, wenn es darum geht, die rassistische Diskriminierung oder das fremdenfeindliche Vorgehen gegen Migranten anzuprangern, doch bei politischen Maßnahmen mit dem Ziel, die »ostentativen« Praktiken des Bekenntnisses zum Islam im öffentlichen Bereich zu verbieten, sind sie oft mit ihrer Kritik entschieden zurückhaltender. Viele von ihnen verweisen dabei lieber auf den Laizitätsgrundsatz, auf die Meinungsfreiheit und auf das Recht, den Islam kritisieren zu dürfen. Zahlreiche feministische, antikonformistische und atheistische Frauen der Linken, die sich in der Nachfolge der Gegenkultur der 60er Jahre sehen, begrüßen die »Courage« derjenigen, die mit den »Tabus« des der Linken unterstellten »Konformismus« aufräumen wollen. Dieser nähre ein Schuldgefühl und unterbinde kritische Äußerungen gegenüber den Muslimen. In zahlreichen Medien kommt die Kritik am Islam schon viel länger zum Ausdruck, sogar in extrem radikaler Form, wie die Reaktionen seit dem Jahr 2000 deutlich zeigen, beispielsweise die gehässigen Stellungnahmen des französischen Schriftstellers Michel Houellebecq oder der italienischen Journalistin Oriana Fallaci.

Die Affären Houellebecq und Fallaci
oder der verführerische Hass auf den anderen

Obwohl die im großen Stil publizierten Behauptungen dieser beiden Autoren von den führenden Medien nicht als rassistisch eingestuft wurden, haben sie den Weg für extrem islamfeindliche Äußerungen frei gemacht. Sie bestanden gegenüber dem Islam auf der sakrosankten Meinungsfreiheit, nahmen provokative Positionen ein und lieferten überspannte, fast beleidigende Beiträge. Die Vertreter der »nonkonformistischen« Intelligenzija forderten dazu auf, Normen und Werte zu respektieren, betonten ihre Sympathie für den westlichen Lebensstil und gaben vor, durch ihre Zugehörigkeit zum Christentum ein gewisses Wohlbehagen zu empfinden.

Der Schriftsteller Michel Houellebecq, 2010 ausgezeichnet mit dem französischen Literaturpreis *Prix Goncourt*, ist bekannt für seine antikonformistischen Schriften und für seine Kritik am kulturellen Erbe von 1968. Trotz seiner unverhohlenen Geringschätzung für politische Überzeugungen und trotz seines fast nihilistischen Rückzugs aus dem öffentlichen Leben hat er mit seinen massiven Attacken gegen den Islam heftige Reaktionen ausgelöst. Sein kurz vor den Anschlägen vom 11. September 2001 erschienener Roman *Plattform* enthält mehrere für den Islam und dessen heiliges Buch beleidigende Passagen. Alle aus der muslimischen Welt stammenden Figuren haben eine kritische Haltung gegenüber dem Islam: ein Zimmermädchen aus dem Maghreb, ein ägyptischer Biochemiker und ein jordanischer Banker. Jeder von ihnen steht für einen der Werte der liberalen Moderne: Arbeit, Forschung und Finanzwesen. Man trifft im Buch auf den binären Gegensatz zwischen der westlichen Welt, überlegen und modern, und der muslimischen Kultur, rückständig und vergangenheitsorientiert. Die Hauptfigur nimmt kein Blatt vor den Mund: Der Islam ist die »blödeste aller Religionen«. Aber nicht nur dieses beleidigende Urteil, sondern vor allem die giftigen Äußerungen dieser Figur haben die Literaturkritiker in Erstaunen versetzt. Nach dem Tod seiner Freundin durch einen islamistischen Anschlag bringt er bei der Todesnachricht von Palästinensern ohne Skrupel seine Freude darüber zum Ausdruck: »Jedes Mal, wenn ich erfuhr, daß ein palästinensischer Terrorist, ein palästinensisches Kind oder eine schwangere Palästinenserin im Gazastreifen erschossen worden war, durchzuckte mich ein Schauder der Begeisterung bei dem Gedanken, daß es einen Muslim weniger gab.«[46] In einem Kommentar zu seinem Buch übernahm der Autor mehrere anti-islamische Tiraden, die im Roman den Figuren in den Mund gelegt werden. Mit dieser Doppelbödigkeit verwischte er die traditionelle Unterscheidung zwischen Erzähler und Autor.[47]

Traditionell stützt sich die Meinungsfreiheit auf die Konvention der Unabhängigkeit des literarischen und öffentlichen Bereichs und auf die Immunität des Werkes. In den westlichen Gesellschaften, in denen die Kommunikation den Vorrang hat, hat sich dies jedoch geändert. Laut dem Soziologen und Schriftsteller Jerôme Meizoz versteht eine ganze Generation junger, im Zeitalter der Massenkultur geborener Schriftsteller unter Meinungsfreiheit die öffentliche Selbstinszenierung des Autors und dessen Recht, sich in zahlreiche Debatten einzuschalten: Die Grenzen zwischen dem Autor und dessen Werk, zwischen der Unabhängigkeit der literarischen Werke und dem öffentlichen Auftreten des Autors, zwischen der Fiktion und der Realität lösen sich auf.[48] Ein Phänomen, das sich nicht auf die Literatur beschränkt, sondern auch die Kunst betrifft. Und in dieser Verwirrung wird die Meinungsfreiheit – ein Wert mit Kultstatus – mit allen Mitteln bemüht, um sämtliche Angriffe auf den Islam zu rechtfertigen. Auch die Provokation – sozusagen die Krönung der Meinungsfreiheit – wird von Schriftstellern, Künstlern und politisch Verantwortlichen gepriesen.

Während die Affäre Houellebecq auf den relativ überschaubaren Rahmen von Frankreichs literarischem Mikrokosmos beschränkt blieb, fand der von der renommierten italienischen

Journalistin Oriana Fallaci (1929–2006) initiierte Feldzug gegen den Islam in den Medien eine Resonanz, die weit über die Grenzen Italiens hinausging. In den 60er und 70er Jahren war sie als Kriegskorrespondentin in Vietnam, Mexiko und dem Libanon eine international geachtete Persönlichkeit und hat durch ihre denkwürdigen Interviews mit Berühmtheiten aus der ganzen Welt den italienischen Journalismus entscheidend geprägt. Nach den Anschlägen vom 11. September veröffentlichte sie allerdings *La rabbia e l'orgoglio*,[49] ein anti-islamisches Manifest, mit dem sie die These vom *Kampf der Kulturen* (engl: *Clash of civilizations*, 1993) des amerikanischen Politikwissenschaftlers Samuel P. Huntington, der den Islam als neuen Feind des Westens betrachtete, auf ihre Weise wieder aufnahm. Bereits 1990 hatte sie in ihrem Buch *Insciallah*[50] islamistische »Kamikaze-Kämpfer« auftreten lassen. Sie sind gezeichnet als gewalttätige Männer voller Hass, denen man mit Wut und Mut entgegentreten müsse, ohne auf den »Gesang« und die angebliche Toleranz der Intellektuellen zu achten. Die anti-intellektuelle Rhetorik von Fallaci ließ einen »grob-virilen Anti-Islamismus« erkennen,[51] dem sich in der Folge zahlreiche Medienstars anschlossen. Sie gaben vor, mit den »antirassistischen Tabus« aufzuräumen, und verpassten den Muslimen beleidigende Beinamen.

Durch Fallacis eifriges Betreiben nahmen die Kränkungen gegenüber den Muslimen zu. Sie nannte Letztere die »miesen Söhne Allahs« und sah dies als Beweis für ihren Mut: »Bei uns ist kein Platz für die Muezzins, für die Minarette, für die scheinheilige Enthaltsamkeit, für ihr dummes Mittelalter und für ihren dummen Tschador.«[52] Dieser Angriff auf die muslimische Religion fand seine Motivation nicht einfach in einer weltlichen Geisteshaltung, die jede Form religiösen Glaubens ablehnt. Er stand für eine neue Hinwendung zum Katholizismus. Die Journalistin unterschied zwischen dem Gott der Christen und Allah, dem Gott der Muslime: »Allah hat nichts gemein mit dem Gott des Christentums, mit Gottvater, einem guten Vater, einem Gott, der Liebe und Vergebung predigt. Der Gott, der die Menschen als seine Kinder betrachtet. Allah ist ein Gott mit Chef-Allüren, ein tyrannischer Gott. […] Wie kann man Jesus und Mohammed auf eine Ebene stellen?«[53] Diese christenfreundliche Neigung findet sich in Europa auch bei anderen Intellektuellen der universalistischen – ja sogar atheistischen – Linken. Die Äußerungen von Michel Houellebecq sind dafür ein Beispiel. Er behauptet, allen monotheistischen Religionen gegenüber äußerst kritisch zu sein, bekennt sich aber gleichzeitig zu einer gewissen Schwäche für den Katholizismus: Im Gegensatz zum Koran ist die »Bibel zumindest sehr schön, weil die Juden ein irrsinniges literarisches Talent haben. [...] Deshalb habe ich eine Restsympathie für den Katholizismus, wegen seines polytheistischen Aspektes. Und dann sind da all diese Kirchen, diese Glasfenster, diese Malereien und Skulpturen.«[54]

Die Werte, das Vermächtnis, das Kulturerbe, ja sogar der Gott der Christen werden so aus Opposition zum Islam verteidigt, um daran ein nationales oder kulturelles »Unter uns« festzumachen, worin man – um einen Buchtitel von Fallaci zu übernehmen – seinen »Stolz« sieht. Man sollte also weder Minderwertigkeitskomplexe haben noch sich von den Intellektuellen und deren Kolonialismus- und Rassismus-Vorwürfen einschüchtern lassen. Man sollte im Gegenteil den Mut haben, seine Wut gegen die Muslime zum Ausdruck zu bringen, um das Kulturerbe zu verteidigen. Wut und Mut, so lautet die Formel von Oriana Fallaci, die von anderen europäischen Schriftstellern und Journalisten übernommen wurde. Sie alle waren der Meinung, dass es für den Kampf gegen den Islam unbedingt notwendig sei, im öffentlichen Leben mit den Tabus der Xenophobie und des Rassismus aufzuräumen. Vor diesem Hintergrund löst sich in den öffentlichen Debatten der Rechts-Links-Gegensatz allmählich auf. Viele linke Intellektuelle, die Religiosität ablehnend gegenüberstehen, reagieren verwirrt oder sind selbst von dieser vom Affekt getragenen, vereinfachten Formel verzaubert: Wut und Mut gegen den Islam. Im Fall von Fallaci genauso wie im Fall von Houellebecq sind – trotz aller Verschiedenheit in Stil und Haltung – die Grenzen zwischen dem Privaten und dem Öffentlichen, zwischen den Affekten und den Tatsachen, zwischen Gefühlen und Ideen verwischt.

»Warum lesen die Italiener Oriana Fallaci?« so der Titel eines französischen Artikels, der 2005 dieser berechtigten Frage nachging.[55] Aus Betroffenheit über diesen Artikel versuchte auch der

italienische Schriftsteller und Journalist Giancarlo Bosetti darauf eine Antwort zu finden. Für ihn ist der Erfolg dieses Buches
kein Einzelphänomen, sondern Zeichen einer weitverbreiteten
Ablehnungshaltung gegenüber dem Andersartigen.[56] Dies hatte
drei Jahre zuvor bereits eine andere Stimme auf deutlich ambivalentere Art bestätigt. Eine Stimme, die von dieser »aufschlussreichen Offenheit« sichtlich angetan war: »Fallaci ist im positiven Sinne unheimlich, sie berührt beim Leser ein tiefes, bisher
nicht eingestandenes Gefühl, das zwar in Gedanken immer präsent war, aber jetzt durch diese Seiten voller Hass und Verachtung in brutaler Weise zum Vorschein zu kommen droht: der
Abscheu vor allem, was anders ist als das gemeinhin Westliche.
Gott verzeihe mir. Diese Allergie ist glücklicherweise nicht tödlich. Aber Oriana Fallaci bringt es zum Ausdruck mit der Gewalt
einer Frau, die sieht, wie sich in einer bestimmten Weltordnung
Risse bilden, und sich mit ihrem Stolz, mit ihrem Körper dagegen
auflehnt. Es ist eine bewundernswerte Offenheit – ›Ihr habt keinen Schneid‹, wirft sie uns an den Kopf –, ziemlich abscheulich,
aber trotzdem erstklassig.«[57] Die Worte stammen von Françoise
Giroud, einer außergewöhnlichen Persönlichkeit unter den französischen Intellektuellen. Sie kommt aus einer jüdischen Familie
in der Türkei und war Vorreiterin für den weiblichen politischen
Journalismus. Als junge Frau kämpfte Françoise Giroud gegen
den Algerien-Krieg. Später – von 1974 bis 1976 – setzte sie sich
als Staatssekretärin und Frauenbeauftragte für die feministische
Sache ein. Die Journalistin, Schriftstellerin, Drehbuchautorin
und Atheistin aus Überzeugung hatte einen außergewöhnlichen
Lebensweg, durchlief eine glanzvolle berufliche Karriere und
machte vielfältige politische Erfahrungen.[58] Und dennoch gehörte sie zu den Lesern, die – auch wenn sie weder rechts noch
rassistisch waren – die überspannten Äußerungen von Oriana
Fallaci, vor allem deren vereinfachte Formel »Wut und Mut«,
nicht indifferent ließen.

Einen Widerhall fanden diese Äußerungen also auch unter
denen, die aufgrund ihres persönlichen und intellektuellen Werdegangs eigentlich gegen eine binäre Darstellung der Welt hätten
immun sein müssen. Sie erklärten, dass sie sich sehr wohl mit
diesen Büchern identifizieren könnten und eigene tiefsitzende

Gefühle darin wiederentdeckt hätten, auch wenn sie diese Emotionen selbst nicht verständen. Unausgesprochenes erleichtert das Denken in Feindbildern. Nach Bosetti kann dieses »negative« Denken nur im Rahmen einer Polarisierung zwischen »uns« und »ihnen« funktionieren. Dieser »auf den Feind gerichtete Gedanke« öffnet einen politischen, moralischen und für die Identitätsbestimmung wichtigen Graben zwischen den »Nationalen« und den anderen, und zwar nicht nur in Italien, sondern in ganz Europa. Dieser ansteckende Gedanke kursierte in der Tat unter den Intellektuellen und Clowns der Medienwelt, die alle entschlossen waren, sich vom vermeintlichen Joch des Multikulturalismus, des Antirassismus und des Pazifismus zu befreien.[59]

Dieser »negative« Gedanke versucht, in der Öffentlichkeit alle Tabus zu Fall zu bringen, und zwar um den Preis einer peinlichen Verdrehung der Worte: »Meinungsfreiheit« und »Mut« sind die als Argumente eingesetzten Waffen, um sich vor einem breiten Publikum Gehör zu verschaffen und diejenigen zu denunzieren, die den »Sirenen« einer multikulturellen Gesellschaft nachgegeben hätten. Die Stimmen der Muslime, besonders die der Frauen, werden in diesem Kampf ganz bewusst falsch interpretiert. Denn die negative Darstellung der für den Islam typischen Wesenszüge legitimiert die Produktion und Verbreitung dieser Erzählung. Schriftsteller, Journalisten und Forscher sind daran beteiligt, manchmal so aktiv wie Fallaci, manchmal nur durch generelle Zustimmung. Bei vielen Intellektuellen war deutlich zu beobachten, wie die Kritik am Multikulturalismus sich mehr und mehr zu einer laizistischen Haltung im repressiven Sinne entwickelte oder sogar zu einer Angleichung an die konservativsten katholischen Werte und zu einer Verteidigung der »christlichen Wurzeln« Europas.

Europa mit seinen drei monotheistischen Religionen steuert so auf das Bekenntnis einer strikt christlich-jüdischen Identität zu, die den Islam von den beiden anderen monotheistischen Religionen deutlich abgrenzt. Die muslimische Religion wird einer Prüfung unterzogen, ganz besonders Moscheen und ihre Formen des Gebetes. Während die Orte und Glaubenshandlungen früher zu den Gemeinsamkeiten der drei großen Religionen gezählt wurden, gelten sie jetzt nicht mehr als übereinstimmende

Punkte zwischen den Gläubigen, sondern sogar als Ursache für die Spaltung. Selbst in den Ansprachen mancher katholischer Geistlicher spürt man das Bemühen, sich vom Islam abzugrenzen und nur nach dem Judaismus auszurichten. Der Bürgermeister von Treviso, Präsident der *Lega de Venetia*, eines Zweigs der *Lega Nord*, engagierte sich in den Protestbewegungen gegen den Bau von Moscheen in Italien. In einem Interview, das er uns gewährt hat, behauptete er, dass »die Moschee kein Gebetsort ist wie die Kirche für die Katholiken oder die Synagoge für die Juden«. Und weiter sagte er: »Die Wurzeln Europas, das sind dessen christlich-jüdischen Ursprünge.«[60]

Die neuen Gesichter »aus dem rechtsextremen Lager«

Die politische Szene blieb von diesen Veränderungen im öffentlichen Bereich natürlich nicht verschont. Die Identitätsdebatten vor dem Hintergrund der Konfrontation mit dem Islam sind wie geschaffen für die Gründung einer Bewegung, die man unter Neopopulismus zusammenfassen kann. Es handelt sich weniger um einen neuen Angriff des rechtextremen Lagers als vielmehr um eine populistische Kraft, die mit auf der Welle schwimmt, die durch den »Wegfall der Tabus« und durch die Grenzverschiebungen zwischen der extremen Rechten und der Rechten – und auch der Linken – ausgelöst wurde. Die politische Manipulation der Angst vor dem Islam ließ Bewegungen, Ideologien und Leute zusammenkommen, die auf dem politischen Schachbrett eigentlich im krassen Gegensatz zueinander stehen. Die traditionelle politische Rechts-Links-Aufteilung war durcheinandergeraten.

Die Europawahlen von 2009 gaben den Ton vor: Die liberaleren Länder waren überrascht über den Stimmenzuwachs bei den rechtsextremen Parteien. Für England zog die British National Party mit zwei Sitzen zum ersten Mal ins europäische Parlament ein. Das reiche multikulturelle Erbe der Niederländer wurde durch den Sieg der Freiheitspartei (PVV) von Geert Wilders zunichtegemacht. Und das republikanische Frankreich, das sich für immun gegen rechtsextreme Parteien gehalten hatte, machte auch keine Ausnahme:[61] Der Aufstieg von Marine Le Pen an die

Spitze des Front National und deren wachsende Popularität in den Umfragen zeigten, dass auch Frankreich betroffen ist von der europaweiten Anti-Islam-Welle.

Die neuen Dynamiken lassen sich nur begreifen, wenn man nach den Gründen für den Erfolg der rechtsextremen Bewegung fragt: Sie ändert ihr Erscheinungsbild, ist keine Randerscheinung mehr, gibt dem Erbe der 68er-Bewegung eine andere Richtung, verteidigt nationale Werte und führt ein neues politisches Repertoire ein, bei dem der Islam die Zielscheibe ist. Wie viele andere europäische Bewegungen hat auch diese sich neu legitimiert, weil sie das Thema der Identität aufgegriffen hat, ein Thema, das seit 2000 in Europa in den öffentlichen Debatten immer mehr an Bedeutung gewinnt. Die Wortführer dieser Bewegungen fanden den Zugang ins öffentliche Leben oft dadurch, dass sie sich die Angst vor dem Islam zunutze machten. In den Debatten fielen sie auf durch ihren Kampfgeist gegen den Islam und durch ihre respektlose Haltung gegenüber den Ideen der »konformistischen und politisch korrekten Linken«. Die Republikaner auf der rechten sowie die Intellektuellen auf der linken Seite, in ihren eigenen politischen Ideen verhaftet, waren häufig fassungslos in Anbetracht des Erfolgs dieser Bewegungen, die den neuen Akteuren den Weg zu einem allgefälligen Populismus öffneten.

Marine Le Pen steht für die neue Frauenfigur der extremen Rechten und ist durchaus vergleichbar mit den anderen Aufsteigern in Europa. Sie distanzieren sich alle sehr vom konservativen Auftreten der vorangegangenen Generation: Manchmal ähnelt ihr Habitus sogar dem der europäischen Gegenkultur, im deutlichen Unterschied zu ihren Vorgängern. Heinz-Christian Strache, der Vorsitzende der rechtsextremen Partei Österreichs, trägt ein T-Shirt mit dem Konterfei von Che Guevara, und Oskar Freysinger, der Initiator des Schweizer Referendums gegen die Minarette im November 2009, hat seine langen Haare zu einem Pferdeschwanz zusammengebunden. Beide schrecken nicht zurück vor den Emblemen der Kulturrevolte und geben sich als Verfechter der Gleichberechtigung von Mann und Frau, als Befürworter des Feminismus und der freien Meinungsäußerung und als Mitstreiter im Kampf gegen die Homophobie und den Antisemitismus aus. Sie verfremden das kulturelle Erbe der Linken und grenzen sich von der vorangegangenen Generation der extremen Rechten ab, die aufs Patriarchat ausgerichtet war und keinen Hehl aus ihrer Fremdenfeindlichkeit und ihrem Antisemitismus machte. Unter diesem Gesichtspunkt ist Marine Le Pen ein gutes Beispiel für den Bruch mit der väterlichen Tradition, mit den Werten des bieder-katholischen französischen Arbeitermilieus. War der Vater noch Wortführer der »kleinen Leute« gegen die an den Hochschulen ausgebildete, etablierte Elite, so bemüht sich die Tochter, Anwältin und Europa-Abgeordnete, nicht mehr um eine Abgrenzung von der republikanischen Elite. Im Gegenteil, sie lässt die Marianne – die Symbolfigur der französischen Republik – mit ihren Gesichtszügen darstellen, schmückt sich mit den republikanischen Idealen und verteidigt die Laizität. Auch als Vorsitzende einer Männerpartei gibt sie ihre feministische Haltung nicht auf. Ihre familiären Bande kommen ihr dabei sicherlich zugute. Sie vertritt einen republikanisch-laizistischen »Feminismus von oben«, der dem islamischen Schleier von muslimischen Mädchen den Kampf angesagt hat.

Mit ihren Kontroversen um den Islam in Europa bestimmen diese neuen Figuren das öffentliche Leben. Durch die Entfesselung einer lebhaften Debatte um den Bau von Minaretten in der Schweiz hat Oskar Freysinger, bis dahin in der Politik ein unbeschriebenes Blatt, eine europaweite Popularität erreicht. In Frankreich wird das Thema der islamischen Bedrohung von Marine Le Pen ausgeschlachtet. Sie verurteilt die muslimischen Straßengebete und lenkt gezielt die Öffentlichkeit darauf. Im Dezember 2010 löste sie eine Debatte aus, indem sie die Freitagsgebete in der Rue Myrha im 18. Pariser Arrondissement mit der deutschen Besatzung während des Zweiten Weltkriegs verglich. Dieser Vergleich zwischen Muslimen und Nazis hat mehrere antirassistische Verbände dazu bewogen, wegen Anstiftung zum rassistisch motivierten Hass Anklage gegen sie zu erheben. Marine Le Pen hat ihre Angriffe auf den Islam dennoch verstärkt und ihren Vormarsch in den öffentlichen Bereich unbeirrt fortgesetzt: Sie brandmarkt den das Gesicht vollständig bedeckenden Schleier und fordert ein Gesetz dagegen. Sie begehrt gegen die »Kathedral-Moscheen« auf und kämpft gegen die Polygamie und gegen die Verbannung des Schweinefleisches aus den Kantinen. Sämtliche religiöse Praktiken der Muslime sind für sie eine politische Manifestation des Islam, und jede Form von Toleranz gegenüber den Muslimen führt in ihren Augen zu einer Diskriminierung der »alteingesessenen« Franzosen.

Es wird schwierig, all diese rechtsextremen Bewegungen in Europa namentlich zu benennen, angesichts von wechselnden Parteiprogrammen und Erscheinungsformen. Man kann sie auch nicht über die einzige durchgängige Kontinuität – der Rassismus der 70er Jahre und die Anti-Immigrations-Politik – fassen. Denn die Kategorie der Rasse hat sich inzwischen religionsspezifische Kleider übergezogen. Und die Akteure dieser Bewegungen stehen nicht mehr an den extremen Rändern des politischen Schachbretts, sondern suchen ihre Legitimität in allernächster Nähe der von der gesellschaftlichen Mehrheit getragenen öffentlichen Meinung, der sogenannten »nationalen« Meinung. Sie fordern für ihre Äußerungen absolute Offenheit und rühmen sich, »oben zu sagen, was die Leute unten denken«. Die öffentliche Debatte ist von Emotionen und Ängsten bestimmt, gibt die sensationellen Momente von Schockbildern wieder und präsentiert mit rhythmischer Regelmäßigkeit stereotype Darstellungen.

Ebenso wie die »aus der Migration kommenden« Muslime, die ihren Migranten-Status hinter sich gelassen haben und versuchen, in einer Phase der Postimmigration als Staatsbürger zu leben, werden auch die »aus der extremen Rechten kommenden« neuen Gesichter des Populismus nicht mehr geächtet und läuten in Europa eine neue populistische Ära ein. Diese neuen politischen Formationen verstehen sich als »Verteidiger« der nationalen Gemeinschaft gegen die »islamische Invasion« und arbeiten auf europäischer Ebene gemeinsam an einer Homogenisierung ihrer Anhängerschaft. Sie kämpfen gegen die in der Öffentlichkeit sichtbaren Zeichen des europäischen Islam, wie etwa das Tragen des Schleiers, den Bau von Moscheen und Minaretten, das Freitagsgebet, die rituelle Schlachtung oder den Handel mit *Halal*-Lebensmitteln. Über ihre Offensive gegen den Islam gewinnen sie im Zentrum der europäischen Öffentlichkeit an Popularität. Die Muslime werden in deren Darstellungen in einer monolithischen Einheitskategorie vergegenständlicht, ohne Gesichter, ohne Geschichte und ohne Stimmen.

Im Laufe der Debatten formte sich ein identitätsstiftendes europäisches »Wir« gegen die Muslime aus. Die islamophobe Politik ignoriert auch die Verbindlichkeit von Verboten, denn sie appelliert an die »Courage«, ungehemmt von der Wut und vom Hass auf den anderen zu sprechen, und bricht so mit der pluralistischen und progressiven Tradition Europas. Der Mensch verdrängt seine Wut auf den anderen nicht mehr. Eine Wut, die das demokratische Spiel in Gefahr bringt und sich auch gegen die »Eigenen« richten kann, wie der Fall Breivik im Juli 2011 in Norwegen auf tragische Weise gezeigt hat. Die mörderische Gewalt, die er gegen die jungen Norweger entfesselt hat, ist symptomatisch für das ideologische Klima in Europa und für die Gefahren, die der europäischen Demokratie drohen. Der Mörder, Anders Behring Breivik, 32 Jahre alt, mit einem Diplom der Osloer Handelsschule, ist ein »alteingesessener« Norweger, der sich selbst als einen »konservativen Christen« bezeichnet. Das von ihm verfasste Manifest zeigt, dass er verworrene Ideen übernommen hat, zusammengefasst in einer Abhandlung, die sich um die Verteidigung der eigenen Identität gegen das »islamische Übel« dreht. Er geißelt die »Verweichlichung und Feminisierung der europäischen Kultur« und bedauert »beim kastrierten westlichen Mann dessen Mangel an Männlichkeit«. Die Förderung des Multikulturalismus und der Kampf gegen den Rassismus, den Sexismus und die Homophobie gehören für ihn zu einer »Ideologie, deren Ziel die Zerstörung der westlichen Kultur ist«. Die multikulturalistischen Eliten – die europäischen Institutionen, die Regierungsparteien, die Medien und Intellektuellen – sind seiner Meinung nach die Hauptverantwortlichen für diesen Zustand. Sie haben »Europa« verraten. Sie wollte er bestrafen, als er seine Waffen gegen unschuldige junge Sozialdemokraten richtete: Er warf ihnen vor, eine Kultur der Toleranz zu propagieren und damit dem Islam die Türen Europas zu öffnen.

Aber auch ohne diesen Extremfall wird deutlich, dass die Präsenz der Muslime in Europa, die öffentlichen Manifestationen ihrer Unterschiede und ihre religiösen Erscheinungsformen das Identitätsbewusstsein irritieren. Die anti-islamischen Reaktionen der Politik erfahren in der allgemeinen Meinungsbildung eine starke Legitimierung, und zwar mit dem Risiko, dass sich das öffentliche Leben unter dem Einfluss destruktiver Kräfte rück-schrittlich entwickelt. Jede neue Kontroverse verstärkt diese in ganz Europa sich ausbreitende Bewegung. Das gesamte intellek-tuelle und politische Arsenal, das den öffentlichen Bereich inklu-sive des Respekts für die kulturellen und religiösen Unterschiede zum Islam prägte, gerät letztlich in Verruf. Der Multikulturalis-mus, die Rechte der religiösen Minderheiten und die Religions-freiheit scheinen ihre diskursive Kraft zu verlieren. Die muslimi-schen Migranten fühlen sich der politischen Sprache beraubt, die es ihnen erlauben würde, ihre Präsenz im städtischen Leben zu verteidigen. Sie sind nicht willkommen, außer wenn sie an die Ideen der nicht-religiösen Intelligenzija glauben oder den Anfor-derungen eines von oben diktierten Feminismus und anderen Werten der dominanten Leitkultur entsprechen.

Was zeigt sich denn durch diese Kontroversen? Beginnt Eu-ropa, im öffentlichen Bereich Konflikte zwischen den Kulturen zu inszenieren? Zwischen dem Islam und dem Westen? Kann Europa der Spirale der Gewalt und des gesellschaftlichen Aus-schlusses entkommen? Kann es sich der Politik der gegenseiti-gen Intoleranz entziehen? Gibt es eine andere Lösung, damit der öffentliche Bereich wieder zu einem fruchtbaren Nährboden für den demokratischen Pluralismus wird?

Auf der Suche nach Antworten auf diese Fragen entschloss ich mich zu einer Feldforschung vor Ort, bei einfachen Bürgern in unterschiedlichen europäischen Städten, um den »ganz nor-malen Muslimen«, denen, die als Betroffene in diese Kontrover-sen verwickelt sind, eine Stimme zu geben.

Gewöhnliche Muslime

Die Kontroversen um den Islam in Europa haben – wie wir gesehen haben – eine Zunahme neopopulistischer, ja sogar islamophober Bewegungen zur Folge. Aber parallel zu diesen Kontroversen melden sich muslimische Stimmen zu Wort. In den Debatten über den Islam tauchen neue Figuren auf: Männer und Frauen, Theologen und Politiker. Sie stehen für eine neue Generation, die sich in der postmigrantischen Phase für den Integrationsprozess engagiert. Weil sie die europäischen Sprachen beherrschen und den Kommunikationskodex sowie die soziale Etikette kennen, können sie in die öffentlichen Debatten einsteigen. Manche von ihnen lassen auf Kosten ihrer Gegner keinen Zweifel an ihrer Kunst des Polemisierens aufkommen.

Medienfiguren des europäischen Islam

Unter ihnen befinden sich Intellektuelle und Theologen, aber auch Vertreterinnen der Politik, die als »befreite Frauen« gelten. Sie zählen insofern zu den Figuren des Islam, als sie in ihren Beiträgen Themen behandeln, auf die die europäischen Muslime ständig angesprochen werden: Die Gleichberechtigung von Mann und Frau, die Meinungsfreiheit, der Schleier, die Intoleranz und der Terrorismus. Mit ihrer Kenntnis der islamischen Grundsätze und der europäischen Werte finden sie Gehör sowohl bei den Muslimen als auch in der europäischen Öffentlichkeit im Allgemeinen. Aber ihre Popularität bei den einen erweist sich in den Augen der anderen manchmal als Nachteil. Vor einem Publikum mit konkurrierenden – wenn nicht gar antagonistischen – Kräften werden ihre persönliche Glaubwürdigkeit und die Glaubwürdigkeit ihrer Äußerungen regelmäßig in Frage gestellt. Mit ihrer

Teilnahme an Debatten für oder gegen den Islam ernten sie Argwohn, Kritik oder Ablehnung. In den westlichen Ländern ist jeder von ihnen umstritten: Die einen stehen im Verdacht, zur islamistischen Bewegung zu gehören, und fürchten einen Entzug ihrer Aufenthaltserlaubnis oder ihres Einreisevisums, andere – wenn ihnen eine ablehnende Haltung gegenüber dem Islam vorgeworfen wird – werden eingeschüchtert und von den radikalen Islamisten sogar mit dem Tode bedroht.[62]

Zwischen Männern und Frauen lässt sich hierbei ein Unterschied im öffentlichen Auftreten beobachten. Die muslimischen Frauen, die sich in diesen Debatten zu Wort melden, treten oft als Verfechterinnen weltlicher Werte auf und üben Kritik am Islam. Im Gegensatz zu den Männern, die sich gerne auf die Kenntnis der islamischen Theologie berufen, stehen bei den Frauen das persönliche Erlebnis und die »intime« Erfahrung mit dem Islam im Vordergrund.

Auf die eigene Erfahrung zurückgreifen kann beispielsweise die bereits von mir erwähnte muslimische Somalierin Ayaan Hirsi Ali, die als politischer Flüchtling in die Niederlande gekommen war. Sie präsentierte sich als eine authentische Stimme aus der Gemeinschaft heraus, um die Unterdrückung der Frauen durch den Islam anzuprangern. Mit dem Verweis auf ihre Zwangsheirat und die Todesdrohungen, denen sie ausgesetzt war, wurde sie zur Wortführerin für den Feminismus und die Werte der Freiheit. Da sie das öffentliche Interesse auf Tabuthemen lenkte, welche die Situation der muslimischen Migrantinnen betreffen, übernahm sie in den Debatten die Rolle der muslimischen Frau, die sich von den islamischen Gesetzen und auch von der muslimischen Gemeinschaft befreit hat. Ihr persönlicher Bericht als »Ex-Muslimin« hat sicherlich dazu beigetragen, ihre Aura als freie Frau zu stärken und ihre öffentlichen Beiträge in den Niederlanden zu legitimieren.[63] Mit ihrem Plädoyer für eine Laizität ohne Konzessionen gegenüber den Forderungen der Muslime ist sie bei der französischen Intelligenzija sehr beliebt.[64] Ayaan Hirsi Ali wird auch von den europäischen Feministinnen sehr geschätzt. 2008 haben sie ihr den Simone-de-Beauvoir-Preis für die Freiheit der Frauen zugesprochen. Was das Verhältnis »Muslim versus Europäer« angeht, plädiert sie für eine Vorrangstellung Europas. Als

Verteidigerin der Laizität und der individuellen Freiheiten, die sie mit dem Islam für unvereinbar hält, hat sie sich der Politik der neopopulistischen Rechten angenähert, insbesondere der Politik des Niederländers Geert Wilders.

Alle Wortführer, ganz gleich, ob sie sich für oder gegen den Islam aussprechen, sind mit mehreren Ländern und Nationen verbunden. Ayaan Hirsi Ali stammt ursprünglich aus Somalia, war in die Niederlande geflohen und wurde dort zur Abgeordneten des Parlaments in Den Haag gewählt. Anschließend ging sie in die USA zum American Enterprise Institute, einer neokonservativen Denkfabrik. Repräsentiert Ayaan Hirsi Ali die Stimme der weltlichen Muslime, so ist Tariq Ramadan – einer der bekanntesten europäisch-muslimischen Intellektuellen – in den Debatten als Verteidiger des europäischen Islam bekannt geworden. Er ist Schweizer Staatsbürger, französischsprachig, lehrt an der Universität Oxford und leitet seit 2012 das *Research Center for Islamic Legislation and Ethics* in Doha (Katar). Durch seine Bemühungen, das philosophische und theologische Denken miteinander zu verbinden, unterscheidet sich Ramadan von den weltlichen Intellektuellen, aber auch von klassischen Theologen wie dem Scheich Yusuf al-Qaradawi: Der aus Ägypten stammende Staatsbürger Katars ist Vorsitzender des *Europäischen Rates für Fatwa und Forschung* (ECFR) und offizieller Fernsehprediger des Senders Al Jazeera. Die Fatwas dieses transnationalen Moralpredigers gelten als Autorität, nicht nur in muslimischen Ländern, sondern auch bei den europäischen Muslimen. Sie werden auf Englisch und Arabisch über die 1999 eingerichtete Webseite *Islamonline* verbreitet.

Die Akteure verwenden die unterschiedlichsten Medien, beteiligen sich an Fernsehdebatten, veröffentlichen Presseartikel, schreiben Bücher, die in mehrere Sprachen übersetzt werden, und betreiben Internetseiten. Sie beschränken sich nicht auf einen einzelnen nationalen Rahmen, sondern wechseln zwischen verschiedenen Ländern und Institutionen hin und her, haben mehrere »homelands« und bedienen sich sämtlicher Informations- und Kommunikationstechnologien, um ihre Vision zu verteidigen und ihre Ideen zu verbreiten. Als entnationalisierte, aber weltweit in den Medien präsente Figuren des europäischen

Islam bemühen sich diese Denker, Prediger, Philosophen und Theologen, für den Islam in Europa neue Normen aufzustellen, und zwar in erster Linie für die Fragen zur Sexualität und zur Gleichberechtigung von Mann und Frau.

Tariq Ramadan, umstrittener muslimischer Intellektueller und in Europa Verfechter eines »gemeinschaftlichen Universalprinzips«

Tariq Ramadan ist wahrscheinlich die öffentliche Figur, die die in Europa lebenden Muslime am besten repräsentiert. Er ist aber auch die umstrittenste. Als Enkel von Hassan al-Banna, dem Gründer der Muslimbrüder, strahlt er für manchen Muslim per se Aura und Charisma aus. In der europäischen Öffentlichkeit bringt ihm das bei bestimmten Akteuren aber auch Misstrauen ein. So wurde ihm vorgeworfen, zur Durchsetzung der islamistischen Propaganda ein »doppeltes Spiel« zu treiben.[65] Obwohl er die französische Sprache und Kultur perfekt beherrscht, traf er vor allem in Frankreich auf sehr viele Hindernisse, die seine Teilnahme am öffentlichen Leben vereiteln sollten. Für seine Gegner widerspricht sein Plädoyer für den islamischen Glauben in Europa den Grundprinzipien der französischen Republik. Gemeint sind die Laizität und die Staatsbürgerschaft, die beide gebieten würden, dass man seine Andersartigkeit und seine Zugehörigkeit zu einer ethnischen oder religiösen Gemeinschaft aufgibt als unabdingbare Bedingung für die Integration. Tariq Ramadan ist kein Anhänger des republikanischen Universalismus. Er kritisiert den Westen wegen dessen Anspruchs, das Monopol auf Universalprinzipien zu haben, und arbeitet an der Idee eines »gemeinschaftlichen Universalprinzips«. Für Ramadan steht das Universalprinzip für ein gemeinsames Forum, in dem mehrere Wege, mehrere Stimmen und mehrere Religionen zusammenkommen. Dieses Universalprinzip würde sich eher an einem gemeinsamen Schnittpunkt entwickeln als durch die Integration der Unterschiede.[66] Vom Hinduismus und den drei monotheistischen Religionen inspiriert, betont er die Notwendigkeit der geistigen Arbeit und der Überwindung des Ichs durch eine

Umwandlung der eigenen Person und macht die innere Befreiung zu einer Bedingung für das Teilen und den Pluralismus. Laut ihm kann man nur über Selbstbeobachtung auf den anderen zugehen.[67]

Für den Politologen Alain Roussillon trägt Tariq Ramadan dazu bei, »durch kontextbezogenes Lesen eine neue islamische Positivität zu entwickeln«: »Sein Standpunkt erläutert die mit einem Kompromiss einhergehenden Bedingungen und Herausforderungen, die eine Re-Interpretation der religiösen Normen nach sich ziehen würden, auf der Suche nach einem Konsens, für den die Ulemas als Partner notwendig erscheinen. Das Aufkommen des islamischen Feminismus zeigt, wie Ramadan sich den Ablauf dieser Dialektik vorstellt: Einerseits müssen sich die Musliminnen der patriarchalischen Macht entziehen, die ihnen in den muslimischen Gesellschaften – selbst in der Emigration – auferlegt ist, und ihr Recht auf Bildung, Arbeit und Unabhängigkeit einfordern; andererseits darf dies nicht auf eine blinde Nachahmung des ›emanzipierten‹ westlichen Frauenmodells hinauslaufen.«[68]

Während unserer Untersuchungen konnten wir feststellen, wie beliebt Tariq Ramadan bei jungen Muslimen ist. In unseren Gesprächen in verschiedenen europäischen Städten haben die befragten Leute öfter spontan seine Schriften und Vorträge erwähnt. Insbesondere wenn es um die Frage geht, wie man in Europa seinen Glauben leben kann, beziehen sich die jungen Muslime auf die Gedanken dieses Philosophen. Tariq Ramadan ist in der Tat der erste Theologe, der den Gläubigen Hoffnung macht, Hoffnung auf eine Möglichkeit, auch als europäischer Bürger seinen Glauben leben zu können. Denn er betont, dass die muslimische Religionszugehörigkeit nicht unvereinbar ist mit einem Leben in Europa. Die Äußerungen eines 25-jährigen marokkanisch-stämmigen Mannes aus Toulouse sind bezeichnend für seinen Einfluss auf junge Muslime, die ihren Glauben mit ihren Erlebnissen in Europa in Einklang bringen wollen, denn er gehört zu den Leuten, die ihnen geholfen haben, ihre Religion im europäischen Kontext zu begreifen und zu interpretieren: »Als ich jünger war, habe ich mir viele Fragen gestellt, und ich hatte immer das Gefühl, zwischen den beiden Kulturen hin- und hergerissen zu werden, denn man ließ mich immer im Glauben, dass ich nicht gleichzeitig ein die Regeln des Islam respektierender Muslim und französischer Staatsbürger sein kann. Ich bin Tariq Ramadan dankbar. Er hat mir sehr geholfen, mir eine Identität aufzubauen, die sowohl meine Konfession als auch meine Identität als Staatsbürger berücksichtigt. Heute sehe ich das viel lockerer. Ich bin ein französischer Staatsbürger mit muslimischer Konfession und habe damit überhaupt kein Problem.«[69]

Die Wirkung der Analysen von Tariq Ramadan auf die europäischen Muslime ist groß, auch auf nicht-arabischsprachige Muslime. Es sind viele, die »sich in den Worten von Tariq Ramadan wiederfinden«, ganz unabhängig von der jeweiligen Abstammung, weil er »sehr geprägt vom Kontext« sei, in dem sie leben. Auch eine Dänin, Tochter einer finnischen Mutter und eines syrischen Vaters und Gründerin der Vereinigung *Critical Muslims*, lässt sich auf der Suche nach ihrer Identität zwischen der christlichen und muslimischen Kultur vom Werk Ramadans inspirieren. Sie bedauert, dass es in Dänemark keine muslimischen Intellektuellen vom Format Ramadans gibt.[70] Eine junge marokkanisch-stämmige Italienerin ist der Meinung, dass Ramadan »der muslimischen Problematik in Europa auf den Grund geht«.[71] Und ein aus der Türkei stammender junger Niederländer formuliert sein Interesse am Werk und den öffentlichen Beiträgen von Tariq Ramadan, weil er hier eine Antwort auf seine Frage »Wie in Europa den Islam leben?« findet.[72] Tariq Ramadan versucht den Muslimen im Hinblick auf deren europäische Staatsbürgerschaft ein neues Bewusstsein zu vermitteln, ein Bewusstsein, das über die gängigen Phrasen zum Thema Migration und gescheiterte Integration hinausgeht. Die meisten der von uns befragten Muslime schätzen es sehr, dass seine Analysen die europäische Realität des Islam in Betracht ziehen.

Überall in Europa gibt es in der Öffentlichkeit stehende Persönlichkeiten, die – ganz gleich, ob sie nun den Islam kritisieren oder verteidigen – den paradoxen Begriff »europäischer Muslim« verkörpern und dabei einen neuen Zeitabschnitt einläuten: die postmigrantische Phase. Diese Leute sind umstritten, weil sie ein Hindernis aufzeigen und eine Kollision verursachen: Sie decken Probleme auf bei der schwierigen Normalisierung, die sich ergibt, wenn man gleichzeitig Muslim und europäischer Staatsbürger ist, und sie benennen die Hemmnisse während des Eingliederungsprozesses des Islam in Europa. Schon allein durch ihre Anwesenheit begünstigen sie die Verwandlung der Öffentlichkeit in Europa. Da sie als politische Akteure, als Theologen oder Experten auftreten, ist es schwer, sie in eine gemeinsame Kategorie einzuordnen. Die Trennungslinie zwischen den Intellektuellen und dem Islam kommt durch sie in Bewegung, und so wird in den öffentlichen Debatten aus dem Islam eine maßgebliche Religion.

Der neue islamische Habitus
der in Europa lebenden Muslime

Während unserer Feldforschung haben wir die Muslime nach den verschiedenen Vorstellungen vom Islam befragt, nach der Grenze zwischen dem Erlaubten und dem Verbotenen, nach dem, was für sie heilig oder blasphemisch ist, nach dem, was auf freier Entscheidung und was auf islamischen Vorschriften beruht, und besonders nach dem Begriff der Scharia, der Zusammenfassung sämtlicher Vorschriften, die der Muslim im religiösen, sozialen und juristischen Bereich zu beachten hat. Sie nimmt im maßgeblichen Universum des Islam grundsätzlich einen zentralen Platz ein. In unseren Interviews zeigt sich, dass die Scharia nur einen schwachen Einfluss auf die Vorstellungswelt der von uns befragten Muslime hat. In ihren Glaubensdefinitionen kommt der Begriff jedenfalls nicht vor. Für die meisten von ihnen steht außer Frage, dass sie sich – wenn sie im europäischen Kontext ihren Glauben leben – einerseits nach den weltlichen Gesetzen richten müssen, andererseits aber auch die islamischen Gesetze und Vorschriften zu überprüfen haben. Doch im Scharia-Begriff erkennen sie sich nicht wieder, mit dem sie vielmehr die Anwendung von körperlichen Strafen und einen islamischen Staat verbinden. In den Diskussionen kommen sie vor allem dann auf die Scharia zu sprechen, wenn sie ihre Zugehörigkeit zu Europa bekräftigen wollen.

Salima, 28 Jahre alt, stammt aus einer kinderreichen, ursprünglich aus Algerien kommenden Familie im nordfranzösischen

Valenciennes. Sie ist die Älteste von sechs Geschwistern und hat die Ausbildung an einer Handelsschule mit dem Diplom erfolgreich abgeschlossen. Zur Zeit des Interviews – Ende 2009 – arbeitete sie in Genf im Finanzsektor und war ledig. Das Bild von der modernen Geschäftsfrau erfüllte sie, indem sie ihr Privat- und Berufsleben selbst bestimmte und gleichzeitig ihrem Glauben treu blieb. Nach ihrer Ausbildung ging sie nach Afghanistan und Pakistan, um sich im humanitären Bereich zu engagieren. Zurück in Europa, ließ sie sich nach der Anwerbung durch einen Headhunter in Genf nieder. Sie begründete ihre Entscheidung damit, beruflich weiterkommen zu wollen. Aber auch ihre religiöse Überzeugung war ausschlaggebend: Genf ist bekannt für seine Kurse in islamischer Theologie. Die sportliche Salima liebt Wandern und Skifahren – Sportarten, die es ihr erlauben, sich den muslimischen Kleidungsnormen entsprechend anzuziehen. Bei der Frage, wie sie über die Anwendung der Scharia im Falle eines Ehebruchs denkt, zögert sie einen Moment, bevor sie antwortet: »Als Frau, na ja, ich bin hier geboren, dass die Steinigung und die Auspeitschung vollstreckt werden, das ist etwas, was mich ganz besonders schockiert. Es ist wahr, für mich wäre es heute undenkbar, mich dem zu unterwerfen.« Weil sie »hier geboren« ist, erklärt sie sich »schockiert« über diese Strafmaßnahmen und bestätigt eindeutig ihre Zugehörigkeit zum europäischen Kulturbereich.[73]

Salima ist kein Einzelfall. Bestimmend für ihren Lebensweg ist einerseits das Streben nach beruflichem Erfolg, andererseits aber auch ihr Wille, den Glauben zu leben und zu interpretieren. Ihre religiöse Überzeugung schließt auch die Forderung nach einem persönlichen Engagement in allen Lebensbereichen mit ein. Ihren Glauben zu leben, das bedeutet für sie, den Islam zu studieren, und zwar sowohl über den Besuch von Seminaren als auch über eigene Übungen. In ihren grundsätzlichen Entscheidungen im beruflichen, humanitären und sportlichen Bereich orientiert sie sich am Islam. Ihre Art, den Glauben zu leben, folgt dabei keinem Automatismus, der ständigen Aufmerksamkeit und Überwachung und beinhaltet auch ein waches Bewusstsein für ihre Person und ihre berufliche Laufbahn. Salima steht für das neue Profil der europäischen Muslimin, die ohne Zögern zum Ausdruck bringt, dass sie mit bestimmten islamischen Gesetzen und

Vorschriften nicht konform geht, vor allem, wenn es sich um die Situation der Frauen handelt. Nicht ohne Stolz betont sie ihre kritische Haltung und ihren Unabhängigkeitswillen, die sie als ihren europäischen Wesenszug betrachtet.

Mit diesem Profil wird offenkundig, dass die religiösen Praktiken des »gewöhnlichen Muslims« in Europa nicht mehr diejenigen widerspiegeln, die ihnen über die Familientradition ihres Ursprungslandes vermittelt worden waren. Die Migration bewirkt tatsächlich einen Bruch mit der Autorität der religiösen Experten und unterbricht die Kette der klassischen Übermittlungen. Weil die europäischen Muslime in einem sozialen Kontext leben, in dem das Verhältnis zu ihrer Religion nicht von vornherein festgelegt ist, eignen sie sich die Religion auf eine viel bewusstere Art an. Durch diesen Prozess, der sich seit Beginn des neuen Jahrtausends abzeichnet, unterscheiden sie sich von der vorangegangenen Generation, die noch von der mündlichen Übermittlung der Religion geprägt war. Sie dagegen bevorzugen eine intellektuelle Annäherung an den Islam und erarbeiten sich über den Besuch von Seminaren und Konferenzen islamischer Institute und Verbände gute Kenntnisse der kanonischen Texte. Gelernt wird alleine und in der Gruppe. Wer den Glauben ausüben will, muss die Suren, die Hadithe und die Legenden auswendig lernen, aber auch jeden Tag die Übungen zur Körper- und Geistesbeherrschung wiederholen. Dieser Prozess lässt einen ganz neuen islamischen Habitus erahnen, einen Habitus, der seit den 2010er Jahren typisch ist für die Muslime in Europa.

Der Begriff des »gewöhnlichen Muslim« steht für einen stark gesellschaftlich engagierten, gläubigen Menschen, der seinen islamischen Habitus aktiv lebt, ohne dass dies einen islamistischen Militantismus zur Folge hätte. Es sind junge, aktive Menschen, die in den europäischen Ländern meistens zur Mittelschicht und zur Altersgruppe der 19- bis 45-Jährigen gehören. Sie stehen mitten im gesellschaftlichen Leben und üben sehr unterschiedliche Berufe aus. Die Muslime, denen wir während unserer Feldforschung begegnet sind, arbeiteten im Bildungswesen – als LehrerIn an der Grundschule, an weiterführenden Schulen oder an Universitäten –, im Gesundheitswesen – als Krankenschwester, PsychiaterIn, PsychotherapeutIn oder Arzt/Ärztin –, in den freien

Berufen – Anwalt/Anwältin, IngenieurIn oder ArchitektIn –, im Dienstleistungsgewerbe – als RestaurantbesitzerIn, Buchhändlerln, InhaberIn eines Friseursalons oder einer Änderungsschneiderei – und im künstlerisch-kulturellen Bereich – als GrafikerIn, SlammerIn, SängerIn, Hip-Hop-MusikerIn, Web-DesignerIn, Ton-IngenieurIn, FilmregisseurIn oder ModezeichnerIn. Auch in der Politik, im Vereinswesen, in der Verwaltung und in der Öffentlichkeitsarbeit sind sie tätig, beispielsweise als LeiterInnen von regierungsunabhängigen Organisationen auf nationaler und internationaler Ebene.

Erscheinungsformen des Islam im öffentlichen Bereich

Wenn die Muslime die islamischen Vorschriften befolgen, ist ihre Präsenz deutlich sichtbar. Die Bezeichnung »gewöhnlicher Muslim« bedeutet nicht, dass er unsichtbar ist. Denn der Ausdruck des Glaubens ist eine Aktionsform, zu der nicht nur innere Bekenntnisse, sondern auch äußerliche Darbietungen gehören. Sie hat deshalb private und öffentliche Handlungen zur Folge. Einen Schleier anzuziehen oder sich zum Gebet niederzulassen, das sind Beispiele für religiöse Handlungsweisen: Sie sind einerseits nach innen gerichtet und privat, andererseits nach außen gerichtet und öffentlich. Die muslimischen Bürger geben sich mit einer störenden Sichtbarkeit, mit einer »fremden Eigenart« zu erkennen, denn obwohl sie gewöhnliche Bürger sein wollen, pflegen sie eine Religiosität mit spezifischen Zügen. Sie werden sichtbar und fallen auf, anstatt in der gesellschaftlichen Mehrheit aufzugehen. Diese Ambivalenz zwischen der Darstellung einer sichtbaren Verschiedenheit und dem Wunsch, gewöhnlicher Staatsbürger zu sein, kann man am besten erfassen, wenn man – wie Hannah Ahrendt – den öffentlichen Bereich als einen Bereich für Auftritte begreift.[74] Für die Philosophin verhalten sich diejenigen als Staatsbürger, die den Mut haben, ihren privaten Schutzbereich zu verlassen, sich zu entschleiern, sich präsent zu zeigen und ihre Besonderheit darzustellen. Wenn man handelt und öffentlich in Erscheinung tritt, wird man zum Staatsbürger. Étienne Tassin formuliert es so: Hannah Ahrendt fordert uns auf, uns an einem

»Heldentum durch die Aktion« zu orientieren, am Erwerb »gewöhnlicher Verdienste« im öffentlich-demokratischen Bereich.[75] Bei den Muslimen ergibt sich die Frage nach ihrem Platz in der Gesellschaft, wenn sie die muslimischen Regeln befolgen und dadurch auffallen. In ihrem Bemühen, gute Muslime und gewöhnliche Gläubige zu sein, werden sie zu sichtbaren Bürgern.

Unsere Feldforschung hatte also zwei Fronten zu berücksichtigen: zum einen den subjektiven Aspekt des Glaubens in der Privatsphäre, zum anderen den sichtbaren, umstrittenen Aspekt im öffentlichen Bereich. Wir haben in unseren Interviews mit europäischen Muslimen versucht zu verstehen, wie sie im Privatbereich ihre religiöse Subjektivität formen. In den Diskussionsrunden hingegen haben wir sie »in der Öffentlichkeit« beobachtet, in Interaktionen mit anderen Bürgern. Wir wollten so die Beziehungen zwischen muslimischen und nicht-muslimischen Bürgern untersuchen.

Die beiden Facetten der Feldforschung – Einzelgespräche und Diskussionsrunden – ergänzen sich gegenseitig. Durch die Einzelgespräche können wir dem subjektiven Aspekt der Religion nachgehen und die persönliche Interpretation der Kontroversen beleuchten. Die Diskussionsrunden hingegen schufen die notwendigen Voraussetzungen, damit die Akteure gegeneinander Stellung beziehen und sich mit ihren unterschiedlichen Standpunkten in die Debatte einbringen können. Die durch Fragen gesteuerten Einzelgespräche informieren uns über das, was hinter den Kulissen geschieht. Die Diskussionsrunden hingegen erlauben uns einen Blick auf das, was auf der öffentlichen Bühne passiert. Gemäß der Unterscheidung von Erving Goffman unterteilt sich der öffentliche Bereich – wie die Theaterbühne – in *frontstage* und *backstage*: Die Schauspieler/Akteure überschreiten die Schwelle, welche die Kulissen der hinteren Bühne von den Darbietungen auf der eigentlichen Bühne trennt.[76] Mit anderen Worten: Wenn die Muslime ihren Glauben aus der Privatsphäre entlassen, wird der Islam sichtbar. Die Sichtbarkeit der Religion hängt aber eng zusammen mit der Art, wie der Glaube in der Intimsphäre geformt ist.

Es sind die Muslime selbst, die mit ihren Bemühungen, den Glauben und die religiösen Vorschriften auch im europäischen

Alltag zu leben und zu befolgen, den Islam im öffentlichen Bereich sichtbar machen. Diese Präsenz ist also nicht nur auf die Aufbauschung durch die Medien zurückzuführen. Weil sie die Staatsangehörigkeit der europäischen Länder haben, in denen sie leben, stellen die Muslime auch die Frage nach ihrem Platz in der Gesellschaft, wenn sie ihre Besonderheit zeigen. Ihr Interesse am Islam ist bereits ein Beweis für ihre Integration, denn der Wunsch, eine Moschee bauen zu dürfen, den Schleier tragen und *Halal*-Lebensmittel kaufen zu können, zeigt das Engagement der Muslime in Europa. Sie sind im sozialen und politischen Bereich ihres jeweiligen Landes als Bürger aktiv. Über ihre Forderungen haben sie sich mit den juristischen und administrativen Regeln und mit den wirtschaftlichen und politischen Handlungsträgern vertraut gemacht.

Die muslimische Präsenz und deren Sichtbarkeit lässt die europäische Öffentlichkeit natürlich nicht unberührt. Die Kontroversen sind ein Beweis für die Aufregung, die sich in der Öffentlichkeit deswegen breitmacht. Es gibt viele Streitthemen zum Islam. Ganz besonders beschäftigt haben wir uns mit dem gemeinsamen Gebet auf der Straße, mit dem Bau von Moscheen im Zentrum der Städte, mit dem Schleier in den Schulen, mit den *Halal*-Lebensmitteln im Handel und mit dem Verbot von Sakrileg-Darstellungen in der Kunst. Nicht immer sind islamische Vorschriften der Grund für die Kontroversen. Und nicht jede Kontroverse entsteht dadurch, dass man den islamischen Glauben öffentlich zum Ausdruck gebracht hat. Außerdem liegen die religiösen Praktiken, um die es bei den Kontroversen geht, aus der Sicht der muslimischen Theologie nicht alle auf der gleichen Ebene: Das Gebet – *salaat* auf Arabisch – ist eine der fünf Hauptpflichten, welche die Säulen des Islam bilden, und gehört zum Kulturbereich – *ibâdât* auf Arabisch.[77] Der Schleier und die *Halal*-Lebensmittel gelten als soziale Pflichten – *mu'âmalât* auf Arabisch[78] – und können neu interpretiert werden. Was das Verbot von Schweinefleisch und die Schlachtung nach Vorschrift betrifft, so besteht ein allgemeiner Konsens. Die Vorschrift, den Schleier zu tragen, ist jedoch nach wie vor ein Diskussionsthema zwischen den Theologen. Und schließlich ist der Begriff des Heiligen – also das Blasphemie-Verbot gegenüber dem Propheten – ein sehr verinnerlichter Wert bei den Muslimen.

Der Ausdruck des Glaubens beschränkt sich bei den Muslimen natürlich nicht auf diese Praktiken, die wir allgemein als islamische Vorschriften bezeichnen, womit religiöse Praktiken und Rituale gemeint sind. Doch sie sind es, die in der europäischen Öffentlichkeit umstritten und Gegenstand der Kontroversen sind. Und diese Kontroversen und die Darstellungen des Islam bringen Unruhe in die Welt aller in Europa lebenden Muslime, ganz gleich, ob sie den Glauben praktizieren oder nicht. Sie fühlen sich permanent angesprochen und nach ihrer Beziehung zur Religion befragt.[79] Auch diejenigen, die den Medien nicht ausgesetzt sind, fühlen sich betroffen, was sich auf ihre Aussagen auswirkt. Diese Kontroversen bedrücken alle Europäer muslimischer Kultur, und zwar unabhängig von ihrer Beziehung zum Glauben. Deshalb haben wir in unserer Untersuchung auch die Stimmen derer berücksichtigt, die sich nicht für den Islam interessieren, aber trotzdem von diesen Kontroversen betroffen sind. Das sind BürgerInnen aus muslimischen Familien, die nicht unbedingt von dem Wunsch bestimmt sind, die religionsspezifischen Symbole zu übernehmen.

Mit dem Beginn der Kontroversen beschränkt sich der Islam nicht mehr nur auf die Gemeinschaft der Gläubigen. Aus einer Angelegenheit, die ursprünglich nur die gläubigen Muslime betroffen hat, wird etwas, was alle angeht. Bei der Auswahl der Teilnehmer für unsere Diskussionsrunden orientierten wir uns am Verlauf dieser Kontroversen: Städtebewohner, die gegen den Bau einer Moschee in ihrer Nachbarschaft protestieren, Lehrer, die mit der Forderung junger Mädchen konfrontiert werden, den Schleier tragen zu dürfen, Bürger, die sich in den sozialen Kämpfen gegen den Rassismus engagieren, oder auch fortschrittliche Katholiken und Juden, die sich in den interkonfessionellen Dialog einbringen. Von den Kontroversen um den Islam sind alle betroffen.

Den Begriff des öffentlichen Bereichs haben wir bei unserer Vorgehensweise sehr ernst genommen. Er beschränkt sich nicht auf den Medien-Bereich, auch wenn es natürlich zahlreiche Querverbindungen gibt. Denn immer bevor die Medien ins Spiel kamen, waren die Kontroversen von bestimmten Bürgern der jeweiligen Orte bereits in die Wege geleitet worden. Wir haben die Dimension der Medien nicht ignoriert, legen aber in den gesellschaftlichen Konflikten den Fokus auf die lokale Dimension: Wir haben unsere Feldforschung im öffentlichen Bereich durchgeführt, mit den Beteiligten in deren Umgebung, an konkreten Orten, nämlich in den Städten, wo die Kontroversen entstanden sind.

Die Forschungsroute im Europa der Kontroversen um den Islam

Die Forschungsroute richtete sich also nach den Orten, wo eine Kontroverse aufgekommen war. Das erste Ziel unserer Forschungsreise war Toulouse in Frankreich. Zwei Vorfälle im Zusammenhang mit der bereits erwähnten Kopftuchaffäre brachten uns im Februar 2009 dorthin: Der erste Vorfall wurde »Sabrina« genannt, Vorname der jungen Frau, um die es dabei ging; der zweite »Tisséo«, benannt nach dem öffentlichen Verkehrsnetz von Toulouse. Die Situation in Frankreich war beherrscht von den Folgen, die das im März 2004 erlassene berühmte »Gesetz gegen das Tragen eines Kopftuchs« mit sich gebracht hatte. Es verbietet religiöse Symbole an den öffentlichen Schulen. Mit diesem Gesetz hatte man die Kopftuchaffäre beenden wollen, damit aber praktisch nur eine neue Welle losgetreten. Man kennt in der französischen Gesellschaft eine regelrechte Zäsur zwischen der Zeit »vor« und der Zeit »nach« dem Gesetz von 2004. So kam es auch in Toulouse nach der Verabschiedung des Gesetzes zu zwei neuen »Kopftuch-Affären«, weil die staatlichen Autoritäten das Gesetz auch an zwei weiteren Orten – an der Universität und in den öffentlichen Verkehrsmitteln – zur Anwendung bringen wollten. Die beiden Vorfälle waren kein Einzelfall, im Gegenteil: Sie zeigten klar, dass der Streit sich ausgeweitet hatte und neue Argumente – auch in anderen Kontroversen – eingeführt wurden.

Sabrina, eine in der Forschung arbeitende Doktorandin an der Paul-Sabatier-Universität von Toulouse, war entlassen worden, weil sie sich geweigert hatte, ihr Kopftuch abzulegen, was angeblich die Gewissensfreiheit ihrer KollegInnen beeinträchtigt hatte. Wegen »Erregung eines öffentlichen Ärgernisses« verbot man ihr den Zugang zum Arbeitsplatz. Beim zweiten Vorfall ging es um eine Frau, ebenfalls aus Toulouse, der man die Erneuerung ihrer vom örtlichen Verkehrsverbund ausgestellten Zeitkarte verweigert hatte, weil auf ihrem Passfoto die Haare mit einem Kopftuch verdeckt sind. Um die Fahrgäste identifizieren zu können, sind bei Tisséo – so der Name des Verbundes – nur Fotos zulässig, auf denen der »Kopf frei« ist. Das Gesicht dieser Frau war nicht verdeckt. Sie wäre also zu identifizieren gewesen. Das Gesetz kam aber trotzdem zur Anwendung, und der Zugang zu den öffentlichen Verkehrsmitteln wurde ihr untersagt. Vor diesem Hintergrund wird immer offenkundiger, dass die nationale Identifikation Frankreichs sich zwischen dem Laizitätsgrundsatz und der Sorge um die öffentliche Ordnung bewegt.

Die Kontroversen, die wir in Toulouse erforscht haben, weiteten sich jedoch nicht zu einer europäischen Angelegenheit aus, noch nicht mal zu einer nationalen. Wir konnten jedoch beobachten, dass das Kopftuchverbot auf Bereiche ausgedehnt wurde, die von dem Gesetz aus dem Jahre 2004 eigentlich nicht betroffen waren. Das Verbot gilt nicht mehr ausschließlich an öffentlichen Schulen und für minderjährige Schülerinnen, sondern weitet sich auf andere Örtlichkeiten aus: auf die Universitäten, auf die öffentlichen Verkehrsmittel, auf die Umgebung der Schulen, ja sogar ganz allgemein auf die Straße. Die Zahl der Frauen, die von diesem Kopftuchverbot betroffen sind, vervielfacht sich: Studentinnen, Familienmütter, die ihre Kinder von der Schule abholen, Erzieherinnen, die in Kinderkrippen arbeiten, Frauen mit Burka oder vollständig verschleiert.

Die Kontroversen haben auch eine räumliche Dimension – Sie treten nicht allgemein im öffentlichen Bereich auf, sondern immer an konkreten Plätzen und eindeutigen Örtlichkeiten: Schule, Linienbus, Schwimmbad, Straße, Parlament, Krankenhaus, Gefängnis, Gerichtssaal, Theater, Kunstgalerie, Kantine, Friedhof usw. Die Muslime – wie alle anderen Bürger auch – gehen als Nutzer und Verbraucher täglich an diesen öffentlichen Orten ein und aus. Die Tisséo-Affäre von Toulouse zeigt deutlich, wie die Kontroverse um das Kopftuch, auch wenn sie in erster Linie die Schulen betrifft, auf andere Orte übergreifen kann, wie beispielsweise auf den städtischen Linienbus.

Der Bus als öffentliches Transportmittel garantiert die Mobilität der Bürger. Er ist auch ein Symbol für den gleichberechtigten Zugang zum öffentlichen Bereich und Beispiel für einen Ort, an dem im mikrosoziologischen Maßstab die öffentlichen Normen, Gesetze und politischen Maßnahmen, die auf eine Trennung und einen Ausschluss zielen, zum Vorschein kommen. Im Bus wird das Kräftespiel der Macht und der Diskriminierung aufgrund der Rasse, des Geschlechts oder der Religion deutlich sichtbar. In unserer kollektiven Erinnerung ist es die Afro-Amerikanerin Rosa Parks, die aus dem Bus einen symbolischen Ort für antirassistische Kämpfe gemacht hat: 1955 hatte sie sich auf einen Platz gesetzt, der für Schwarze verboten war, und geweigert, ihn einem weißen Fahrgast zu überlassen. Mit diesem performativen Akt missachtete sie das Verbot und die im Sinne der Rassentrennung aufgestellten Normen. Sie hat die unterschiedliche Behandlung von Schwarzen und Weißen deutlich sichtbar und damit die Rassentrennung im öffentlichen Bereich allgemein bewusst gemacht.

Auch in der Auseinandersetzung zwischen den konservativen und den modernen Kräften der muslimischen Gesellschaft nimmt der Bus einen entscheidenden Platz ein. Die Konservativen machen den Bus zu einem Ort, an dem sie ihren Kampf führen, indem sie hier die nach islamischen Normen vorgeschriebene Trennung zwischen Männern und Frauen fordern. In dieser Hinsicht muss man sich mit etwas Ironie fragen, ob der Wille, an den öffentlichen Orten in Europa säkulare Normen einzuführen, nicht in Widerspruch steht zum vorgegebenen Ziel: Schließt man nicht letzten Endes einen Teil der Frauen von der Gesellschaft aus, wenn man ihnen den Zugang zum öffentlichen Bereich nimmt? Es kommt vor, dass sich die feministischen Forderungen und die islamischen Normen – trotz großer Unterschiede – decken. Die einen wie die anderen befürworten Plätze, die Frauen vorbehalten sind, geschützt vor den Blicken der Männer. Die Kontroversen um Schwimmbäder mit gesonderten Öffnungszeiten für Frauen sind ein Beispiel dafür. Der europäische Feminismus der

70er Jahre, der die Formung einer weiblichen Identität abseits der Blicke von Männern gepredigt hatte, hätte Forderungen dieser Art sicherlich unterstützt. Heute treten die europäischen Feministinnen in ihrem Kampf gegen die »Islamisierung« der Normen für eine Mischung der Geschlechter ein und versuchen, die säkularen Normen durchzusetzen.

Unsere Forschung beschränkte sich weder auf ein bestimmtes Land noch auf eine Affäre. Unsere Forschungsroute von einer Stadt in die andere ergab sich durch die Kontroversen, die zu den unterschiedlichsten Themen aufkamen. Dabei folgten wir keiner Karte der europäischen Nationen, auch nicht der Karte der Europäischen Union, denn wir wollten die Untersuchung »entnationalisieren«. Deshalb richteten wir uns nach einer Europakarte, auf der die Orte eingezeichnet waren, an denen Kontroversen ausgebrochen waren. Diese Kontroversen endeten nicht an den nationalen Grenzen. Sie führten uns nicht nur an Orte, wo die Muslime Migranten sind, sondern beispielsweise auch nach Sarajevo. Die Untersuchung hier drehte die Perspektive um: Denn sonst ist der Islam immer die von außerhalb Europas stammende Konfession der Migranten, das heißt, die Muslime kommen von außen, während sie hier traditionell ansässig waren.

Ein Anliegen dieser Untersuchung ist es in der Tat, die soziologischen Kategorien von »Muslimen« und »Europäern« auszulöschen. In diesem Punkt unterscheidet sie sich von soziologischen Studien über eine Gruppe von Muslimen, über ein Wohnviertel mit Migranten, über eine Gemeinschaft von Gläubigen oder über militante Fundamentalisten. Das Entscheidende an dieser Untersuchung ist die Auflösung von binären Pauschalkategorien, und zwar sowohl bei den Muslimen als auch bei den Europäern. Dies alles zu einer Zeit, wo man in Europa eine »Identitätswende« beobachtet: Besonders in den Reden der extremen Rechten wird versucht, dem »Volk« ein Gesicht und eine neue Stimme zu geben. Der auf die westliche Demokratie spezialisierte Historiker Pierre Rosanvallon hat den engen Zusammenhang zwischen dem Aufstieg populistischer Politiker und dieser Identitätswende in Europa deutlich vor Augen geführt.[80] Für ihn ist die für das demokratische Leben unverzichtbare öffentliche Meinung zu einer »Volksmeinung« geworden, die als Personifizierung der

Kollektivität das Gespenst vom inneren Feind, der die Identität des »europäischen Volkes« bedrohe, an die Wand malt.

Den Gegensatz zwischen den binären Kategorien haben wir auf zwei Wegen zu überwinden versucht. Einerseits wird Europa in unserer Forschung »entnationalisiert«, und wir versuchen, uns von der Vorstellung einer Einheit, eines Volks und einer Meinung zu verabschieden. Andererseits werden auch die Muslime, die sonst immer innerhalb von Gemeinschaften, ethnischen Gruppen oder radikalen Gruppierungen dargestellt werden, »entkollektiviert«. Um den Horizont des Möglichen auszuloten, haben wir auf experimentellem Weg nach einer anderen Verbindung zwischen den Individuen gesucht.

Die Rolle des »experimentellen öffentlichen Bereichs« (EÖB) in unserer Forschung

Wenn sich in einer Stadt eine Kontroverse entwickelt, kommt es in der breiten Öffentlichkeit zu neuen Konfigurationen. Wortführer unterschiedlicher Verbände und Gruppierungen, Geistliche und Politiker schalten sich ein. In der Anfangsphase achteten wir darauf, wie sich die breite Öffentlichkeit zu dem Ereignis positioniert, das die Kontroverse ausgelöst hat. Wir entwarfen einen Lageplan, um festzuhalten, wie sich die Öffentlichkeit in Folge der Kontroverse formiert, und zwar mit allen in diesem Zusammenhang auftauchenden Akteuren und deren jeweiligen Interventionen und Stellungnahmen. Vor Ort wurden alle betroffenen – oder sich einfach nur betroffen wähnenden – Akteure zu Einzelgesprächen und Diskussionsrunden eingeladen. Der experimentelle Aspekt unserer Forschung zeigt sich vor allem in der Zusammensetzung unserer Diskussionsgruppen.

Wir führten unsere Vor-Ort-Forschung immer an einer klar definierten Örtlichkeit durch. Voraus ging immer ein Ereignis, das eine Kontroverse ausgelöst hatte. Dies war von entscheidender Bedeutung, um sich Distanz zu den Medien und einen besseren Zugang zum sozialen Kontext zu verschaffen. In diesen Diskussionsrunden konnte man die Akteure in ihrer Vielschichtigkeit präsentieren, anstatt sie in gegensätzlichen Kategorien – wie etwa »Muslime« und »Europäer« – einzuordnen. Die Diskussionsrunden wurden als »experimentelle öffentliche Bereiche« organisiert: Wir brachten gewöhnliche Leute zusammen und eröffneten einen Freiraum für Argumentation.

Die auf diese Weise entstandenen Gruppen kommen in der Realität so nicht vor. Man ist nicht unter sich, sondern in einer Gruppe, die von Forschern zusammengestellt wurde. Wie im öffentlichen Bereich, wo in der Begegnung mit den anderen das Private dem Öffentlichen weicht, lädt auch der Ort unserer experimentellen Forschung die Teilnehmer ein, sich von den unzähligen Gruppierungen, denen sie sich zugehörig fühlen, zu befreien, ohne sie jedoch zu leugnen, und mit den anderen Akteuren in Interaktion zu treten. Wir wollten wissen, ob im Zusammenhang mit diesen Interaktionen und Konfrontationen ganz neue Verbindungen, Ideen oder Formen entstehen, die einen alternativen öffentlichen Bereich schaffen.

Dieser »experimentelle öffentliche Bereich« erteilt denen das Wort, die sich nicht gehört oder schlecht dargestellt, manchmal sogar stigmatisiert fühlen. Er ähnelt in seiner Funktionsweise dem *Theater der Unterdrückten*, welches in den 60er Jahren von Augusto Boal in Brasilien gegründet wurde.[81] Im Gegensatz zum »Theaterspektakel« handelt es sich hierbei aber um einen »Theaterversuch«: Die Zuschauer werden zu Schauspielern. Behandelt werden aktuelle gesellschaftspolitische Themen. Augusto Boal hatte eine Reihe von Maßnahmen erfunden, über welche die »Unterdrückten« lernen konnten, ihrer Stimme Gehör zu verschaffen, sich einer Situation zu stellen oder sie zu analysieren. Die Bürger finden sich eher über Improvisation als über eine festgelegte Dramaturgie auf der Bühne wieder und bringen dort ihre Wünsche, ihre Bedürfnisse und ihre Sehnsüchte zum Ausdruck. Wenn das Theater für Boal eine Form des Bewusstseins ist, so ist es sicherlich auch ein Mittel, um die Gesellschaft zu verändern. Oder mit Boals Worten: »Das Theater kann uns helfen, die Zukunft selbst in die Hand zu nehmen, statt einfach nur auf sie zu warten.«

Wie beim *Theater der Unterdrückten* müssen sich die Teilnehmer am »experimentellen öffentlichen Bereich« im Rahmen der Forschung nicht auf die Rolle des einfachen »Informanten«

und passiven Zuschauers beschränken, sondern können in das gesellschaftliche Spiel eingreifen. Die Forschungsmaßnahmen schaffen in der Tat einen »Bereich«, der wie eine Theaterbühne konzipiert ist. Dies gilt sowohl für die Teilnehmer als auch für das Forschungsteam. Jedes Mitglied des Teams – Moderator, Multimedia-Techniker oder Analytiker – hat eine klar definierte Rolle zu spielen. Auch ein Dolmetscher ist dabei. Der Forscher, der die Gruppe zusammengestellt hat, spielt die Rolle des Vermittlers. Er steht den Teilnehmern – rund 15 Personen pro Gruppe – am nächsten. Der Multimedia-Techniker hat zum einen die Aufgabe, die Diskussionsrunden mindestens vier Stunden lang zu filmen. Zum andern kümmert er sich um die Film- und Bildprojektionen, die während der Diskussionen zum Einsatz kommen. Mit seiner Präsenz und seinem Material – Kamera, Aufnahmegerät, Videoprojektor und Rechner – steht er für den konzeptualisierten, protokollarischen Aspekt dieser Forschung. Ich selbst übernehme die Rolle der Analytikerin und achte aufmerksam auf alles, was die einzelnen Teilnehmer sagen oder gemeinsam in Szene setzen. Meine Aufgabe ist es, die Gruppe auf ihrer Suche nach Sinn und Verbindung zu begleiten und in bestimmten Schlüsselmomenten einzugreifen: Registerwechsel, Änderungen im Diskussionsverlauf oder Situationsumkehrungen. Während der Diskussionen lege ich den Teilnehmern auch meine Sicht der Dinge dar und sage ihnen, was mir (un)möglich erscheint. In jeder Gruppe wird der Horizont für einen alternativen öffentlichen Bereich ausgelotet.

Bei den Diskussionsrunden geht es nicht darum, die Meinungen aller Teilnehmer einzeln abzufragen, sondern sie sollen vielmehr eine Situation schaffen, in welcher sie sich bemühen, den eigenen Standpunkt zu überwinden und die Vorurteile, die jeder vom anderen hat, zu überdenken. Für die optimale Inszenierung der Diskussion wird der Verlauf in drei Akte unterteilt. Im ersten Akt wird die jeweilige Kontroverse mit Hilfe von Bild- und Filmprojektionen vorgeführt. Auf diese Weise werden die Teilnehmer gezwungen, sich mit der aktuellen Situation auseinanderzusetzen. Der erste Akt bietet Gelegenheit, Stellungnahmen abzugeben, Interaktionen zu starten und sich in der Gruppe zusammenzufinden. Im zweiten Akt geht es um die Erlebnisse und die

Empfindungen der Muslime, um den islamischen Habitus und um die Frage, wie man im europäischen Kontext den Islam mit der Alltagswelt vereinbaren kann. Es ist ein günstiger Zeitpunkt, um unterschiedliche Sichtweisen miteinander zu konfrontieren: auf der einen Seite die subjektive Sicht der muslimischen Akteure, auf der anderen Seite die öffentliche Wahrnehmung des Islam. Im dritten Akt sucht man nach notwendigen Bedingungen, um die beiderseitige Ablehnung überwinden und eine gegenseitige Anerkennung anvisieren zu können. Eigentlich geht es im dritten und letzten Akt um die Suche nach Gestaltungsmöglichkeiten für einen alternativen öffentlichen Bereich.

Im »experimentellen öffentlichen Bereich« befinden sich die sozialen Akteure in einem Versuchsstadium, das auch einen imaginären Aspekt und eine theatralische Dimension enthält: Die Teilnehmer setzen sich mit einer alternativen sozialen Choreographie in Szene und können so ihre Weltsicht und die der anderen gründlich verändern. Eine Überwindung von Stereotypen ist die Folge. Der experimentelle Teilbereich der Forschung kann – genau wie das Theater – die Haltung gegenüber der Gesellschaft verändern und zu einer neuen Art der Gesellschaftsgestaltung beitragen. Insofern handelt es sich um einen Versuch mit dem Ziel, Möglichkeiten für eine neue soziale Organisation ausfindig zu machen. Wie alle sozialwissenschaftlichen Forscher legen wir Wert auf kritische Vorbehalte gegenüber nicht hinterfragten Glaubenssätzen und allgemein anerkannten Wahrheiten. Denn es stimmt schon, dass – wie Pascale Haag und Cyril Lemieux schreiben – »bei der sozialwissenschaftlichen Forschung das Bedürfnis, die Realität zu dokumentieren, genauso stark ist wie die Notwendigkeit, sich die Realität anders vorzustellen«.[82]

Die Kontroversen um das muslimische Gebet

Nach einer Äußerung, die dem Propheten Mohammed zugeschrieben wird (Hadith),[83] kann der Muslim sein Gebet überall
auf der Welt verrichten, vorausgesetzt, der Ort ist sauber und ge-
eignet für die innere Sammlung: »Die ganze Welt ist ein Ort des
Gebets.« Das Gebet ist die zweite der fünf Säulen des Islam (neben dem Glaubensbekenntnis, dem Fasten, der Unterstützung
der Armen und der Pilgerreise nach Mekka). Es ist ein Glaubensakt, an den sich jeder Muslim zu halten hat. Ein zweiter
Hadith erklärt das Gebet zur wichtigsten Lebensaufgabe, über
die am Tag des Jüngsten Gerichts der Gläubige Rechenschaft ablegen muss.

Schwierigkeiten dieses wichtigen Rituals im europäischen Kontext

Das muslimische Gebet, die *salaat*, muss fünfmal am Tag erneuert werden. Es ist ein heiliger Moment, in welchem sich der
Gläubige von seinen weltlichen Aktivitäten abwendet, um seine
Aufmerksamkeit auf Allah zu richten und ihn anzubeten. Das
Gebet festigt den Glauben und folgt genauen Regeln, die im
muslimischen Recht kodifiziert sind. Der Gläubige soll mit einem
reinen, vor Frömmigkeit bebenden Herzen vor Gott treten. Auf
diesen Akt bereitet er sich mit einer rituellen Waschung vor: Er
reinigt seinen Körper. Um auch sein Herz zu reinigen, spricht
er eine Formel, mit der er seine Absicht kundtut, ein Gebet im
Namen Allahs und nach den Empfehlungen seines Propheten
Mohammeds zu verrichten.

Das Gebet ist ein spiritueller Prozess, der körperliche Disziplin voraussetzt.[84] Weil es ein Akt sowohl der Demut als auch

der Unterwerfung unter den göttlichen Willen ist, darf er weder improvisiert noch in geistiger Zerstreuung ausgeführt werden. Die Körperhaltung des Betenden – stehend mit gekreuzten Händen und demütig gesenktem Blick, gebeugt oder kniend mit den Handflächen auf den Knien – und die bei jedem Gebet rezitierten Koran-Suren sollen die intime Verbindung zwischen dem Gläubigen und Gott stärken. Es gibt keinen Vermittler. Das Gebet kann alleine verrichtet werden. Empfohlen wird jedoch das Gemeinschaftsgebet in der Moschee, vor allem den Männern, wenn sie am Freitagmittag das wichtigste Gebet sprechen. Die Gläubigen beten dazu ganz nahe beieinander, und zwar in möglichst geraden Reihen, um die Gleichheit der Menschen vor ihrem einzigen Gott zum Ausdruck zu bringen.

Zudem wenden sich alle Muslime der Welt beim Beten zur *Qibla*, in Richtung Mekka. In den europäischen Medien konzentriert sich die Darstellung des muslimischen Gebets auf das Bild der knienden Gläubigen, die sich alle in die gleiche Richtung wenden. Dieses Bild der kollektiven Unterwerfung einer Glaubensgemeinschaft wird dem Individualismus der säkularisierten westlichen Gesellschaft gegenübergestellt.

Ein guter Muslim muss ständig darauf achten, dass sein Gebet nicht zur Routine wird. Die Genauigkeit garantiert ein authentisches Gebet und die persönliche Weiterentwicklung. Vor allem im europäischen Kontext ist die Erfüllung der muslimischen Vorschriften für den Gläubigen mit ständigen Mühen verbunden: Denn man kann sich den Glauben nicht für immer erwerben, er muss ständig gepflegt und gelebt werden. Für die Muslime wird der Glaube im Alltag immer wieder auf die Probe gestellt.[85] Inmitten westlicher Gesellschaften tagtäglich die islamischen Vorschriften zu beachten ist eine Prüfung oder zumindest eine Übung, die immer wieder Mühen kostet *(jihâd an-nafs)*.[86] Es gilt, alle möglichen Hindernisse zu überwinden, um die Gebetszeiten einzuhalten, die rituelle Reinigung von Körper und Seele vorzunehmen, einen Ort zum Beten zu finden und sich zu konzentrieren. Im säkularen Kontext sind die muslimischen Glaubenspraktiken Gegenstand besonderer Aufmerksamkeit und ständiger Überwachung. Der muslimische Alltag ist daher geprägt von Taktiken, sich unsichtbar zu machen und sich mit seiner Umgebung zu arrangieren. Dies erfordert ein besonders sensibilisiertes Bewusstsein für die islamischen Praktiken.

Vom religiösen Standpunkt aus betrachtet ist es für Muslime kein Problem, außerhalb der Moscheen zu beten. Sie legen dazu ihren Gebetsteppich auf die Erde, rollen ihn an einer Straßenecke aus, auf dem Flur einer Schule, auf einem öffentlichen Platz oder sogar vor einer Kirche. So wird das islamische Gebet inmitten der europäischen Gesellschaften sichtbar. Und wenn diese Praktiken die Grenze zwischen dem religiösen und weltlichen Bereich überschreiten, werden sie meist als ungeheuerliche Einmischung empfunden, als brisantes Eindringen einer fremden Religion in das öffentliche Leben. Dass man seine Religion so symbolträchtig zur Schau stellt, hat heftige Debatten ausgelöst. Seit den 2000er Jahren haben eine ganze Reihe von Kontroversen gezeigt, wie schwierig es für die europäischen Staaten ist, die religiöse Praxis der Muslime in ihre politischen und juristischen Grundsätze mit einzubeziehen, wie etwa in Bezug auf die Gewissens- und Religionsfreiheit oder die Rechte der Minderheiten.

Das Gebet in der Öffentlichkeit hat in der Tat verschiedene – individuelle und kollektive – Ausdrucksformen angenommen. Straßen, Schulen und Stadtzentren wurden manchmal – wenn auch recht selten – zu ungewöhnlichen Gebetsorten, wie etwa in Paris, Berlin, Mailand und Bologna. Wir haben in unserer Feldforschung versucht, den daraus folgenden Kontroversen nachzugehen.

Frankreich und Deutschland: Debatte über die öffentlichen Gebete

In Frankreich trug die mit diesem Phänomen zusammenhängende Kontroverse in den frühen 2000er Jahren den Namen einer Straße aus dem 18. Pariser Arrondissement: die Rue Myrha. Sie gehört zum Viertel Goutte d'Or, das hauptsächlich von Migranten bewohnt wird. Zum Freitagsgebet zieht es viele Muslime in die Khalid-Ibn-Walid-Moschee, und da der Innenraum nicht genügend Platz bietet, drängt die Schar der Gläubigen auch in den Außenbereich der Moschee. Mohammed Salah Hamza, der

Rektor der Moschee, macht seiner Verzweiflung Luft: »Ich kann einem Gläubigen, der zum Beten gekommen ist, nicht aus Platzmangel den Zutritt verweigern. Wir sind nicht in einem Museum oder Kinosaal.«[87] Jeden Freitagmittag werden die Bürgersteige mit Teppichen ausgelegt. Während des Gebets ist die Straße blockiert. Nach der letzten Gebetsformel werden die Teppiche rasch wieder eingerollt, die Menge der Gläubigen löst sich auf, und jeder geht wieder seinen Aktivitäten nach. Dieser wöchentliche Wechsel der Straßennutzung hatte sich mit Hilfe der örtlichen Behörden so eingespielt, dass im Laufe der Zeit die Sicherheit aller Beteiligten garantiert werden konnte.

Das Arrangement auf lokaler Ebene zog jedoch auf nationaler Ebene die Aufmerksamkeit von Politikern auf sich. Marine Le Pen, die Vorsitzende des Front National, machte als Erste das Gebet in der Rue Myrha zu einem zentralen Thema der politischen Debatte. Im Dezember 2010 verglich sie die Straßengebete mit der deutschen »Besatzung« und stellte so den betenden Muslim auf eine Ebene mit dem Wehrmachtssoldaten während des Zweiten Weltkriegs. Mitten im Wahlkampf um den Vorsitz in ihrer Partei erklärte sie auf einer öffentlichen Versammlung in Lyon: »Es ist eine Besetzung von Grundstücken, von Wohnvierteln, in denen das Gesetz der Religion herrscht, es ist eine Besetzung. Natürlich gibt es keine Panzer und keine Soldaten, aber es ist trotzdem eine Besetzung.«[88] Ihre Äußerungen lösten zwar bei vielen Politikern Entrüstung aus, aber trotzdem wurden die Straßengebete zu einem heißen Thema. Das Verbot, das gegen sie in die Wege geleitet wurde, bestimmte die Leitlinie der französischen Politik. Der damalige Innenminister Claude Guéant von der UMP-Partei (Union pour un mouvement populaire) hatte das Verbot der Straßengebete in sein Programm aufgenommen. »Die Straßengebete müssen aufhören«, erklärte er und fügte hinzu, dass seine Landsleute nicht »gegen die eine oder andere Religion« wären, »aber dass der öffentliche Bereich so umgestaltet wird, entspricht nicht dem Laizitätsgrundsatz«.[89]

In Deutschland wurde die Kontroverse um die Gebete im öffentlichen Bereich durch einen Berliner Jungen ausgelöst, der seine Gebete in der Schule verrichtet hatte. 2007 besuchte der 14-jährige Yunus Mitschele, Sohn einer türkischen Mutter und eines zum Islam konvertierten deutschen Vaters, das Diesterweg-Gymnasium in Berlin-Wedding, wo sehr viele Migranten leben. Yunus betete während der Pausen, auf einem Flur der Schule mit seiner Jacke als Gebetsteppich. Manchmal schloss sich eine kleine Gruppe von Schulkameraden seinem Gebet an. Folglich verbot die Schulleitung dieses »Flurgebet«. Als die Affäre schließlich vor Gericht landete, wurde eine öffentliche Debatte daraus. Mit dem Hinweis auf die Verfassung und auf die Religionsfreiheit wurde eine pragmatische Lösung vorgeschlagen: Denjenigen, die in der Schule beten wollen, sollte ein Raum zur Verfügung gestellt werden. Die Gegner fanden jedoch, dass dies einem Privileg für eine bestimmte Religion gleichkäme und dadurch der in der Schule geltende Neutralitätsgrundsatz bedroht sein könnte. Nach einem vierjährigen Verfahren befürwortete der Bundesgerichtshof in Leipzig 2011 das Verbot von Gebeten in der Schule und bestätigte, dass die Schule ein Garant für die religiöse Neutralität sein müsse.

Sowohl in Paris als auch in Berlin werden einige der neuen Züge des europäischen Islam sichtbar. Denn in beiden Formen des öffentlichen Gebets – kollektiv und individuell – kommen verschiedene Facetten des islamischen Erscheinungsbildes zum Vorschein. Dabei lassen sich zwei Generationen des europäischen Islam unterscheiden, nämlich die der Arbeiter und die der Schüler. Sowohl in Frankreich als auch in Deutschland sieht man deutlich, wie die Grundsätze der jeweiligen Örtlichkeit – der Anspruch auf Neutralität und auf Laizität – als Rahmen für die Debatte und als Grund für das Verbot der öffentlichen Gebete in den Vordergrund gestellt werden, und zwar auf Kosten der Gewissens- und Religionsfreiheit. Die sichtbare Präsenz des Islam im öffentlichen Bereich ist das zentrale Thema der Debatten. Was die Einwanderung und die Rolle der Religion im öffentlichen Leben angeht, haben Deutschland und Frankreich unterschiedliche historische und politische Entwicklungen durchlaufen: Die französische Laizität wurde bereits 1905 als Neutralitätsprinzip des Staates gegenüber den Religionen definiert und verbietet in den Schulen sämtliche religiösen Symbole. In Deutschland sind hingegen öffentliche Manifestationen der Religion erlaubt, wie die an den Wänden der Klassenzimmer hängenden Kreuze deutlich zeigen. Und während in Frankreich die Frage der muslimischen Einwanderung eng mit der kolonialen Vergangenheit in Algerien verbunden ist, hat die Beziehung Deutschlands zu seinen türkischen Einwanderern eine ganz andere Geschichte. Doch trotz dieser Unterschiede beobachtet man nach 2000 in beiden Ländern eine ähnliche Entwicklung: Die Regierungen versuchen mit dem Hinweis auf die »Neutralität« des öffentlichen Bereichs die religiösen Praktiken des Islam zu verbieten.

In Italien, wo die öffentlichen Gebete noch viel heftigere Kontroversen zur Folge hatten, kamen im Kampf gegen die Sichtbarkeit des Islam keine Neutralitäts- oder Laizitätsgrundsätze zum Einsatz, dafür aber die die italienische Gesellschaft prägende Macht der katholischen Religion, was den Debatten zu diesem Thema eine ganz andere Dimension gab.

Die Kontroverse von Bologna im Jahre 2009

In Bologna, wo mit der gotischen Basilika San Petronio aus dem 14. Jahrhundert die weltweit fünftgrößte Kirche steht, kämpfen die Muslime um einen Platz. Die Stadt ist die künstlerische Drehscheibe Norditaliens und besitzt eine Universität, die als die älteste der westlichen Welt gilt und im Mittelalter von berühmten Persönlichkeiten (Himerius, Dante, Boccaccio, Petrarca) besucht wurde. Sie hat den Beinamen »die Gelehrte« *(Bologna la Dotta)*, aber auch »die Rote« *(la Rossa)*, was sowohl auf ihre kommunistische Vergangenheit als auch auf die Farbe ihrer Terrakotta-Ziegel anspielt. Trotz der Macht der katholischen Kirche und der islamfeindlichen Haltung der christlichen Repräsentanzen ist der Islam auf dem Vormarsch. Die berühmte Wandmalerei in San Petronio aus der frühen Renaissance bezeugt es: Der zur Hölle verdammte Prophet Mohammed steht dort neben Luzifer.

Am 3. Januar 2009 kam es auf der Piazza Maggiore, dem für Einheimische und Touristen gleichermaßen unumgänglichen Platz, zu einer Solidaritätskundgebung für die palästinensische Bevölkerung von Gaza. Am Ende der Kundgebung begannen einige muslimische Teilnehmer, gemeinsam für die Einwohner von Gaza zu beten. Die anderen Teilnehmer – pazifistische Weltverbesserer und militante Linke – bildeten um sie herum einen Kreis von Schaulustigen. Die Fotografen hielten die gemeinsam betenden und in Richtung Mekka knienden Muslime mit der Basilika San Petronio im Hintergrund für die Ewigkeit fest. Das Ereignis hat bei den verantwortlichen Politikern und zahlreichen Bolognesern einen Sturm der Entrüstung ausgelöst. Vertreter der katholischen und muslimischen Religion, Politiker jeder Couleur, Gewerkschafter, Stadträte, aber auch Bewohner und Geschäftsleute aus der unmittelbaren Umgebung schalteten sich in die Debatte ein, ebenso wie Schriftsteller, Universitätsangehörige und Intellektuelle. Einige warfen den muslimischen Teilnehmern vor, das gemeinsame Gebet von vorneherein geplant zu haben, weil sie mit ihren Gebetsteppichen zur Kundgebung gekommen seien und so den Glaubensakt politisch instrumentalisiert hätten, was ein weiterer Beweis für die Radikalisierung des Islam sei. Die Muslime wiederum betonten, dass der Glaubensakt authentisch gewesen sei, und verwiesen auf die Pflicht, fünfmal am Tag zu beten; das Ende der Kundgebung sei zufällig auf die Zeit für das Abendgebet gefallen.[90]

Alle Muslime, die wir zu dieser Angelegenheit befragt haben, bestanden darauf, dass das Gebet in erster Linie eine Friedensbotschaft sei. Aber für viele Bologneser war das Gebet vor der Kathedrale ein Überfall auf einen heiligen Ort und ein Zeichen mangelnden Respekts vor der katholischen Religion. Aus diesem Grunde haben verschiedene muslimische Verbände öffentlich ihr Bedauern bekundet, dass die christliche Sensibilität verletzt worden sei. Aber im Gegensatz zu ihren Mailänder Amtskollegen, die zur Ökumene aufgerufen und zum interkonfessionellen Dialog eingeladen hatten, blieben die Bologneser Vertreter des katholischen Klerus hart: Der interkonfessionelle Dialog kümmerte den Bischof von Bologna wenig. Für ihn war das muslimische Gebet vor San Petronio ein politischer Akt, ein Zeichen für die gezielte »Islamisierung Europas«. Er berief sich auf seinen Vorgänger, den Kardinal Giacomo Biffi, der bis 2003 Erzbischof von Bologna gewesen war. Dieser hatte schon im Jahre 2000 vor der »islamischen Gefahr in Europa und in Italien« gewarnt und deshalb für das Heil Europas die Rückkehr zum Christentum als zwingend notwendig betrachtet. Gegen den vermeintlichen Angriff des Islam gab es für ihn nur eine Lösung: »Europa muss wieder christlich werden, sonst wird es letzten Endes muslimisch werden.«[91]

Andere Vertreter der politischen Szene Italiens plädierten für eine pragmatische Haltung: Sie sahen in diesem Gebet ein Zeichen dafür, dass Moscheen gebaut und Regeln für die islamischen Versammlungsorte aufgestellt werden müssen, so wie es früher auch bei den christlichen Kirchen der Fall gewesen war. Die islamischen Verbände schlossen sich diesem Standpunkt an und wiederholten ihre Forderung nach dem Bau von Moscheen. So kam es durch dieses Kollektivgebet zu einer Wiederbelebung früherer Debatten um das Bauprojekt einer Moschee im Bologneser San-Donato-Viertel. 2007 hatte die Stadtverwaltung einem entsprechenden Antrag von muslimischer Seite zugestimmt, was aber einen massiven Protest nach sich zog, der wiederum zur Bildung einer Bürgerinitiative »Nein zur Moschee« führte. Die neopopulistische Partei *Lega Nord* unterstützte diese Bewegung.[92] Als am 10. Januar 2009 Anhänger dieser Partei die Piazza Maggiore besetzten und sich als die echten *Bolognesi* präsentierten, bekam die Kontroverse eine neue Wendung. Ziel war es, nach der als »offensiv« gewerteten Aktion der Muslime »den Platz wieder zurückzugewinnen«. Mit diesem Engagement wollten die *Lega*-Anhänger ihren Einfluss auf die Stadt geltend machen.

Die Ereignisse von Bologna trieben die politische Hinwendung zum Thema *Identität* entschieden voran und sorgten angesichts der als Bedrohung empfundenen islamischen Präsenz im öffentlichen Bereich für einen Aufschwung der neopopulistischen Bewegungen. Die Sichtbarkeit des Islam war das zentrale Thema der Debatten. Das Beten in der Öffentlichkeit wurde als ostentativ-störendes Zeichen gewertet.

Wenn in den muslimischen Gesellschaften die Gläubigen während der Freitagsgebete in die anliegenden Straßen drängen, schockiert das niemanden: Das Gebet ist nicht »sichtbar« und deshalb kein Gegenstand öffentlicher Debatten. Aber in den Gesellschaften christlicher Tradition, wo man in einer Kirche, zu Hause am Esstisch, in den Klöstern oder an Pilgerorten betet und somit außerhalb weltlicher Orte wie Straßen oder Plätze, bewirkt das öffentliche Beten in der Vorstellungswelt mancher Bürger eine Missstimmung. Einzelne haben beim Kollektivgebet in Bologna sogar an einen Akt aus heidnischer, prämonotheistischer Zeit gedacht.

Dieses Gebet wurde auch als sozialer Übergriff empfunden, als eine Missachtung der Demarkationslinie zwischen den Einheimischen und den Migranten. So beschränkten sich Letztere nun nicht mehr auf die Industriegebiete am Stadtrand, sondern wurden erstmals im Stadtzentrum präsent. Trotz der kommunistischen Vergangenheit Bolognas war die Sichtbarkeit des Islam auf der Piazza Maggiore für manche Leute unerträglich. Eigentlich ein Veranstaltungsort sämtlicher politischer Kundgebungen, wurde dieser Platz nun als Bollwerk des Katholizismus verteidigt, der allein den »Einheimischen« vorbehalten sei.

Durch die beherrschende Rolle des Katholizismus bekommt der öffentliche Bereich in Italien eine besondere Dimension. Im Gegensatz zu Frankreich, wo die Laizität einen neutralen öffentlichen Bereich fordert, sieht sich die muslimische Religion in Italien mit dem christlichen Symbolismus konfrontiert.

Die Tatsache, dass das Gebet den Palästinensern gewidmet war, nährte die Zweifel an der Loyalität der Muslime gegenüber Italien und legitimierte deren Ausschluss. Mit der Kontroverse um das islamische Gebet wurden in der italienischen Öffentlichkeit die Rollen neu verteilt: Die Stimmen gegen die Moschee wurden lauter denn je, die Gräben zwischen den einzelnen Parteien verschoben sich, und die Initiativen gegen den Bau von Moscheen bekamen regen Zulauf.

Eine Debatte des »experimentellen öffentlichen Bereichs« in Bologna

Im Juni 2009 begab sich unser Forschungsteam auf die Reise nach Bologna, um die Leute vor Ort – Muslime wie Einheimische – zu dieser Kontroverse zu befragen. Es sollten Bedingungen für eine Debatte geschaffen werden, mit deren Hilfe wir prüfen können, ob die Dynamiken des öffentlichen Bereichs für die gesellschaftliche Realität repräsentativ sind. Für die Diskussionsrunde wählten wir Bologneser aus, die aktiv an der Kontroverse beteiligt gewesen waren oder sich von dem Thema betroffen fühlten. Unter den elf Diskussionsteilnehmern befinden sich drei muslimische Mädchen der zweiten Generation, die in Italien aufgewachsen sind, das Kopftuch tragen und regelmäßig an den Aktivitäten des *Verbandes junger Muslime in Italien* (GMI) teilnehmen.[93] Die beiden muslimischen Männer der Diskussionsrunde sind zum Islam konvertiert: ein Imam, der das islamische Kulturzentrum von Bologna leitet, und ein auf die muslimische Welt spezialisierter junger Wissenschaftler, der mit einer Marokkanerin verheiratet ist. Ihnen stehen drei überzeugte Anhänger der *Lega Nord* gegenüber, darunter auch die Initiatorin der gegen den Bau von Moscheen gerichteten »Bürgerinitiative«. Alle drei sind in den lokalen Kontroversen um den Islam stark engagiert und gehören zum Komitee, das sich gegen den Bau der Moschee von San Donato ausgesprochen hat. Es gibt aber auch Diskussionsteilnehmer, die ein für andere Kulturen offenes Italien vertreten: ein junger linker Geschäftsmann, eine Orientalistik-Studentin und eine Frau, die in England gelebt hat und mit dem Multikulturalismus sympathisiert.

Die Debatte verläuft von Anfang an sehr lebhaft und ist geprägt von einer starken Polarisierung zwischen den jungen Muslimen auf der einen Seite und den Anhängern der *Lega Nord* auf der anderen Seite. Gleich zu Beginn ergreift Norma, die Initiatorin der »Bürgerinitiative«, das Wort. Sie bekämpft in erster Linie den Moscheebau von San Donato und spricht sich auch für die Schließung der existierenden Gebetssäle aus. Die 60-jährige militante Anhängerin der *Lega Nord* steht den konservativ-katholischen Kreisen sehr nahe. Sie findet, dass die Muslime zu sehr begünstigt werden: »Man kann den Bau einer Moschee nicht genehmigen, wenn nebenan eine Dame wohnt, die – obwohl sie alle notwendigen Baugenehmigungen vorweisen kann – Mühe hat, einen kleines Einfamilienhaus bauen zu lassen. Das ist Rassismus mit umgekehrtem Vorzeichen. Es gibt Mehrheiten, die zu Minderheiten gemacht werden.« Eine zweite Anhängerin der *Lega Nord* pflichtet ihr bei: »Wenn ich eines Tages beschließen sollte, irgendwo eine katholische Kirche zu bauen, glaube ich nicht, dass die Stadtverwaltung mir dafür grünes Licht gäbe.« Die Parteigänger der *Lega Nord* zeigen ihre Wut darüber, dass sie ihre Rechte und Privilegien, ihren Platz in der Gesellschaft und in der Geschäftswelt verlieren könnten: »Unsere Geschäfte schließen, und deren Läden florieren. Wie kommt es, dass die Migranten hier neben den Kaufhäusern Obst und Gemüse verkaufen können? Was hat es mit diesen ganzen Kebab-Buden auf sich? Ich sage es, wie ich es denke: Für uns ist es ganz klar ein Fall von Geldwäsche … Es ist eine Besetzung von Grund und Boden, weil sie nach und nach alles kaufen werden. Alles wird islamisches Land werden.«

Man kommt sehr schnell von der Opposition gegen den Moscheebau über den Verdacht der Geldwäscherei zum besetzten Land und Komplott, kurz: zu einer Darstellung der Muslime als Eindringlinge. Ihrer Meinung nach gibt sogar der Vatikan angesichts dieser Invasion nach: »Dahinter steckt ganz eindeutig ein politisches Projekt, unterstützt vom Vatikan, man will den Islam nach Italien holen.« Die muslimischen Teilnehmer versuchen, die Diskussion auf eine juristische Ebene zu bringen, und führen das Recht auf eine freie Religionsausübung an. Die Muslimin Behija ist 23 Jahre alt, stammt aus Marokko und ist mit acht Jahren nach Italien gekommen. Heute trägt sie das Kopftuch und studiert Jura. In der Diskussion verteidigt sie die Grundsätze der italienischen Verfassung. Die Komplott-Theorie bringt die Debatte nicht weiter, sagt sie, man solle sich lieber auf das konzentrieren, was wirklich zählt, und die Religion unter dem Blickwinkel des italienischen Verfassungsrechts betrachten: »Die Annahme, dass der Vatikan den Islam nach Italien holen will, macht keinen Sinn. Sprechen wir lieber von der Verfassung der Italienischen Republik, die seit 1948 in Kraft ist. Dort ist juristisch festgelegt, dass jeder das Recht hat, seinen Glauben zu leben und die entsprechenden Rituale im privaten und öffentlichen Bereich zu praktizieren. Wer sich als Staatsbürger fühlen will, muss die Regeln und Gesetze respektieren. Wenn ein italienischer Staatsbürger muslimischer Konfession die italienischen Gesetze und Grundsätze respektiert, ist nichts dagegen zu sagen. Wenn die Moschee die Baugenehmigung beantragt hat, geschieht dies entsprechend den Regeln, das ist es, was zählt.« Behija findet es wichtig, dass die Gesetze eines Landes respektiert werden. Und sie ist der Meinung, dass die italienischen Gesetze auch für sie gelten.

Aber die *Lega*-Anhänger lehnen eine Debatte auf der Verfassungsebene ab: Sie verweigern den Muslimen die Möglichkeit, einen juristischen Diskurs zu führen, bei dem diese auf ihre Rechte in Italien pochen können. Stattdessen fragen sie nach den Rechten der Christen im Orient. Sie versuchen also den Spieß umzudrehen und sprechen die muslimischen Diskussionsteilnehmer auf ihre mutmaßlichen Herkunftsländer an: »Ich möchte gerne in Kairo Kirchen bauen, in Syrien, in Ihren Ländern«, sagt einer von ihnen mit sarkastischem Unterton. Sein Mitstreiter überbietet es mit dem ironischen Vorschlag, »von Ihrem König von Marokko« Geld zu fordern für den Bau von Moscheen. Die Muslime werden also nicht als italienische Staatsbürger wahrgenommen, sondern ausgesondert.

Stefano, ein junger Italiener und »alteingesessener Bologneser«, der vor vier Jahren zum Islam konvertiert ist, schaltet sich ein und versucht, eine Verständigungsebene zu finden. Er erinnert daran, dass er und die anderen muslimischen Diskussionsteilnehmer italienische Staatsbürger seien, von hier kämen und eben nicht von dort. Er geht auf den wechselseitigen Vergleich zwischen europäischen Muslimen und orientalischen Christen ein und bricht eine Lanze für die demokratischen Werte: »Ich finde, dass ein Staat, der von sich behauptet, laizistisch und demokratisch zu sein, den Laizitätsgrundsatz und die demokratischen Werte anwenden muss, und zwar unabhängig davon, was in anderen – weniger laizistischen und demokratischen – Ländern passiert.« Doch den Diskussionsgegnern geht es nicht um eine Debatte mit den Muslimen: Ihnen geht es vielmehr um einen Kampf gegen den Islam, der in ihren Augen eine Bedrohung von außen darstellt. Über die Moscheen käme es zu einer ausländischen Inbesitznahme ihres Landes: »Wir betrachten die Moscheen als Staaten im Staat.«

In einer kleinen Stadt wie Bologna lösen die Migration und die Präsenz von für den Islam charakteristischen Symbolen Ängste aus und geben vielen Einwohnern das Gefühl, den sozialen Frieden zu verlieren. Norma drückt ihre Sorge in Anbetracht dieser Veränderungen so aus: »Wir erleben im Moment eine allzu schnelle Veränderung der Gesellschaft und unserer unmittelbaren Umgebung. Das ist nicht einfach. Deshalb haben wir totale Angst.« Der Hinweis auf die schnellen Veränderungen, unter denen ihre Umgebung leidet, findet Anklang bei den anderen Diskussionsteilnehmern. Giuliano, der sich als Bologneser versteht – laizistisch, progressiv und antiklerikal –, fühlt sich mit seiner Stadt sehr verbunden und ist Inhaber eines der ältesten Geschäfte an der Piazza Maggiore. Er scheint von dem Redebeitrag zum Thema Angst und drohende Invasion sehr betroffen zu sein: »Gefühlsmäßig stehe ich dem, was Norma gesagt hat, sehr nahe. Die Sorge und die Angst sind für jemanden, der hier aufgewachsen ist, leicht nachvollziehbar … Es ist wahr, die Erdoberfläche nimmt nicht zu, die Bevölkerung hingegen schon. Es ist also eine Frage des Platzes und der Macht … Ich verstehe, dass sie sich ›überrannt‹ fühlt von Leuten, die sie nicht kennt. Das verstehe ich. Angst und Bedrängnis, das sind Worte aus dem tiefsten Inneren des Menschen.« Giuliano fügt noch hinzu, dass er nicht mehr links wählt, denn er findet, dass die Linke den realen Tatsachen hilflos und gelähmt gegenüberstehe.

Die Muslime Italiens – »falsche Italiener«?

Was aus den Wortmeldungen herauszuhören ist, ist weniger die Angst vor einer allgemein gescheiterten Integration als vielmehr vor dem Gegenteil: dem erfolgreichen Aufstieg der zu Italienern gewordenen Kinder aus den muslimischen Migrantenfamilien. Der Zwang, mit diesen den gleichen Bereich und die gleichen Rechte teilen zu müssen, löst bei manchen »alteingesessenen« Bolognesern Wut aus. Von den Muslimen, die ihre religiöse und kulturelle Andersartigkeit zur Schau stellen, machen ihnen diejenigen, die perfekt Italienisch sprechen und die gleichen Bereiche beanspruchen wie sie, am meisten Angst. Es ist nicht der in den Industriegebieten lebende Einwanderer, der sie stört, sondern der Muslim der neuen Generation, der über sprachliche Kompetenzen und berufliche Qualifikationen verfügt, der die juristische Sprache beherrscht und einen sozialen Aufstieg erlebt, obwohl er sich zum Islam bekennt.

Die ablehnende politische Haltung wird gefördert durch die Angst, Privilegien zu verlieren, und zwar zugunsten der Leute, deren sozialer Aufstieg offenkundig ist: Die Muslime werden als »Privilegierte« beschrieben, als »eingebildete« Leute, die in der Geschäftswelt die Hegemonie der Italiener durchbrechen, neben dem Einfamilienhaus der betagten katholischen Dame Moscheen bauen, schmutziges Geld waschen – von den Terrorakten, die sie verüben könnten, ganz zu schweigen. So wird die Stimme des einer Minderheit angehörenden Migranten von der des Einheimischen übertönt, der auf den Aufstieg dieser von der sozialen Mobilität profitierenden muslimischen Migrantenkinder panisch reagiert. In dem Moment, wo der Vorteil etablierter Hierarchien und klar definierter Grenzen verschwindet, erscheint der Andere als eine Bedrohung, äußerlich wie innerlich. Europa steht an einem Punkt, wo die Muslime räumliche Grenzen überschreiten und Orte besetzen, die eigentlich nicht für sie vorgesehen sind. Und dabei geben sie auch ihre Andersartigkeit auf religiösem Gebiet zu erkennen.

All diese rhetorischen Aussonderungen zielen also nicht auf die Gruppen, die brav in ihrer Ecke bleiben und sich auf die Bereiche beschränken, die ihnen zugestanden werden, sondern auf die, die die etablierten Grenzen überschreiten und dank ihrer Erziehung und der wirtschaftlichen Chancen aufsteigen. Der Demograph Hervé Le Bras zog einen Vergleich zu der feindseligen Haltung, mit der man zwischen den beiden Weltkriegen in Frankreich den Juden begegnete, und dem Vorwurf, den man ihnen machte, weil sie die soziale Leiter hinaufgeklettert waren. Die Juden wurden beschuldigt, ihren Erfolg erschwindelt zu haben. Ihre Loyalität gegenüber der Nation wurde bezweifelt. Ihre Schuld war es, nicht von hier und eigentlich »falsche Franzosen« zu sein, weswegen man sie als Kosmopoliten bezeichnete.[94]

Auch die muslimischen Bürger europäischer Länder haben es heute schwer zu beweisen, dass sie keine Fremden sind und nicht von »woanders« herkommen, sondern ihre Wurzeln mittlerweile sehr wohl in Europa liegen. Eben wie die Diskussionsteilnehmer von Bologna, die in Erinnerung rufen müssen, dass sie »hier« aufgewachsen sind und sich vor allem als Italiener fühlen. Souad, eine etwa 20 Jahre alte Muslimin, trägt das Kopftuch, studiert Orientalistik und arbeitet bei der Polizeipräfektur als Dolmetscherin für Italienisch und Arabisch. Sie ergreift das Wort und erinnert daran, dass sie in Italien geboren ist. Ihre Wurzeln liegen in diesem Land, ganz in der Nähe von Bologna. Die Muslime sind keine »Ausländer«, sagt sie. Sie fühlt sich nicht als »Migrantin«, sondern »hundert Prozent italienisch«.

Auch die Gymnasiastin Sarah erkennt sich in der italienischen Gesellschaft wieder: »Ich trage das Kopftuch. Das fällt auf. Man könnte glauben, ich sei nicht integriert, aber ich bin es sehr wohl. Ich fühle mich mehr als Italienerin als Algerierin. Ich fühle mich als muslimische Italienerin.« So definiert sie für sich Integration, die nicht im Gegensatz zur Religion steht. So sagt auch Daniele, ein vor elf Jahren zum Islam konvertierter Italiener, der das islamische Zentrum leitet: »Integration bedeutet nicht, dass man seinen Glauben aufgeben oder den der anderen leugnen muss. Eine gegenseitige Anerkennung würde den Dialog eher fördern.« Und doch ist es gerade das Sichtbarwerden eines Unterschiedes im religiösen Bereich, was Ressentiments auslöst. Die Anerkennung der islamischen Religion, so wie sie im öffentlichen Leben Italiens durch beispielsweise Moschee und Kopftuch in Erscheinung tritt, macht Probleme.

Die Muslime versuchen einen versöhnlichen Diskurs anzustimmen und betonen die Gemeinsamkeiten: »Auch jetzt gibt es immer noch viele Dinge, die uns miteinander verbinden. Es gibt nur die Unstimmigkeit zwischen dem ›Ja zur Moschee‹ und dem ›Nein zur Moschee‹.« Die Muslime fordern dazu auf, diese »Mauer« einzureißen. Aber ihr Appell findet keinen Widerhall. Die Debatte artet schnell aus und verstrickt sich in Stereotypen vom Islam: Der Schleier symbolisiere die Polygamie, die Moschee sei ein Kriminalitätsherd … Vorfälle der Gewalt und Intoleranz werden aufgezählt und als Beweis für einen rückständigen, obskuren Islam gewertet. Dabei werden Beispiele aus der unmittelbaren Umgebung angeführt: Die Basilika San Petronio steht unter Polizeischutz, weil man mit der Zerstörung der mittelalterlichen Wandmalerei gedroht hat – sie stellt den Propheten Mohammed in der Hölle dar; der aus Ägypten stammende Journalist Magdi Allam bekommt Todesdrohungen, weil er zum Katholizismus konvertiert ist – er wurde 2008 von Papst Benedikt XVI. getauft und lebt unter dem Schutz der italienischen Polizei in Bologna.

Die muslimischen Diskussionsteilnehmer bedauern, dass sie für diese Akte der Intoleranz verantwortlich gemacht werden, obwohl sie sie entschieden verurteilen. Sie beklagen, dass es schwierig ist, den eigenen Standpunkt zu Gehör zu bringen, selbst innerhalb dieser Diskussionsrunde: »Unsere muslimische Gruppe besteht aus fünf grundverschiedenen Menschen, jeder mit seiner eigenen Kultur, und trotzdem sagen sie weiterhin: ›Die sind alle gleich‹.« Souad bedauert es sehr, dass es zu keinem Dialog gekommen ist und eine Debatte nicht stattgefunden hat: »Wenn die Standpunkte, mit denen man hier herauskommt, die gleichen sind wie die, mit denen man hineingegangen ist, dann hat es nichts gebracht. Nach dieser Begegnung sollten wir uns eigentlich ein bisschen besser verstehen. Wir sollten wissen, was die anderen denken.« Sie lässt die Arme sinken: »Freundlich sein zu Leuten, die nicht freundlich zu mir sind, das tue ich doch jeden Tag.« Aber sie gibt sich entschlossen, diesen Weg weiter zu verfolgen.

Die tiefgreifenden Veränderungen durch den islamophoben Diskurs im öffentlichen Bereich des demokratischen Europas

Die Europäer mit der Vernunft in Verbindung zu bringen und die Muslime mit dem Fanatismus ist ein Klischee, das man in allen Debatten über den Islam antrifft. Dessen Wirkung ist sublim, aber doch immer spürbar. Die Feldforschung in Bologna zeigte in dieser Hinsicht jedoch eine Umkehrung dieser Affekte. Wir sind Muslimen mit den unterschiedlichsten Gesichtern, Stimmen und Biographien begegnet: jungen Frauen, Konvertiten und Berufstätigen. Sie alle hatten den Wunsch, »ganz normale Bürger« zu sein, ohne jedoch die durch ihre religiöse Identität bedingten Unterschiede verbergen zu wollen. Wir hatten erwartet, dass sie von ihrer Stigmatisierung sprechen und ihre Wut zum Ausdruck bringen würden. Aber wir trafen auf Muslime, die viel Geduld bewiesen hatten. Im Laufe unserer Forschung kam es also zu einer Umkehrung, die den binären Gegensatz zwischen dem radikalen, potentiell gefährlichen Muslim und dem vernünftigen, zurückhaltenden europäischen Bürger für ungültig erklärte.

Die Geduld, mit der die muslimischen Diskussionsteilnehmer trotz des jugendlichen Alters ihren Glauben erklärten, war an vielen Stellen deutlich zu spüren. Sie war die Antwort auf die Aggressivität und Ungeduld, die ihnen von den *Lega*-Anhängern reiferen Alters entgegengebracht wurden. Der Kontrast zwischen diesen beiden Verhaltensweisen war frappierend, und zwar sowohl in Hinblick auf die verbale Kommunikation als auch bezüglich der Körpersprache. Die Muslime waren ruhig, bedächtig, hörten aufmerksam zu, machten sich Notizen, suchten nach Argumenten für ihre Sichtweisen und bemühten sich, Gehör zu finden. Die Vertreter der *Lega* waren dagegen feindselig, unterbrachen die anderen laufend, ließen auch die Moderatoren nicht ausreden und zeigten mit ihren Grimassen und ihrem Hohngelächter deutlich, wie sehr sie sich über die Gegenwart der Muslime ärgerten. In schulmeisterlicher Pose deuteten sie mit dem Finger auf die Muslime und beschuldigten diese pausenlos. Ihre Äußerungen folgten nicht immer einer argumentativen Logik. Sie waren meist zusammenhangslos, schwer zu verstehen und wurden ruckartig vorgetragen. Während die Beiträge der Muslime individueller Art waren und sich deutlich voneinander unterschieden, waren die der *Lega*-Anhänger alle ähnlich und hatten immer den gleichen Inhalt. Die »Gemäßigten« der Diskussionsrunde – der junge, linke Geschäftsmann, die Orientalistik-Studentin und die mit dem Multikulturalismus sympathisierende Frau – blieben blass und stumm und beschränkten sich auf die Zuschauerrolle. Der Kontrast zwischen den einen Dialog suchenden Muslimen und den *Lega*-Parteigängern, die entschlossen waren, jeden Austausch zu verhindern, schuf eine bedrückende Atmosphäre. Die Gemäßigten schalteten sich nicht ein und überließen das Wort den Leuten von der *Lega Nord*. Ihr Stillschweigen war eine Art Zustimmung, denn sie duldeten, dass das Spiel »kaputt« gemacht wurde. Die »Invasoren«, das waren nicht die Muslime, sondern die *Lega*-Anhänger, die den Dialog blockierten.

Letztere zeigten sich entschlossen, das Spiel nicht nach den üblichen Regeln zu spielen und in der Diskussionsrunde die Grundregeln der Kommunikation nicht zu beachten: Sie störten nicht nur die anderen Wortmeldungen, sondern auch jede Form von sozialer Interaktion. Sie übertrugen die Machtverhältnisse, wie sie zu der Zeit im öffentlichen Bereich Italiens vorherrschten, auf die Diskussionsrunde und lieferten uns so die Schlüssel für ein besseres Verständnis ihrer Handlungslogik: Wie alle, die sich mit ihrem Kampfgeist gegen den Islam brüsten, nehmen auch die Parteigänger der *Lega* an Popularität zu. Und da auch die *Lega*-Anhänger unserer Diskussionsrunde – vor allem bei den Gemäßigten – überzeugen wollten, griffen sie den Islam erneut an. Sie gingen gegenüber den jungen muslimischen Frauen auf Konfrontationskurs, sprachen vom »Rassismus mit umgekehrtem Vorzeichen«, instrumentalisierten die katholische Religion und bezogen sich auf Komplotttheorien, insbesondere auf die Theorie von der »muslimischen Invasion« in Europa. Sie bemühten Stereotypen vom Islam, brachten ganz im Sinne von Oriana Fallaci ihre »Wut« zum Ausdruck und bewiesen ihren »Mut« im Kampf gegen den Islam. In ihrer Haltung zeigte sich nicht nur eine extreme Intoleranz gegenüber anderen, sie war ganz bewusst offensiv: Es war eine Art Jagd auf den anderen, eine durchaus ungehobelte Jagd, die den öffentlichen Bereich schwer schädigte. Man sieht deutlich, wie der Islam – oder besser gesagt die Islamophobie – Teil der Reden und des politischen Programms der neopopulistischen Bewegungen geworden ist und selbst bei den »Gemäßigten«, den »Einheimischen« und den »schweigenden Massen« auf ein Echo stößt. Auch sie schwenken Schilder mit der Aufschrift »Eintritt verboten«, um die Neuankömmlinge, die sich mitten im Integrationsprozess befinden, abzuweisen.

Die Feldforschung hat uns in Bologna mitten hineingeführt in die reale Welt seiner Bewohner und Akteure und hilft uns den fatalen Einfluss zu begreifen, den die Verantwortlichen der neopopulistischen Parteien mit ihren »islamophoben« Reden auf den öffentlichen Bereich im zeitgenössischen Europa haben. Sie zeigt uns in der Tat, wie stark dieser Bereich von Letzteren besetzt und verändert worden ist, eine Taktik, die wir auch bei den der neopopulistischen Bewegung nahestehenden Diskussionsteilnehmern wiedererkannt haben. Das ungehobelte Betragen ist für sie eine politische Strategie, um mit den Normen der sozialen Interaktion – der Verbindlichkeit gegenüber dem Anderen – zu brechen. Sie halten offensives Verhalten für eine

Form der Meinungsfreiheit und brechen mit den Normen der
sozialen Interaktion. Außerdem bedienen sie sich einer aggres-
siven – wenn nicht vulgären – Sprache und brüsten sich, den
Mut zu haben, »ganz oben zu sagen, was alle Welt ganz unten
denkt«. Als »Wegbereiter der Islamophobie« und Sprachrohr
des Neopopulismus bringen die Intellektuellen rechter wie linker Couleur nicht – wie sie behaupten – »Tabus zu Fall«, sondern zerstören die Anstandsregeln des öffentlichen Lebens. Es
handelt sich nicht um eine Konfliktbeziehung zum Anderen,
sondern um die Verneinung des Anderen und um die Weige-
rung, den öffentlichen Bereich mit ihm zu teilen. Die gegen die
Moscheen kämpfende Bewegung steht schlicht und einfach für
den Ausschluss der Muslime.

Nach einer vierstündigen Sitzung, die sich zu einem Tohuwa-
bohu aggressiver Stimmen entwickelt hatte, ohne dass der Ansatz zu einer Debatte zu erkennen war, brachen wir enttäuscht
und wie vor den Kopf gestoßen ab. Die Sympathisanten der *Lega*
waren mit ihrem Kampfeinsatz zufrieden und verließen sofort
den Raum. Die muslimischen Teilnehmer blieben niedergeschla-
gen im Sitzungssaal zurück und schwiegen. Für sie war der Verlauf nicht überraschend gewesen. Feindseligkeiten dieser Art
erleben sie täglich. Das ganze Forschungsteam war, ebenso wie
ich, betroffen über den Fehlschlag dieser Diskussionsrunde. Wir
machten uns Vorwürfe, weil wir es nicht geschafft hatten, diese
geballte Ladung von Aggressivität zu vermeiden. Um die Sache
für mich abzuschließen, wollte ich mich daraufhin mit Simone
Maddanu unterhalten, einem jungen italienischen Soziologen
und Mitglied unseres Teams. Wir saßen auf der Terrasse eines Cafés an der Piazza Maggiore und versuchten, unsere Verbitterung
gemeinsam zu bewältigen. Unsere Feldforschung hat die Gewalt
der Verfechter anti-islamischer Reden an den Tag gebracht. Wir
standen beide unter dem Schock der gescheiterten Diskussion.
Was war der Grund für diesen Fehlschlag? War unsere Gruppe
repräsentativ genug? Haben wir als Wissenschaftler mit ihrer Zusammensetzung einen Fehler gemacht? Das, was wir soeben erlebt hatten, zu akzeptieren, war nicht leicht.

Simone hatte die Praktiken des Islam bei den jungen Muslimen in Italien schon seit Längerem untersucht. In seiner

Promotionsarbeit hat er gezeigt, wie Letztere mit Hilfe religiöser Verbände einen ganz eigenen Integrationsprozess bewältigen.[95] Seine Studien haben die Entwicklung einer doppelten – nämlich muslimischen und italienischen – Identität festgestellt, ähnlich dem, was wir bei den muslimischen Diskussionsteilnehmern beobachtet haben. Der Rassismus, der auf Grund falscher Vorstellungen von den Muslimen bei der Diskussion zum Vorschein kam, war für ihn völlig inakzeptabel. Was mich betraf, so hatte ich in Bologna kein solch vulgäres und fremdenfeindliches Gerede erwartet, schon gar nicht von Vertretern der Mittelklasse mit einem eigentlich respektablen Erscheinungsbild. Mit ihrer altehrwürdigen Universität und ihrer wunderbaren Architektur war die Stadt für mich die Quintessenz der europäischen Kultur, die ich in meiner türkischen Erziehung idealisiert hatte. Ich musste dieses Bild also korrigieren, unter Berücksichtigung der soeben erlebten Realität. Beim Versuch einer abschließenden Zusammenfassung der Diskussion hatte ich damit bereits angefangen. Ich richtete mein Wort nämlich an die Gemäßigten: »Ist Ihr Schweigen als Zustimmung jener Reden zu werten, die aus den Muslimen potentielle Feinde machen? Ist es für Sie akzeptabel, wenn Sie von diesen neopopulistischen Bewegungen repräsentiert werden?« Angesichts ihres Schweigens sagte ich mir kurzerhand: »Vielleicht repräsentiert dies letzten Endes das Europa von heute …«

Die Diskussionsrunde von Bologna stellte die destruktiven Kräfte der anti-islamischen und neopopulistischen Reden klar heraus. Diese Reden beschränken sich nicht mehr auf eine einzelne politische Gruppierung, sondern dehnen ihren Einfluss auf die lokale Bevölkerung aus. Es sieht so aus, als ob der öffentliche Bereich in Europa nicht in der Lage ist, neue Elemente mit einzubeziehen. Und dennoch manifestieren die Straßengebete die Präsenz der Muslime im Herzen Europas. Im Gegensatz zu den eingewanderten Arbeitern der ersten Generation, die sich damit begnügten, ihren Glauben zu Hause, an ihrem Arbeitsplatz und in ihrer Fabrik am Stadtrand zu leben, bringen die muslimischen Bürger Europas heute ihren Glauben überall zum Ausdruck.

Stumme Minarette
und transparente Moscheen

Die Moschee, das für den muslimischen Kult typische religiöse Monument, ist eigentlich keine heilige Stätte. Sie besitzt keinen geweihten Altar wie die katholischen Kirchen, sondern ist – wie die Synagoge – ein Versammlungsraum, wo die Gläubigen unter der Führung eines Vorbeters, des Imams, in der Gemeinschaft beten. Die islamische Religion ist streng monotheistisch, die Gottheit ist in der muslimischen Vorstellung absolut unteilbar und immateriell *(tawhid)*. Es existieren keine Bilder. Deshalb ist die Darstellung lebender Wesen (mit Atem und Seele) traditionell verboten, woran man sich auch scheinbar immer, zumindest in den religiösen Gebäuden,[96] gehalten hat.

Die arabische Bezeichnung für die Moschee ist *jâmi'*. Was sich versammelt und vereint, nämlich die Gemeinschaft der Gläubigen, auf Arabisch *jama'a*, geht auf die gleichen etymologischen Wurzeln zurück. In der muslimischen Tradition ist eine Moschee nicht von der Gesamtgesellschaft zu trennen. Sie ist fester organisatorischer Bestandteil der Stadt und gehört zu einem architektonischen Komplex, zu dem noch weitere Anlagen zählen: ein Innenhof, ein überdachter Markt, eine Madrasa (islamische Schule), eine Bibliothek, ein Uhrenhaus, ein Brunnen, ein Gesundheitsamt, eine Kantine. Das gesamte soziale Leben mit seinem bunten Publikum organisiert sich um die Moschee herum. Der mittelalterliche Islam kennt einen pulsierenden öffentlichen Bereich und trennt deutlich zwischen den politischen Behörden und dem Bezirk, wo die Ulemas, die Theologen, die sufistischen Bruderschaften und religiösen Verbände *(waqfs)* auf der Basis der Scharia über die moralischen Grundlagen der Gesellschaft debattieren.[97] Im Auftrag der Gemeinschaft der Gläubigen überwacht diese religiöse Elite die moralische Ordnung und garantiert ein von den Herrschenden unabhängiges öffentliches Forum. Die Gemeinschaft der Gläubigen bildet also den Schwerpunkt, um den sich die islamischen Normen und Aktivitäten des öffentlichen Bereichs herum gruppieren. In den modernen Gesellschaften, wo der öffentliche Bereich mehr auf weltlichen Aktivitäten und Normen fußt, beschränken sich die religiösen Vertreter und die Moscheen auf eine sekundäre Rolle innerhalb des sozialen Lebens. Dank des zunehmenden Interesses an der Religion und der muslimischen Einwanderung in die europäischen Länder gewinnt die Moschee jedoch unerwarteterweise wieder an Bedeutung im öffentlichen Leben.

Es gibt in Europa zahlreiche islamische Zentren und ad hoc errichtete Gebetssäle, um den Bedürfnissen der Migranten gerecht zu werden: Dies sind improvisierte Moscheen ohne erkennbare Symbole, versteckt in Gemeinschaftsräumen, die man beispielsweise muslimischen Arbeitern zur Verfügung gestellt hat, in äußerlich neutralen Gebäuden der Vorstädte oder in aufgegebenen Industriegebieten.[98] Solange diese Moscheen als solche nicht zu erkennen sind und nicht im Blickfeld der Bürger liegen, sind sie diesen auch kein Dorn im Auge. Wenn sie jedoch in den europäischen Stadtzentren auftauchen und die typischen Formen einer Moschee annehmen, nämlich mit Kuppel und Minaretten, und damit den kulturellen Unterschied des Islam betonen, werden sie zum Gegenstand öffentlicher Kontroversen.

Die Grundsatz-Diskussion im Hinblick auf das Schweizer Referendum von 2009

Vor dem Schweizer Referendum von 2009 war es für mich nur schwer vorstellbar, dass die Minarette eines Tages zum Symbol für den als störend empfundenen Islam werden und die Kontroversen um den Bau von Moscheen in Europa grundsätzlich verändern würden. Die Minarette, von denen aus die Muezzins zum Gebet aufrufen, symbolisieren die geistige Erhebung des Menschen zu Gott und sind für die Muslime ein vertrautes, friedliches und unveränderliches Kulturgut. Für mich sind sie untrennbar mit dem Panorama von Istanbul verbunden. Jedes

Mal, wenn ich über die Galata-Brücke komme, bin ich entzückt von den schmalen, schlanken Minaretten, dem Erbe des großen osmanischen Architekten Mimar Sinan (1489–1588), der die Silhouette der Altstadt entscheidend geprägt hat. Wann und wie wird ein solch friedliches und ästhetisches religiöses Symbol zur »Herausforderung« einer Gesellschaft und löst sogar eine öffentliche Kontroverse aus?

In der Schweiz, einem pazifistischen und »neutralen« Land, wo die Migranten muslimischer Kultur im europäischen Vergleich eine der kleinsten Bevölkerungsgruppen darstellen (400.000 Personen) und wo es nur drei Minarette gibt (in Zürich seit 1963, in Genf seit 1978 und in Winterthur seit 2005), fand im November 2009 ein Referendum statt, um den Bau weiterer Minarette zu verbieten.[99] Dazu war es gekommen, weil der Verband türkischer Einwanderer in Wangen eine Baugenehmigung für ein Minarett beantragt hatte. Es sollte ein als Gebetssaal genutztes Gebäude ergänzen. Dieser Antrag löste in der Bevölkerung einen Protest aus und wurde von den lokalen Verbänden und Behörden mehrmals abgelehnt. Nach langen juristischen Streitereien genehmigte das Schweizer Bundesgericht den Bau des Minaretts, aber unter der Bedingung, dass es nicht dem Aufruf zum Gebet dient und das dazugehörige Gebäude nicht verändert wird. Ein kleines, etwa vier Meter hohes, kaum sichtbares Minarett konnte 2009 errichtet werden.

Es sollte dennoch Aufmerksamkeit erregen. Der Fall wurde rasch zur »Wangen-Affäre«, und aus der lokalen Angelegenheit entwickelte sich eine nationale Grundsatzfrage, die zum zentralen Thema der öffentlichen Diskussionen hochstilisiert wird. In diesen Debatten deutlich auszumachen sind das Gefühl, vom Islam überrannt zu werden, und die Angst, die »Heimat« zu verlieren. Die rechtsgerichtete demokratische Union wurde politisch aktiv und gründete »Bürgerinitiativen« gegen den Bau von Moscheen und Minaretten, die zu Symbolen für die schleichende Islamisierung der Schweizer Gesellschaft erklärt wurden. Ein Komitee aus Mitgliedern von rechten Parteien startete ein »landesweites Volksbegehren gegen den Bau von Minaretten«. Nach Schweizer Recht wird der »Volksentscheid« – im Gegensatz zum klassischen Referendum – von den Bürgern in die Wege geleitet: Es braucht 100.000 Unterschriften, um ein Volksbegehren einer nationalen Abstimmung zu unterstellen. Im vorliegenden Fall lag die Zahl der Unterschriften aber weit über dem erforderlichen Minimum. Am 29. November 2009 befürworteten die Schweizer mehrheitlich (mit 57,5 Prozent) das Verbot von Minarett-Neubauten auf ihrem Gebiet. Fortan war dieses Verbot in der Bundesverfassung festgeschrieben.

Das Volk hatte also wider Erwarten gegen die Minarette gestimmt. Das Ergebnis war selbst für die Schweizer Gesellschaft überraschend und sorgte darüber hinaus in ganz Europa für einen endgültigen Kurswechsel in den Debatten um die Minarette und Moscheen. Mit seinem atypischen Look und ikonoklastischen Standpunkt erweiterte Oskar Freysinger, der Sprecher dieser Bürgerinitiative, die Galerie der neuen Gesichter des europäischen Neopopulismus. Mit dem Entscheid gegen die Minarette war die Schweiz, die ja nicht zur EU gehört, ironischerweise im Herzen Europas angekommen.

Im Dezember 2009, eine Woche nach der Abstimmung, fuhren wir nach Genf. Die Teilnehmer unserer Diskussionsrunde waren in Anbetracht des Ergebnisses noch völlig konsterniert und brachten ihre Verwirrung auch zum Ausdruck. Sie betonten die Tatsache, dass dieser Gesetzesvorschlag nicht von staatlicher Seite gekommen war, sondern von zivilen Verbänden, also vom Volk selbst, was in ihren Augen einen noch viel herberen Rückschlag für die demokratische Tradition in der Schweiz bedeutete. David, ein zum Islam konvertierter, französisch-sprachiger Schweizer und Begründer der *Muslimischen Liga* von Genf, erklärte die demokratische Kehrtwende folgendermaßen: »In der Schweiz fühlt man sich normalerweise Europa gegenüber überlegen. Man glaubt, mit gutem Beispiel voranzugehen, und führt dabei vor allem die direkte Demokratie an. Dieses Mal haben wir aber einen ganz besonderen Fall, denn wir haben eine Initiative, die das Volk vor die Wahl zwischen Grundrechten und Volksrechten gestellt hat.« Sämtliche Diskussionsteilnehmer waren sich einig, dass die Schweiz mit ihrem Intoleranz-Beispiel Gefahr läuft, Europas »schlechter Schüler« zu werden.

Die Auswirkungen dieser Abstimmung blieben nicht auf die Schweiz beschränkt, sondern fanden auch bei anderen Ländern Resonanz und gaben der öffentlichen Debatte eine transnationale, europäische Dimension. Die einen bedauerten den »Schweizer Irrtum«, der sich nicht wiederholen dürfe, die anderen begrüßten »den Mut, ganz oben gesagt zu haben, was alle unten denken«. Die Meinungsumfragen, die kurz nach der Abstimmung in einigen europäischen Ländern durchgeführt wurden, zeigten, dass die Mehrheit fast überall für das Verbot von Minarett- und Moscheeneubauten ist (78 Prozent der Tschechen, 70 Prozent der Slowaken, 59,3 Prozent der Belgier, 51 Prozent der Dänen und 60 Prozent der Italiener); selbst in Frankreich, wo der Bau von Moscheen bis dahin auf keinen ernstzunehmenden Widerstand gestoßen war, votierten 41 Prozent der Befragten dagegen.[100]

Das Werbeplakat der Schweizer Volksinitiative wurde zum europäischen Emblem des Widerstandes gegen die Moscheen. Dargestellt ist die Schweizer Nationalflagge, rot und weiß, mit schwarzen, raketenförmigen Minaretten. Im Vordergrund steht eine Frau mit einem das ganze Gesicht bedeckenden schwarzen Schleier. Ergänzt wird die Darstellung mit folgendem Slogan: »Sagt ja zum Verbot von Minaretten und Stopp zur Islamisierung.« Von sämtlichen rechtsextremen Parteien reproduziert, wanderte das Plakat – angepasst an die jeweiligen Landesfarben – fortan durch die Länder Europas. Die populistische Partei Großbritanniens (BNP) setzte neben die Minarette und die vollverschleierte Frau eine weitere anti-islamische Zielscheibe: die Türkei, deren Beitritt zur Europäischen Union zu der Zeit verhandelt wurde. Auf dem Plakat standen die Verse eines Gedichtes, das 1997 von Tayyip Erdoğan zitiert worden war, dem späteren Parteivorsitzenden der AKP, die seit 2002 in der Türkei an der Macht ist. Die Verse gelten als Beweis für die »kriegerischen« Absichten des Islam: »Die Moscheen sind unsere Kasernen, die Minarette unsere Bajonette, die Kuppeln unsere Helme und die Gläubigen unsere Soldaten.«

Zwei Istanbuler Moscheen als Sinnbild
für die neue politische und ästhetische Herausforderung

Das Gedicht stammt von einem anonymen Autor und wurde in den 20er Jahren während des Unabhängigkeitskrieges und der nationalen Mobilisierung der Türken geschrieben. Tayyip Erdoğan deklamierte 1997 diese Verse nach seinem Sieg bei den Kommunalwahlen vor einer riesigen Menschenmenge. Durch den Vergleich der Minarette und Moscheen mit kriegerischen Waffen ließ er in der Türkei die Angst vor dem radikalen Islam wieder aufleben. Nach diesem Zwischenfall war er wegen Anstiftung zum Hass zu einer zehnmonatigen Haftstrafe verurteilt worden. Die türkischen Medien hielten dieses Urteil für das Ende seiner politischen Karriere, die er 1994 als Bürgermeister von Istanbul begonnen hatte. Doch nach seiner Haftentlassung gewann die von ihm gegründete *Gerechtigkeits- und Entwicklungspartei* (AKP) die Parlamentswahlen von 2002. Er stand von 2002 bis 2012 an der Spitze der Regierung, seine Beliebtheit bei den konservativen Wählern nimmt währenddessen stetig zu. Mit dem Bau einer neuen Moschee im Herzen von Istanbul setzt er seiner Regierungszeit ein Denkmal.

Eigentlich sind Moscheen einfache Kultstätten, die auf Initiative der in der unmittelbaren Nachbarschaft wohnenden Leute von lokalen Baufirmen in utilitaristischer Vorgehensweise gebaut werden. In der Türkei Erdoğans haben sie aber eine neue Erscheinungsform bekommen. Sie signalisieren so den Einfluss der nationalen islamischen Macht, zeigen aber gleichzeitig auch die allgemeine Begeisterung für eine ästhetische und architektonische Annäherung dieses wichtigen religiösen Gebäudes an die Moderne.

Auf Camlica, dem höchsten der sieben Hügel von Istanbul, plant Erdoğan den Bau seiner »großen Moschee«. Sie soll schon von weitem sichtbar sein und mit der Süleymaniye-Moschee konkurrieren, die Mimar Sinan im 16. Jahrhundert auf dem gegenüberliegenden Hügel am europäischen Bosporus-Ufer gebaut hat – ein ehrgeiziges Projekt wegen der imposanten Größe des Gebäudes, des Durchmessers der Kuppeln und der Höhe der Minarette. Das stößt auf starke Ablehnung. Neben dem aufdringlichen

Erscheinungsbild wird sie als schlechte Nachbildung der Süleymaniye-Moschee geschmäht, die weder architektonisch kreativ ist noch auf Harmonie mit der Umgebung achtet. Selbst in den Augen der Gläubigen steht der Bau für die Arroganz der islamischen Macht und für eine rücksichtslose Einflussnahme auf das Leben der Anwohner.

Die 2009 eröffnete Sakirin-Moschee ist in ihrer Größe bescheidener und berücksichtigt andere – ästhetischere und sozialere – Vorgaben. Sie ist die erste ihrer Art, die auf Initiative einer Frau gegründet wurde. Ein gläubiger Mann, den wir vor Ort interviewt haben, sieht in dieser Moschee mit ihrer zurückhaltenden Größe eine »Revolution«, weil ihre Architektur »die Mauern in alle Richtungen verschwinden lässt« und deutlich macht, dass »es nicht nur eine einzige Art gibt, Muslim zu sein«. Es ist eine moderne, innovative Moschee, die zeitgenössische Kunst mit traditionellem Wissen verbindet. Auch das Museum im Hof zeigt deutlich, dass der ästhetische und kulturelle Aspekt im Vordergrund steht. Die Stifterin stammt aus einer reichen saudi-türkischen Familie, die für ihre karitativen Wohltaten bekannt ist. Die Moschee hat sie in Erinnerung an ihre Mutter, Semiha Sakir, bauen lassen und nach ihr benannt. Sie ist das Werk eines renommierten Architekten, Hüsrev Tayla. Das Hauptinteresse der Medien, wenn sie über diese Moschee berichten, liegt jedoch bei der Innenarchitektin Zeynep Fadillioğlu, die in Istanbul schicke Brasserien besitzt. Europäische Tageszeitungen haben manchmal sogar auf der Titelseite von diesem Gebäude berichtet, mit zum Teil recht aussagekräftigen Überschriften wie »Istanbul skyline gets a feminine touch«[101] oder »Mosquée feminine«.[102]

Die Innenarchitektin hat sich explizit für den femininen Charakter der Moschee eingesetzt. Ihr war aufgefallen, dass in den meisten Moscheen der den Frauen vorbehaltene Bereich wenig einladend ist und sich meist sogar im Hintergrund befindet, mit wenig Licht und beschwerlichem Zugang. Sie beschloss deshalb, in dieser Moschee den zentralen Bereich den Frauen zu geben. Die Sakirin-Moschee betreten die Frauen und Männer über denselben Eingang. Das Areal für die Frauen erstreckt sich über den Balkon-Bereich. Er ist hell, geräumig und mit direkter Sicht auf den *Mihrab*, welcher Richtung Mekka zeigt und von wo aus der

Imam das Gebet leitet. Der *Mihrab* ist türkisfarben und wurde vom Steinmetz in Form einer Muschel gehauen. Auch er steht für den weiblichen Charakter dieser unkonventionellen Moschee.

Die verschiedenen liturgischen Elemente der Moschee wurden von zeitgenössischen – türkischen und internationalen – Künstlern entworfen und gestaltet. Manche sagen – nicht ohne Humor –, dass sie bei der Moschee mit ihrem künstlerischen Aspekt an eine »Kunstinstallation« der Biennale von Istanbul denken. Sie steht jedenfalls für die neue Türkei, in der die sozialen Schranken aufgehoben und die Mauern zwischen dem religiösen und säkularen Bereich gefallen sind. Die Polarisierung zwischen der muslimischen und der laizistischen Türkei weicht hier einem Geflecht aus beiden Strömungen, was zu Reibungen, Spannungen und Kontroversen führt. Fadillioğlu gestand uns in einem Gespräch, dass sie in ihrem Milieu schwer kritisiert worden war, weil sie statt einer Schule eine Moschee gebaut hatte, was wie ein Verrat an den laizistischen Werten der türkischen Republik verstanden wurde.

Die Sakirin-Moschee ist ein Treffpunkt für die Gläubigen aus einfachen Verhältnissen, aus dem neuen muslimischen Bürgertum und aus dem künstlerischen und säkularen Milieu Istanbuls. Sie steht im konservativen Viertel der anatolischen Bosporus-Seite, empfängt aber auch Besucher vom europäischen Ufer. Während unserer Feldforschung vor Ort kurz nach der Eröffnung war die Moschee bereits eine bei den Bewohnern des Viertels beliebte Gebetsstätte, aber auch ein Attraktionspunkt für die Besucher aus allen Teilen des Landes. Sakirin ist eine Moschee der Frauen und der Kunst, die sowohl bei den religiösen als auch bei den weltlichen Besuchern sehr gut ankommt. In diesem Sinne ist sie eine öffentliche Schnittstelle zwischen den unterschiedlichen – religiösen und säkularen – Akteuren, aber auch zwischen Architekten, Stiftern, städtischen Amtsträgern und Anwohnern. Sie steht im Zentrum der neugestalteten Beziehungen zwischen den politischen Machthabern und dem Islam. Der Bau einer Moschee kann im Fall der Camlica-Moschee für die Absicht stehen, dem nationalen Islam eine besondere Prägung zu geben. Er kann aber auch einem transnationalen Ziel dienen. In Bosnien beispielsweise sind es – anders als in der Türkei – die globalen Kräfte des Islam, die sich zu etablieren versuchen.

Sarajevo: globaler Islam gegen lokalen Islam

In Sarajevo, bekannt als »Jerusalem Europas«, löste 2008 der Plan, im »laizistischen« Viertel eine neue Moschee zu bauen, Angst vor der Islamisierung der einst multiethnischen und -religiösen Stadt aus. Das Phänomen des islamischen Wiederauflebens, von den Anhängern des Laizismus als »Muslimania« bezeichnet, gilt als drohende Gefahr für den bosnischen »Kosmopolitismus«, wo Moscheen, Synagogen, Kathedralen und orthodoxe Kirchen nebeneinander existieren. Die Erinnerung an den Krieg, der Tausende von Moscheen zerstört hat, ist gleichzeitig immer noch lebendig. Die Bosnier verwenden für die systematische gewaltsame Zerstörung der Moscheen den Ausdruck *Warchitecture* (Krieg gegen die Gebäude).

Nach dem Krieg (1992–1996) versuchten transnationale islamische Kräfte, sich in Sarajevo festzusetzen und auf den lokalen Islam der Bosnier Einfluss zu nehmen. Die Aktivitäten von Finanzfonds, die vor allem von humanitären Hilfsorganisationen des Mittleren Ostens und vom Golf stammen, weckten bei den einheimischen Muslimen Ängste vor der Einführung eines ihnen fremden Islam. Die Kontroversen um den Bau »neuer Moscheen« entwickelten sich also vor dem Hintergrund des multikulturellen und kosmopolitischen Erbes, aber auch in Erinnerung an die Kriegszerstörung der Moscheen und in Anbetracht der Tatsache, dass der globale Islam heute stärkeren Einfluss auf Bosnien gewinnen will.

In der Diskussionsrunde, die wir am 27. Juni 2010 in Sarajevo veranstaltet haben, debattieren die Bosnier über neue Moscheen, die von den Saudis, den Malaysiern und den Indonesiern errichtet wurden. Sanela, eine junge Frau mit Kopftuch, Tochter eines muslimischen Vaters und einer kroatischen Mutter, ist eine der Teilnehmerinnen. Sie sagt, dass sie sich in den lokalen – sogenannten »bosnischen« – Moscheen wesentlich freundlicher aufgenommen und zu Hause fühlt. Doch wie die meisten anderen Teilnehmer hält sie sich mit ihrer Kritik an den neuen Moscheen zurück. Denn die Erinnerung an den Krieg hat sich in ihren Gedanken festgesetzt, und die Bosnier empfinden sehr viel Dankbarkeit gegenüber den Muslimen dieser Länder. Sie sprechen von den »Mudschaheddin, die gekommen sind, um uns zu helfen, ja sogar um mit uns zu sterben«. Aber auch wenn der Neubau dieser Moscheen für sie eine »Spende« ist und man »diese Geschenke« nicht ablehnen kann, fürchten sie doch, dass es sich dabei um vergiftete Geschenke handelt. Denn diese Moscheen sind oft von imposanter Größe und scheinen zum Islam der Bosnier nicht zu passen.

Die Diskussionsteilnehmer sind beunruhigt über diesen sich neu etablierenden und nicht zu ihren Gewohnheiten passenden Islam. Vor allem erkennen sie sich nicht wieder in dessen puristischer und salafistischer Auslegung. Die strikte Trennung zwischen den Frauen und den Männern innerhalb dieser Moscheen, die Kritik an der Feier der Geburt des Propheten (*Mevlit* ist ein nationaler Feiertag in Bosnien) und die minimalistische Ausstattung der Moscheen stört sie sehr. Für sie ist der bosnische Islam gegenüber den Frauen tolerant, steht den lokalen Traditionen und Festen nahe und kümmert sich um eine angemessene Ästhetik der Kultstätten. Wir selbst konnten vor Ort unsere eigenen Erfahrungen mit dem Unterschied zwischen dem lokalen Islam und dem Islam der globalen Machthaber machen. In der bosnischen Moschee Ali Pacha wurden wir freundlich empfangen. In die von den Salafisten kontrollierte neue Moschee des saudischen Königs Fahd hat man uns hingegen trotz Kopftuchs nicht hineingelassen. Wir hätten uns dazu vollständig verschleiern müssen.

Es gibt jedoch auch Leute in Sarajevo, welche die Moscheen der verschiedenen Länder und Kulturen trotzdem schätzen. Azra, eine muslimische Theologin, hat kein Problem damit, dass sich in Bosnien die saudischen, kuweitischen, indonesischen, malaysischen und viele weitere Moscheen rasant vermehren. Im Gegenteil, sie liebt es, sich mit der architektonischen und kulturellen Vielfalt der Moscheen vertraut machen zu können, ohne auf Reisen gehen zu müssen. Sie hält es für eine kulturelle Bereicherung, die auch ermöglicht, die Unterschiede im Islam zum Ausdruck zu bringen.

Von der einen Perspektive betrachtet erlebt Sarajevo also eine neue Form von Kosmopolitismus, zumindest innerhalb des Islam, die anderen bedauern den Verlust des multireligiösen Erbes.

Vildana, eine muslimische Journalistin mit laizistischen Tenden-zen, weist auf die islamische Uniformierung der Stadt hin und fragt die anderen Diskussionsteilnehmer: »Welche Botschaft ver-mitteln wir den nicht-muslimischen Einwohnern von Sarajevo mit diesen Moscheen, die wie Pilze aus dem Boden schießen? Wenn wir an dem Grundsatz festhalten, dass Sarajevo eine mul-tikulturelle Stadt mit Serben und Kroaten ist, müssen Letztere sich hier auch zu Hause fühlen und ihre eigenen Kultstätten bauen können.« Sie findet es schade, dass man »seit rund zehn Jahren in der Region von Grbavica auf die Baugenehmigung für eine katholische Kirche wartet«. Am Ende unserer Diskussion beschließen die Teilnehmer, eine Petition für den Bau dieser Kirche einzureichen. Hier hat sich also eine Gruppe unter dem Blickwinkel der Forschung ihre Gedanken gemacht, entdeckt da-durch eine Handlungsmöglichkeit und schaltet sich in den realen öffentlichen Bereich ein.

Das bosnische Forschungsfeld zeigt deutlich, welche zentrale Rolle die Moscheen zwischen den einzelnen Richtungen des Is-lam und zwischen den unterschiedlichen Konfessionen spielen. Die Kontroversen um den Islam entstehen hauptsächlich in den Ländern Westeuropas, wo das Migrationsphänomen bestim-mend ist. In Bosnien wurde jedoch deutlich, dass die Moscheen auch in vorwiegend muslimisch geprägten Ländern eine poli-tische Herausforderung sein können. Die Türkei und Bosnien, zwei mehrheitlich muslimisch geprägte Länder, deren Zugehö-rigkeit zu Europa in Frage gestellt wird, führen in ihrer Gesell-schaft ebenfalls Debatten um die Moscheen. Diese Kontrover-sen zeichnen eine Europakarte, die etwas anders ist als die mit den bekannten Grenzen der Mitgliedsstaaten der Europäischen Union. Die nicht zur EU gehörende Schweiz, die Türkei – der unerwünschte EU-Beitrittskandidat – und Bosnien, dessen euro-päische Identität bestritten wird, gesellen sich über diese Kon-troversen zum europäischen Lager und ergänzen die Konturen des europäischen Islam. Der Islam der Migranten, der nationale Islam und der globale Islam disputieren über die unterschied-lichen Interpretationen der Religion.

Köln: Die zukünftige große Moschee wird neben dem Dom akzeptiert

Der Islam in den westeuropäischen Gesellschaften verschärft den Kontrast zwischen Sichtbar und Unsichtbar und die Spannungen zwischen den Traditionen der Migranten und der kulturellen Umgebung der jeweiligen Länder. Im Gegensatz zu den muslimischen Ländern sind die Minarette hier stumm[103] und die Moscheen unauffällig. Doch die europäischen Demokratien wollen nunmehr in ihrer Sorge um Sicherheit und Transparenz, dass die Kultstätten sichtbar werden, und holen sie deshalb aus den Garagen und Kellern ins Blickfeld. Doch eine Moschee sichtbar zu machen ist gar nicht so einfach: Welche Formen, welche Bereiche und welche Konzepte soll man ihr dabei zugestehen? Hat eine Moschee immer eine Kuppel und ein Minarett? Gibt es Moscheen ohne typische Merkmale? Kann man sie sich – wie in der Schweiz – ohne Minarett überhaupt vorstellen? Soll man das Wort »Moschee«, das einigen Leuten Angst einflößt, durch andere Begriffe – beispielsweise Gebetsstätte oder Kulturzentrum – ersetzen? Wie kann die Moschee als Versammlungsort der Gläubigen Angehörige unterschiedlicher ethnischer Gruppierungen aufnehmen? Können beispielsweise die türkischen Glaubensgemeinschaften die Moscheen der Pakistani in Birmingham aufsuchen? Werden die türkischen Moscheen in Berlin auch von Menschen aus dem Maghreb oder von anderen in Deutschland lebenden muslimischen Minderheiten frequentiert? Wie kann man die Moscheen als gemeinsamen Bereich für alle europäischen Muslime kenntlich machen? Nach welchen Kriterien wird die Sprache der Predigt festgelegt? Wie sollen innerhalb der Moschee die Bereiche für die Frauen, die Jugendlichen, die Kinder und für alle Bewohner der Stadt aussehen? Alle diese Fragen sind wichtig in Anbetracht der Erlebnisse und Erfahrungen der Muslime in Europa.

Die Moschee dient als Schnittstelle zwischen der städtischen Umgebung, den muslimischen Bürgern und dem religiösen Pluralismus. Wenn man damit einverstanden ist, sichtbar zu werden, gilt es, zahlreiche Verhandlungen zu führen und Reglementierungen festzulegen. Fragen ästhetischer, kultureller, finanzieller, architektonischer und räumlicher Natur müssen beantwortet werden, um daraus ein Objekt des gemeinsamen zukünftigen Kulturerbes zu machen. Die Debatten zum Bau der Moscheen begleiten den »Einbürgerungsprozess« des Islam in Europa. Stefano Allievi ist als einer der ersten Forscher dieser Frage nachgegangen. Für ihn zeigen diese Debatten – wie ein Barometer – deutlich die Intensität der Konflikte um die symbolische Macht über das europäische Territorium.[104]

In dieser Hinsicht ist das Bauprojekt für die große Moschee in Köln ein weiterer Meilenstein in der Begegnung zwischen Europa und dessen Muslimen und eine neue Etappe für die Herausforderungen der postmigrantischen Periode. Das Projekt geht auf eine Initiative türkischer Migranten in Deutschland zurück und wird vollständig vom türkisch-islamischen Verband, dem DITIB, finanziert.[105] Man richtete ein Beratungsgremium ein und setzte sich für die Projektentwicklung mit verschiedenen politischen und religiösen Gesprächspartnern vor Ort zusammen. Obwohl man bei der Vorgehensweise viel Wert auf Mitbestimmung und gegenseitiges Einvernehmen legte, etablierte sich die »Bürgerbewegung Pro-Köln« gegen den Bau dieser Moschee. Die Wahl der Vorsilbe »pro« steht für einen Wandel in der Kommunikationsstrategie, den man auch bei anderen neopopulistischen Bewegungen beobachten kann: Die militanten Kämpfer übernehmen eine Ausdrucksweise, die den Akzent auf das »für« und nicht auf das »gegen« legt, um so das rassistische und reaktionäre Etikett, das ihnen oft anhaftet, loszuwerden. Gleichzeitig suchen sie sehr wohl über die Politik der Angst vor einem »Europa überrennenden« Islam die Zustimmung der Bevölkerung und schließen sich auf europäischer Ebene zusammen.

Im September 2008 startet die Bewegung Pro-Köln einen Aufruf an die rechten Gruppen und anti-islamischen Bewegungen in Europa und lädt zu einem Kongress in Köln ein. Im Gegensatz zur Schweizer Abstimmung stößt diese Aktion bei der Kölner Bevölkerung auf starken Widerstand. Sie verweigert den Gästen der Pro-Köln-Bewegung die Gastfreundschaft: Man blockiert den Flughafen und die Taxis und gewährt keine Unterkünfte. Der Kongress gegen den Moscheebau wird schließlich abgesagt, wohingegen der Plan, in Köln eine große Moschee zu bauen, weiterverfolgt wird.

Am 13. September 2009 wird für unsere Kölner Diskussionsrunde diese Kontroverse zum Thema. Die Gruppe besteht aus türkischstämmigen Bewohnern: einer Theologin, einer laizistischen Feministin, drei Frauen mit Kopftuch und einer Konvertitin, aber auch aus Vertretern interreligiöser Bewegungen und der jüdischen und protestantischen Glaubensgemeinschaft. Im Gegensatz zur Diskussionsgruppe von Bologna ist hier die neopopulistische Bewegung nicht vertreten, dafür aber eine starke linke Komponente, nämlich Vertreter der »Antifa« (Antifaschisten), die den Widerstand gegen den geplanten Pro-Köln-Kongress initiiert hatten. Deshalb kommt es in den Debatten auch nicht zu einer starken Polarisierung, sondern eher zu einem von allen Teilnehmern begrüßten Austausch. Auch die Rolle der Medien bei der Darstellung des Islam wird in der Diskussion nicht sonderlich problematisiert, wahrscheinlich vor dem Hintergrund, dass hier die Zivilgesellschaft einen Sieg gegen die Politik der Angst davongetragen hat. Die militanten Linken weisen jedoch auf die Gefahren hin, die von der Anti-Migrations-Politik und der europaweit steigenden Islamophobie ausgehen, und führen als Beweis dafür die Ergebnisse der letzten Landtags- und Bundestagswahl an. Sie streben deshalb nach einer gegen die Neopopulisten gerichteten Allianz mit den türkischen Diskussionsteilnehmern.

Doch diese halten sich bedeckt und entgegnen, dass sie sich als Opfer rassistischer Vorfälle dieser Bedrohung sehr wohl bewusst seien, aber dennoch zögerten, sich mit der Linken zu verbünden und einen Konfrontationskurs gegen die Rechtsradikalen zu fahren. Serkan, ein Student der muslimischen Theologie, wirft der Linken beispielsweise vor, nicht die geeignetste Taktik gegen den Neopopulismus verfolgt zu haben. Er sei jedenfalls der Meinung, dass es zwingend notwendig gewesen wäre, manche der von Pro-Köln angesprochenen Themen ernst zu nehmen und aufzugreifen: »Einige der von Pro-Köln erwähnten Probleme gibt es tatsächlich, eine Debatte darüber wäre gut gewesen. Das Schweigen zu diesen Themen kam der Pro-Köln-Bewegung zugute.« In anderen Diskussionsrunden haben wir bei den Muslimen die gleiche Zurückhaltung gegenüber einer Konfrontationspolitik erlebt. Wie die »Geduld«, die in der Bologna-Gruppe von muslimischer Seite vorgebracht wurde, scheint auch die Nicht-Konfrontation für viele europäische Muslime eine für das gesellschaftliche Zusammenleben begrüßenswerte Tugend zu sein. Ihr Anliegen ist es in erster Linie, als Bürger »wie die anderen« anerkannt zu werden und die beklemmende Stigmatisierung auf Grund ihres Glaubens zu vermeiden, der von den Islamophoben als einziges Identitätsmerkmal markiert wird.

In dieser Hinsicht präsentiert sich die Stadt Köln geradezu als Gegenbeispiel. Die Bevölkerung steht dem Projekt der großen Moschee mehrheitlich wohlwollend gegenüber. Manche von ihnen sind sogar begeistert von der Vorstellung, dass sich im architektonischen Panorama ihrer Stadt ein neues Gebäude profiliert. Dieses Wohlwollen ist vor allem deshalb bedeutsam, weil das Wahrzeichen der Stadt ja eine Kathedrale ist: der Kölner Dom. Er ist nach Sevilla und Mailand der drittgrößte Kathedralbau Europas, gilt als Schmuckstück der gotischen Architektur und steht auf der Liste des UNESCO-Weltkulturerbes. Für die Sympathisanten der Pro-Köln-Bewegung würde der Bau einer Moschee neben dem Dom nicht nur das Wahrzeichen der Stadt zerstören, sondern auch die »Invasion« der Stadt durch den Islam symbolisieren.

Francis, ein junger Kölner, führt eine Buchhandlung und engagiert sich in der pazifistischen Gruppe »Kein Blut für Öl«. Er gehört zu denen, die den Bau einer Moschee neben dem Dom unterstützen. In unserer Diskussionsrunde bringt er seine Überzeugung zum Ausdruck, dass das neue Gebäude den ästhetischen Wert der Stadt erhöhen würde, der bislang immer nur dem Dom zugeschrieben wurde. Während sich Francis die Moschee auf diese Weise quasi aneignet, sprechen die jungen, in Deutschland geborenen Türkinnen wiederum von ihrer Verbundenheit mit dem Dom: Sie sind stolz, den Kölner Dom als Kulturerbe zu haben. Auch Miyesser, die Vorsitzende eines Vereins muslimischer Frauen, erzählt uns, dass sie, wenn sie bei der Rückkehr einer Reise den Kölner Dom wiedersieht, sich sagt: »Ich bin wieder zu Hause.« Seyda, eine junge Theologin mit Kopftuch, berichtet auch voller Stolz, dass sie gerne Stadtführungen für ihre Gäste aus der Türkei macht: Sie habe es immer eilig, mit den Leuten zunächst einmal den Kölner Dom zu besuchen. In ihrer Vorstellung würden sich die Moschee und der Dom nicht gegenseitig ausschließen, sondern zusammengehören.

Wenn durch die Moschee
eine neue Öffentlichkeitskultur entsteht

Köln steht für einen Wechsel des in Europa gängigen Bildes von der Moschee: Galt sie anderswo als verdächtiger Ort, als Schlupfwinkel des radikalen Islamismus, erscheint sie hier nun als Ort des zwischenmenschlichen Austausches und des Zusammenlebens. Die Ästhetik ist für die Akzeptanz von entscheidender Bedeutung. Die Moschee ist oft äußerst augenfällig, dagegen wirkt die Kölner Variante eher beruhigend, weil dort das entscheidende ästhetische Kriterium die Transparenz ist. Das Bekenntnis zu einer Öffnung nach außen, zu einer Öffnung für alle Bürger steht im Vordergrund. Die Kuppel und die Fassade der Moschee sind aus Glas und sollen das natürliche Licht aufnehmen. Die Architektur legt nicht nur Wert auf eine spirituelle Ästhetik, sondern berücksichtigt auch ökologische Kriterien. Das Erscheinungsbild ist entschieden modern, und doch erinnert es an die kanonischen Formen der türkischen Moscheen von Mimar Sinan, besonders in Bezug auf die Kuppel und die langgezogenen Minarette. Paul Böhm, der deutsche Architekt der Moschee, ist Spezialist für Kirchenbauten und vertritt den Standpunkt, dass die Moschee mit den für sie typischen Symbolen sichtbar sein muss, um auf die Präsenz der Muslime hinzuweisen, die sich nicht genötigt fühlen sollten, sich zu verbergen.

Die Transparenz als politische Antwort wird auch von den Teilnehmern unserer Diskussionsrunde befürwortet. Hasan, ein junger Wissenschaftler und Vorsitzender eines sich mit Religion beschäftigenden Forschungszentrums, findet, dass die gewählte Ästhetik der Kölner Moschee nicht nur den Erwartungen der muslimischen Glaubensgemeinschaft entspricht, sondern auch denen der deutschen Gesellschaft. Die Ästhetik der Transparenz betont, dass es nichts zu verbergen gibt, und widerlegt das allgemein gängige Bild von den sich abschottenden Muslimen. Trotz der allgemeinen Akzeptanz der modernen Architektur muss die muslimische Glaubensgemeinschaft der Türken gleichzeitig auf eine gewisse Kontinuität in den Traditionen achten, um die Gläubigen nicht zu verunsichern. Die muslimischen Diskussionsteilnehmer warten ungeduldig auf die Fertigstellung der neuen

Moschee. Sie hoffen ebenso viel Neues wie Vertrautes zu entdecken. Die Theologin Seyda empfindet die Sakirin-Moschee in Istanbul als zu modern, hingegen die Vorstellung, dass die Kölner Moschee sich harmonisch in die Stadtlandschaft von Köln-Ehrenfeld einfügen wird, als sehr positiv.

Die Erfahrungen von Köln zeigen, dass die Ästhetik einer allgemein akzeptierten europäischen Moschee nur in einem interaktiven Prozess – begleitet von einem wechselseitigen Kennenlernen – entwickelt werden kann. Die Wahl eines deutschen Architekten ist wichtiger Bestandteil dieses Austauschprozesses. Interkulturelles Lernen und Veränderungen auf beiden Seiten gehören ebenfalls dazu. Es gab Kölner, welche die muslimische Glaubensgemeinschaft für ihre Architektenwahl beglückwünschten und darauf aufmerksam machten, dass bei dem Bau einer katholischen Kirche ein katholischer Architekt vorgeschrieben ist. Die Innovation der architektonischen Formen ist eine Entgegnung auf die strengen traditionellen Richtlinien, aber auch eine Antwort auf Herausforderungen sozialer und religiöser Natur. Für den Architekten Paul Böhm symbolisiert die Kuppel der Kölner Moschee mit den zwei ineinandergreifenden Händen den interkonfessionellen Dialog. Ohne auf den zentralen Gebetsraum und auf die Priorität einer die innere Sammlung fördernden Atmosphäre zu verzichten, integriert die Moschee auch weltliche Bereiche, beispielsweise ein Hammam sowie Geschäfte und Restaurants, die allen Bewohnern des Viertels offen stehen. Die Kölner Moschee ist ein Gebetsort für die Gläubigen, verspricht aber auch, ein kultureller Treffpunkt für die Allgemeinheit zu sein. Wegen seines Mitbestimmungsverfahrens – an dem Politiker, Architekten, Städteplaner, Gläubige und lokale Behörden beteiligt waren – und wegen seiner ästhetischen Kreativität ist der Bau dieser Moschee ein gelungenes Zeichen für den Willen, die politischen Polarisierungen und die Gräben innerhalb der Bevölkerung zu überwinden.

Auch in anderen europäischen Ländern hat man daraufhin nach einheimischen Architekten für den Bau von Moscheen gesucht, aber nicht immer garantierte dies den Erfolg. In Rotterdam beispielsweise wollte man mit dem Begriff »Polder-Moschee« zum Ausdruck bringen, dass es sich um eine typisch holländische – einheimische – Moschee handelt. »Polder« ist eigentlich die Bezeichnung für trockengelegtes und damit bewohnbar gemachtes Land. In der Umgangssprache steht dieses Wort jedoch für alles Holländische im Allgemeinen. Hinter dem Ausdruck »Polder-Moschee« steht also der Wille, einen niederländischen Islam zu kreieren. Im Gegensatz zu den aus den Ursprungsländern importierten Moscheen erwartet man bei der Polder-Moschee eine alternative Ästhetik mit lokalem Anstrich. Der in Den Haag geborene Architekt Ergün Erkoçu, Sohn eines türkischen Vaters und einer holländischen Mutter, ist einer der Erfinder dieses Konzeptes. Am 18. April 2010 erklärt er uns in einem Gespräch seine Vorstellung von einer Moschee: Sie sollte die Gesellschaft in ihrer Gesamtheit empfangen können, nicht nur die Muslime. Als Bauträger eines entsprechenden Projektes in Rotterdam-Feijenoord, wo verschiedene Kulturen nebeneinander leben, konzipierte er die Polder-Moschee als einen Versammlungsort für unterschiedliche Gruppen, »für Schwarze und Weiße, Arme und Reiche«. Doch sein Projekt wurde nicht realisiert. Stattdessen entschließt sich der Verwaltungsrat dieser Moschee 2013 für das Modell einer »ethnischen« Moschee. Der Rat bestand aus Vertretern der marokkanischen Glaubensgemeinschaft, den Sponsoren der Al-Maktoum-Stiftung und der Stadtverwaltung von Feijenoord.[106] Einige Rotterdamer bedauern das, wie jene Frau, die mir erklärte, dass sie jetzt jeden Tag auf dem Weg zur Arbeit an dieser wenig ansprechenden, klotzigen und geschlossenen Moschee vorbeikommt, im Bewusstsein, dass eine Polder-Moschee ansprechender und einladender gewesen wäre.

Das Kölner Beispiel macht deutlich, dass eine Moschee ihren Beitrag zur Entwicklung eines neuen öffentlichen Bereichs leisten kann. Wenn ihr Bauprozess von Mitbestimmung und einer erstklassigen Architektur geprägt ist, sind die Gräben zwischen dem Islam und Europa überwindbar. Andernfalls werden im öffentlichen Bereich Europas – wie wir gesehen haben – die grundlegenden Unterschiede zum Islam betont oder die Erscheinungsformen des Islam sogar verboten. Neue Gesetze, die die Normen der Mehrheit vorschreiben, werden aufgestellt, um das Eingehen auf die religiösen Forderungen des Islam zu verhindern. Der Fall von Köln zeigt, dass es Alternativen gibt zu diesem Teufelskreis, der durch eine Politik der nationalen Identität, der Angst und des Ausschlusses per Gesetz zustande kommt. Das Schweizer Verbot steht für das Nicht-Verhandelbare, für den Ausschluss aus dem öffentlichen Bereich und die fehlende Bereitschaft für Experimente. Der Bau der Kölner Moschee gewährt hingegen einen Ausblick auf neue Möglichkeiten für die Öffentlichkeit. Die Moschee kann also als Schnittstelle dienen, als Knotenpunkt, der die Umorientierung aller Beteiligten und die Erforschung neuer ästhetischer Normen unterstützt.

Zu einer solchen Veränderung oppositioneller politischer Kräfte kann es natürlich nicht von heute auf morgen kommen. Mit ihrem Beispiel stehen die Kölner in einer langen Tradition. Die Stadt reagierte seinerzeit mit deutlicher Ablehnung auf den Nationalsozialismus. Der erste Bundeskanzler Konrad Adenauer (1876–1967), einer der Gründungsväter Europas, stammte aus Köln. Als Bürgermeister seiner Heimatstadt (1917–1933) weigerte er sich während eines Hitlerbesuchs, die Hakenkreuzfahne hissen zu lassen, und bekannte sich damit offen gegen den Faschismus. Am 22. Januar 1963 unterzeichnete er gemeinsam mit dem damaligen französischen Staatspräsidenten Charles de Gaulle den Élysée-Vertrag. Damit war die Versöhnung zwischen den beiden Ländern besiegelt. Es war eine entscheidende Etappe im Einigungsprozess Europas. Die Kölner erinnern oft mit Stolz an diese historischen Momente. In ihrem Kollektivgedächtnis sind sie immer noch lebendig. Es ist durchaus denkbar, dass diese historischen Gesteinsschichten bei ihnen demokratische Widerstandskräfte gegen die rassistischen und islamophoben Triebe des Rechtspopulismus nähren.

Aber selbst wenn die Erfahrungen der Vergangenheit die demokratische Wachsamkeit unterstützen, reicht dies natürlich nicht aus, um aktuelle Probleme anzugehen. Wer den Bau einer Moschee organisieren will, muss in der Tat weitaus umfassendere Überlegungen anstellen. Denn der Bau einer solchen Gebetsstätte ist ein Hinweis auf die Präsenz einer anderen Religion, auf die Präsenz von Neuankömmlingen, die zwangsläufig Einfluss nehmen auf den öffentlichen Bereich. Deshalb geht dieser Bau alle an, die Einwohner der Stadt sind gefragt. Es bedarf einer gewissen Vorstellungskraft demokratischer und ästhetischer Natur, damit aus der Kontroverse um die Moschee keine Quelle der Zwietracht wird, sondern der Ausgangspunkt für einen Konsens und für die gegenseitige Anerkennung der beteiligten Parteien.

Eine Annäherung an eine neue Öffentlichkeitskultur geschieht also eher durch die Entwicklung innovativer ästhetischer Formen als durch zusätzliche, die Religionsausübung reglementierende Gesetze. Es geht dabei nicht darum, sich mit der »islamischen Andersartigkeit« zu arrangieren, sondern über die gegenseitige Anteilnahme etwas Gemeinsames zu schaffen. Über den Bau einer Moschee nimmt man am Gestaltungsprozess des öffentlichen Bereichs teil, denn man fördert den Beziehungsaufbau zwischen den Mitgliedern der verschiedenen Glaubensgemeinschaften, der unterschiedlichen sozialen Schichten und auch der Bevölkerungsgruppen, die zuvor nicht am öffentlichen Leben teilgenommen haben. Ein solcher Prozess steht für Kreativität und Innovation, anstatt den Bau imitierter Moscheen, sogenannter ethnischer oder importierter Moscheen zu erzwingen. Umgekehrt bedeutet dies aber auch, dass durch die Verweigerung sämtlicher für die Moschee typischen Symbole und den Wunsch nach einer vollständigen Assimilierung des Islam reiche religiöse und architektonische Traditionen aufgegeben würden. Das Ergebnis wäre eine kulturelle Nivellierung, eine Perspektive, welche die religiösen Fundamentalisten – beispielsweise die Salafisten – mit den europäischen Modernisten teilen.

Auf die Frage »Welcher Islam für welches Europa?« haben das Kölner Moschee-Projekt und die Schweizer Abstimmung fast gleichzeitig zwei sehr unterschiedliche Antworten geliefert. Während das Kölner Projekt Möglichkeiten zur Überwindung der Gegensätze aufzeigt, setzt die Schweizer Abstimmung sämtlichen Interaktionsprozessen ein Ende. Es bleibt leider festzuhalten, dass es allerdings das Schweizer Referendum von 2009 war, was den Verlauf der Debatten über die Moscheen in Europa seither bestimmt hat. Das Referendum bekam den Status einer Grundsatz-Diskussion, an der man sich europaweit orientierte, weil die Abstimmung allgemeine normative und juristische Veränderungen nach sich zog. Der Fall der Kölner Moschee blieb hingegen auf den Radius der Stadt beschränkt. Dennoch wurde am Kölner Beispiel der Mikrokosmos eines alternativen öffentlichen Bereichs sichtbar: Über die Ästhetik der Transparenz in Kombination mit Rückgriff auf die Traditionen hat die Innovation der architektonischen Form das Bild von der Moschee als hermetischem Rückzugsort oder als Arm des islamischen Radikalismus erfolgreich verworfen.

Die Kunst, das Sakrale und die Gewalt

Im Islam ist der Begriff des Heiligen mit der prophetischen Überlieferung verbunden und hat seinen Ursprung in der Offenbarung. Durch den Koran und den Propheten erhält das sakrale Universum des Islam seinen Sinn. Der Koran ist ein heiliger Text, denn die Muslime halten ihn für das in das Herz des Propheten herabgestiegene Gotteswort.[107] Die Nähe Mohammeds zu Gott macht ihn zum heiligsten aller Menschen. Als Empfänger des Gotteswortes wird der Körper des Propheten von den Gläubigen geheiligt und verehrt.[108] Im Bewusstsein und im Leben der Muslime nimmt er einen zentralen Platz ein: Die Begegnung mit ihm ist eine einzigartige Möglichkeit, in das spirituelle Universum des Islam zu gelangen, denn er hat den Koran empfangen und weitergeleitet, einen Offenbarungstext, der an die herausragende Stellung des von Gott Gesandten erinnert. Mohammed ist Prophet, Vorbild und Führer in einem.[109] Der Koran legt den Akzent auf Mohammeds menschliche Gesinnung und macht daraus ein Vorbild für die Gläubigen. Aus diesem Grunde besteht die Heiligkeit im Islam in erster Linie in der Nachahmung des Propheten. In der islamischen Tradition preist die *Sunna* den Nachahmungs- und den Wettbewerbseifer, und zwar in Bezug auf alles, was der Prophet gesagt und getan hat. Die *Sunna* liefert den Muslimen ein allgemeingültiges Handlungsmuster, durch das sie mit der Entstehungsgeschichte des Islam und der prophetischen Tradition in Verbindung bleiben können.[110]

Die Liebe zum Sakralen
in Anbetracht der Säkularisierung

Das Sakrale steht für die Zeitlosigkeit der muslimischen Religion und garantiert die Einheit der Glaubensgemeinschaft über alle

119

ethnischen und konfessionellen Grenzen hinweg. Die Religion ist jedoch gleichzeitig untrennbar mit der persönlichen Erfahrung des Gläubigen, mit seiner Lebensart und der Auslegung seines Glaubens verbunden. Und all dies ist natürlich wiederum vom Raum und von der Zeit abhängig.

Die Muslime stärken ihre Bindung zum heiligen Universum des Islam, wenn sie die Rituale des islamischen Glaubens befolgen. Fünf Mal am Tag verrichten sie ihre Gebete und orientieren sich dabei in Richtung des heiligen Hauses, der sogenannten *Kaaba*, einem quaderförmigen Gebäude im Zentrum der Masjid-al-Haram-Moschee von Mekka. Die Pilgerreise nach Mekka *(Hajj)* ist eine der fünf Säulen des Islam: Jeder Muslim muss sie wenigstens einmal in seinem Leben gemacht haben. Das Alltagsleben eines Gläubigen orientiert sich an diesen heiligen Stätten, aber auch an heiligen Momenten, wie beispielsweise an der Nacht von *al-Qadr*, der sogenannten Schicksalsnacht während des Ramadans, jener Nacht, in der Gott dem Propheten den Koran überbringen ließ – die Nacht der Offenbarung, die heiligste aller Nächte, in der die Muslime versuchen, Gott noch ein bisschen näher zu kommen.

Das Sakrale geht auf das arabische Wort *muqaddas* zurück. Es steht für alles, was Spuren des Göttlichen enthält. *Haram* hingegen steht für alles, was verboten ist. Wenn der Gläubige das Universum des Heiligen betreten will, muss er seinen Körper und seine Seele reinigen. Die Unterscheidung zwischen sakral und weltlich ist in dem Fall gleichbedeutend mit dem Gegensatz zwischen rein und unrein. Es gibt einen umfangreichen Kodex für die körperlichen Praktiken. Er ist für die Muslime maßgebend in Bezug auf die Sexualität, auf die Essgewohnheiten und auf die Bestattungsriten.[111] Im Alltagsleben nimmt der Körper, über den sowohl das Reine als auch das Unreine zum Ausdruck kommt, bei der Zelebration des Heiligen einen zentralen Platz ein. Darstellungen von Lebewesen, die atmen *(ruh)*, also sowohl von Menschen als auch von Tieren, gelten als unrein und sind deshalb nicht vereinbar mit der Verrichtung von Gebeten. Aus diesem Grunde geht die Lehre davon aus, dass Bilder an islamischen Gebetsstätten den Zugang zum Heiligen verhindern. Das Bilderverbot dreht sich um drei juristische Grundsätze: das Verbot der

Götzenverehrung, den Begriff der Unreinheit und die Vorstellung, dass man nicht an Gottes Stelle schöpferisch sein darf.[112] In der *Sunna* wird berichtet, wie der Prophet alle Götzenbilder, die sich in der *Kaaba* befanden, zerstören ließ, bevor er sein Gebet verrichtete. Damit wollte er in einer polytheistischen Welt den Glauben an einen einzigen Gott durchsetzen.

In der westlichen Welt hat das Sakrale während des Säkularisierungsprozesses seine organisatorische Kraft für das gesellschaftliche und moralische Leben verloren. Die muslimische Bevölkerung fühlt sich hingegen nach wie vor davon angezogen. Und mit der seit den 80er Jahren zunehmenden Reislamisierungsbewegung intensiviert das muslimische Kollektivbewusstsein sogar sein Verhältnis zum Heiligen. In einem Europa, wo die Abschaffung des Heiligen zur Ausgangsbedingung für eine weltliche Moderne erklärt wird, zeigen die Muslime großen Respekt vor dem Heiligen. Der Philosoph Abdennour Bidar, Autor von *Self Islam*, bringt die Diskrepanz, dass der Begriff des Heiligen sich im Westen erübrigt, bei den Muslimen aber verfestigt hat, sehr gut zum Ausdruck: »Ich habe den Eindruck, mich im Westen heute in einer Welt zu befinden, in der es nichts Heiliges mehr gibt. [...] Auf muslimischer Seite befindet sich das Sakrale genau in der umgekehrten Situation: Es ist völlig erstarrt, verhärtet, versteift und hat extrem grelle Formen angenommen, nämlich Formen der archaischsten Art, denn es gilt als absolut unberührbar, als unerreichbar für den Menschen. [...] Wenn man mit den Muslimen diskutiert, spürt man, sobald vom Koran oder vom Propheten die Rede ist, dass immer noch größte Verehrung erwartet wird. Da ist kein Platz für Ironie oder für irgendeine Form von Humor oder Distanz. Auch jegliche Form von Kritik ist undenkbar. [...] Und der Westen, der überhaupt nicht mehr weiß, was das Sakrale bedeutet, kann dessen archaische, übersteigerte und erstarrte Form nur als abstoßend empfinden.«[113]

Diese Asymmetrie im Verhältnis zum Heiligen fördert gegenseitiges Misstrauen und führt zu Spannungen zwischen den Muslimen und den Europäern. Ebenso wie sich die Christen an Bilder gewöhnen mussten, die sie in ihrer religiösen Überzeugung gekränkt haben, ist es heute die Toleranz der Muslime, die einer schweren Prüfung unterzogen wird. Mancher Muslim fühlt sich durch die respektlosen Darstellungen des Islam und dessen Propheten verletzt und beantwortet sie mit Einschüchterungs- und Gewaltakten. So schreiben in Europa die einen die Hegemonie weltlicher Werte vor, während die anderen ihr widersprechen.

Die in Europa lebenden Muslime sind schon seit geraumer Zeit mit karikaturesken Darstellungen ihres Propheten konfrontiert. Die modernen Haltungen des Westens gegenüber dem Islam und dessen Propheten gehen auf mittelalterliche Wurzeln zurück. Im siebten Jahrhundert sahen die Christen in Anbetracht einer sich stark ausbreitenden muslimischen Kultur eine religiöse und militärische Bedrohung. Der islamische Einfluss begann sich in weiten Teilen des christlich-oströmischen Reiches – von Syrien bis Spanien – bemerkbar zu machen. Es kam zu einer langsamen Arabisierung der Gesellschaft, sowohl auf der sprachlichen Ebene als auch auf der Ebene der gesellschaftlichen und kulturellen Gewohnheiten.[114] In den christlich-mittelalterlichen Texten über den Islam findet man Beschreibungen, welche die Situation widerspiegeln, die wir heute kennen: »Beleidigungen gegenüber dem Propheten, derbe Karikaturen von muslimischen Ritualen, bewusste Entstellungen von Koran-Passagen, degradierende Darstellungen der Muslime als lüsterne, gefräßige und entmenschlichte Barbaren.«[115] Im zwölften Jahrhundert war Mohammed Zielscheibe heftiger Angriffe von Seiten christlicher Schriftsteller. Er wurde als »Häretiker« hingestellt, der einen »schändlichen Tod« verdiene. Man erzählte sich, er sei von Schweinen angegriffen und aufgefressen worden. »Es befielen ihn oft unerwartete Epilepsie-Anfälle. [...] Als er eines Tages alleine spazieren ging, warf ihn ein solcher Anfall zu Boden; Schweine entdeckten den vor Krämpfen Zuckenden und rissen ihn in tausend Stücke, so dass man von ihm nur noch seine Fersen fand.«[116]

Die Zeit der großen Invasionen ist vorbei, aber die Angst vor einer Europa »überrollenden« islamischen Eroberungswelle bleibt lebendig. Natürlich wäre es absurd, zwischen der mittelalterlichen Vorstellung vom Islam und den heute gängigen Auffassungen einen direkten Zusammenhang herzustellen. Aber hinter den Ängsten der Europäer vor der muslimischen Präsenz kann man eine Konstante erkennen: das negative Bild vom Islam.

Mancher beklagt sich, dass er sich nicht mehr »zu Hause« fühlt. In einer Zeit, in der die Kirchen leer sind und immer mehr vom Christentum zum Islam übertreten, werden die Sitten und Bräuche der Muslime als Bedrohung empfunden. In diesem Kontext wurde die literarische und künstlerische Produktion Europas einmal mehr von satirischen und abwertenden Darstellungen des Islam überschwemmt und die Sensibilität der muslimischen Migranten – der neuen europäischen Bürger – verletzt.

Aber auch die mittelalterlichen Darstellungen des Propheten nehmen die heute in Europa lebenden Muslime sehr wohl zur Kenntnis. Ein Beispiel dafür ist die bereits erwähnte Wandmalerei, das *Jüngste Gericht* des Renaissance-Malers Giovanni di Modena, in der San-Petronio-Basilika von Bologna, die die Aufmerksamkeit der muslimischen Bewohner auf sich zieht und bei ihnen Unmut auslöst. Die Szene stammt aus Dantes *Göttlicher Komödie*. Man erkennt den Propheten im unteren Teil des Freskos, wo die Hölle abgebildet wird. Inmitten eines schrecklichen Schauspiels, in welchem Dämonen Körper aufschlitzen und Gliedmaßen abtrennen, wird der nackte Prophet vom Teufel in den Teil der Hölle gezerrt, der den Verursachern von Skandalen und Glaubensschismen vorbehalten ist.

Als ich 2006 zum ersten Mal die Basilika San Petronio besuchte, hatten schon mehrere muslimische Verbände ihre Wut über die ihrer Meinung nach den Islam und dessen Propheten diffamierende Darstellung dieses Freskos zum Ausdruck gebracht.[117] Ich habe das Fresko damals aufmerksam betrachtet. Ohne die Beschriftung »Mohammed« in gotischen Lettern war es auf den ersten Blick schwierig, den Propheten auszumachen. Ich stand vor dem Fresko regungslos in der Menge und konnte meine Emotionen nicht unterdrücken, geschweige denn Gleichgültigkeit vortäuschen. Beim Verlassen der Basilika fragte ich mich, was das für ein beklemmendes Gefühl gewesen war. Der künstlerische Aspekt tröstete mich nicht beim Anblick dieser gehässigen Darstellung des Propheten innerhalb einer Kirche. Spürte vielleicht auch ich – im Unterbewusstsein – etwas von dieser heiligen, intimen Beziehung, welche die Muslime zu ihrem Propheten unterhalten? Von der Gewalt, welche das Fresko ausstrahlt, einmal abgesehen, waren mir bei dieser visuellen

Konfrontation die unterschiedlichen sinnlichen Erfahrungen bei den einzelnen Religionen bewusst geworden. Da ich in der muslimischen Kultur groß geworden bin, hatte ich keine wirklich figürliche Vorstellung vom Propheten. In meiner Phantasie hatte es auch keine abwertenden künstlerischen Darstellungen von anderen Propheten gegeben.

In der augenblicklichen historischen Situation wird das islamische Bilderverbot als Beweis dafür angeführt, dass der Islam – vom religiösen Charakter des Konfliktes einmal ganz abgesehen – mit der säkularen Moderne des Westens nicht kompatibel ist.[118] Man spricht oft vom Verbot göttlicher Darstellungen im Islam, ohne dabei daran zu denken, dass dieses Verbot auch für die Propheten anderer monotheistischer Religionen gilt wie Abraham, Moses, Jesus ... In der islamischen Tradition werden auch sie als heilig betrachtet, und es gilt deshalb als blasphemisch, sie durch Darstellungen zu beleidigen. Die heute in Europa lebenden Muslime verweisen oft nicht ohne Stolz darauf, dass sämtliche Propheten der monotheistischen Religionen im Islam respektiert werden.[119]

Für die meisten Muslime sind die Angriffe auf den Propheten also auch ein Zeichen dafür, dass ihre Religion auf theologischer Ebene nicht anerkannt ist. Sie fühlen sich durch die Beleidigungen ungerecht behandelt und vermissen einen gegenseitigen Respekt zwischen Islam und Christentum. Alle Gewaltakte gegen sie haben deshalb in ihren Augen einen religiösen, »islamophoben« Charakter. Dies schwingt bei den aktuellen kulturellen Unstimmigkeiten immer mit.

Die Grundsatz-Diskussion
über die »dänischen Karikaturen« von 2005

Am 30. September 2005 veröffentlichte die *Jyllands Posten*, eine der großen dänischen Tageszeitungen, zwölf Zeichnungen mit satirischen Darstellungen des Propheten Mohammed. Damit wurde in der Beziehung zwischen dem Islam und Europa[120] eine neue Phase eingeleitet. Die folgende Kontroverse hat sich in das europäische Kollektivgedächtnis eingeprägt und Geschichte gemacht, denn sie ist zu einem gängigen Bezugspunkt geworden, wenn es in der Auseinandersetzung mit dem Islam um die Nicht-Darstellbarkeit des Heiligen geht. Sie setzte dort ein, wo man es am wenigsten erwartet hätte: in Dänemark, wo die muslimische Migration kein zentrales Thema in den öffentlichen Diskussionen darstellte und der islamische Extremismus kaum existierte.[121] Es ist schon paradox, wie die dänische Politologin Jytte Klausen geschrieben hat, dass ausgerechnet die dänischen Muslime als *mad mullahs* karikiert wurden, denn die meisten der in den 70er Jahren aus der Türkei nach Dänemark eingewanderten muslimischen Arbeiter lebten dort friedlich und zeigten wenig Neigung, die radikalen islamistischen Gruppen zu unterstützen. Die satirischen Zeichnungen brachten dagegen eine bestimmte zeitgenössische Vorstellung vom Islam als terroristisch, intolerant, gewaltbejahend und frauenfeindlich in Umlauf.

Die zwölf Karikaturen wurden unter dem Titel »Die Gesichter Mohammeds« im Kulturteil der dänischen Zeitung veröffentlicht. Unter dem Vorwand, dass der Kinderbuchautor Kåre Bluitgen sich beklagte, dass niemand sein Buch über Mohammed zu illustrieren wage, beschlossen die Journalisten, unter den dänischen Zeichnern einen Wettbewerb auszuschreiben, um das Verbot von Darstellungen des Propheten zu brechen. In ihrem Leitartikel erklärte die *Jyllands Posten,* dass ihr Vorhaben eine Art Antwort auf die Intoleranz der Islamisten sei, aber auch auf die mit dem Label »politisch korrekt« geimpfte Selbstzensur der Medien. Hier erkennt man ein europäisches Leitmotiv: die heiligen »Tabus« des Islam zu Fall zu bringen und den Journalisten mitzuteilen, dass sie über die Satire und Gotteslästerung die Grenzen der vermeintlich von den Islamisten, ja sogar von den Muslimen im Allgemeinen bedrohten Meinungsfreiheit testen könnten. Der von der Zeitung gewählte Titel »Die Gesichter Mohammeds« machte deutlich, dass mit der Darstellung des Gesichts des Propheten ein Tabu gebrochen und die Muslime durch die Missachtung ihrer Werte provoziert werden sollten. Diese satirische, von einseitigem Humor getragene Darstellung des Islam sollte sie in die Knie zwingen.

Die Zeichnung, in der Mohammed mit einem Turban in Form einer Bombe und mit einer brennenden Haarlocke kurz vor der Explosion steht, hat das muslimische Kollektivbewusstsein am schwersten getroffen: Die Zeichnung an sich ist schon eine Blasphemie, sie suggeriert aber außerdem, dass der Terrorismus untrennbar mit der muslimischen Religion verbunden sei. Die Karikatur hat damit ein neues Klischee vom Islam aus der Zeit nach dem 11. September 2001 übernommen. Sie ist aber nicht zu vergleichen mit stereotypen Zeichnungen aus früheren Zeiten, in denen man Mohammed mit einem Schwert in der Hand porträtierte. Dieses Klischee hat auch nichts gemein mit den offensiven Darstellungen, die im Mittelalter im Umlauf waren und den Propheten mit unreinen Tieren – etwa mit einem Hund oder einem Schwein – assoziierten. Verleumderisch und blasphemisch ist in diesem Fall die Tatsache, dass der Prophet als Bombenleger definiert und somit den Selbstmordattentätern gleichgestellt wird. Hier findet also eine semantische Verschiebung vom Bild des Kriegers zu dem eines terroristischen Märtyrers statt: Wie jeder Märtyrer scheint Mohammed bereit, zu sterben. Die Zündschnur seiner im Turban versteckten Bombe brennt bereits; es ist eine Momentaufnahme kurz vor seinem endgültigen Verschwinden. Mit diesem Bild übermittelt uns der Zeichner seine Vorstellung vom Islam: Er verleiht dem Propheten das Gesicht eines Terroristen, gibt aber gleichzeitig seinen Wunsch zu erkennen, den Propheten zu töten und sich damit des Islam zu entledigen.

Für die Muslime ist es weniger die Beleidigung des Propheten, als vielmehr die moralische Absicht des Zeichners und die dahintersteckende Aussage, die sie als einen Akt symbolischer Gewalt empfinden. Würde man sich in der Diskussion auf das islamische Bilderverbot fokussieren, käme das einer Vertuschung der bewussten Provokation und der eigentlichen Absicht des Zeichners gleich. Die Karikaturen haben mit ihrer provozierenden Art die Muslime aufgeschreckt, eine öffentliche Debatte ausgelöst und in gewisser Weise die muslimische Glaubensgemeinschaft auch aufgefordert, sich über die Frage nach dem Heiligen hinwegzusetzen. Mit dieser Affäre entwickelte sich bei den Europäern eine neue Mode, den muslimischen Glauben in Frage zu stellen. Die Diskussion um Begriffe wie Bild, Humor, Glaube oder das Heilige wurden um neue Schlagworte ergänzt. Die im Westen gebräuchliche Bedeutung von »Blasphemie« wurde dem islamischen Begriff des Heiligen gegenübergestellt.

Mit dieser Kontroverse, den Diskussionen über die Blasphemie und den darauf antwortenden mörderischen Gewaltakten wurde der Gegensatz zwischen »uns, den Europäern« und »ihnen, den Muslimen« verschärft. Für den Zusammenstoß der beiden Ethik- und Kultursysteme, die vermeintlich kein gemeinsames Maß haben, wurde ein umfangreiches Arsenal an Begriffen aktiviert. Die Karikaturen verstärkten den Umlauf von Klischees und stießen in anderen öffentlichen Bereichen Europas auf eine diskursive Resonanz. Daraus entwickelte sich eine besondere Dynamik: Mit Karikaturen, die in der Konfrontation mit den Verboten des Islam eine – im wahrsten Sinne des Wortes – »feder«-führende Rolle übernommen haben, hatten die Dänen einen ersten prominenten Auftritt in der globalen Öffentlichkeit und schrieben sich als Antwort auf mögliche Sanktionsmaßnahmen gegen die »Blasphemie« die Verteidigung der Meinungsfreiheit auf die Fahnen.

Wenn von der Kunst Gewalt ausgeht

Seit den 90er Jahren ist die Kunst zu einer Ausdrucksplattform für die Kontroversen um den Islam geworden. Die heiligen Symbole dieser Religion, deren Prophet Mohammed und der Koran, aber auch die typischen Figuren des zeitgenössischen Islam, wie etwa die verschleierten Frauen oder die islamistischen Dschihadisten, nehmen einen zentralen Platz in der europäischen Kunst ein. Zahlreiche Kunstwerke in Europa nehmen den Schleier und die Burka, die Minarette und die Gebetsteppiche in den Blick. Diese Hauptsymbole *(master symbols)* bieten für die darstellende Kunst einen unendlich reichen Schatz. Das Thema Islam taucht in den unterschiedlichsten modernen – konventionellen und nicht-konventionellen – Kunstformen auf (Installationen, Collagen, Videos, Aufführungen, Karikaturen, Plakate und Graffiti), ebenso in der klassischen Kunstszene (Galerien, Stiftungen, internationale Kunstmessen) und im nicht-institutionalisierten, sogenannten Off-Bereich (in den Wartehäuschen für den Bus oder die Straßenbahn, in der Metro oder auf der Straße).

127

Der künstlerische und der öffentliche Bereich überschneiden sich. Die Bilder entfalten ihre volle Wirkung, ohne dass zwischen den Orten, wo die Kunst sich präsentiert, und den Orten des Alltagslebens eine räumliche Vermittlung notwendig wäre. Die Bereiche der Provokation und die Bereiche der Kommunikation gehen ineinander über. Auf diese Weise trägt die Kunstszene dazu bei, den Islam in Europa sichtbar zu machen. Gleichzeitig schafft sie aber einen Antagonismus zwischen Europa und dem Islam: Sie wird zu einem Schlachtfeld, auf dem Skandale und Debatten ausbrechen und zu Drohgebärden, Einschüchterung und sogar Gewalttaten gegen Schriftsteller, Zeichner und Künstler führen. All diejenigen, die den Islam mit dem Wertmaßstab des säkularen Europas hinterfragen und bewerten, versuchen mit den Tabus, die das Verbotene und das Sakrale betreffen, zu brechen. Der Roman *Die satanischen Verse* von Salman Rushdie, der Film *Submission* nach dem Drehbuch von Ayaan Hirsi Ali oder »Die Gesichter Mohammeds« der dänischen Zeichner, all diese Werke zielen auf das, was im Islam heilig ist. Es handelt sich immer um die gleiche satirische, respektlose Darstellung des Propheten und des Korans. Nebenbei bemerkt: Die Sexualität und der Körper der muslimischen Frauen nimmt in diesen Werken einen zentralen Platz ein, auch dies mit der Absicht, religiöse Verbote zu übertreten.

Salman Rushdie holte sich den Stoff für seinen burlesken Roman aus der Frühgeschichte des Islam. Er verletzte die Gefühle der Muslime, indem er den Begleiterinnen und Frauen Mohammeds, die wegen ihres intimen Umgangs mit dem heiligen Körper des Propheten verehrt werden, Namen von Prostituierten gab. Auch die Heiligkeit des Propheten verunglimpfte er mit dem Namen »Mahound«, was für die Christen des Mittelalters eine Bezeichnung für den Teufel war. *Submission* ist der Titel eines zehnminütigen Kurzfilms, der 2004 von Ayaan Hirsi Ali und Theo Van Gogh gedreht wurde. Er spielt in »Islamistan« – in Anlehnung an »Londonistan« als Bezeichnung für das von militanten Islamisten bewohnte London –, einem »Land der Phantasie, wo die meisten Leute Muslime sind und die Scharia Anwendung findet«. Der Kurzfilm ist weder rein dokumentarisch noch rein fiktiv. Er zeigt verschleierte Frauen, die zur Heirat gezwungen, von ihrem Ehemann geschlagen, vergewaltigt und wegen Ehebruch gegeißelt werden – alles Praktiken, die laut Ayaan Hirsi Ali in den Koran-Versen ihre Rechtfertigung finden. Die entsprechenden Verse werden auf den nackten Körper der geschundenen Frauen projiziert. Die Verknüpfung der Koran-Verse mit den nackten Frauenkörpern – die Beschmutzung des Heiligen durch die Sexualität – empfinden die Muslime als Akt symbolischer Gewalt und als Beleidigung.

In jedem der drei Länder, in denen diese Werke entstanden sind (Großbritannien, Niederlande und Dänemark), kam es in der Folge zu heftigen Auseinandersetzungen, die weit über die Landesgrenzen hinaus wirkten und seitdem unauslöschlich im europäischen Kollektivgedächtnis verankert sind. Die von Ajatollah Khomeini gegen den Schriftsteller Salman Rushdie verkündete Todes-Fatwa während seines Aufenthalts in Großbritannien, der in Amsterdam verübte Mord an dem Intellektuellen Theo Van Gogh, dem Filmproduzenten von *Submission*, und die Todesdrohungen gegen die dänischen Karikaturisten stehen für die intensive Verkettung der Gewalt mit den Werten des Heiligen und der Kunst. Im Laufe der Ereignisse konzentrierte sich der Streit auf den binären Gegensatz zwischen denen, welche die Meinungsfreiheit in der Kunst verteidigen, und denen, die den heiligen Werten des Islam verbunden sind, sowie zwischen denen, welche die Grenzen der Toleranz ausloten wollen, und denen, die nicht zögern, auf Mittel der Gewalt und der Einschüchterung zurückzugreifen.

In den Debatten entstand zuweilen der Eindruck, als ob die Werte der Freiheit und der Gleichheit bei den Muslimen keine Gültigkeit besäßen. Man erwartete von ihnen, dass sie sich den Grundsätzen der Toleranz, des Humors und der Satire anschließen und ihre Verbindung zum Heiligen aufgeben – so wie es die Christen im Laufe der Zeit auch getan haben. Die Muslime sollten sich dem Säkularisierungsprozess verschreiben, um sich den Regeln der säkularen Moderne anzupassen. Was beleidigt die Muslime? Ist es die Verletzung des religiösen Gesetzes, die Missachtung des Verbots, den Propheten bildlich darzustellen? Von den Verfechtern der Meinungsfreiheit wurde im Zusammenhang mit der Karikaturen-Affäre der Begriff der Blasphemie ins Spiel gebracht, der in Europa früher ein religiöses Repressionsmittel auf Kosten individueller Freiheiten gewesen war. Doch kann man mit diesem Terminus das emotionale Universum und die Begriffswelt der heutigen Muslime fassen?[122]

Während unserer Feldforschung trafen wir auf keinen Muslim, der sich auf die Blasphemie berufen hätte. Auch die Sprecher der islamischen Verbände haben diesen Begriff nicht verwendet. Scheich Yusuf Al-Qaradawi, Präsident der *Internationalen Union muslimischer Gelehrter* (Ulemas) und Vorsitzender des *Europäischen Rates für Fatwa und Forschung* (Dublin), hat das Wort Blasphemie oder eine der arabischen Entsprechungen ebenfalls nie ausgesprochen. Die »Beleidigungen«, den »Hass« und die »Missachtung« des Islam und der Muslime hat er hingegen streng verurteilt.[123]

In England startete Scheich Faiz-ul-Aktab Siddiqi, der Begründer der Hijaz College Islamic University, eine Kampagne mit dem Ziel, die Demütigung der Muslime zu denunzieren: Das *Muslim Action Committee* setzte sich aus 500 muslimischen Gelehrten aus den unterschiedlichsten Ländern zusammen. Unter dem Vorsitz von Scheich Siddiqi verteidigte dieses Komitee eine »globale Höflichkeit« *(global civility)*. Der aus Pakistan stammende Rechtsanwalt ist der Ansicht, dass die Werte des Islam die ethische und spirituelle Leere der britischen Gesellschaft füllen könnten. Er selbst steht für die friedliche Verständigung zwischen dem Islam und der britischen Kultur. Während seiner beruflichen Tätigkeit trägt er die Anwaltsrobe und, wenn er als Scheich unterwegs ist, die islamische Kleidung. Um leichter erreichbar zu sein, nutzt er das Internet ebenso wie traditionellere Kommunikationsmittel, beispielsweise die jede Woche stattfindende spirituelle Beratung. Im Gespräch, das wir mit ihm am Hiljaz College in Nuneaton (Warwick) führten, äußerte er sich auch zur Karikaturen-Affäre.[124] Im Gegensatz zu vielen, die während der Kontroverse zur Verteidigung der Rechte der Muslime das juristische Feld beschreiten und auf dem Tatbestand der Blasphemie bestehen wollen, maß er der Tugend der Höflichkeit als Grundlage des öffentlichen Lebens großen Wert bei. Mit der Unterstützung des *Muslim Action Committee* ergriff er die Initiative für eine Erklärung, in der er sich für die »globale Höflichkeit«

aussprach. Er ist der Meinung, dass die dänischen Karikaturen und das Buch von Salman Rushdie eine Beleidigung gegenüber der Gesamtheit aller Muslime sind, aber verwendet den zum religiösen Sprachgebrauch gehörenden Begriff der Blasphemie nicht. Die Mutter von jemandem zu beleidigen ist für ihn das Gleiche, wie den Propheten zu beleidigen. »Warum den Propheten beleidigen, wenn man doch weiß, dass ich ihn noch mehr liebe als meine Mutter?«, fragte er. Er lehnt es aber nicht ab, über den Propheten zu diskutieren, und auch der Kritik an ihm schenkt er Gehör. Was er sich wünscht, ist lediglich, dass eine Grenze zwischen Beleidigung und Meinungsfreiheit festgelegt wird. Er appelliert an die Tugend der Höflichkeit als Grundlage für das öffentliche Leben und interpretiert somit die dänische Karikaturen-Affäre als einen zwischenmenschlichen Konflikt.

Die Entwicklung eines reduzierten und entmenschlichten Muslim-Bildes

Im Zusammenhang mit der dänischen Karikaturen-Affäre sprach die amerikanische Anthropologin Saba Mahmood von einer »moralischen Verletzung« *(moral injury)*. Die Gefühle der Muslime seien verletzt worden, und zwar nicht weil man das religiöse »Gesetz« übertreten habe, sondern weil das Verhältnis zum ureigenen Selbst, das in einem intimen Abhängigkeitsverhältnis zum Propheten steht, mit Füßen getreten würde.[125] Die von vielen Muslimen angesichts der Karikaturen subjektiv empfundene Beleidigung sei keine Folge der Übertretung eines moralischen Verbotes, sondern die Folge verletzter Emotionen und eines diskreditierten persönlichen Habitus. Die dänischen Karikaturen hätten die Emotionalität wieder zu einem Bestandteil des öffentlichen Bereichs gemacht: Die Absicht sei dabei entscheidend gewesen. Weil man auf das lebendige Verhältnis zum Islam und dessen Propheten zielte, fühlten sich viele Muslime angegriffen.

»Ist die Kritik weltlich?« Mit dieser Frage prüft Wendy Brown die Gleichsetzung der Meinungsfreiheit mit dem Säkularismus. Sie hinterfragt die Vorstellung, dass das Wahre, Objektive, Reale, Rationale und Wissenschaftliche nur nach der Befreiung von

Vorurteilen und der religiösen Autorität zum Vorschein kommen könne. In der Gedankenwelt des säkularen Liberalismus sind die Meinungsfreiheit und die Blasphemie im positiven Sinne miteinander verknüpft: Der blasphemische Akt will die vorgegebenen Grenzen überschreiten und sich neue Freiheiten schaffen. Die Blasphemie übermittelt demnach eine Kritik an der etablierten Ordnung, an dem, was erlaubt und was verboten ist. Die Behauptung, dass der blasphemische Charakter eines Kunstwerkes immer eine Form von sozialer Kreativität und einen Bruch mit der Autorität der Tradition darstellt, ist eine Doxa der Moderne, die es zu überprüfen gilt. Im Fall der dänischen Karikaturen denunziert Talal Asad die Instrumentalisierung des Blasphemie-Begriffs durch den weltlichen Humanismus: »Die Blasphemie kann einfach nur ein Gewaltakt sein, der sich als kreativer Bruch ausgibt.«[126]

Im vorherrschenden Diskurs der weltlichen Moderne wird die Respektlosigkeit gegenüber religiösen Verboten zu einer Bedingung für die Meinungsfreiheit erhoben. Auch verbale Übertreibungen gehören dazu. In bestimmten politischen Kulturen – insbesondere in den nordeuropäischen Ländern – wird der Einsatz von Blasphemie zu einer »zivilen Tugend« der Demokratie aufgewertet. Jytte Klausen bestätigt, dass »in Nordeuropa rüde Manieren und der Rückgriff auf Satire und Sarkasmus manchmal zu Ausdrucksformen der Authentizität aufgewertet werden, wenn es darum geht, arrogante Leute an der Macht aufs Korn zu nehmen«.[127] Aber heute setzt sich in den öffentlichen Debatten die offensive Sprache gegen die Ausländer, die Minderheiten und die muslimischen Migranten mehr und mehr durch. Ganz oben sagen, was andere ganz unten denken, die »Tabus« der Linken gegen den Rassismus zu Fall bringen und sich über »politisch korrekte« Ideen lustig machen, all dies steht für die Wende der sich gegen den Islam kämpferisch gebenden öffentlichen Kultur in Europa.

Die öffentlichen Kontroversen um den Islam sind ein Beweis dafür, dass die Muslime sich im selben Zeitraum bewegen wie die übrigen europäischen Bürger. Gleichzeitig zielt jedoch das Gerede von der Andersartigkeit der Muslime in Bezug auf die weltlichen Werte darauf ab, sie zumindest symbolisch von der europäischen Bürgerschaft auszuschließen. Durch sicherheitspolitische Maßnahmen werden sie zudem manchmal sogar real ausgeschlossen. Darin besteht der eigentliche Widerspruch: Mit ihrem Angriff auf die Gefühle der Muslime schaffen die Polemiker ein synchrones Verhältnis zwischen Beteiligten, die einander weder als Zeitgenossen noch als Mitbürger anerkennen; die öffentlichen Kontroversen knüpfen ein neues Zeitband zwischen diesen Beteiligten. Oft sollen historische und theologische Argumente daran erinnern, dass die muslimische Religion, die ja keine Reformation erlebt habe, eine hermeneutische Deutung des Korantextes verhindere und stattdessen den Text in der Zeitlosigkeit einer anachronistisch gewordenen Heiligkeit erstarren lasse. Das Verhältnis zu den Zeitgenossen würde durch das Verhältnis zum Bild bestimmt. In den Kontroversen wird immer wieder betont, dass das »Bildproblem« im Islam ein Kennzeichen für dessen anachronistisches »mittelalterliches Denken« sei. Ein solches Denken könne die progressive Entwicklung der modernen westlichen Welt abrupt stoppen oder sogar umkehren.[128]

Die Kontroverse um die dänischen Karikaturen baut auf symptomatische Art eine spezifische Nähe auf. Sie sorgt für ein reges öffentliches Leben, indem sie interaktive Beziehungen zwischen Menschen schafft, die einander eigentlich fremd sind, weil sie unterschiedliche kulturelle Codesysteme miteinander konfrontiert, gleichzeitig neue Allianzen schmiedet und neue Gräben aufreißt. Wie in einer Collage fügt sie verschiedene kulturelle Normen zusammen und löst so einen Prozess gegenseitiger Durchdringung zwischen dem Islam und Europa aus. Dies geschieht allerdings nicht ohne Provokation, Gewalt und heftige emotionale Reaktionen. Das rationale Element und die Dialogfähigkeit innerhalb der Öffentlichkeit bleiben bei dieser Kontroverse zugunsten einer von Gefühl und Leidenschaft getragenen Kommunikation auf der Strecke. Bilder sind leicht zu reproduzieren und einfacher in Umlauf zu bringen als Worte und Bücher. Die Klischees und die Karikaturen passen sich der Geschwindigkeit der neuen Kommunikationsnetze an, für die Vermittlung, die Interpretation und den Austausch bleibt dann aber keine Zeit mehr. Solche Klischees symbolischer und verbaler Art erzeugen ein reduziertes und entmenschlichtes Muslim-Bild. Die Muslime werden nicht als Bürger aus dem Hier und Jetzt wahrgenommen, als Bürger mit vertrauten Gesichtern, sondern als Leute von »dort unten« und aus einer anderen Zeit. Das globale Ausmaß der Karikaturen-Affäre hat die Verbreitung dieser Stereotypen beschleunigt und die binäre Konfrontation auch auf andere Zusammenhänge übertragen. Auf Grund der Übermittlung durch die modernen Medien gewinnen die Kontroversen, Skandale und Polemiken um die Klischees vom Islam unglaublich an Fahrt und werden weltweit wahrgenommen.

Eine Kontroverse stellt zum einen die Unterschiede einander gegenüber, zum andern lässt sie zwei Parteien aufeinandertreffen. Im Falle der dänischen Karikaturen kam es jedoch zu keiner öffentlichen Debatte, in welcher man sich mit den jeweiligen Normen der weltlichen und der religiösen Seite auseinandergesetzt hätte. Stattdessen führte diese Kontroverse zu einer Konfrontation zwischen zwei unterschiedlichen Systemen mit den festgefahrenen Bezeichnungen »Okzident« und »Islam«, wobei Ersteres seine Hegemonie über Letzteres zu wahren suchte. Die Kontroverse wurde zu einer reinen Medien-Affäre und hat nicht – wie es wünschenswert gewesen wäre – die Stimme der Beteiligten zu Gehör gebracht und eine Debatte über eine alternative Verbindung und alternative Politik eröffnet. Der öffentliche Bereich wurde mit der Welt der Medien verwechselt und war nicht in der Lage, zwischen den Beteiligten eine fruchtbare Gesprächsatmosphäre zu schaffen. Die Stimme der Beteiligten, deren Verankerung an einem konkreten Ort sowie die Themen, um die es in der Kontroverse eigentlich geht, verschwanden hinter der Omnipräsenz der Stereotypen. Die »ganz normalen Muslime« wurden von der öffentlichen Bühne verdrängt. Beschäftigen wir uns also nun mit einer realen Örtlichkeit und mit konkreten Beteiligten, die der Bedeutung eines umstrittenen Kunstwerkes widersprochen haben.

Ein fiktiver Gebetssaal in Brüssel

2009 wurde in einem Schaufenster der Brüsseler Charles-Rogier-Passage – in der Nähe eines muslimischen Viertels – ein fiktiver

Gebetssaal ausgestellt, der eine heftige Kontroverse auslöste. Es war eine Installation des Künstlers Mehdi-Georges Lahlou mit dem Titel *Cocktail, ou autoportrait en société* (dt: Cocktail oder Selbstbildnis in Gesellschaft). Anhand der auf dem Boden liegenden Gebetsteppiche erkannte man den Gebetssaal. Vor den Männerschuhen, die paarweise vor jedem einzelnen Teppich standen, thronte ein Paar roter Pumps, und zwar direkt auf einem der Teppiche, was eine Missachtung der streng auf Sauberkeit bedachten muslimischen Riten bedeutet. Die von der Straße einsehbare Installation löste bei den muslimischen Anwohnern Empörung aus. Sie sahen darin eine gezielte Provokation und ein Zeichen der Feindseligkeit gegenüber dem Islam. Nachdem das Schaufenster mit Steinen beworfen und mit Spucke verunziert worden war, wurde die Installation eine Zeitlang mit einer schwarzen Stellwand verdeckt und schließlich endgültig aufgelöst.

Am 5. Dezember 2009 stellten wir in der Absicht, eine Diskussion zu dieser Kontroverse anzuregen, in einem Saal des Automobilmuseums eine Gruppe mit Brüsseler Bürgern zusammen. Mehdi-Georges Lahlou war einer der zwölf Teilnehmer. Die meisten von ihnen gehörten zur zweiten Generation der in Brüssel lebenden Muslime, gläubig, aber auch stark engagiert in der interkulturellen Arbeit. Manche von ihnen hatten Verantwortung in einem Verein übernommen, im *Arabisch-Europäischen Studentenkreis der Freien Universität Brüssel*, beim *Grünen Tor*, einer Hilfsorganisation, die gegen Armut und den gesellschaftlichen Ausschluss kämpft, und in der *Internationalen Studiengruppe für Fragen zu den Frauen im Islam* (GIERFI). Zur Gruppe gehörten außerdem ein dem Salafismus nahestehender junger Mann, eine laizistische Muslimin, die bei antirassistischen Bewegungen engagiert ist, und ein progressiver belgischer Katholik.

Mehdi-Georges Lahlou – jung, dunkles Haar und gepflegter Bart – kam in Begleitung eines Bodyguards zur Sitzung. Er präsentierte uns seine Arbeit als autobiographische Studie: »Mein Körper ist mein wichtigstes Arbeitsmittel.« Er hatte zuvor unter anderem sein Gesicht für die Darstellung eines Mannes mit Kopftuch zur Verfügung gestellt oder für eine Ausstellung in Paris eine orientalische Tanzperformance realisiert, bei der er allerdings von jungen Muslimen belästigt worden war. Wie sein

Name vermuten lässt, besitzt er verschiedene ethnische und religiöse Wurzeln: Der Franko-Belgier hat eine katholische Spanierin als Mutter und einen muslimischen Marokkaner als Vater. Er selbst sagt, dass er von nirgendwo stammt und von anderswo herkommt. In seinen Video-Installationen und Performances benutzt er seinen eigenen Körper, um die Verbote des Islam zu hinterfragen, und spielt mit Tabus, Werten und Orten, die dem Islam heilig sind. In einer seiner Installationen schreitet der Künstler beispielsweise nackt um die Kaaba. Mehdi-Georges Lahlou sucht nach Querverbindungen zwischen dem Humor und dem Islam, und zwar vor allem da, wo sie besonders ungewiss oder gar unmöglich zu sein scheinen. Man kann über die Muslime lachen, sagt er, nicht aber über den Islam.

Auf heikle Themen wie Homo- oder Transsexualität legt der Künstler sein Hauptaugenmerk. In seiner Arbeit hinterfragt und inszeniert er seine eigenen sexuellen Orientierungen. Er verkleidet sich, um seine körperliche Erscheinung zu verändern und mit der männlichen und weiblichen Identität zu spielen. Als Mann behält er die männlichen Attribute – Körperhaare und Muskeln –, von den Frauen hingegen leiht er sich zum Beispiel die Stöckelschuhe. Er verknüpft die Stereotype, anhand derer sich die Frauen und Männer in ihren Erscheinungs- und Verhaltensweisen unterscheiden, und kreiert so einen Zwischenbereich, in dem die sozialen Normen der sexuellen Ordnung und die geschlechtliche Differenzierung auf den Kopf gestellt werden. Der Begriff der »Travestie« bezieht sich ganz konkret auf eine solche Veränderung der sexuellen Ordnung. Wie Judith Butler in ihrer Arbeit deutlich zeigt, hat die Travestie eine subversive Wirkung, denn sie weckt Zweifel und setzt sich über das hinweg, was für alle Ewigkeit stabil und festgeschrieben zu sein schien: die männliche oder weibliche Essenz.[129]

Unserer Diskussionsrunde zeigten wir Fotos von Mehdi-Georges Lahlous Installation, dem fiktiven Gebetsraum. Das Kunstwerk hat durch seine Missachtung der islamischen Gebote und durch seinen subversiven Umbruch der räumlichen Aufteilung zwischen Drinnen und Draußen und zwischen Frauen und Männern eine verstörende Wirkung. Gemäß den religiösen Riten des Islam ist es üblich, seine Schuhe vor dem

Betreten eines Gebetsraumes oder einer Moschee auszuziehen. Die roten Lackpumps direkt neben den Männerschuhen auf dem Teppich wirken befremdend und stören die Ordnung, denn in der muslimischen Religion dürfen die Frauen nicht neben den Männern beten. Die Pumps sorgen nicht nur für eine weibliche Präsenz unter Männern, sondern bringen mit ihrem grellen Rot auch die Transvestiten ins Spiel. Die Installation arbeitet also mit einer dreifachen Grenzüberschreitung innerhalb einer Moschee: räumlich, religiös und sexuell. Die räumliche Trennung zwischen der Außenwelt und dem Gebetsort wird nicht respektiert, die Segregation zwischen Männern und Frauen missachtet und das Verbot der Homosexualität in Erinnerung gerufen. Es handelt sich um den Einbruch in einen heiligen Raum. Nur wenn man mit den Riten und Geboten des Islam vertraut ist, kann man die verstörende Wirkung dieser Installation vollständig begreifen. In der Gestaltung des fiktiven Gebetsraumes erkennt man aber auch den prägenden Einfluss des europäischen Kulturkodex, der die Sexualität ins Zentrum der Fragen nach Freiheit und Gleichheit stellt.

Der Künstler Lahlou sitzt gegenüber der Leinwand, auf die *Cocktail ou autoportrait en société* projiziert wird, und erklärt der Gruppe seine künstlerischen Überlegungen. Er präsentiert sich als Verteidiger der Freiheiten und des Humors. Mustafa ist der Erste der Gruppe, der sich empört: »Gott weiß, ob ich Humor habe, aber da, ehrlich gesagt, haben Sie mich gekränkt.« Er gesteht, dass er sich durch die Wahl des Künstlers persönlich getroffen fühlt: »Ich gebe zu, es war Viertel nach sieben Uhr morgens, in der Metro, als ich das Bild mit den Schuhen auf dem Teppich sah, ich war also noch nicht richtig wach. Sie haben jedenfalls erreicht, was Sie wollten: ›Noch so ein Islamophober‹, das war es, was ich mir gesagt habe. Ich verheimliche es Ihnen nicht.«

Mustafas Reaktion beschreibt das Gefühl vieler Muslime. Sie beklagen sich, dass sie diesen Kunstwerken nicht aus dem Weg gehen können. Sie fühlen sich förmlich bombardiert von all diesen Bildern, auf dem Weg zur Arbeit, wenn sie durch ihr Wohnviertel kommen oder wenn sie fernsehen. Ihre Toleranz wird auf eine harte Probe gestellt. Es ist der aufdringliche Charakter dieser Bilder, der ihnen unerträglich ist. Mohsin, Student der

Politikwissenschaften und Vorsitzender des *Arabisch-Europäischen Studentenkreises der Freien Universität Brüssel*, fügt ergänzend hinzu, dass das Publikum keine freie Wahl habe: »Wir haben nicht wirklich die Freiheit, zum Kunstwerk zu gehen. Das Kunstwerk drängt sich uns auf.« Das gewissermaßen auf der Straße ausgestellte Werk geht alle an, und die Bedeutung, die der Künstler diesem eigentlich geben wollte, geht dabei unter. Der künstlerische Bereich drängt in den öffentlichen Bereich und stellt das Kunstwerk ins allgemeine Blickfeld.

Während einige aus der Gruppe über die ständige Bedrängung der Muslime klagen und ihre Ressentiments gegenüber dem Künstler zum Ausdruck bringen, zeigen sich andere – insbesondere die Frauen – offen für einen Dialog. Sie schätzen die Vertrautheit des Künstlers mit der muslimischen Kultur, mit der er über seinen Vater aufgewachsen ist und die ihm in ihren Augen die Berechtigung gibt, ethische Fragen zu stellen. Karima, die in der audiovisuellen Branche arbeitet, freut sich darüber, dass jemand von »innen« die Glaubensgemeinschaft herausfordert: »Als ich die Fotos sah und den arabisch-stämmigen Namen entdeckte, da hat es mich interessiert, und zwar deshalb, weil es jemand ist, der aus der muslimischen Kultur kommt, der den Kodex hinterfragt.«

Den Kodex des Islam zu hinterfragen, das bedeutet für sie, die monolithischen Visionen der Muslime zu beenden und sich von dem Zwang zu befreien, »ein gutes Bild vom Islam abzugeben«. Nach ihrer Migration fühlten sich viele Muslime tatsächlich bemüßigt, ihre Identität zu wahren, die Bindungen zur Glaubensgemeinschaft zu festigen und der Gesellschaft des Einwanderungslandes ein identisches Bild zu bieten. Mit der zweiten Generation der jungen Muslime kommt nun Kritik an diesem Konformismus auf. Gestärkt durch ihre doppelte Zugehörigkeit – muslimisch und europäisch –, erlauben sie sich nun, ohne Hemmungen über unbequeme Fragen zu debattieren.

Fatima ist eine repräsentative Vertreterin dieser Generation. Sie ist gläubig, trägt ein Kopftuch und gehört zum *Euromuslim*-Netz von Tariq Ramadan.[130] Als Doktorandin der Politikwissenschaften absolviert sie – wie viele junge Muslime dieser Bewegung – ein Universitätsstudium. Für sie hat die Installation von Lahlou nichts Schockierendes, und sie bedauert es sehr, dass man sie aufgrund von Vandalismus-Aktionen auflösen musste. Diesen Vorfall kritisiert sie offen: »Ich habe genug von dieser Glaubensgemeinschaft, die auf eine solche Kleinigkeit dermaßen heftig reagiert!« Diese Installation fragt mit Recht nach dem Platz der Frau in den Moscheen: »Wo ist denn der Platz der Frau in einem Gebetssaal?«, fragt sie. »Es ärgert mich, dass die Frauen sich in den Moscheen auf einen kleinen, separaten Raum beschränken müssen, wenn sie überhaupt einen Platz finden!« Fatima weist darauf hin, dass die Frauen zur Zeit des Propheten durchaus Zutritt zum großen Gebetssaal hatten, und verurteilt die Diskriminierung, der die Frauen heute in den Moscheen Europas ausgesetzt sind.

Die 32 Jahre junge Nadjet ist in Brüssel geboren. In der Diskussion besticht sie durch die Klarheit ihrer Beiträge und Forderungen. Sie arbeitet als Sozialhelferin bei einer privaten Hilfsorganisation und tritt für die Rechte der eingewanderten Arbeiter ein. Das Kopftuch trägt sie seit ihrem 18. Lebensjahr. Zur Diskussionsrunde kommt sie in Begleitung ihrer Zwillingsschwester, die kein Kopftuch hat. Nadjet ist auch der Meinung, dass man mit Hilfe der Kunst die Sitten hinterfragen könne. Sie beruft sich auf den Beitrag von Fatima, kommt noch einmal auf den Platz der Frau in den Moscheen zu sprechen und fragt darüber hinaus nach dem Platz der Frau innerhalb der muslimischen Gemeinschaft: »Ob sie nun religiös ist oder nicht, welcher ist der Platz der Frau in der Gesellschaft?« Die Frauenschuhe unter den Männerschuhen ließen sie an die Gleichheit von Männern und Frauen denken. Hier komme ein feministisches, egalitäres Bewusstsein zum Ausdruck, und zwar in der Absicht, im Namen aller Frauen zu sprechen, ohne einen Graben zwischen den Gläubigen und den anderen zu schaffen.

Die roten Schuhe sind jedoch nicht nur ein Hinweis auf die Frauen. Für die ebenfalls in Brüssel geborene Rachida, Gewerkschafterin und seit rund 20 Jahren im Molenbeek-Viertel zu Hause, stellen die roten Schuhe die »Frage nach der Homosexualität im Islam«. Es ist ein »Symbol für Männer, die unter den Männern nicht ihren Platz finden«. In dieser Interpretation erkennt sich auch der Künstler Lahlou wieder, denn er sieht sich in der Tradition europäischer Künstler – beispielsweise des spanischen Regisseurs Pedro Almodóvar –, die ihre Arbeit am

»Schnittpunkt der Identitäten« von Frauen, Homosexuellen und Transvestiten ansiedeln.

Die roten Schuhe stehen auch für den Schmutz, der von außen in eine Kultstätte eindringt. Denn wenn jemand seine Schuhe auf den Gebetsteppich stellt, ist das für die Muslime ein unreiner Akt. Manche betonen die Tatsache, dass die Männerschuhe in der Installation von Lahlou außerhalb des Teppichs stehen, und zwar auf der Höhe der Füße, nicht etwa auf Kopfhöhe, wo die Muslime sich während des Gebetes tief zur Erde neigen – eine interpretative Feinunterscheidung, die das Werk in ihren Augen glaubwürdig macht. Saida, eine politikwissenschaftliche Doktorandin mit Kopftuch und Mitglied der *Femyso* (Föderation der Organisationen der muslimischen studentischen Jugend in Europa), entwickelt diese theologischen Argumente und betont, dass sie eine Kunstliebhaberin sei. Denn über die Kunst könne man problematische Themen – wie etwa die Religion, die Frau und die Sexualität – hinterfragen.

Durch die Interpretation der symbolischen Präsenz von Schuhen an einem Gebetsort nimmt die Debatte daraufhin einen etwas anderen Verlauf. Die Gruppe startet den Versuch einer intersubjektiven, geschlechtsspezifischen Kommunikation mit multikulturellen Deutungen und lässt so eine neue alternative öffentliche Interrelation erkennen. Im Laufe der Diskussion über diese künstlerische Installation werden verschiedene Standpunkte und Deutungen vorgetragen, die alle die gängige Rhetorik weit hinter sich lassen. Die ursprüngliche Bewertung dieser Installation, nämlich die Betonung des provokativen und beleidigenden Charakters, erfährt dank der interpretatorischen Kompetenz der Beteiligten und dank ihrer erstaunlichen interkulturellen Erfahrung eine Umdeutung.

Die Kunst und die interpretatorische Kompetenz

Kunstwerke stehen für eine Form der sinnlichen Wahrnehmung. Sie können aber auch als Monumente »öffentlicher Kunst« betrachtet werden. Über die Reaktionen, die sie auslösen, sorgen sie für ein gesellschaftliches Miteinander, denn bekanntlich wird die sinnliche, subjektive Erfahrung von Kunstwerken in der Gemeinschaft erlebt. Der französische Philosoph Christian Ruby beschreibt es so: »Nicht umsonst ist die öffentliche Kunst auch eine Kunst in der Öffentlichkeit. Denn mit und durch die Vermittlung eines Kunstwerkes werden die öffentlichen Plätze und die Straße zu potentiellen Momenten, in denen die Beziehungen zu den Mitmenschen erweitert werden.«[131] Die Kunst provoziert, lässt Meinungsverschiedenheiten aufkommen und hat in einer Welt des gegenseitigen Einvernehmens eine explosive Wirkung: »Es gibt moderne Kunstwerke, die uns manchmal darauf hinweisen, dass man auch im modischen Einheitsbrei und in Anbetracht von politischen Allgemeinplätzen oder von über die Medien propagierten Sitten noch etwas Heterogenes fabrizieren kann.«[132]

Mit ihren Darstellungs- und Provokationsmöglichkeiten kann die Kunst teilhaben an der kämpferischen Dimension des öffentlichen Bereichs. Sie erlaubt es Künstlern und Beteiligten, öffentlich zu widersprechen und mit dem allgemeinen Konsens der etablierten Ordnung zu brechen. Der Islam, wie wir in diesem Kapitel gesehen haben, hält als das Symbol für die Andersartigkeit schlechthin Einzug in die europäischen Kunstwerke und provoziert Schockwellen und ganze Serien von Skandalen. Diese Wirkung entsteht durch das Nebeneinander des heiligen und des weltlichen Kodex, durch die Verbindung von Reinheit und Schmutz, von dem, was erlaubt und was verboten ist. Der Prophet neben dem Terroristen, der Schleier neben einem nackten Körper, das Gebet neben Schuhen und der Gläubige neben einem Schwein, all das sind Islam-relevante Themen, die von der zeitgenössischen öffentlichen Kunst in reichem Maße verwendet werden. In manchen dieser Darstellungen kann man auch eine Spiegelung der allgemeinen Islamophobie und der von der Mehrheit getragenen Ideologie sehen. Aber unabhängig von der künstlerischen Qualität und ihrer Absicht sind diese Werke über die durch sie ausgelösten Debatten Teil des öffentlichen Bereichs. Sie ziehen die Blicke der Muslime auf sich und fordern deren Interpretation heraus.

Auf jeden Fall reicht das binäre Darstellungssystem »Europa/ Muslime« nicht aus, um die wechselseitige Durchdringung, die veränderte Wahrnehmung des anderen sowie seiner selbst und die Adoption der kulturellen Codes des jeweiligen Nachbarn angemessen wiederzugeben. Gerade die Kunst kann aber ein geeignetes Medium sein, um dies alles zu erforschen. Ihre Kreationen erlauben es, das Ineinandergreifen von im makrohistorischen Maßstab definierten Kategorien – in unserem Falle »Europa« und der »Islam« – im mikropraktischen Maßstab nachzuzeichnen. Die Künstler selbst veranschaulichen über ihr Profil und ihren Werdegang – wenn auch nicht immer bewusst – diese aktuelle Verschmelzung: Sie folgen den unterschiedlichen Migrationswegen und Integrationsstrategien und belegen viele Variationsmöglichkeiten bei der Zugehörigkeit zu den europäischen Gesellschaften. Sie stellen die zugewiesenen Identitäten in Frage, setzen sich über die Verbote hinweg, mischen die kulturellen Codes, leihen sich Symbole aus unterschiedlichen Kulturzonen und hinterfragen die Gebote des Islam. Damit setzen sie einen wechselseitigen Adaptionsprozess in Gang. Verfolgen die Künstler – gewollt oder ungewollt – eine »blasphemische« Absicht, bringen ihre Werke die Thematik der andersartigen Muslime und deren Präsenz in Europa ins öffentliche Bewusstsein.

Wie wir bei der Installation von Mehdi-Georges Lahlou gesehen haben, können die Muslime ein Kunstwerk wie einen Spiegel betrachten, mit dem sie ihre persönlichen Erfahrungen als europäische Bürger muslimischer Konfession interpretieren. Sie zeigen dabei, wie schwierig oder gar unmöglich es für sie ist, ungeachtet der weltlichen, egalitären Normen Europas ihren Glauben zu leben. Übrigens war nur dank der Tatsache, dass die Installation von Lahlou nicht direkt auf den Propheten anspielte, die Debatte zu den heiklen Fragen des Körpers und der Sexualität möglich geworden.

Im Gegensatz zum aktuellen öffentlichen Bereich, wo die Gegensätze im makrohistorischen Maßstab rekonfiguriert werden, haben wir in einer mikrosoziologischen Annäherung, das heißt möglichst nah an dem subjektiven Empfinden der »ganz normalen Muslime«, eine andere Interpretation dieser Normen versucht. Der öffentliche Raum in seiner idealen demokratischen Funktionsweise ermöglicht die Entwicklung zahlreicher Perspektiven. So entfalten sich im »experimentellen öffentlichen Bereich« (EÖB) die persönlichen Standpunkte der – gläubigen, weiblichen, homosexuellen – Beteiligten und machen die Pauschal-Kategorie der »Muslime« und die ihnen unterstellte Überzeugung damit hinfällig. Erst wenn man die stereotypen Bilder von den Muslimen und den Vertretern der westlichen Welt aufgibt, erschließen sich die Besonderheiten eines jeden und der originäre Charakter der unterschiedlichen Standpunkte, die sich über jegliche Kategorisierung – einschließlich der soziologischen – hinwegsetzen. Man erfährt von persönlichen, in jedem Falle einzigartigen Erfahrungen. So wechselt in der Brüsseler Gruppe der Maßstab von großräumig zu kleinräumig, und das Machtverhältnis zwischen der Mehrheit und den muslimischen Migranten wird umgekehrt. Im »experimentellen öffentlichen Bereich« können die Muslime ihre eigenen Vorstellungen deuten und sich so von heftigen Reaktionen distanzieren. Sie verurteilen Gewalt und kehren das soziale Drama um. Es zeigte sich also, dass es möglich ist, dem aktuellen Konfrontationskurs entgegenzusteuern, und zwar zugunsten einer Politik, die Zeit und den Gebrauch von Raum für eine interkulturelle Interpretation und demokratisches Experimentieren gewährt, abseits der von den Medien gesteuerten, aufdringlichen und reißerischen Kommunikation.

Das islamische Kopftuch: aktive Minderheiten

Die meisten islamischen Theologen zählen die Verpflichtung für gläubige Frauen, ihre Haare zu bedecken, nicht zu den wichtigsten Vorschriften. Trotzdem ist dieser Brauch des weiblichen Glaubens zu einem wesentlichen Symbol des modernen Islam geworden, zu einem Zeichen der islamischen Erneuerung. Seit den 90er Jahren fokussieren sich viele Debatten in Europa auf das Kopftuch der muslimischen Frauen im öffentlichen Leben. Für die einen ist es ein Zeichen für die Gefangenschaft der muslimischen Frau in einem traditionellen, von der Geschlechtertrennung geprägten Universum, für die anderen ein Zeichen für die allgemeine Sichtbarkeit und der damit einhergehenden öffentlichen Präsenz des Islam.

Das Kopftuch: Zeichen der Unsichtbarkeit und der übersteigerten Sichtbarkeit

Die moderne Figur der Frau mit Kopftuch steht mit all ihrer Ambivalenz für eine paradoxe Situation, nämlich für die Unsichtbarkeit und übersteigerte Sichtbarkeit zugleich. Sie ist hin- und hergerissen zwischen der religiösen Zugehörigkeit und der Eroberung des öffentlichen Lebens, zwischen dem weltlichen Feminismus und der islamischen Autorität. Sobald die verschleierten Frauen aus dem gesellschaftlichen Rahmen ausbrechen und sich an der Prüfung der Normen und an der Ergründung des privaten und öffentlichen Lebens beteiligen, ändern sie ihre Situation: Aus einer sichtbaren Minderheit wird eine »aktive Minderheit«.

Im Allgemeinen kann man das Kopftuch als ein Instrument der Keuschheit und der Unterwerfung definieren. Es ist das charakteristische Zeichen einer muslimischen Frau, die ihre

Trümpfe verbergen und deshalb ihre Haare und Körperformen bedecken will. Es handelt sich um ein Stück Stoff, der die weiblichen Zonen den Blicken der Fremden entzieht. Der dafür verwendete Begriff *Hidschab* steht für den Schutz vor den Blicken der Männer. Für die Theologen ist »der Koran in diesem Punkt nicht präzise, aber die exegetische Tradition ist einhellig der Auffassung, dass die Frauen ihre Haare, den Hals, die Ohren, die Arme und Beine bedecken müssen. Nur die betagten Frauen, die bei den Männern keine Begierde mehr wecken, können – unter der Voraussetzung, dass sie ihre Schönheit nicht betonen – diese Vorschriften ignorieren«.[133] Für manche fällt diese Vorschrift eher unter die Regeln des Anstands, der Diskretion und des Respekts als unter die Rubrik der Verbote. Die muslimischen Juristen bestätigen, dass es sich hierbei nicht um eine Kulthandlung (*'ibadet*) handelt, sondern um einen zwischenmenschlichen Aspekt (*mu'amalâte*) der Ethik, die auch die Sitten und Traditionen mit einbezieht. Ihrer Ansicht nach geben diese Regeln den Frauen nicht ausdrücklich vor, den Kopf oder das Gesicht zu verdecken, wohl aber schamhaftes Verhalten, was sich entsprechend der Gesellschaft, in der die Muslime leben, unterschiedlich auswirkt.

In Europa, wo es grundsätzlich keine islamischen Bräuche gibt, steht hinter dem Tragen des Kopftuchs oder Schleiers eine ganz andere Logik. Die Frauen erklären ihren Schleier beziehungsweise ihr Kopftuch als Teil ihrer ganz persönlichen Art, die Frömmigkeit zu leben und die Beziehung zum Glauben zu stärken. Es ist für sie eine Haltung, die sie Allah näherbringt. Salma ist in Dänemark geboren und hat syrische Eltern. Ihr Vater ist Ingenieur, und ihre Mutter arbeitet als Technikerin in einem Labor. Sie selbst schreibt an der Kopenhagener Universität eine Promotionsarbeit über den Nahen Osten. Wir treffen sie am 9. Februar 2010 in der zentralen Bibliothek dieser Stadt. Salma versteht das Kopftuch als natürliche Fortsetzung ihres Glaubens: »Schon bevor ich den *Hidschab* anzog, befolgte ich jeden Tag die fünf Gebetszeiten. Es war also eine ganz natürliche Entwicklung für mich. Es ist für mich ganz wichtig, das Kopftuch zu tragen, weil ich das tun wollte, was Allah von mir verlangt. Es ist ein Akt der Unterwerfung, der dich Gott noch näherbringt.«

Hinter der islamischen Kopfbedeckung steht kein kultureller Automatismus, der wie eine Art traditionelle Geste von einer Generation zur anderen weitervermittelt wird. Sie ist auch keine Angelegenheit der Gemeinschaft, die von dieser erzwungen wird. Die Lebensbedingungen der Migranten sind heute oftmals gekennzeichnet durch einen Bruch mit der familiären Umgebung und den entsprechenden religiösen Bräuchen, durch einen Bruch in der Vermittlung und Unterweisung des Glaubens. Die Lebensbedingungen der Migranten in Europa fördern also die Individualisierung des Religiösen. Die 37-jährige Tuba ist in Amsterdam als Tochter türkischer Eltern geboren. Am 6. Februar 2010 haben wir mit ihr ein Gespräch geführt, in dem sie diese Individualisierung der Religion deutlich zum Ausdruck bringt: »Da ich hier in Amsterdam lebe, habe ich das Kopftuch nicht aus Tradition angenommen, auch nicht aus Gewohnheit. Im Gegenteil: Ich habe mich ganz bewusst dafür entschieden und lebe es mit großer Freude. Es gibt niemanden, der mich zwingt, es zu tragen. Mein Vater mischt sich nicht mehr ein, und mein Mann hätte meinen Kopf lieber unverhüllt gesehen. Aber das Kopftuch gehört zu mir. Wenn ich es ablegen würde – *Allah muhafaza* (Gott bewahre!) –, wäre das für mich, als ob ich mich verraten würde. Das Kopftuch ist ein geliebter Teil von mir. Ich glaube nicht, dass es das Einzige ist, was den Islam repräsentiert, aber das Glück, das ich empfinde, weil ich den Islam lebe, hat auch etwas mit meinem Kopftuch zu tun.« In den meisten Fällen basiert die Entscheidung für das Kopftuch nicht auf einer religiösen Vorschrift, sondern kommt aus dem tiefsten Inneren eines frommen Menschen: Der Entschluss, ein Kopftuch zu tragen, ist ein ganz persönlicher Akt zur Verinnerlichung des Glaubens.

Die Musliminnen, die in europäischen Ländern leben, leben ihren Glauben bewusster, denn sie werden in der Öffentlichkeit aufmerksam beobachtet. Wie sie selbst sagen, werden sie ständig daran erinnert, dass sie ein Kopftuch tragen. In den muslimischen Ländern gehört das Kopftuch zu den natürlichsten Dingen der Welt, doch in Europa fallen die Frauen damit auf. Dies hat Folgen für das Bewusstsein, mit welchem die Frauen ihren Glauben leben und sich als Gläubige zu erkennen geben.

In den Migrationsgesellschaften kommt ein neuer Typus der muslimischen Frau auf. Die jungen Kopftuch tragenden Frauen beherrschen die europäischen Sprachen besser als ihre Eltern. Sie streben eine umfangreiche Ausbildung an, wollen sich im Berufsleben einbringen und auch in der Öffentlichkeit Präsenz zeigen. Sie wurden in einer kulturellen Umgebung sozialisiert, die weder eine ethnische noch eine religiöse oder geschlechtliche Trennung kennt. Sie passieren so die Sprach- und Kulturgrenzen der Herkunftsländer ihrer Eltern und wenden sich gleichzeitig wieder verstärkt der Religion zu. Während die Eltern es noch vorzogen, den Glauben in aller Diskretion auszuüben, zögert die junge Generation nicht, diesen in der Öffentlichkeit zu leben. Wider Erwarten sind es also durchaus nicht die Eltern, die sie zu religiöser Gehorsamkeit anhalten und ihnen das Kopftuch aufzwingen wollen.

Auch der Vater von Yasmine bringt sein Erstaunen ohne Zögern zum Ausdruck, als er seine 18-jährige Tochter ein Kopftuch tragen sieht. »Wir sind in den Niederlanden«, sagt er zu ihr. »Denk an deine Zukunft, mit dem Kopftuch kannst du nicht als Anwältin arbeiten, überlege es dir gut, willst du das wirklich?« Nach einem Wirtschafts- und Jurastudium wurde Yasmine zur ersten weiblichen Präsidentin einer neu gebauten Moschee im Westen von Amsterdam, einer sogenannten Polder-Moschee. Die Tatsache, dass sie die berufliche Karriere mit ihrer religiösen Überzeugung vereinbaren kann, zeigt deutlich, dass Letztere nicht unbedingt zu einem Rückzug aus dem gesellschaftlichen Leben und zu einer Abschottung führen muss. Im Gegenteil: In manchen Fällen ergeben sich durch die Entscheidung für die Religion alternative Erfolgsstrategien und andere Möglichkeiten der sozialen Integration.

Unser Gespräch mit ihr fand am 12. Februar 2010 in ihrem Büro in der Moschee statt. Sie erklärte uns, dass die Leitung der Moschee durch eine Frau am Anfang viele Leute überrascht habe. Einige von den Älteren verlangten einen Imam, andere wiederum forderten sie mit theologischen Fragen heraus. Die Feministinnen hingegen beglückwünschten sie mit der Erwartungshaltung, dass sie ihr Kopftuch auszieht. In ihrem Stolz, die erste Frau an der Spitze einer Moschee in Europa zu sein, erläutert uns Yasmine die gemischt-ethnische Bestimmung ihrer Polder-Moschee: »Wir sind die erste Moschee in Holland, die nicht an eine bestimmte Ethnie oder an eine bestimmte Gemeinschaft gebunden ist.« Wie der Islam, fügt sie hinzu, würde auch die Polder-Moschee auf verschiedenen Säulen basieren: Die erste Säule ist die holländische Sprache, die zweite steht für die interkulturellen Beziehungen, und die dritte ist der große Spielraum, der den Frauen hier eingeräumt wird – hier sei man *female friendly*. Diese Moschee sei besonders bei den konvertierten holländischen Frauen beliebt, weil sie dort die *Khutba*, die Freitagspredigt, in ihrer Sprache hören und im Saal gemeinsam mit den Männern beten können.

Auch die zum Islam konvertierten Europäerinnen sehen das Kopftuch als Symbol für ihre Zugehörigkeit zum Islam an. Maryam ist eine Norwegerin, die vor vier Jahren zum Islam übergetreten ist. Sie ist geschieden, lebt alleine mit ihrer elfjährigen Tochter und arbeitet als Aufseherin in einem Frauengefängnis. Sie engagiert sich im Verbandsleben und hat eine Reihe von Aufgaben innerhalb der Moscheen von Oslo übernommen. Ihre Konversion – so erklärt sie uns – sei für sie die Antwort auf der Suche nach Spiritualität gewesen. »Ich bin jetzt dem Islam treu ergeben und glücklich, dass ich das Kopftuch trage. Weil ich hellhäutig und neu im Islam bin, fühle ich mich der muslimischen Gemeinschaft enger verbunden, wenn ich das Kopftuch trage. Ich glaube nicht, dass ich mit dem Kopftuch eine bessere Muslimin werde, aber ich empfinde es als Segen, einbezogen und respektiert zu werden«, erzählt sie uns am 23. Mai 2010 in Oslo.

Das Kopftuch macht es den Konvertitinnen leichter, sich einer in der Minderheit lebenden Bevölkerungsgruppe anzunähern, und hilft ihnen, mit den anderen Muslimen vertraut zu werden. Es ist für diese Frauen ebenso ein Kennzeichen für die Nähe zur muslimischen Gemeinschaft, wie es für die muslimischen Frauen ein Kennzeichen für die Distanz zur Gesellschaft des Einwanderungslandes ist. Durch die Tatsache, dass das Kopftuch sowohl von muslimischen Frauen als auch von Konvertitinnen getragen wird, verliert es seinen Bezug zu einer fremdstämmigen Kultur und zum Phänomen der Migration. Es wird stattdessen zu einem Symbol von hier und von dort und für die europäischen

Bürger zu einem Bestandteil ihrer Alltagserfahrung. Die Klassifizierung der Muslime als Eingewanderte und der Einheimischen als Nicht-Muslime wird hinfällig, denn in der postmigrantischen Phase wird der Islam zu einer europäischen Religion. Das Phänomen der Konvertitinnen zeigt dies deutlich.

In diesem Zusammenhang bekommt das Kopftuch eine neue Bedeutung, denn das Bild der Frauen, die es tragen, wird vielfältiger und wandert von den Randzonen in die neuralgischen Zentren der Gesellschaft. Aufgrund der sozialen Mobilität von Frauen, die nun ihre Privatsphäre verlassen und sich einen Zugang zu Bildung verschaffen, wird das Kopftuch in der Öffentlichkeit sichtbar. Und genau dieses Kopftuch stößt an: Das Kopftuch dieser muslimischen Frauen, die als Bürgerinnen der europäischen Länder gesellschaftlich voll integriert sind. Durch diese Sichtbarkeit ergibt sich jedoch auch ein Widerspruch zum eigentlichen Sinn des Kopftuchs in der islamischen Tradition. Statt auf die Nicht-Verfügbarkeit der muslimischen Frau hinzuweisen und dazu aufzufordern, den Blick zu senken, wird das Kopftuch zu einem Objekt der Neugierde.

Die 18-jährige Fatma ist als Tochter türkischer Eltern in Berlin geboren und besucht die Abiturklasse eines städtischen Gymnasiums. In einem Interview vom 25. September 2009 bei ihr zu Hause in Kreuzberg bestätigt sie uns diesen Widerspruch mit folgenden Worten: »Das Kopftuch darf keine Aufmerksamkeit erregen. Es darf nicht schreien: ›Schaut her, ich bin eine Muslimin.‹ Denn eine Frau verhüllt sich, um ihre Schönheit, ihre Trümpfe *(Ziynet)* zu verbergen, um auf der Straße keine Blicke auf sich zu ziehen. Aber wir erregen Aufmerksamkeit, weil wir ein Kopftuch tragen. Es ist, als ob wir mit dem Kopftuch für die Welt noch sichtbarer werden würden.« Und lachend gesteht sie: »Wir übertreiben aber auch mit unseren gemusterten Schals in den Farben der neusten Mode ...«

Wegen dieser Ambivalenz ist der Status der modernen muslimischen Frau nicht leicht zu begreifen. Sie gilt oft als Opfer religiöser, patriarchaler Traditionen oder auch als Instrument des politischen Islam. Das Bild einer selbstbestimmten, den Glauben ernst nehmenden Frau setzt sich nur schwer durch. Dass eine muslimische Frau sich frei im öffentlichen Leben bewegt und sich aus freien Stücken für das Kopftuch entscheidet, passt nicht zu den Vorstellungen, die beim liberalen Individualismus oder beim säkularen Feminismus gängig sind. Die Debatten um den Islam in Europa kreisen um diesen blinden Fleck: Man kann sich schlicht nicht vorstellen, dass Frauen mit dem Kopftuch gleichzeitig handeln und glauben können. Als Hauptsymbol des Islam zerstört das Kopftuch die Subjektivität der gläubigen Frauen und löscht deren individuellen Lebensgeschichten. Die menschlichen Gesichter verblassen hinter dem Symbol. Einmal mehr lässt die Verdinglichung des Islam die »ganz normalen Muslime« verschwinden.

Der didaktische Laizismus und das »ostentative« Kopftuch

In Frankreich entwickelte sich die Debatte zu einer immensen Kontroverse, die sich vor allem um die Verteidigung des Laizismus drehte. Zur ersten »Kopftuchaffäre« war es 1989 gekommen, als der Direktor der Gabriel-Havez-Sekundarschule in Creil bei Paris den Ausschluss von drei 13- bis 14-jährigen Schülerinnen forderte, weil seiner Meinung nach deren Kopftücher mit einem störungsfreien Unterricht nicht vereinbar waren. Bereits bei dieser ersten Affäre zeichneten sich in der französischen Öffentlichkeit verschiedene Auslegungen des Begriffs der »laizistischen Schule« ab: auf der einen Seite der sogenannte inklusive Laizismus, der Unterschiede zulässt, und auf der anderen Seite der didaktische Laizismus. 14 Jahre sprach man bei einer Neuauflage der Debatte in Frankreich nicht mehr von der »Kopftuchaffäre«, sondern vom »islamischen Schleier«. Diese semantische Verschiebung zeigt, wie die ursprünglich religiöse Bedeutung des Kopftuchs bewusst ausgeweitet wird, um dessen Nicht-Vereinbarkeit mit dem französischen Laizismus zu unterstreichen. Die Kopftuchaffäre erfasst die gesamte französische Gesellschaft und mündet schließlich – nach Ansicht des Anthropologen Emmanuel Terray – in eine »politische Hysterie«.[134] Die Meinungen entwickeln sich während dieser Debatte in eine einzige Richtung und lassen keine Gegenargumente mehr aufkommen: Die Mehrheit fordert ein Verbot des Kopftuchs.

In dieser Atmosphäre wurde im Juli 2003 die sogenannte Stasi-Kommission einberufen, um die Bedingungen für die Anwendung des Laizismus-Grundsatzes zu prüfen. Sie setzt sich zusammen aus Intellektuellen, aus Spezialisten für den Islam und die Migration, aus Historikern, die sich mit dem Laizismus beschäftigen, und aus Vertretern des Lehrkörpers und verschiedener Verbände. Diese »Kommission der Weisen« empfiehlt klar und deutlich ein Gesetz, das den Erwartungen der öffentlichen Meinung und der politischen Machthaber entspricht. Trotz der Vorschläge mit multikulturellem Ansatz, die im Kommissionsbericht durchaus auch zur Sprache kommen, wird lediglich das Verbot aller Zeichen, die ganz offensichtlich für eine Religionszugehörigkeit stehen – wie beispielsweise das große Kreuz für die Christen, das Kopftuch für die Muslime oder die Kippa für die Juden –, als Empfehlung an die Regierung weitergeleitet. Das wenig später verabschiedete Gesetz wird – obwohl es großen Wert darauf legt, nicht ausschließlich gegen die Muslime gerichtet zu sein – im allgemeinen Sprachgebrauch als das »Anti-Kopftuch-Gesetz« von 2004 bezeichnet.

Die Kommission spielte nicht nur eine Vermittlerrolle zwischen der Staatsmacht und der öffentlichen Meinung, sie trug auch dazu bei, das »Islam-Problem« in Frankreich zu definieren. Die Politologin Nadia Marzouki hat in ihrer Promotionsarbeit gezeigt, wie der Islam von solchen auf eine politische Entscheidung ausgerichteten, öffentlichen Experten zum Objekt gemacht wurde.[135] Die Teilnehmer definierten ihre Vorlieben mit Hilfe des strategischen Einsatzes von Argumentation oder gar der »zivilisierenden Kraft der Scheinheiligkeit«, um einen Begriff von Jon Elster zu verwenden. So hörte man oft die gleichen Floskeln, wie etwa die, dass ein Kopftuchverbot notwendig sei, um die muslimischen Mädchen vor dem Druck ihrer eigenen Glaubensgemeinschaft zu schützen. Wie einige zu Recht bemängelten, ist der Einsatz von Expertenkommissionen als öffentliche Beratungsmethode problematisch:[136] Sie mischen sich in die öffentliche Debatte ein, allerdings nur mit dem Ziel, die Grundsätze der Republik zu bestätigen und eventuell davon abweichende Stimmen der Bürger zu unterdrücken.

Abgesehen von der Verabschiedung eines neuen Gesetzes, das die islamische Präsenz in einem weltlichen öffentlichen Raum reglementieren soll, wurde bei dieser Gelegenheit auch die Laizismus-Definition aus dem Jahre 1905 modifiziert: Der Historiker Jean Baubérot sieht darin einen Rückschritt, ja sogar eine »Verfälschung«.[137] Seines Erachtens hat man mit diesem Gesetz einen die Unterschiede mit einbeziehenden – inklusiven – Laizismus aufgegeben und den Grundsatz der Neutralität des Staates gegenüber den Religionen durch den Grundsatz der Neutralität der Bürger ersetzt: Der Staat erwartet von den Bürgern, dass sie sich der Neutralität des öffentlichen Bereichs anpassen. Der Laizismus wird zu einer Art Fetisch und zu einer Technik, mit der man die muslimischen Untertanen so steuern will, dass sie zu dem recht konservativen Werteverständnis der französischen Republik passen. Diese von Experten entwickelte Laizismus-Definition dient als normativer Rahmen für die Steuerung der Bürger, insbesondere der Bürger muslimischer Konfession, und ist in Wahrheit eine rein politische Annäherung an den Kampf gegen den Islam. Als Antwort auf die muslimische Präsenz und vor allem auf das Kopftuch an den öffentlichen Schulen kommt dem französischen Laizismus eine richtungsweisende Rolle zu. Er übernimmt im Hinblick auf die muslimischen Schülerinnen einen didaktischen, ja sogar emanzipatorischen Auftrag. Von den Bürgern muslimischer Konfession wird erwartet, dass sie sich nach den weltlichen Sexualitätsnormen richten, die zu einem allgemeinverbindlichen Wert erhoben wurden. Der Feminismus und die französische Republik kommen beide – in ihrer restriktiven Form – in Anbetracht dieser neuen didaktischen Funktion des Laizismus auf einen gemeinsamen Nenner.

In der »Laizismus-Charta«, die zum Schuljahresbeginn im Herbst 2013 in allen öffentlichen Schulen Frankreichs ausgehängt wurde, wird diese didaktische Rolle deutlich. Laut den Erklärungen des französischen Kultusministers will man mit dieser Charta an den Auftrag der republikanischen Schule erinnern, deren Werte vermitteln und »die Schüler ohne Gewissensverletzung in ihrer Entwicklung zum Staatsbürger begleiten«.[138] Die Charta proklamiert den Laizismus zu einer Bedingung für die Staatsbürgerschaft und als einem Garant für die Werte der Freiheit und der Gleichberechtigung von Mann und Frau. Damit zwingt sie den Schülern (natürlich vor allem den muslimischen) ein normatives Modell auf, an das sie sich unbedingt zu halten haben. Die Charta ergänzt also die beiden Gesetze, die das Kopftuch an den öffentlichen Schulen (2004) und die Vollverschleierung in der Öffentlichkeit (2011) verbieten. Durch diese Gesetzgebung bekommt der Laizismus ein neues Gesicht und wechselt vom Bereich der Gewissensfreiheit in den der öffentlichen Normen. Der Zugang zum öffentlichen Bereich wurde für die Muslime – selbst für die ganz normalen Muslime – an die Bedingung geknüpft, dass über ihre Anpassung an die Normen des öffentlichen Lebens neu verhandelt wird.

Im Gegensatz zum angelsächsischen Multikulturalismus wird der Laizismus oft als eine »französische Besonderheit« betrachtet. Das würde den französischen Eifer gegen das Kopftuch erklären. Nach Ansicht der amerikanischen Historikerin Joan Scott bestätigt die Rückbesinnung auf den Laizismus, dass das republikanische Modell auf Anpassung der Staatsbürger basiert und als der einzig gangbare Weg betrachtet wird. In ihren Augen ist die Mobilisierung des Laizismus »à la française« nur ein ideologisches Mittel, um den Ausschluss der muslimischen Schülerinnen von öffentlichen Schulen rechtfertigen zu können. Für sie ist das Gesetz von 2004 ein Zeugnis für die Schwierigkeiten, »gleichzeitig Muslim und Franzose zu sein«.[139] Auf die Frage »Warum lieben die Franzosen das Kopftuch nicht?« entgegnet der amerikanische Anthropologe John Bowen, dass der französische Laizismus nicht nur ein gesetzlicher Grundsatz ist, sondern auch auf gewisse gesellschaftliche Ängste reagiert, insbesondere auf die Angst vor den geschlossenen muslimischen Gemeinschaften, vor dem politischen Islam und vor der Gewalt an Frauen.[140]

Aber diese Ängste kursieren in ganz Europa. Frankreich bildet da keine Ausnahme. Verlassen wir also den nationalen Rahmen, verzichten auf den »methodologischen Nationalismus«[141] und nehmen zur Kenntnis, dass es – trotz aller Unterschiede im historischen Erbe und trotz aller nationalen Besonderheiten – bei den Bemühungen, den Islam einzugrenzen, heute in Europa viele Übereinstimmungen gibt. So gehen Frankreich und Deutschland, die sich in ihrem Umgang mit der Religion im öffentlichen Bereich eigentlich stark unterscheiden, in ihren Debatten um den Islam und in ihrem Versuch, diesen zu lenken, doch ähnlich vor, was wir beispielsweise beim Thema »Straßengebet« feststellen konnten. Beide Länder entwickeln Steuerungstechniken, um mit der Hilfe von Experten und Intellektuellen neue Normen für die Freiheiten und für die Gleichberechtigung von Mann und Frau vorzuschreiben. Deshalb beschränkt sich die Behandlung des »Islam-Problems« auch nicht auf die auf nationaler Ebene durchgeführten politischen Maßnahmen der sozialen und wirtschaftlichen Integration. Denn im Gegensatz zum »Migrationsproblem« verändert sich hier auch der etablierte Rahmen. In dem Maße, wie über die Organisation des öffentlichen Lebens, über die für alle Bürger geltenden Normen und über die Zusammensetzung der europäischen Gesellschaften im Hinblick auf die muslimische Präsenz debattiert wird, wird aus dem Islam, der bisher ein äußerlicher Faktor war, eine systemische Kraft.

Die Stasi-Kommission und die Deutsche Islam-Konferenz: die paradoxe Normalisierung des europäischen Islam

Wie die Stasi-Kommission in Frankreich zeugt auch die 2006 einberufene Deutsche Islam-Konferenz von den Bemühungen der europäischen Regierungen, im Hinblick auf den Islam einen identitätsstiftenden Rahmen zu schmieden.[142] In beiden Fällen wurde eine »halb-öffentliche Debattier-Instanz« durch die politischen Machthaber einberufen: eine Kommission beziehungsweise eine Konferenz, wo Politiker, Experten und eingeladene Beteiligte sich zusammensetzen und über die Bedingungen diskutieren, unter denen sich die Akteure des Islam im Kontext der liberalen und weltlichen Werte entwickeln können. Beide Instanzen schalten sich auf diese Weise als vermittelndes Element in den öffentlichen Bereich ein.

In Deutschland steht die Islam-Konferenz für einen Wendepunkt in der Beziehung zwischen dem Staat und den Muslimen: Ziel war es, ein Dialogforum einzurichten zwischen Regierungsvertretern und in Deutschland lebenden Muslimen aller möglichen Richtungen. Während das Augenmerk der französischen Kommission auf den Hemmnissen bei der Umsetzung des Laizismus in den öffentlichen Institutionen lag, ging es der deutschen

Konferenz ausdrücklich um einen Dialog zwischen den Muslimen und den politischen Machthabern. In beiden Fällen handelte es sich aber um eine Steuerungstechnik, um ein Instrument des Staates für die kontrollierte Integration der Muslime.[143] Wie Schirin Amir Moazami feststellte, definierte die Konferenz den normativen Rahmen, innerhalb dessen sich die Muslime zu weltlichen Individuen verändern müssen.[144] Auch wenn diese Konferenz sich nicht der Rhetorik zum Laizismus bediente, bestätigte sie trotzdem wie die Stasi-Kommission in Frankreich die weltlichen Voraussetzungen für die Staatsbürgerschaft.

Nach der Jahrtausendwende spielten die Islam-Konferenz und die Stasi-Kommission eine entscheidende Rolle bei der Umwandlung der diskursiven Konturen des öffentlichen Bereichs. Beide bestätigten vorherrschende Normen, aber während dieses Prozesses erfuhren die Normen auch eine neue Interpretation. Denn in der ständigen Wiederholung kommt das Neue zum Vorschein. Wie Jacques Derrida erklärt hat, ist die Wiederholung das Neuartige, das Besondere. Wiederholungen und Neuheiten sind also durchaus miteinander vereinbar.[145] Bei den Kontroversen um den Islam in Europa verkörpern die ständigen Wiederholungen der weltlichen Normen nicht einfach eine Replik des Originals, denn der über die Jahrhunderte in Bezug auf das Christentum geformte europäische Säkularismus beginnt nun ein Streitgespräch mit einer anderen Religion.[146] Der Laizismus und der Islam werden nicht nur einander gegenübergestellt, sondern treten auch in Beziehung zueinander, um den Sinn des Säkularen neu zu definieren. Anders ausgedrückt: In diesem Wiederholungsprozess bekommt der durch die christliche Tradition geprägte Säkularismus einen muslimischen Anstrich.

Das französische Gesetz von 2004 bestätigt diese Verflechtung des europäischen Säkularismus mit dem Islam.[147] Es stellt einen Zusammenhang her zwischen dem Kopftuchtragen in der Öffentlichkeit und der politischen Erfahrung der Franzosen und sorgt für eine tiefgreifende Veränderung, indem es Bedingungen schafft für neue Ängste vor diesem Objekt, und zwar sowohl bei denen, die es tragen, als auch bei denen, die dagegen protestieren. Laut Sidi Mohammed Barkat bildet das Recht den institutionellen Rahmen für eine mögliche subjektive Veränderung der beteiligten Parteien, ja eventuell sogar für eine erneuerte Auslegung der grundlegenden Texte des Islam.[148]

Zehn Jahre nach Inkrafttreten des Gesetzes haben die muslimischen Beteiligten angefangen, sich in die Diskussion um die Stellung des Islam einzuschalten. Dabei geht es ihnen nicht um den idealen Islam, sondern um den Islam, so wie er sich im öffentlichen Bereich der europäischen Länder entwickelt hat, in denen sie leben. Tareq Oubrou, der Imam der Moschee von Bordeaux, hat die Debatte um diesen neuen normativen, institutionellen Rahmen aufgegriffen und seinen Standpunkt als Theologe erläutert. Dabei hat er nicht – wie sonst bei islamischen Denkern üblich – den Korantext oder ein religiöses »Anderswo« angeführt, sondern seine Äußerungen voll und ganz in den französischen Kontext verankert und sogar den Sprachgebrauch dieses Gesetzes übernommen. Er befürwortet eine »diskrete muslimische Sichtbarkeit«,[149] teilt die in Frankreich gängige Meinung, dass das Kopftuch den Islam auf ostentative Weise zur Schau stellt, empfiehlt den Mädchen, das Kopftuch abzulegen und beim Ausdruck ihres Glaubens diskret zu bleiben. Dennoch verurteilt er aber das Gesetz von 2004 als politische Einmischung in religiöse Angelegenheiten. Er wendet sich an beide Parteien dieser Kontroverse: an die das Kopftuch tragenden Mädchen und an die Urheber des Gesetzes von 2004. Für ihn, den Theologen, geht das Bedecken der Haupthaare auf eine »zweideutige, unbedeutende Vorschrift« des Islam zurück. Am Gesetz beanstandet er, dass es alles über einen Kamm schert: die Kippa, das Kreuz und das Kopftuch. Denn das Kopftuch – so sagt er – sei kein religiöses Symbol und könne auch nicht als Kultobjekt betrachtet werden, denn es gebe gar keine religiösen Symbole im Islam. Unter Berufung auf seine religiöse Autorität kann der Imam von Bordeaux ohne Probleme die Kopftuch-Frage beurteilen. Er beteiligt sich auf diese Weise an der Formulierung von Normen, die im Rahmen der französischen Gesellschaft einen »guten« Muslim definieren.

Allgemeiner formuliert: Der Zugang Kopftuch tragender muslimischer Frauen zum öffentlichen Leben Europas ist Gegenstand zahlreicher Verhandlungen, und zwar nicht nur innerhalb der familiären Umgebung, sondern auch mit den islamischen

Theologen, den staatlichen Behörden, den Feministinnen oder den Homosexuellenbewegungen.

Das Scheitern der politischen Kandidatur einer dänischen Muslimin

Auch in der europäischen Politikszene treten nun bei Wahlen Kandidatinnen in Erscheinung, die das Kopftuch tragen. Sie haben die unterschiedlichsten Wurzeln und werden sowohl von linken als auch von rechten Parteien auf Kandidatenlisten gesetzt. Solche Kandidaturen lösen oft lebhafte Reaktionen aus und führen nicht immer zum Ziel. Mahinur Özdemir, Tochter türkischer Geschäftsleute, die sich in Schaerbeek niedergelassen haben, einem Brüsseler Viertel mit einem hohen Anteil an Migranten, wurde 2009 ins Regionalparlament gewählt, obwohl ihre Kandidatur für die konservative Zentrumspartei auf heftige Kritik gestoßen war. In Frankreich ließ sich die 22-jährige marokkanisch-stämmige Ilham Moussaïd 2010 für die Regionalwahlen im Département Vaucluse als Kandidatin für die *Nouveau Parti Anticapitaliste* (NPA, dt: Neue Antikapitalistische Partei) aufstellen. Weil aber ihre Kandidatur im Widerspruch zur Orientierung dieser Linkspartei gesehen wurde, sah sie sich gezwungen, von der Wahl zurückzutreten.

In Dänemark ließ sich Asmaa Abdol-Hamid als Kandidatin der *Rot-Grünen Allianz* (Enhedslisten), einer linksradikalen Partei, für die Parlamentswahlen von 2007 aufstellen. Auch ihre Kandidatur löste eine Debatte aus, sowohl innerhalb der Linken als auch in Teilen der feministischen Bewegungen, und wurde zu einem zentralen Moment in der Politik dieses Landes, denn das Engagement und Interesse – oder besser gesagt das fehlende Engagement und Desinteresse – der dänischen Gesellschaft für die muslimische Präsenz wurde auf die Probe gestellt.

Asmaa war fünf Jahre alt, als sie 1986 mit ihrer Familie nach Dänemark kam. Ihr Vater war ein politischer Flüchtling aus Palästina mit einer großen Familie: fünf Töchtern und einem Sohn. In einem kleinen Dorf auf der Halbinsel Jütland ließen sie sich nieder. Asmaa erinnert sich lachend daran, wie die Leute damals auf der Straße stehen blieben, um sie zu zählen. Es war eine kleine christliche Gemeinde, in der die Religion zur natürlichen Umgebung gehörte. Die praktizierenden Muslime stellten kein Problem dar. An bestimmten Feiertagen nahmen Asmaa und ihre Schwestern auch am Gottesdienst in der Kirche teil. Als die Familie später nach Odense zog, kamen sie mit verschiedenen ethnischen Minderheiten zusammen. Zunächst war Asmaa nicht begeistert von der Vorstellung, in einem »sozial schwachen Viertel« von Vollsmose zu leben, aber schon nach einer Woche fühlte sie sich dort bereits »zu Hause«. Seit 2004 arbeitet sie hier als Sozialhelferin. Zudem wurde sie 2005 in den Stadtrat von Odense gewählt. Dank ihrer Sprachbegabung und Redegewandtheit hat sie ein sicheres Auftreten und kann geschickt zwischen verschiedenen Gemeinschaften vermitteln. Sie engagiert sich sowohl im muslimischen Vereinsleben als auch in der *Rot-Grünen Allianz*. Während der Kontroverse um die Mohammed-Karikaturen fungierte sie als Sprecherin für die elf in Dänemark ansässigen muslimischen Verbände, die gegen die Zeitung *Jylland Posten* geklagt hatten.

Man kannte sie bereits aus dem Fernsehen, als sie ein Jahr später eine Sendereihe mit acht Folgen über die Karikaturen-Affäre startete. Die Sendung, die als Titel die Vornamen der beiden Beteiligten – »Adam und Asmaa« – hatte, brachte zwei unterschiedliche Menschen – einen Mann und eine Frau, einen Atheisten und eine Gläubige – an einen gemeinsamen Tisch und verstand sich als Dialog zwischen zwei Kulturen. Ein gebürtiger Däne und eine aus der Migration stammende Dänin begegneten sich auf Augenhöhe. Mit dieser Sendung ergab sich neben der eigentlichen Debatte noch eine zweite Herausforderung: Denn es wurde ein Bild in Szene gesetzt, das die Möglichkeiten eines interkulturellen Bandes, einer neuen Staatsbürgerschaft auslotete. Eine ganze Reihe feministischer Verbände – wie etwa *Women for Freedom* – zeigten sich daraufhin offen feindselig: In ihren Augen ist Asmaas Kopftuch antifeministisch, weil es den Eindruck vermittle, dass eine respektable Frau sich nur bedeckten Hauptes in der Öffentlichkeit zeigen könne. Es sei ein Skandal, das Wort in einem öffentlichen Sender einer Frau mit Kopftuch zu erteilen, die für den Gehorsam gegenüber der Scharia und für den »islamischen Fanatismus« werben würde. Man erkennt hier wieder das Klischee vom Kopftuch als Zeichen für die Unterwerfung der Frauen und für die Politisierung des Islam. Asmaa wurde somit jede Form von Selbstständigkeit im Handeln und Glauben abgesprochen: Ihre Persönlichkeit, ihr Leben in Dänemark und ihr politisches Engagement verschwanden beim Anblick ihres Kopftuchs.

Während ihres Wahlkampfs für die dänischen Parlamentswahlen von 2007 nutzte Asmaa ihre »Dialog-Kunst«, um ihre Individualität zu verteidigen: »Ich bin weder eine Unterdrückte noch ein Opfer«, sagte sie. Sie versuchte die dänische Gesellschaft davon zu überzeugen, dass sie hinter den Werten der Demokratie steht und dass sie – auch als praktizierende Muslimin – »feministische und sozialistische« Überzeugungen hat. »Ich wusste, dass meine Kandidatur Reaktionen hervorrufen würde«, gestand sie, »aber ein solches Ausmaß hatte ich mir nicht vorgestellt.«[150] Man warf ihr vor, nicht ehrlich zu sein und »falsche Reden zu führen«. Außerdem geriet sie unter Beschuss, weil sie sich weigerte, männlichen Abgeordneten die Hand zu geben. Von den Journalisten wurde sie unentwegt auf ihr Kopftuch angesprochen, das sie seit ihrem 14. Lebensjahr trägt. »Niemand sollte gezwungen werden, den *Hidschab* zu tragen oder abzulegen«, gab sie wiederholt zur Antwort. Ihr Standpunkt zur Todesstrafe, zur Gleichberechtigung von Mann und Frau und zu den Rechten der Homosexuellen war ebenfalls ein beliebtes Thema in den Medien.[151] Losgelöst von ihren Antworten – sie ist Feministin, gegen die Todesstrafe und für die Rechte von Homosexuellen – wurden immer wieder die gleichen Fragen gestellt.

Vom Leiter ihres Wahlkampfes wissen wir, dass man Asmaa mehrere »Staatsbürgerschaftstests« absolvieren ließ und sie unaufhörlich aufforderte, sich zu den Fragen der Sexualität zu äußern. 1989 hatte Dänemark als erstes Land in Europa gleichgeschlechtliche Partnerschaften gesetzlich anerkannt. Die Rechte der sexuellen Minderheiten nehmen in der politischen Kultur des Landes einen zentralen Platz ein. Deshalb wurde Asmaa jedes Mal, wenn sie in der Öffentlichkeit auftrat, aufgefordert zu erklären, wie eine Muslimin sich zu den Werten der Linken bekennen kann, seien diese doch vor allem durch die sexuelle

Freiheit und die Rechte der sexuellen Minderheiten definiert. Der Grundsatz der Meinungsfreiheit wurde so zu einem Redezwang – *forced speech* – umgewandelt, wie Rikke Andreassen, feministische Hochschullehrerin und Parteigängerin von Asmaa, es treffend formuliert hat.[152]

Trotz des Vorwurfs der Homophobie gelang es ihr, einen Teil der feministischen und homosexuellen Bewegung für sich zu gewinnen, und sie folgte einer Einladung zu einer Unterstützungsparty, die in einer schwulen Bar von Kopenhagen organisiert wurde. Dort hielt Asmaa in weißer Kleidung und rotem Kopftuch eine Rede zum gesellschaftlichen Ausschluss, zur Migrationspolitik und zum Aufstieg der Rechtsradikalen. Ihr Ziel, eine Annäherung zwischen den beiden Gruppen – den alteingesessenen Dänen und den eingewanderten Dänen – zu erreichen, gelang ihr indes nicht. Bei verschiedenen Zuhörern verlor sie ihre Glaubwürdigkeit als engagierte Frau. Unter den Muslimen, die bis dahin auf ihren Erfolg stolz gewesen waren, gab es einige, die Asmaas Annäherung an die homosexuelle Gemeinschaft nicht billigen wollten. Als Reaktion auf ihre Kandidatur ging die rechtsextreme Dänische Volkspartei *(Dansk Folkeparti)* sogar so weit, innerhalb des Parlaments ein Kopftuchverbot zu fordern. Auch innerhalb der *Rot-Grünen Allianz* war man in der Religionsfrage zweigeteilt. Nach dem Misserfolg ihres Wahlkampfs wurde Asmaa nicht gewählt.

Man kann es allerdings auch umgekehrt sehen und sagen, dass es die dänische Gesellschaft ist, die gescheitert ist. Diesen Standpunkt vertritt beispielsweise Toger Seidenfaden, Chefredakteur der *Politiken*, eine der großen dänischen Tageszeitungen: »Asmaa, eine junge Frau, die ihren Integrationsprozess hervorragend abgeschlossen hat, unterzog uns einem Toleranztest, und wir sind alle gescheitert.«[153] Sie erfüllte tatsächlich alle Kriterien des dänischen Integrationsmodells, insbesondere die erfolgreich abgeschlossene Ausbildung und die Eingliederung in die Arbeitswelt. Zudem spricht sie perfekt Dänisch, sogar mit jütländischem Akzent. Aber den Kopftuchgegnern ist es gelungen, ihr das Etikett *udansk*, nicht-dänisch, sondern »ausländisch«, anzuhängen.

In Kopenhagen wie anderswo:
die schwierige Hybridisierung der Identitäten

Als wir im April 2010 nach Kopenhagen fuhren, löste die Kopftuchfrage immer noch viele Kontroversen aus. Wir wollten die Bürger befragen, den jeweiligen Standpunkt begreifen, den sie in dieser Debatte einnehmen, und hören, wie sie sich die Schwierigkeiten des interkulturellen Dialogs erklären. Unsere Gruppe für diesen »experimentellen öffentlichen Bereich« bestand aus Mitstreitern, die Asmaa aktiv im Wahlkampf unterstützt hatten, aus Frauen der feministischen Bewegung und aus Mitgliedern antirassistischer Verbände. Die Muslime in dieser Gruppe waren sehr heterogen: Migranten unterschiedlicher Herkunft (Pakistani und Türken), Medizinstudentinnen, die in den feministischen Verbänden aktiv sind, und KonvertitInnen. Einige von ihnen waren Mitglied der *Islamic Society of Denmark*, andere Angehörige der Vakf-Moschee. Außerdem nahmen Frauen aus dem Editionsteam von *Ethniqa Magazine* teil, einer feministischen Zeitschrift für Frauen mit nicht-weißer Hautfarbe, und schließlich die Gründerin von *Missing Voices*, einem Verein, der den musikalischen Ausdruck der Muslime fördern will. In der Diskussion ging es vor allem um die Religionsfreiheit, um die Ethnizität und um das soziale Geschlecht (Gender); alles Themen, die die Züge des modernen Islam in Dänemark deutlich konturieren.

Während unserer Forschung vor Ort ist der politische Kontext durch den Aufstieg der neopopulistischen Rechtspartei *Dansk Folkeparti* und die Verschärfung der Migrationspolitik bestimmt. Seit 2007 wird das Land von einer Koalition aus der liberalen Mitte-Rechts-Partei und den Konservativen regiert. Die starke Zunahme rassistischer und antimuslimischer Reden ist greifbar. Die *Dansk Folkeparti* hat bei den Europawahlen von 2009 zwei Sitze errungen. Die Teilnehmer unserer Diskussionsrunde spüren deutlich die veränderte Atmosphäre innerhalb der dänischen Gesellschaft und die wachsende Feindseligkeit gegenüber Ausländern, ganz besonders gegenüber Muslimen.

Ouzma ist Feministin und setzt sich sehr für die Rechte der Migranten ein. Sie erinnert an die Anfänge der Migration während ihrer Kindheit: »Ich bin hier aufgewachsen, es war eine wunderbare Zeit. Meine Großmutter kam uns besuchen. Sie stammte aus einem kleinen pakistanischen Dorf und sagte: ›Die Leute hier sind wie die Muslime, ihnen fehlt nur der Koran.‹« Die ganze Gruppe lachte freundlich über diese Anekdote. Für die Großmutter waren die Werte der Dänen die gleichen wie die eines jeden guten Muslims. Aber Dänemark sei heute nicht mehr das Land, das ihre Eltern geliebt hätten, warfen mehrere junge Muslime ein und lobten für sie typische Eigenschaften der Dänen, wie beispielsweise Aufrichtigkeit, Ehrlichkeit und Freundlichkeit. Es ist ihr Wunsch, dass man sie als *dansk* betrachtet, und nicht, dass man mit dem Finger auf sie zeigt und sie in die »Islam-Schublade« steckt, aber in den Augen der Dänen bleiben sie Ausländer.

Ein Beispiel dafür ist die Medizinstudentin Iram: Sie wurde so stark stigmatisiert, dass sie zwei Jahre zuvor beschlossen hatte, ihr Kopftuch abzulegen. Sie wollte diese Diskriminierung nicht länger ertragen und dabei einen Teil ihrer dänischen Persönlichkeit verlieren, zumal die dänischen Krankenschwestern es abgelehnt hatten, von einer muslimischen Medizinstudentin Befehle anzunehmen. Nachdem sie ihren *Hidschab* ausgezogen hatte, änderte sich das Verhalten der Menschen in ihrer Umgebung spürbar: Man zeigte sich erstaunt, dass sie das Dänische so perfekt beherrscht, und fragte sie höflich nach ihrem Namen und ihrer Herkunft. Mit Bitterkeit stellte sie fest, dass man sie immer mit ihren ausländischen Wurzeln in Verbindung bringen wird. Solange sie ihr Kopftuch getragen hatte, sprach man ihr ihre dänische Seite ab, aber nachdem sie das Kopftuch ablegte, tat man es genauso. Für ihre Mitarbeiter wird sie immer diejenige bleiben, die von woanders herkommt und kein normales Arbeitsverhältnis zu ihnen haben wird. Man nennt sie »die Muslimin« oder auf infantile Art »die Ausländerin«. Und dennoch sehnen sich wie Iram viele Muslime mit Migrationshintergrund danach, bei ihrer Eroberung neuer beruflicher, künstlerischer oder politischer Lebensbereiche als »ganz normale« europäische Bürger betrachtet zu werden, und bemühen sich deshalb um Diskretion, sobald es um den Ausdruck ihres Glaubens geht.

Überrascht nahm ich zur Kenntnis, dass in unserer dänischen EÖB-Gruppe die meisten Gläubigen mit Migrationshintergrund –

im Gegensatz zu den Konvertiten – kein Kopftuch trugen. Letztere zögerten in der Tat nicht, gleichzeitig mit dem Selbstverständnis als dänische Staatsbürger ihre muslimische Identität – zum Teil recht ostentativ – zum Ausdruck zu bringen. Zum Beispiel stellt sich Annette, eine konvertierte Dänin, die seit über zehn Jahren ein Kopftuch trägt und mit dunkler Brille und libertären Reden ihre Künstlerallüren kultiviert, mit Humor als das »lächelnde Gesicht des Islam« vor. Sie ist es, die mit muslimischen Mädchen das Musikprojekt *Missing Voices* ins Leben gerufen hat. Aber auch ihr sind die geringschätzenden Blicke auf ihr Kopftuch nicht entgangen: »Die Leute schauten mich an, als ob die Hälfte meines Gehirns durch die Ohren ausgelaufen wäre«, erzählt sie voller Ironie. Wie die Konvertiten berichten auch die als Muslime geborenen Teilnehmer von Anekdoten, die allesamt zeigen, wie schwierig es ist, mit seiner doppelten Identität – muslimisch und dänisch – akzeptiert zu werden.

Die Gesprächswerkstatt hat jedenfalls bestätigt, dass die Kopftuchfrage mit der Hybridisierung der Identitäten und dem Zusammenspiel zwischen dem Islam und Europa verbunden ist. Das Scheitern der dänischen »Kopftuchpolitik« zeigt auch, dass das französische Beispiel mit dem gesetzlichen Verbot kein Einzelfall ist: Nicht nur der Laizismus-Grundsatz, sondern ebenso die sexuellen Normen des öffentlichen Lebens bestimmen die Grenzen für den gesellschaftlichen Ausschluss der Muslime.

Der Streit um die sexuellen Normen des öffentlichen Lebens

Die im öffentlichen Bereich Europas gültigen modernen Normen basieren auf einem Sexualitätsverständnis, das es den Muslimen schwermacht, als Staatsbürger aufzutreten. Auch der Politikbetrieb macht es den muslimischen Frauen nicht unbedingt leichter, Präsenz zu zeigen. Im Gegenteil: Die übersteigerte Sichtbarkeit des Kopftuches, dessen Instrumentalisierung und Beschlagnahmung durch die Medien ergeben ein Prisma, das den Blick auf das politische Engagement derjenigen, die es tragen, deformiert. Die Wahlkandidatinnen wurden einer Reihe von Prüfungen unterzogen, um ihre Distanz zu den Werten des Islam und ihre Affinität zu den europäischen Werten bemessen zu können.

So gelten für die sexuellen Fragen mehr und mehr die gleichen politischen Forderungen wie für die übrigen die Migration betreffenden gesellschaftlichen Fragen, wie im Bereich Arbeit, Spracherwerb oder Erziehung. So stellt der Soziologe Éric Fassin fest, dass die Politisierung der Fragen zum Gender und zur Sexualität die demokratische Sphäre ausweitet, hin zu einer »sexuellen Demokratisierung«.[154] In dieser neuen Phase kommt den Normen des Gender und der Sexualität die gleiche politische Bedeutung zu wie den Werten der Freiheit und Gleichheit. Diese sexuellen Normen stoßen zwar nicht überall auf Zustimmung, und die Gesellschaften sind tief gespalten, wie die Schlachten um das Abtreibungsrecht in Spanien und um die »Ehe für alle« in Frankreich deutlich zeigen. Die politische Diskussion um die kulturellen Konflikte spielt sich aber durchaus auf dem Terrain der Sexualität ab. Fassin betont das Aufkommen einer Identität, eines »Wir«-Gefühls, das durch die Demokratie und vor allem durch dessen sexuelle Dimension definiert wird; die »anderen« sind hingegen »Gefangene einer Kultur«, welche den Frauen einen Schleier, Zwangsehen und genitale Verstümmelungen aufzwingt. Solche Reden beschränken sich nicht auf einen Diskurs, sondern begleiten – wie wir bei der Stasi-Kommission oder der Deutschen Islam-Konferenz gesehen haben – die modernen Steuerungstechniken und etablieren eine neue administrative und juristische Denkweise im Hinblick auf die Aufnahme- und Integrationspolitik der Migranten. Ausländer, die in den Niederlanden eine Aufenthaltsgenehmigung oder in Deutschland oder Frankreich die Einbürgerung beantragt haben, müssen in einer Reihe von Tests beweisen, dass sie hinter den Werten des Laizismus und der sexuellen Freiheit stehen.

Die sexuelle Demokratie geht auf die Bewegungen der Gegenkultur und der sexuellen Befreiung in der Zeit nach '68 zurück. Seitdem wurde der Bereich der Sexualität von einer Säkularisierungsspirale erfasst, die die etablierten Grenzen zwischen der »natürlichen« und der »gesellschaftlichen« Ordnung verschob. Die Familie, die Fortpflanzung und die Sexualrollen wurden vom religiösen Einfluss und vom gesellschaftlichen

Konservativismus befreit. Die mit der Situation der Frau verknüpften biologischen Argumente wurden mit dem Hinweis auf die Rechte auf Empfängnisverhütung und Abtreibung entkräftet. Mit der grundsätzlichen Unterscheidung zwischen Fortpflanzung und Sexualität konnte die Identität der Frauen definiert werden. Getreu dem feministischen Slogan »Das Persönliche ist politisch« aus den 70er Jahren wurden die Fragen zur Stellung der Frau und zur Sexualität über die Privatsphäre hinaus auf den politischen und kulturellen Bereich erweitert. Die Einführung des Gender-Begriffs durch die feministische Literatur bestätigt die Verlagerung der Sexualität auf den öffentlichen Kulturbereich. Der identitätsstiftende Feminismus leistet also seinen Beitrag zur Entwicklung von Werten, die für die Gleichheit der Geschlechter stehen, und von Normen, welche die sexuelle Freiheit im öffentlichen Leben betreffen.

Mit der kulturellen und sexuellen Revolution in der westlichen Welt kam es zu einer rasanten Veränderung der Sitten und Lebensweisen, und die eingefahrenen Gewohnheiten der Gesellschaftsschichten und Geschlechter lösten sich auf. Die neuen soziokulturellen Bewegungen kritisierten die Hegemonie des Patriarchats und der heterosexuellen Normen. Die Rechte der Frauen und sexuellen Minderheiten bilden heute einen zentralen Pfeiler, um den herum sich die öffentlichen und sexuellen Normen der weiterentwickelten Demokratien definieren.

Im Gegensatz zu den Sitten, die sich auf Praktiken und Gewohnheiten berufen, beziehen sich die Normen auf Werte, Regeln, Rechte und Verpflichtungen. Die Norm hat einen beschreibenden Aspekt und hilft, die Denk- und Handlungsweise einer Gesellschaft zu begreifen. Sie ist auch wertend, denn sie legt fest, was gut und korrekt ist, und hat den Charakter einer Vorschrift, denn sie bringt zum Ausdruck, was erlaubt, verpflichtend oder verboten ist.[155] Definiert und reproduziert werden die Normen in den weiterentwickelten Demokratien von den beteiligten Männern und Frauen und von wissenschaftlichen Spezialisten. Von Experten werden sie wiederum bewertet und von den öffentlichen Behörden überwacht. Dadurch, dass sie festlegen, was erlaubt und was verboten ist, stehen sie in einer Beziehung zur Autorität.

Zur Konfrontation mit dem Islam kommt es auf diese Weise im Bereich der sexuellen Normen: Die muslimischen Bürger werden aufgefordert, ein Leben im Einklang mit den sexuellen Normen des öffentlichen Lebens in Europa zu führen. Sie werden außerdem gebeten, ihren Standpunkt zur Zwangsheirat, zu den Verbrechen aus Ehre und zu den Rechten der Homosexuellen darzulegen. Nach Foucault bedeutet das, dass die sexuelle Revolution die Individuen dazu ermuntert, Geständnisse abzulegen und sich frei zur Sexualität zu äußern.[156] Damit tun sich Gräben auf zwischen den Verteidigern dieser auf die sexuelle Revolution zurückgehenden Normen und denen, die sich an die islamischen Normen zu halten versuchen. Beide Parteien treffen im selben Zeit-Raum innerhalb der europäischen Gesellschaften aufeinander und streiten im Hinblick auf die Organisation des privaten und öffentlichen Bereichs und im Hinblick auf die Sexualbeziehungen um die normative Orientierung der Gesellschaften. Hier treffen also zwei sehr unterschiedliche Systeme aufeinander. Die Bedeutung der Frau – genauer gesagt die Bedeutung ihres Körpers – ist der Prüfstein dieser Auseinandersetzung zwischen den islamischen Vorschriften und den weltlichen Normen. Die Frau ist in diesem Streit Objekt und Subjekt zugleich, und zwar auf beiden Seiten: innerhalb der sexuellen Befreiungsentwicklung des Okzidents genauso wie innerhalb der religiösen Erneuerung des Islam. Es sind die Frauen, sowohl die feministischen als auch die muslimischen, welche die Grenzen des Privaten überschreiten und sich an der Entwicklung sexueller und religiöser Normen im öffentlichen Leben beteiligen.

Von den sichtbaren Minderheiten zu den aktiven Minderheiten

Das islamische Kopftuch hat gleichzeitig einen Bezug zur Intimsphäre wie zum Heiligen, zum sogenannten *Mahrem*. Im Gegensatz zum emanzipatorischen Feminismus ist es das Zeichen für eine geschützte und kontrollierte Sexualität. Die Jungfräulichkeit und die religiöse Ehe werden aufgewertet. Die religiösen Kodifizierungen des Alltagsverhaltens und der Interaktionen mit den Männern werden hiermit respektiert. Aber trotz der Einhaltung dieser islamischen Vorschriften will die muslimische Frau – genauso wie die Feministin – ihren persönlichen Lebensweg verfolgen und dabei neue berufliche und öffentliche Bereiche erobern. Die muslimischen Frauen überschreiten die Grenze zwischen dem privaten und öffentlichen Bereich und wollen wie die Feministinnen die Welt erobern, auch wenn sie sich nicht der feministischen Emanzipation anschließen.

Dieses Phänomen wird – wie beim Feminismus – nur von einer Minderheit getragen, im Gegensatz zu den »weißen« Feministinnen stellen dessen Protagonistinnen allerdings eine sichtbare Minderheit dar. Sie sind sichtbar, weil man sie über kulturelle und ethnische Eigenheiten – über ihren Migrationshintergrund – identifizieren kann, aber auch über ihren Glauben, den sie mit einem Kopftuch bewusst und freiwillig zum Ausdruck bringen. Es handelt sich also sowohl um eine sichtbare als auch um eine aktive Minderheit. Aber steht diese identitätsstiftende Bejahung des Religiösen nicht für den Willen, den gesellschaftlichen Determinismus der Migration zu überwinden, die sichtbare Minderheit in eine aktive Minderheit zu verwandeln und im Sinne des Glaubens zu handeln? Für den Psychologen Serge Moscovici können aktive Minderheiten zur Quelle für Innovationen und gesellschaftliche Veränderungen werden. Denn »trotz des enormen Drucks, der entsteht, wenn das Ziel die Einförmigkeit des Denkens, des Geschmacks und Verhaltens ist, können Individuen und Gruppen diesem nicht nur widerstehen, sondern darüber hinaus neue Formen der Weltsicht entwickeln, neue Formen der Kleidung und der Lebensart, neue Ideen in der Politik, in der Philosophie und der Kunst. Und sie können andere Leute dazu bewegen, diese zu akzeptieren.«[157]

Die muslimischen Frauen unterliegen einem doppelten Zwang: Sie müssen sich einerseits an die von der Mehrheit getragenen, libertären Normen Europas halten, andererseits aber auch an die des patriarchalischen Islam. Ihre Präsenz ist nicht erwünscht, weder von der religiösen Orthodoxie noch vom weltlichen Feminismus. Die muslimische Frau lebt in Europa in einer typisch weiblichen Situation, nämlich im Sinne einer »fehlenden Präsenz« oder, wie der Feminismus es formulieren würde:

In einer von Männern dominierten und als maskulin identifizierten Welt können die Frauen nicht vollständig anerkannt sein. Jedoch wird die Welt, welche die muslimischen Frauen zu erobern suchen, heute nicht nur mit dem Männlichen identifiziert – was noch für den identitätsstiftenden Feminismus der 70er Jahre der Fall war –, sondern auch mit einem gewissen weiblichen Modell. Der nach '68 aus der gegenkulturellen Kritik hervorgegangene Feminismus war eine von einer aktiven Minderheit getragene Bewegung. Heute ist daraus in den europäischen Gesellschaften ein von der Mehrheit unterstützter Wert geworden. Man erwartet von der muslimischen Frau, dass sie sich für ihren Emanzipationsprozess mit dieser neuen femininen Welt identifiziert und nicht in der des Islam »eingesperrt« bleibt. Die frommen, aber in der Öffentlichkeit stehenden muslimischen Frauen befinden sich also in einer ambivalenten Situation und gehen in doppelter Hinsicht auf Distanz zu den von der Mehrheit befürworteten Normen. Einerseits sollen sie sich auf die islamischen Vorschriften beziehen, andererseits aber ihr Alltagsverhalten auf die weltlichen Normen ausrichten. Sie befinden sich zwar in der Minderheit, aber in einer aktiven Minderheit, das heißt, ihre Position ist keine passive und erduldende, sondern sie handeln auf eigene Initiative und mit vollem Bewusstsein. Mit Abstand zur Mehrheit und auch deutlich anders als ihre Angehörigen kreieren und erfinden sie – wie Serge Moscovici es für die aktiven Minderheiten im Allgemeinen beschrieben hat – neue Arten, sich zu kleiden, die Welt zu sehen und den Feminismus zu definieren.

Die muslimischen Frauen mit Kopftuch müssen sich ihren Platz in der Gesellschaft neu suchen. Wie in der Vergangenheit die Pionierinnen des Feminismus müssen sie Lebenswege einschlagen, die ihnen nicht vorgezeichnet sind und die nicht mit den Rollen harmonieren, die ihnen zugeteilt werden. Sie erhoffen sich einen Platz im öffentlichen Leben, indem sie das Modell der muslimischen Weiblichkeit neu erfinden.[158] Im Gegensatz zu den Feministinnen sind sie jedoch willens, nur innerhalb des durch die religiösen Vorschriften definierten Rahmens zu handeln. Dadurch sind sie gezwungen, ihre Abhängigkeit beziehungsweise ihre Autonomie gegenüber der religiösen Autorität durch die Interpretation des Korans zu definieren.

Aber: Inwiefern können die von den religiösen Autoritäten definierten Normen von den Frauen überhaupt selbst diskutiert werden? Der europäische Kontext – ohne einen islamischen Staat und offiziellen Ulema – ist einer weiblichen Beteiligung an der Interpretation und Ausarbeitung islamischer Vorschriften nicht gerade förderlich. In Frankreich bestätigt dies Saïda Ounissi, eine an der Sorbonne forschende muslimische Doktorandin, in einem Streitgespräch mit dem Imam Tareq Oubrou, der in einem bereits erwähnten Artikel der Zeitung *Le Monde* den Musliminnen zur Diskretion rät. Er prangert das Kopftuch an, weil es eher ein Gegenstand der Verführung und der Mode sei als ein Ausdrucksmittel des islamischen Glaubens. Außerdem wirft er den Kopftuch tragenden Mädchen vor, sich nicht an die täglich vorgeschriebenen fünf Gebete zu halten. Das Kopftuch stehe für eine »ästhetische Zurschaustellung« und sei »nicht weiter ernst zu nehmen«.

Die Antwort von Saïda Ounissi wird ebenfalls in *Le Monde* veröffentlicht: Sie findet, das Tareq Oubrou »seine Position als Imam benutzt, um über den Weg der Theologie die muslimischen Frauen aufzufordern, das Kopftuch abzulegen«.[159] Sie selbst trägt das Kopftuch und verweist auf die in dieser Frage eindeutigen Koranverse und auch auf die Freiheit einer jeden Muslimin, sich ganz bewusst für oder gegen diese Praktik zu entscheiden. Sie lässt sich nicht durch eine Form von Hierarchie, wie sie ja zwischen muslimischen Frauen und einem Imam durchaus anzunehmen ist, einschüchtern und zögert nicht, das Wort und die Position einer religiösen Autorität öffentlich in Frage zu stellen. Dabei greift sie sowohl auf ihre Kenntnisse des Islam als auch auf die der demokratischen Gesellschaften zurück. Für sie ist »die Freiheit der Wahl [...] hinsichtlich der eigenen Überzeugungen, der politischen Ideen, der sexuellen Orientierung und sämtlicher Vorstellungen« der wesentliche Kern der demokratischen Gesellschaften. Auch die Religionsfreiheit gehört dazu. Saïda Ounissi hat diese besondere Stimme, wie sie den muslimischen Frauen als Mitstreiterinnen einer aktiven Minderheit eigen ist. Beim Kopftuchthema beweist sie in doppelter Hinsicht Distanz und Autonomie. Im Rahmen unserer Forschung hat sie in Brüssel an unserer experimentellen Gruppe teilgenommen. Ihre Nähe zur

Theologie ließ die Themen Kunst und Sexualität in neuem Licht erscheinen. Auch den Begriff der Blasphemie hat sie eingehend analysiert. Sowohl innerhalb der Mehrheitsgesellschaft als auch innerhalb der islamischen Bewegung gehört sie zu einer Minderheit, die sich ihren Platz in der Gesellschaft erst suchen muss. Dies erfordert eine ständige Rückbesinnung ebenso wie ein kritisches Engagement gegenüber der patriarchalischen Autorität, gegenüber den Vertretern des religiösen Wissens und gegenüber dem mehrheitlich anerkannten Feminismus.

Der westliche Feminismus verharrt, sofern er einen universalistischen Ansatz hat und behauptet, dass das Kopftuch ausschließlich ein Unterdrückungsmittel für die Frauen ist, in einer »Psychologie der Verneinung«.[160] Aber auch in der feministischen Bewegung werden Stimmen laut, die diese allgemein vorherrschende These bestreiten. Eine pluralistische Definition des Feminismus und verschiedene Interpretationen der Emanzipation stehen zur Diskussion. In Dänemark haben sich mehrere militante Feministinnen, beispielsweise aus dem *Feminist Forum*, von denjenigen distanziert, welche die Kandidatur von Asmaa in Misskredit gezogen hatten *(Women for Freedom)*. Sie sind der Meinung, dass das Kopftuch unter verschiedenen Gesichtspunkten zu betrachten ist, dass es verschiedene Arten gibt, feministisch zu sein, und dass auch verschiedene Wege zur Emanzipation führen. Die allgemeingültige Vorstellung von einer weltweit homogenen Frauenemanzipation wird in Frage gestellt. Außerdem bestätigen sie, dass die hellhäutige, heterosexuelle Frau der Mittelschicht und christlicher Konfession – sozusagen die »alteingesessene« Dänin – kein Monopol auf die Definition vom Feminismus hat.[161] Für diese Frauen ist die Kritik am von der Mehrheit getragenen Feminismus eine notwendige Voraussetzung für den Respekt gegenüber der muslimischen Frau und deren Wirken in der Öffentlichkeit. Bedingung für das Aufkommen einer neuen Kultur des öffentlichen Lebens in Europa ist also die wechselseitige Anerkennung der beiden Frauenbilder beziehungsweise der Bindestrich zwischen den Musliminnen und den Europäerinnen.

Über verschiedene Kopftuch-Darstellungen konnte man die beiden unterschiedlichen Wege in Dänemark deutlich erkennen: Während der Kontroverse um die Kandidatur von Asmaa im

Mai 2007 hatte man der kleinen Meerjungfrau, dem Wahrzeichen von Kopenhagen, ein Kopftuch aufgesetzt: Es wirkte so, als sei die kleine Meerjungfrau – in eine Muslimin verwandelt – in den Einflussbereich einer fremden Religion geraten. Dieser von einem Unbekannten verübte Akt passt zur politischen Linie derer, die vor einer »drohenden Islamisierung des Landes« warnen. Zur gleichen Zeit setzte aber eine zweite öffentliche Inszenierung in Kopenhagen ein Zeichen für eine alternative Kopftuchpolitik. Auf dem Hojbro Plads steht die Statue »vom Fischer seiner Frau«. Die Frau des Fischers trägt ein traditionelles Kopftuch. Elsebeth Gerner Nielsen, Abgeordnete der Linken und Migrationsbeauftragte, ließ sich mit einem *Hidschab* neben dieser Statue fotografieren. Mit diesem transkulturellen Auftritt sorgte sie für eine Annäherung zwischen dem Kopftuch der Frauen mit Migrationshintergrund und dem traditionellen Kopftuch von Fischersfrauen.

Denn vor noch nicht allzu langer Zeit gehörte das Kopftuch bei den dänischen Frauen zur Schutzkleidung und galt als Zeichen für Anstand und Ehre. An diese Tradition erinnerte im Jahre 2010 eine Fotoausstellung über die dänischen Bewohnerinnen der Insel Fanö, die alle ein traditionelles Kopftuch trugen, den sogenannten *Strude*.[162] Die in der modernen dänischen Kunstszene bekannte Fotografin Trine Sondergaard wollte mit der Ausstellung diesen Brauch wieder aufleben lassen, um über zeitliche Distanzen hinweg die Identitäten zu hinterfragen: Vor dem Hintergrund, dass das Kopftuch einst für die Dänin das traditionelle Zeichen für Anstand und Ehre gewesen war, erscheint das islamische Kopftuch nicht mehr fremd. Über eine künstlerische Performance stellten sich so eine unerwartete Vertrautheit und eine transkulturelle Übersetzung ein. Die Sichtbarkeit des Islam und des *Hidschab* wirkt nicht mehr störend und aufdringlich, sondern wird zu einem Teil des Alltags der Bürger. Es öffnet sich ein Horizont der Möglichkeiten, um gemeinsam ethische und ästhetische Normen für das private und gesellschaftliche Leben zu entwickeln.

Was tun mit der Scharia?

Man kann die Sitten und Regeln, welche den Rahmen für das Leben der gläubigen Muslime bilden, nicht begreifen, ohne auf ihre Beziehung zum religiösen Korpus des Islam einzugehen: die Scharia. In der westlichen Medienwelt sorgt dieser Begriff oft für Verwirrung und löst bei Journalisten und »Experten« ein gewisses Unbehagen aus, die sämtliche Erscheinungsformen – von den ganz unbedeutenden bis hin zu den besonders extremistischen – der gesellschaftlichen Akteure, die sich als Anhänger des Islam ausgeben (oder als solche betrachtet werden), interpretieren sollen. Die Scharia ist eine geordnete Sammlung von Normen und Vorschriften aus dem religiösen, gesellschaftlichen und juristischen Bereich, die für die Muslime verbindlich sind. Ihre Quellen sind der Korantext, die prophetische Überlieferung und das muslimische Recht (*fiqh*). Die islamische Normensammlung hat aber nicht nur eine rein juristische Dimension. Einige Ulemas und Juristen sprechen sich zwar für eine legalistische Interpretation der Scharia aus, die meisten praktizierenden Gläubigen sehen in ihr jedoch nur eine Beschreibung von Riten. Die sufistische Tradition hingegen betont die Aufrichtigkeit des Glaubens und kritisiert die wörtliche Auslegung der Scharia. Und für die reformistischen Denker des Islam ist die Scharia kein Kodex, der ein für alle Mal festgeschrieben ist, sondern sie bezieht sich – entsprechend der etymologischen Bedeutung des Begriffs – auf den Weg, den derjenige, der sich Gott nähern will, einzuschlagen hat.

Die Scharia und das islamische Gesetzeswerk

In der Geschichte des Islam gibt es kein einheitliches Modell für das islamische Gesetzeswerk, das man *die* Scharia nennen könnte. Wir müssen uns bewusst machen, dass die juristischen Systeme der muslimischen Länder innerhalb von zwei Jahrhunderten zu nationalen – mehr oder weniger weltlichen und positivistischen – Rechtssystemen umgewandelt worden sind.[163] In Familienangelegenheiten wie Hochzeit, Scheidung, Abstammung oder Rechtsnachfolge sind einige muslimische Gesellschaften nach wie vor von der Scharia beeinflusst. Die Türkei bildet in dieser Hinsicht eine Ausnahme, denn in der Folge der rigorosen Durchsetzung einer positivistischen Rechtsauffassung wurde die Scharia hier abgeschafft. Mit dem »osmanischen Code Civil« *(Mecelle)* im Jahre 1876 wurde ein allgemeiner Status der Staatsbürgerschaft eingeführt, der überhaupt keinen religiösen Bezug mehr hatte.[164] 1926 trat schließlich in der Republik das stark vom Schweizer Modell inspirierte türkische Zivilgesetzbuch in Kraft. Damit wurde die Gleichberechtigung zwischen Mann und Frau zu einem unabänderlichen Grundsatz der türkischen Republik.

Ab den 70er Jahren tauchte der Begriff der Scharia mit dem Aufkommen des politischen Islamismus in den Debatten wieder auf. Mit der religiösen Renaissance innerhalb der modernen Gesellschaften nahmen die Bedeutung der islamischen Autorität und deren Einfluss auf die organisatorischen Fragen zur Religionsausübung wieder deutlich zu.[165] Den Begriff der Scharia im politischen Sinne zu verwenden ist jedoch im Hinblick auf die religiöse Autorität des sunnitischen Islam problematisch, denn dort fehlt jede Form von Doktrin für die Geistlichkeit. Trotzdem schufen auch die Sunniten eine hierarchische Form mit religiösen Würdenträgern, wie Malika Zeghal betont: »Der gleichberechtigte Zugang zur Religion, der für jeden Muslim gilt, ist reine Theorie. Aber da er doktrinär vorgeschrieben ist, ist der Status der Dogmenwächter nicht klar definiert.«[166] Wer besitzt nun die Autorität, um die Normen zu definieren? Wer besitzt die Kompetenz, sie zu interpretieren *(Ijtihad)*? Diese Fragen werden von den vier Schulen der muslimischen Jurisprudenz und von den Theologen heftig diskutiert. Gleichzeitig bemächtigen sich die politischen Akteure des Islam wieder der Autorität für den ideologischen Gebrauch der Scharia.

Wie der Pakistani Muhammad Khalid Masud, Professor für islamische Theologie, zu Recht in Erinnerung ruft, hatte die religiöse Autorität im Islam immer viele Gesichter. Die Theologen oder über religiöses Wissen verfügenden Ulemas werden in verschiedene Kategorien unterteilt, sind aber nicht unbedingt Juristen. Die religiöse Autorität verteilt sich auf »die sufistischen *Shaykhs*, die *Muftis*, die *Qadis* (Richter am Gericht), die Lehrer an den Koranschulen – den sogenannten *Madrasas* –, die *Khatibs* (für die Freitagspredigten in den Moscheen), die *Muhtasibs* (für die öffentliche Moral auf den Märkten), die *Imams* (die das Gemeinschaftsgebet in den Moscheen leiten) und weitere Funktionsträger, die vom Staat ernannt oder für die Ausübung ihres Amtes von der Gemeinschaft anerkannt werden«.[167]

In modernen Zeiten ist die Kenntnis des Islam – die Auslegung des Korans und der *Hadiths* – dank des Buchdrucks und der Medien weiten Kreisen zugänglich, denn jeder kann auf die islamischen Originalquellen zugreifen und seinen eigenen Standpunkt formulieren. So haben Ingenieure, Ärzte und Intellektuelle einen Kenntnisstand, der es ihnen erlaubt, diese Quellen dem, was aus der Scharia gemacht worden ist, gegenüberzustellen. Khalid Masud bezeichnet sie als »Neo-Ulemas«.[168] Heute wird der Begriff der Scharia, der die Debatten der muslimischen Akteure nach wie vor prägt, weitgehend von diesen Neo-Ulemas – von Predigern und Intellektuellen – geformt.

An der Scharia-Frage kommt auch der europäische Islam nicht vorbei. Im Gegenteil: Sie ist sogar einer der wichtigsten Bezugspunkte in den Kontroversen um den Islam.[169] Für die Muslime, die in den europäischen Ländern ein mit den islamischen Normen konformes Leben führen wollen, ist diese Frage unvermeidlich und ambivalent zugleich: unvermeidlich, weil diese Normen nicht nur eine juristische, sondern auch eine gesellschaftliche Relevanz haben, und ambivalent, weil die Anwendung dieser Normen ohne einen islamischen Staat mit den entsprechenden Institutionen einen bruchstückhaften und zerstückelten Charakter hat. Aber als ein von Gott erlassenes Gesetz bildet die Scharia auch die zeitlose Grundlage für das elementare Band der muslimischen Gemeinschaft. Heute geht es bei den Studien über den Islam vorwiegend um diese Spannung zwischen dem religiösen Korpus und den Praktiken der Muslime.

Im Kontext der Migration hat sich diese Spannung verschärft. Die emigrierten Muslime sind nicht mehr abhängig von den religiösen Institutionen ihres Herkunftslandes und üben ihr Recht auf Religionsauslegung in Freiheit aus. Sie müssen neue Methoden finden, um ihre Kenntnisse vom Islam zu vertiefen, und sie müssen vor allem lernen, in einer säkularen Gesellschaft nach den islamischen Regeln zu leben. Sie haben es in der Tat mit zwei sich widersprechenden Autoritäten zu tun. Die in Europa lebenden Muslime sind gezwungen, sich in einer neuen Umgebung als Gemeinschaft von Gläubigen zurechtzufinden. Sie können dabei das weltliche Recht der europäischen Gesellschaften, in denen sie leben, nicht ignorieren. Aber ohne die Stütze einer religiösen Autorität müssen sie sich fragen: »Was tun mit der Scharia?« Für manche muslimischen Bürger bietet Europa für diesen Prozess einen besonders geeigneten Rahmen, denn sie werden dort dazu angehalten, nach ihrem eigenen Gewissen zu leben und sich nicht mehr an der Scharia zu orientieren.[170] Andere entwickeln eine abgespeckte Version der Scharia, eine Art minimalistische Orthodoxie, die sich auf die Kult-Praktiken *(Ibadat)* und auf die moralischen Grundsätze *(Akhlaq)* der islamischen Gesetzgebung beschränkt.[171] Befreit vom politischen System – eines islamischen Staats oder eines Kalifats –, ergibt sich für die meisten »ganz normalen Muslime« Europas eine historisch völlig neue Situation für die Ausarbeitung der Scharia.

In der Gedankenwelt der europäischen Muslime spielt die Scharia als juristisches Regelwerk oder gar als Strafgesetzbuch keine große Rolle. Wenn diese Funktion der Scharia betont wird, fühlen sich alle unsere Interviewpartner unangenehm berührt. In ihren Augen hat die Scharia eine rein abschreckende Funktion. Die Anwendung von Strafmaßnahmen – etwa der Steinigung –, wie sie der rigorosen Auslegung des vermeintlichen »islamischen Strafgesetzbuches« entsprechen, halten sie für undenkbar und inakzeptabel: Die Scharia geht sie nichts an. Sie betrifft eventuell ihre Glaubensgenossen in Ländern weit weg von Europa. Unmissverständlich, ja sogar mit einer Spur von Stolz betonen sie ihr Zugehörigkeitsgefühl zum europäischen Kulturkreis, und zwar ganz besonders, wenn sie ihre Distanz zur Scharia ausdrücken.

Wenn die Muslime Europas die Scharia ablehnen

Man hört oft, dass die muslimischen Minderheiten in Europa die Länder idealisieren, in denen der Islam die allgemeine Staatsreligion ist. Aber diejenigen von ihnen, die ihren Traum verwirklicht und sich auf islamischem Boden niedergelassen haben, kommen gleichwohl häufig sehr enttäuscht nach Europa zurück. David war sehr jung, als er zum Islam konvertierte und in Malaysia nach islamischem Recht heiratete. Heute engagiert er sich im muslimischen Verbandsleben von Genf. Seinen Weg von Malaysia zurück in sein Geburtsland Schweiz beschreibt er sehr genau: »Ich habe versucht, in einem muslimischen Land zu leben, und bin nach Malaysia gegangen, aber das Leben dort hat mir nicht gefallen. Das Leben in einer muslimischen Gesellschaft, welche die Scharia anwendet, war unerträglich für mich. Heute weiß ich, dass ich Schweizer bin. Gemäß der Scharia muss ich das Gesetz des Landes achten, in dem ich lebe, jedenfalls soweit es mir erlaubt ist, Muslim zu sein. Ich stehe also nicht im Widerspruch zu meinen Werten und Grundsätzen.«[172]

Für die Muslime, die ihren Glauben ohne die Gesetze der Scharia leben wollen, ist Europa ein begehrter Ort. Dies hat auch David erkannt: »Um meine Religion auszuüben, brauche ich weder eine islamische Polizei noch islamische Richter.« Im Allgemeinen scheint den europäischen Muslimen die Vorstellung zu gefallen, dass sie ihren Glauben leben können, ohne die »westliche Mentalität« aufzugeben. Für Issam, den wir in Toulouse interviewt haben, ist diese westliche Mentalität ein wesentlicher Bestandteil seiner Persönlichkeit. Geboren in Frankreich, ist er mit seiner französischen und marokkanischen Staatsbürgerschaft repräsentativ für eine ganze Generation. Er erwähnt die Diskriminierung in Frankreich und das postkoloniale Syndrom in Marokko. Sein Aufenthalt in Australien hat ihm geholfen, seine unterschiedlichen Zugehörigkeiten zu verarbeiten. Heute unterrichtet er an einer muslimischen Privatschule. Als die Sprache auf die Anwendung der Scharia kommt, erklärt er: »Da ich in Frankreich geboren und aufgewachsen bin, dominiert die westliche Mentalität. Es ist die westliche Dimension meiner Persönlichkeit, die in mir lebt Das Bad in einer – vorwiegend französischen – Kultur, welche die Menschenrechte verteidigt, hat zur Folge, dass man gegen körperliche Strafen und die Todesstrafe ist und es gut findet, dass alle vor dem Gesetz gleich sind. Wir sind alle sehr sensibel, was diese Dinge angeht, eine Art moderner, zeitgenössischer Humanismus.«[173]

Der Aggiornamento-Versuch von Tariq Ramadan

Tariq Ramadan bietet eine Reihe von Schlüsseln für ein besseres Verständnis der Bedingungen, mit denen sich der Islam in Europa heute auseinandersetzen muss. Er nennt Minimalbedingungen, unter denen Muslime in einer weltlichen Gesellschaft leben können, ohne ihre Zugehörigkeit zur Glaubensgemeinschaft aufs Spiel setzen zu müssen. Wie kann man heute den islamischen Glauben innerhalb der europäischen Gesellschaften neu definieren? Bei der Suche nach einer Antwort auf diese grundlegende Frage stützt sich Ramadan einerseits auf die heiligen Texte des Islam, andererseits auf eine Analyse der modernen Gesellschaft und trägt im Hinblick auf die europäische Staatsbürgerschaft zur Entwicklung eines neuen muslimischen Bewusstseins bei.

Wenn die Muslime in Europa Fuß fassen wollen, müssen sie als Erstes ihre binäre Weltsicht aufgeben: *Dâr al-islam* (Welt des Islam) gegen *Dâr al-harb* (Welt des Krieges). Ramadan betrachtet Europa vor allem als eine Welt des Friedens *(Dâr al-sulh)*. In der Folge entwickelt er den Begriff *Dâr al-shahâda* (Welt, die den islamischen Glauben bezeugt), der für alle Gebiete steht, in denen die Muslime ihren Glauben frei ausüben können: Überall, wo dieses Recht garantiert ist, nimmt der Bereich, der das muslimische Bewusstsein bezeugt, Gestalt an.[174]

Als Zweites versucht er, den islamischen Gedanken in die Gegenwart zu übertragen, und unterzieht ihn einer Prüfung durch zeitgenössische Fragen. Mit dem Hinweis auf die Hauptquellen des Islam, den Koran und die Sunna, erinnert er an die Unterscheidung zwischen dem, was im Islam festgeschrieben *(Thâbit)*, und dem, was Veränderungen unterworfen ist.[175] Für Ramadan kommt die Glaubensordnung nicht um eine kritische Überprüfung herum, wenn sie der Lehre des Islam treu bleiben will. Es ist eine doppelte Bewegung – von den Texten zum realen Kontext –, welche die Begriffe und den Inhalt des Kompromisses festlegt und Voraussetzung für die aktualisierte Interpretation der religiösen Normen ist.[176] Er beschreibt es folgendermaßen: »Die Kenner der Texte *('Ulamâ'an-nusûs)* und die Kenner des Kontextes *('Ulâma'al-wâqi)* müssen von jetzt an zusammenarbeiten, und zwar auf Augenhöhe, um die radikale Reform, die wir alle begrüßen, in die Wege zu leiten.«[177] Ramadan listet die Schlüsselbereiche auf – Medizin, Künste, Kultur, Beziehungen zwischen Männern und Frauen, Ökologie, Ökonomie, Säkularisierung, Politik, Philosophie –, in denen die Aktualisierung der islamischen Normen vonstattengehen soll. Er hält es unterdessen für notwendig, mit den islamischen Theologen, der religiösen Autorität, im Gespräch zu bleiben, um im europäischen Kontext die islamischen Normen neu zu definieren.

Als Drittes bemüht sich Ramadan, die islamische Religion und die Scharia gedanklich in eine Beziehung zum Universellen zu bringen. Diese Aufgabe sei umso schwieriger, weil der Westen mit seinem Hegemonie-Anspruch seine Vorstellung vom Universellen durchsetzen will. Ramadan erinnert daran, dass alle spirituellen und religiösen Traditionen universell gedacht hätten. Die spirituellen Weltanschauungen und monotheistischen Religionen würden das Universelle mit der Wahrheit, das Apriori mit dem Transzendenten assoziieren. Den Einzigen anzuerkennen und Riten zu praktizieren, das setze für jeden voraus, dass die ethischen Forderungen als allgemein wahr gelten würden.[178] Es gehe darum, sich auf ein Wesen, eine Idee oder einen Weg zu beziehen, der die Essenz der menschlichen Erfahrung nach oben weise. Die Vorstellung, dass das Universelle a priori gegeben ist, bedeute jedoch nicht unbedingt, dass die Religionen und spirituellen Weltanschauungen kein Recht hätten, auf Basis der Vernunft eigene Vorstellungen vom Universellen zu entwickeln.[179] Ramadan bezieht sich auf die Quellen der monotheistischen Religionen, aber auch auf die Lehren des Hinduismus und Buddhismus und erklärt, dass diese beiden Annäherungen keine ausschließliche Gültigkeit besäßen. Man müsse die Gebote der Demut annehmen, um die vielen möglichen Wege erkennen und den anderen mit der Essenz des eigenen Wesens konfrontieren zu können.[180] Für Ramadan ist der Zugang zum Universellen über die Vernunft die »Voraussetzung dafür, die Gründe für das Universelle des anderen wahrnehmen zu können«.[181] Anstatt an zwei verschiedenen Vorstellungen vom Universellen festzuhalten und ihre jeweiligen Werte zu vergleichen, um eine Hierarchie zu bestimmen, ist Ramadan der Meinung, dass »es nur eine allgemeingültige Vorstellung vom Universellen gibt«. Die allgemeingültige Vorstellung vom Universellen setze jedoch eine doppelte Anerkennung voraus: die der Gemeinsamkeiten und die der jeweiligen Unterschiede.[182] Er fragt also nach den möglichen Quellen des Pluralismus für die eigentliche Definition des Universellen: »Niemals die Mitte einnehmen und den verschiedenen Standpunkten ihre Legitimität absprechen«, sondern »Übergangszonen« schaffen, in denen man sich auf Augenhöhe begegnet, entspricht Ramadans Idealmodell für einen gemeinsam getragenen Universalismus, das sei besser, als die Unterschiede integrieren zu wollen.[183]

Die Begegnung mit dem anderen zu überdenken sei eine notwendige Voraussetzung für die Verankerung des Islam in Europa. Durch das Leben mit dem anderen, mit seinen Unterschieden bei der Hautfarbe, dem Kleidungsstil, seinem Glauben, seinen Gewohnheiten und Bräuchen, seiner Psychologie und Verstandeslogik, würde ein Bezug zu uns selbst hergestellt, zu unseren eigenen inneren Horizonten und Intimitäten, schreibt Ramadan.[184] Muslim zu sein bedeutet für Ramadan, die spirituelle Dimension und die Verbindung zur Transzendenz treu zu wahren und sich gleichzeitig stark für soziale Belange einzusetzen. So jedenfalls zeichnet er die Umrisse einer »bürgerlichen Religiosität«.[185] Dabei ermuntert er die Muslime, ihr Recht auf Anerkennung als vollwertige Bürger einzufordern. Es geht ihm also nicht darum, die Muslime Europas als religiöse Minderheit zu beschreiben, und auch nicht darum, dass diese in der kulturellen Mehrheit des jeweiligen Landes aufgehen sollen. Ramadam setzt implizit voraus, dass sie ebenso in der Lage sind, ihr Verhältnis zu den islamischen Normen zu ändern wie die westliche Vorstellung vom Universellen zu hinterfragen.

Wie kann man ein enges Verhältnis zu den islamischen Vorschriften bewahren, wenn man sich auf Augenhöhe, das heißt als ebenbürtiger Partner, in die europäische Realität begibt? Sich der mehrfachen Zugehörigkeit bewusst zu werden führt bei den Muslimen in Europa zu Spannungen, so auch bei Tariq Ramadan selbst, dem muslimischen und europäischen Intellektuellen. Die Schwierigkeit, sich an verschiedene Kreise wenden zu müssen und sich zwischen zwei Welten – der muslimischen und westlichen – zu bewegen, ist ihm vertraut. Seine Bemühungen gehen dahin, in Europa einen Bereich für die Aktualisierung der islamischen Normen zu öffnen, und zwar ohne die Verbindung zu den Theologen der muslimischen Welt aufzugeben. Ramadan möchte im Westen gehört werden, ohne das Ohr der islamischen Welt zu verlieren – eine heikle Position, die ihm von beiden Seiten Misstrauen einbringt. Sein Bemühen, die Schriftquellen nicht ohne die Zustimmung der Theologen in Frage zu stellen, entwickelte sich in Frankreich zu einem Skandal, weil er die in einigen muslimischen Ländern praktizierte Steinigung der Frauen nicht entschieden verurteilte, sondern stattdessen nur dafür plädierte, diese mittelalterliche Praktik für einen gewissen Zeitraum auszusetzen.

Innerhalb der europäischen Gesellschaften ist der Aufbau von Verbindungen zwischen Menschen aus den unterschiedlichsten Ländern, mit grundverschiedenen kulturellen Identitäten und religiösen Traditionen zu einer Hauptaufgabe geworden. Mit der öffentlichen Sichtbarkeit des Islam wird die Grenze zwischen den »Fremden« und den »Alteingesessenen« überschritten. Dies stellt den Gemeinschaftssinn der europäischen Gesellschaften auf eine harte Probe. Es geht um die Suche nach einer bisher nicht gekannten Nähe zwischen den verschiedenen Kulturen und um den Startschuss für einen Prozess der Interaktion und der gegenseitigen Verwandlung. Ein solcher Prozess kommt nur über den Eintritt in die Ideenwelt des anderen zustande, über die Missachtung etablierter Grenzen und über eine gegenseitige kulturelle Durchdringung.

2008 berücksichtigt der Erzbischof von Canterbury die »mehrfache Zugehörigkeit«

Die Betrachtung der Gedanken von Tariq Ramadan und der Äußerungen des Erzbischofs von Canterbury lässt diesen Weg erkennen. Der Erste ist Muslim, der Zweite Christ, aber der eine wie der andere bemüht sich um eine Dekonstruktion der beiden Vorstellungen vom Universellen und um eine Erforschung der Interaktionsformen zwischen religiösen und weltlichen Normen. Weil sie es gewagt haben, die etablierten Grenzen zwischen dem Islam und Europa zu durchbrechen, blieb ihnen die Kritik nicht erspart.

2008 wurde in London in der ehrwürdigen anglikanischen Temple Church von Rowan Williams, dem Erzbischof von Canterbury, eine Konferenz einberufen, die ein »konstruktives Arrangement« mit einigen Aspekten des islamischen Gesetzes zum Ziel hatte. Beim Dialog mit dem Islam war in dieser Konferenz die Meinung von islamischen Denkern gefragt, allen voran die von Tariq Ramadan. Dieses Vorhaben löste aber einen Sturm der Empörung aus.[186] Das Plädoyer des Erzbischofs für eine gütliche Einigung mit dem Islam und insbesondere dessen Verwendung des Begriffs »Scharia« entfachte eine Polemik, durch die er politische Unterstützung verlor, dafür aber heftige Kritik von Seiten der Medien erntete. Man stigmatisierte seine Äußerungen, verbreitete negative Klischees von der Scharia und verhinderte so eine öffentliche Debatte zur Frage des religiösen Pluralismus: Es kam zu einer neuen Manifestation von Islamophobie, die sich jedoch dieses Mal gegen einen Nicht-Muslim richtete. Es erscheint uns wichtig, die Äußerungen des Erzbischofs zu rekonstruieren, denn sie symbolisieren neue Dynamiken im Interaktionsprozess und einen Horizont des Möglichen im öffentlichen Leben Europas.

Rowan Williams geht davon aus, dass eine pluralistische Gesellschaft auch die Mitbürger mit einer »mehrfachen Zugehörigkeit« berücksichtigen muss. Wenn diese unterschiedlichen Zugehörigkeiten marginalisiert oder in den Privatbereich verdrängt werden, ist eine Ghettoisierung des gesellschaftlichen Lebens unvermeidbar. Für Rowan Williams sollten diese mehrfachen Zugehörigkeiten als legitim betrachtet werden und Thema einer dauerhaften Debatte über allgemeine Prioritäten und öffentliche Interessen sein. Ganz im Sinne von Jürgen Habermas spricht sich der Erzbischof dafür aus, dass die jeweiligen Zugehörigkeiten in der öffentlichen Sphäre in Erscheinung treten können und anerkannt werden, und zwar in einer demokratischen Debatte über den Gemeinschaftssinn.[187]

Williams plädiert für die Anerkennung einer dualen gesell-schaftlichen Identität: nämlich derjenigen des Staatsbürgers und derjenigen des Gläubigen. Er kritisiert den »abstrakten Univer-salismus«, der alles, was mit Religion, Sitten und Bräuchen zu tun hat, in den Privatbereich schiebt. Die »weltlichen« Gesetze tendieren dazu, diese spezifischen Besonderheiten im Namen des Universalismus aufzulösen. Durch die fehlende öffentliche Aner-kennung der gesellschaftlichen und religiösen Identitäten kön-nen sich dann isolierte, geschlossene Gemeinschaften entwickeln, in denen die Mitglieder repressiven Zwängen und Ungerechtig-keiten unterworfen sind. Der Erzbischof von Canterbury kritisiert auch den Multikulturalismus, weil dieser seiner Meinung nach sich gegenseitig abschottende Gemeinschaften hervorgebracht habe. Aber statt nun die kulturelle Homogenität und den Vor-rang der nationalen Werte zu preisen, wie viele andere Kritiker des Multikulturalismus, zögert er nicht, in einen Dialog mit dem Islam einzusteigen. Die öffentliche Sphäre müsse das Auftreten von unterschiedlichen Zugehörigkeiten – religiöser und kulturel-ler Natur – erlauben. Denn die Frage der Freiheiten kann nur über eine gemeinsame öffentliche Berichtigung geregelt werden.

Auch in einem weltlichen Staat müssen laut Rowan Williams die Rechte der religiösen Gruppen im öffentlichen Bereich be-dacht werden, und zwar sowohl im Hinblick auf Interaktionen als auch auf deren Überprüfung. Er bezieht sich in seinen Über-legungen sowohl auf den Islam als auch auf den orthodoxen Ju-daismus und untersucht insbesondere die Normen, die mit dem Begriff der Scharia einhergehen. Er zeigt die Grenzen des abstrak-ten Universalismus auf und versucht mit dem Hinweis auf einige islamische Denker bestimmte Bilder von der Scharia aufzulösen. Von den Schriften von Tariq Ramadan ausgehend, interpretiert Williams die Scharia als Ausdruck der Universalprinzipien des Is-lam und nicht als rigides System zur Vereinheitlichung. Von den reformistischen Denkern des Islam übernimmt er die Idee, sich bei der Aktualisierung des religiösen Gesetzes nicht an den tra-ditionellen muslimischen Rechtsschulen zu orientieren, sondern an den Universalprinzipien dieser Religion.

Der Erzbischof spricht auch die Frage der Freiheiten für die Frauen im Islam und das Verbot an, eine andere Religion anzunehmen. Für ihn seien dies zwei neuralgische Punkte innerhalb der Scharia, denn in diesen beiden Bereichen sei ihr Abstand von den europäischen Normen beträchtlich. In einer Gesellschaft, in welcher Religionsfreiheit herrsche, könne keine Gruppe darauf pochen, dass der Übertritt in eine andere Religion verboten und strafbar ist. Im europäischen Kontext stehe dieses muslimische Verbot im Widerspruch zur Gewissensfreiheit – und schade der Beziehung zwischen dem Islam und den anderen Religionen. Hier kommt Williams auf ein Thema zu sprechen, mit dem sich die muslimischen Bürger Europas in Zukunft verstärkt auseinandersetzen müssen. Ebenso heikel ist die Frage des Familienkodex und der Rechte der Frauen. Williams vertritt die Idee, dass die Anerkennung einer ergänzenden Rechtsprechung – in unserem Fall also des islamischen Familienkodex – innerhalb der Gemeinschaften die rückschrittlichen Elemente verstärken würde. Er betont deshalb zu Recht, wie wichtig es ist, zwischen den Bräuchen und kulturellen Praktiken einerseits und den religiösen Vorschriften andererseits – wie im Falle der Verbrechen aus Ehre – zu unterscheiden.

Die Idee von einem »Konsens durch Vergleich« der unterschiedlichen moralischen Doktrinen, die ursprünglich von dem Philosophen John Rawls[188] entwickelt wurde, findet in den Überlegungen des Erzbischofs ihre Fortsetzung: Er plädiert für eine öffentliche Anerkennung der religiösen und kulturellen Zugehörigkeiten, um die gesellschaftlichen Beziehungen vergleichen und die Sphäre der Freiheiten verändern zu können. Für eine tiefgründige Betrachtung der Beziehungen zwischen dem Islam und dem britischen Recht hält es Williams für notwendig, die einseitigen Gegenüberstellungen und Mythologien, die sowohl bei der Beschäftigung mit der Scharia als auch dem Erbe der Aufklärung oft mitschwingen, »aufzugliedern«. Wenn man verhindern will, dass aus dem legalen Universalismus eine Art steriler Positivismus wird, muss man auch die theoretischen und theologischen Aspekte mit einbeziehen.

Sowohl Tariq Ramadan als auch Rowan Williams entwickeln eine Idee von einer »staatsbürgerlichen Religiosität«, welche die duale Identität des Gläubigen und des Staatsbürgers beschreiben würde. Ihre Überlegungen zur Islam-Frage gehen dabei weit über den Themenkomplex der Migration hinaus und beschränken sich auch nicht auf die Rechte der Minderheiten. Sie bestätigen beide die Notwendigkeit, sich über die Verankerung des Islam im Westen Gedanken zu machen und den europäischen Pluralismus auf andere Weise zu erörtern, nämlich über eine kritische Beleuchtung des monokulturellen Universalismus.

2008 bis 2009: die Kontroversen um die *Sharia-Councils* in Großbritannien

Der Aufruf zur »gütlichen Einigung« mit dem islamischen Gesetz, den der Erzbischof von Canterbury 2008 während einer Ansprache in der Temple Church gestartet hatte, kam nicht gut an. Im Gegenteil: Der Anglikaner mit seinem Wunsch nach einem Dialog mit dem Islam wurde mit Kritik seiner Glaubensgenossen überhäuft: Statt eine Einigungspolitik anzuvisieren, hielten ihm seine Gegner die britischen Werte entgegen und forderten *one law for all* (ein Gesetz für alle). Im Zusammenhang mit dieser Kontroverse konnte man einmal mehr beobachten, wie – selbst in einem sogenannten multikulturellen Land – der identitätsstiftende Nationalismus deutlich zunimmt.

Das britische Modell ist bekannt dafür, in Rechtsfragen einen relativen Pluralismus zu pflegen, denn es toleriert auch bestimmte andere juristische Traditionen und religiöse und soziale Normen der eingewanderten Bevölkerungsgruppen. Die britische Rechtswissenschaft wird oft durch diese Kompromisskultur beschrieben, so auch von Jean-Philippe Bras, einem Professor für öffentliches Recht an der Universität von Rouen: Das Modell des *common law* setzt auf Schlichtung und Vermittlung und steht somit im Gegensatz zum französischen Rechtsmodell, das mit seiner laizistischen und zentralisierenden Tradition voluntaristisch geprägt ist und auf Integration zielt.[189] Trotzdem sind die britischen Kontroversen um den Islam mit denen in Frankreich vergleichbar, weil sie beide die Gemeinsamkeiten zwischen den beiden Rechtssystemen favorisieren, beispielsweise die ähnliche Art, Konflikte anzugehen und zu lösen. Auch wenn Bras meint, dass eine Intervention wie die des Erzbischofs von Canterbury in

185

Frankreich unvorstellbar wäre, hält er doch fest, dass die britische Scharia-Debatte einen ähnlichen Weg nimmt wie die französischen Kontroversen.

Trotz des politischen und ideologischen Charakters der öffentlichen Scharia-Debatte in Großbritannien hat das islamische Recht im Rahmen der *Sharia-Councils* (Scharia-Räte) und der *Muslim Arbitration Tribunals* (muslimische Schiedsgerichte) einen Anwendungsbereich gefunden. Die meisten dieser *Sharia-Councils* arbeiten in den Moscheen, so auch der erste seiner Art, der Anfang der 80er Jahre in der Jami-Moschee in Birmingham einberufen wurde. Es handelt sich dabei um religiöse Instanzen, die im Dienst der muslimischen Gemeinschaft stehen und juristische Fragen klären, beispielsweise ob eine Heirat, eine Scheidung oder irgendwelche Handelsverträge rechtskräftig sind. Sie regeln auch Streitfragen bezüglich des Unterhalts, des Sorgerechts oder der Rechtsnachfolge. Jean-Philippe Bras weist darauf hin, dass die *Sharia-Councils* solche Fragen einfacher, schneller und kostengünstiger abwickeln als die Zivilgerichte. Aus diesem Grunde werden sie sogar von Nicht-Muslimen aufgesucht. Die *Councils* stehen der Gemeinschaft sehr nahe, denn ihre Richter kennen die jeweiligen islamischen Rechtsschulen und sprechen die Muttersprache der Streitparteien (oft das pakistanische Urdu). Bras macht deutlich, dass diese *Councils* den Integrationsprozess der muslimischen Gemeinschaften unterstützen.

Die islamischen *Arbitration Tribunals* unterliegen seit 2007 dem *British Arbitration Act*, der sie als »Organe der internen Schlichtung« für die muslimischen Gemeinschaften klassifiziert.[190] Dort bemüht man sich auch um Interpretationen (*Ijtihad*), die die islamische Norm aktualisieren sollen.[191] Die Gerichte tragen dazu bei, dass das islamische Recht sich in Richtung der westlichen Rechtsnormen entwickelt, und arbeiten deshalb an einer Art Kodifizierung der religiösen Regeln. Bis jetzt arbeiten sie inoffiziell, bemühen sich aber um eine offizielle Anerkennung ihres Status. Seit 2007 wird das Netz der islamischen *Arbitration Tribunals* vom bereits erwähnten Scheich Faiz-ul-Aqtab Siddiqi (geboren 1967 in Pakistan) geleitet, der für seine Arbeit fünf englische Städte (London, Birmingham, Bradford, Manchester und Nuneaton) zusammengelegt hat. Faiz Siddiqi hat sowohl ein Diplom der

Universität Liverpool als auch eins von der Al-Azhar-Hochschule in Kairo. Seit 1994 ist er Direktor der *Hijaz College Islamic University*, die sein Vater Abdul Wahab Siddiqi – ebenfalls 1994 – wenige Monate vor seinem Tod in Warwick am Stadtrand von Nuneaton (Region Midlands) gegründet hatte. Abdul Siddiqi war Scheich der uralten sufistischen Bruderschaft *Naqshband Hijazi*. Beigesetzt in einem Mausoleum am Eingang der Universität, gilt er als der erste Heilige des Islam, der auf europäischem Boden bestattet wurde.

Im Mai 2009 trafen wir den jungen Faiz Siddiqi im *Hijaz College* von Nuneaton. In dieser Kleinstadt ist der Islam stark präsent, 30 Prozent der Bevölkerung haben einen Migrationshintergrund. Die Fabriken, die sie einst als billige Arbeitskräfte angeworben hatten, haben in den 80er Jahren als Folge der neoliberalen Reformen von Margaret Thatcher ihre Produktion eingestellt. Die Krise ist deutlich zu spüren: Viele Läden sind geschlossen und die Straßen leer. Aus diesem Grund hat Scheich Siddiqi für Jugendliche ein Projekt der »spirituellen Erneuerung« ins Leben gerufen. Diese Schüler tragen lange weiße Tuniken und die mit Stickereien verzierten traditionellen Kalotten und darüber eine grüne Weste mit dem College-Wappen – eine Mischung aus englischer Schuluniform und traditioneller Kleidung der pakistanischen Koranschulen *(Madrasa)*.

Faiz Siddiqi erklärt uns, dass er 2007 im Kampf gegen die in der muslimischen Gemeinschaft übliche Zwangsheirat das Netz der islamischen *Arbitration Tribunals* ins Leben gerufen hat. Es sei zwar nicht Zweck des Netzes, sich in die Scheidungs- und Heiratsangelegenheiten einzumischen. Dafür seien die *Sharia-Councils* kompetent genug. Vielmehr gehe es darum, für die unterschiedlichen *Sharia-Councils* einen einheitlicheren juristischen Rahmen zu schaffen, damit alle, die die Dienste dieser *Councils* in Anspruch nehmen, gleich behandelt werden. Auch um die internen Angelegenheiten der Gemeinschaft sollte sich das Netz kümmern, beispielsweise um die Zwangsheirat oder die Streitigkeiten zur Aufsicht über die Moscheen. Siddiqi will auf keinen Fall die britische Verfassung durch die Scharia ersetzen. Aber er hält es für wünschenswert, dass die Scharia das Rechtssystem des Vereinigten Königreichs ergänzt und erweitert. Faiz Siddiqi ist davon überzeugt, dass man das britische Recht darauf abstimmen kann: »Mit meinen Kenntnissen des islamischen Gesetzes kann ich Vorschläge zur Weiterentwicklung des britischen Rechts unterbreiten. Und mit meinen Kenntnissen des britischen Rechts kann ich das islamische Gesetz an den britischen Kontext anpassen. Ich denke, dass beides zusammen eine neue Synergie entwickelt. Hinter den Gesetzen steckt eine Geisteshaltung, und die bleibt unverändert.«[192]

Der Islam wird in der westlichen Welt mehr verankert, weil sich die Rechtssysteme annähern und die Kontaktpunkte zwischen den islamischen Normen und dem positiven Recht ausgeweitet werden. Während des britischen Kolonialismus entwickelte sich eine Kodifizierung des islamischen Gesetzes, weil man es an den in Südasien geltenden Familienkodex angleichen wollte.[193] In unserer modernen, postkolonialen Zeit sind es die Migranten, welche die Frage nach dem Familienkodex in Großbritannien wieder aufwerfen. Die Annäherung zwischen den beiden Rechtssystemen führt zu Rechtsstreitigkeiten und Konflikten, etwa wenn die Anwendung der Scharia das positive Recht verletzt, beispielsweise durch die Zwangsehe, die Polygamie, die Verstoßungen der Ehefrau oder gar Verbrechen aus Ehre.[194] In diesen »Grauzonen« entwickeln sich die Kontroversen, die wir zum Gegenstand unserer Forschung gemacht haben, in ganz besonderem Maße.

Innerhalb der muslimischen Gemeinschaft gibt es keinen Konsens hinsichtlich der Frage, inwieweit eine Kodifizierung des religiösen Gesetzes oder die Einberufung der *Sharia-Councils* tatsächlich notwendig sind. Der Imam Muhammad Shahid Raza leitet das Londoner *Muslim College*, ein Bildungsinstitut für die Führungskräfte der muslimischen Gemeinschaft. Zuvor hat er in Indien über das muslimische Recht promoviert. Er ist auch einer der Gründungsväter des Moscheen-Verbandes von Leicester, einer der ersten Gruppierungen, die sich für den intrareligiösen Dialog eingesetzt haben. Er sieht in den *Sharia-Councils* ein Problem, weil die Muslime vor dem Gesetz den anderen britischen Staatsbürgern gleichgestellt sind, und hält nicht viel von zwei parallelen Rechtssystemen. Für ihn könnte die Anerkennung der *Sharia-Councils* zu einer noch stärkeren Abschottung der Muslime führen. Imam Raza plädiert stattdessen für die Anerkennung der religiösen muslimischen Heirat *(Nikah)* durch das englische Rechtssystem und will deshalb Beratungsgremien mit Experten des islamischen Rechts einberufen. So könnten die Moscheen berechtigt werden, religiöse Heiraten auch als zivile Heiraten zu melden, wie das bei britischen Kirchen der Fall ist.[195]

Unser Interview mit dem Richter Khurshid Drabu, dem Rechtsberater des *Muslim Council of Britain*, ist ein weiteres Zeugnis für die Vielfalt der Stimmen innerhalb der muslimischen Gemeinschaft. Für ihn ist der Islam im Grunde genommen ein öffentlicher Glaube und kann deshalb zu keiner rein privaten Angelegenheit werden. Es sei aber dieser öffentliche Aspekt des Islam, der sich störend auf das britische Rechtssystem auswirke. Drabu sieht in den *Sharia-Councils* rechtliche Strukturen, die es den britischen Muslimen erlauben, im Einklang mit dem Koran zu leben. Trotzdem seien die *Sharia-Councils* noch nicht reif genug, um zu richtigen Gerichtsinstanzen zu werden. Drabu ist außerdem der Meinung, dass diese *Councils* Frauen diskriminieren, nicht vorsätzlich, aber aus Mangel am Gespür für die durch den Islam garantierten Frauenrechte. Deshalb möchte der Richter Drabu für die in den *Sharia-Councils* engagierten Muftis ein Ausbildungssystem entwickeln, damit diese in Bezug auf Frauenrechte zu wirklich kompetenten Richtern werden.[196]

Im Islam gibt es weder anerkannte Autoritäten noch ein zentrales Kontrollsystem, an denen man sich orientieren könnte. Die Individualisierung des Glaubens, die miteinander rivalisierenden doktrinären Auffassungen, die von Imams in fernen Ländern verkündeten Fatwas – all das sind Zeugnisse für die Vielfalt der eingeschlagenen Wege, für die Formbarkeit der im direkten Zusammenhang zur Scharia stehenden normativen Register.[197] Aber auf juristischem Gebiet ist der Angleichungsprozess noch in vollem Gange. Die Juristen suchen tatsächlich nach Möglichkeiten, auf der Basis von empirischen Elementen Normen und verschiedene Rechtssysteme zu entwickeln. Gleichzeitig sorgt weiterhin die öffentliche Debatte im ganzen Land für eine Polarisierung, die eine Angleichung zwischen islamischen und liberalen Normen unmöglich macht. Die Debatte über die jeweiligen Werte der beiden Welten gibt aber nicht die Wirklichkeit der ganz normalen Muslime wieder.

London: der britische Islam
und die wiederentdeckte Staatsbürgerschaft

Am 3. Oktober 2009 haben wir in London eine EÖB-Gruppe zusammengestellt, um britische Muslime auf die durch die Scharia ausgelöste Kontroverse anzusprechen. Die gebürtigen Muslime unter den Teilnehmern kommen mehrheitlich aus Südasien, insbesondere aus Pakistan, was die Migrationsgeschichte Großbritanniens deutlich widerspiegelt. Ihre Herkunftsgeschichte scheint ihnen aber nicht wichtig zu sein, denn während der Diskussion kommen sie fast nie darauf zu sprechen. Es geht ihnen vielmehr um die Definition ihrer Staatsbürgerschaft als britische Muslime. Eine der Teilnehmerinnen erläutert, dass sich der Islam in Großbritannien durch die Migration entwickelt habe, unabhängig von dem, was in Pakistan, Bangladesch oder Indien passieren würde. Eine nicht unbedeutende Zahl von Leuten, die zum Islam konvertiert seien, hätte zudem gar keinen anderen nationalen Bezug als den britischen. Sie seien die besten Repräsentanten für die Bindestrich-Identität: Die Anglo-Muslime.

Jeder der Teilnehmer hat seine Art, den Glauben zu interpretieren und zu leben. Diese Vielfalt macht es auch schwierig, von den »Muslimen« als einer soziologisch einheitlichen Kategorie zu sprechen. Innerhalb der Gruppe gibt es Muslime, die sich als laizistisch bezeichnen, andere tragen ein Kopftuch und bekennen sich zum Feminismus. Zur Gruppe gehören auch ein aufgeschlossener Imam und ein Anhänger des Salafismus. Die Standpunkte der beiden zur Scharia sind sehr unterschiedlich. Die Mittvierzigerin Khola leitet den Frauentrakt der Londoner Masjid-Tawhid–Moschee und hat sich durch ihre Stellungnahmen zu den durch den Erzbischof von Canterbury ausgelösten Debatten einen Namen gemacht. Sie betreibt ein Studium zum Islam und Feminismus an der *School of Oriental and African Studies* (SOAS) der Londoner Universität. Zuvor hat sie an derselben Universität das Diplom für islamisches Recht erworben. Sie ist der Meinung, dass die Scharia für die Muslime eine Notwendigkeit darstellt. Da sie in Großbritannien lebt, ist sie auch mit anderen Religionen vertraut. Nach einem Vergleich mit dem Judaismus sieht sie sich in ihrem Glauben bestärkt: »Die Scharia ist für mich eine

Möglichkeit, Muslimin zu sein und die religiösen Vorschriften zu befolgen. So wie der Jude den Sabbat befolgt.« Die »Macht des Glaubens« erklärt sie sich durch dessen konstanten Charakter. »Die Tatsache, dass die Menschen schon seit Jahrhunderten die gleichen Riten befolgen, macht für mich die Schönheit der Scharia aus.« Khola stammt aus einer religiösen Familie – sowohl der Vater als auch der Bruder sind Imame –, und so wurde sie schon von Kindesbeinen an die Religion herangeführt. Sie bekennt sich zu den Salafisten und bezeichnet sich als konservativ. Gleichzeitig interessiert sie sich aber auch für den Feminismus und lässt sich von den Schriften der marokkanischen Feministin Fatima Mernissi und deren Pendant Leila Ahmed, einer ägyptisch-amerikanischen Professorin für Frauenstudien, inspirieren.[198] Sie wirft ihren Gegnern vor, in ihre Überlegungen nicht mit einzubeziehen, dass sich in der westlichen Welt unter dem Einfluss moderner islamischer Denker eine »islamische Renaissance« entwickelt, die deutlich zeige, dass das muslimische Recht mit dem europäischen Konzept der Menschen- und Frauenrechte durchaus vereinbar ist.

Khola ist ein gutes Beispiel für die neue muslimische Frauenelite, die seit 2000 in Europa in Erscheinung tritt. Dies bestätigen auch die Ergebnisse unserer im großen Maßstab durchgeführten Feldforschung. Eine erfolgreiche akademische Laufbahn, Promotion zum Islam und aktive Beteiligung an den öffentlichen Debatten, das sind die entscheidenden Merkmale dieser jungen Frauen. Sie haben Zugang zum weltlich-liberalen Kulturkapital der europäischen Länder, profitieren aber auch von den Berufsmöglichkeiten, die ihnen das islamische Netzwerk bietet. Sie bekennen sich zu den islamischen Normen, hinterfragen aber dennoch ihren Glauben, ihre religiösen Praktiken, die Dogmen und die Gültigkeit der islamischen Vorschriften im englischen Kontext. Sie sind alles andere als stur, denn ihre zuweilen widersprüchlichen Antworten sind ein Zeichen dafür, dass sie sich über ihren Glauben Gedanken machen und ihn zu ihrem Leben in Europa in Beziehung setzen.

Wenn wir die Lebenswege der Mitglieder unserer EÖB-Gruppe betrachten, erscheint die Kontroverse um die britischen *Sharia-Councils* in einem neuen Licht. Oft werden diese als religiöse

Instanzen innerhalb der muslimischen Gemeinschaft verstanden, die sich mit den Integrationsproblemen der abseits von der gesellschaftlichen Mehrheit lebenden Migranten auseinandersetzen. Doch nun werden sie von der neuen urbanen Frauenelite und von der neuen Generation der britischen Muslime in Beschlag genommen. Denn über die *Sharia-Councils* können die Muslime die Beziehungen, welche sie zum Islam und zum britischen Gesetz unterhalten, miteinander vergleichen, in der Hoffnung, die beiden normativen Systeme in Einklang zu bringen. Im Vordergrund steht also nicht die Anwendung einer juristischen Zwangsdoktrin, sondern die Vermittlung zwischen den Muslimen und der Gesamtgesellschaft, und zwar über eine Begleitung der Muslime in ihrem Alltag und ihrer ethischen Entwicklung. Im Gegensatz zur staatlichen Justiz, die als distanziert, verfahrensorientiert und konfliktfördernd gilt, bieten die *Sharia-Councils* einen vertrauten, intimeren Rahmen und kommen so den Menschen in ihrem Bedürfnis nach psychologischer Beratung entgegen. Ein Imam hat uns bestätigt, dass diese *Councils* für die innerfamiliären Streitigkeiten eine »Klinik der Versöhnung« darstellen, wo die Seele der Gläubigen kuriert wird. Sie sind deshalb so beliebt, weil sie sich um alternative, informelle Konfliktlösungen bemühen.[199]

Einige Mitglieder unserer Gruppe kennen die *Sharia-Councils* recht gut, weil sie dort mitgearbeitet haben. Cassandra, eine zum Islam konvertierte Engländerin, gehörte zu einer Kommission, die im Auftrag des *Muslim Institute* einen Vertrag redigieren sollte, der eine Art religiöse Heirat zum Inhalt hatte. Sie denkt, dass die Beteiligung von Frauen an diesen Verhandlungsinstanzen von entscheidender Bedeutung ist, wenn man die Frauenrechte integrieren will. Für Heba, eine gläubige junge Frau mit Kopftuch, die an der Sussex-Universität promoviert, ist die Scharia eher ein Lebensstil. Sie hat kein Vertrauen, dass in den *Sharia-Councils* die im Koran zugestandenen Frauenrechte geschützt werden. Auch andere Muslime vertreten diesen gegen die Scharia gerichteten Standpunkt. Für sie käme die Anwendung des islamischen Gesetzes einer Rückwärtsentwicklung gleich und würde dem politischen Fundamentalismus zur Macht verhelfen. Dieser Ansicht ist vor allem Taj, ein bekannter Theologe, der sich schon öfter in der Öffentlichkeit für einen weltlichen Islam ausgesprochen hat.

Die »Entgleisung« des britischen Islam

All diese Stellungnahmen von 2009 bestätigen die Tatsache, dass die in Großbritannien lebenden Muslime oft im Verbandsleben äußerst aktiv sind. Viele von ihnen arbeiten in islamischen Vereinen und Moscheen, beteiligen sich am muslimischen Netzwerk und fungieren als Schnittstelle zwischen der muslimischen Gemeinschaft und den Behörden. Sie sind ein klarer Beweis dafür, dass es für die Interpretation und Ausübung islamischer Normen, die mit den liberalen Werten der britischen Gesellschaft in Einklang stehen, zahlreiche Beispiele gibt, und zwar sowohl bei den juristischen Institutionen als auch im Verbandsleben oder im privaten Bereich.

Aber auch die britische Gesellschaft blieb nicht verschont von globalen und lokalen Radikalisierungsdynamiken, die diesen Einigungsprozess spürbar behindern. Eine Reihe von Ereignissen brachte den britischen Islam, der schon über den Multikulturalismus auf Integrationskurs gewesen war, zum »Entgleisen«: die Todes-Fatwa gegen Salman Rushdie im Februar 1989, die Aussendung britischer Truppen nach Afghanistan (2001) und in den Irak (2003), die Londoner Anschläge der Al-Qaida vom 7. Juli 2005, das *Prevent*-Programm der britischen Regierung von 2007 als Kampfansage gegen den Terrorismus. Diese Ereignisse haben mit ihren Terrorakten, Kriegen, Radikalisierungen und sicherheitspolitischen Maßnahmen diesen progressiv-pazifistischen Prozess empfindlich gestört. Dem friedlichen, auf Inklusion ausgerichteten Multikulturalismus waren sie abträglich und haben stattdessen ein britisches Nationalbewusstsein wieder aufleben lassen. In weiten Kreisen kam das Gefühl auf, dass eine gewisse Toleranzschwelle überschritten und der Liberalismus an seine Grenzen gekommen sei und dass die Segregation und die Abschottung in eine Radikalisierung gemündet seien. Auch mehrere kontinentaleuropäische Länder hatte diese Welle der Rückbesinnung auf die nationale Identität erreicht.

Das *Prevent*-Programm, das die britische Regierung eingeführt hatte, um den gewaltsamen Extremismus an der Wurzel zu packen, kann man als das Ende des Multikulturalismus betrachten. Es wurde nach den Anschlägen vom 7. Juli 2005 entwickelt und sollte der Überwachung und »Deradikalisierung« der muslimischen Jugend Großbritanniens dienen. De facto erwies es sich als eine neue Technik, um die Bürger muslimischer Konfession zu steuern. Manch einer denunzierte diese Politik als einen produktiven Industriezweig, der mit öffentlichen Geldern Organisationen und muslimische Experten finanziert, damit diese der Regierung in deren Kampf gegen den Terrorismus Hilfe leisten. Als Folge dieses Programms teilte sich die muslimische Bevölkerung in zwei Lager. Muslimische Organisationen, die über dieses *Prevent*-Programm Gelder bewilligt bekommen hatten, wurden fortan misstrauisch beäugt. Gleichzeitig ergaben sich dadurch neue Möglichkeiten für einen Teil der muslimischen Akteure, insbesondere für die Frauen, die diese Bereiche nutzten, um sich in den öffentlichen Debatten Gehör zu verschaffen. Sie spielten eine wichtige Rolle in der Anti-Radikalisierungskampagne.

Nach Ansicht der Mitglieder unserer Londoner EÖB-Gruppe kam es mit dieser Kette von Ereignissen – angefangen bei der Fatwa gegen Salman Rushdie bis zum Ende des Multikulturalismus – zu einer schweren Beeinträchtigung des Alltagslebens der britischen Muslime. Von da an wurde der Islam zum Leidwesen der Muslime zu einem Dauerbrenner in den Medien, sowohl auf nationaler wie auch auf globaler Ebene. Von der Salman-Rushdie-Affäre und von den Londoner Anschlägen des Jahres 2005 fühlten sich die Teilnehmer unserer Diskussionsrunde im wahrsten Sinne des Wortes getroffen – »we are hit«. Seitdem stehen sie permanent im Rampenlicht, werden ständig auf ihren Glauben angesprochen und verdächtigt, in das Netzwerk der Terroristen verstrickt zu sein. Sie klagen, ja fürchten sogar, dass sie vom extrem grellen Rampenlicht regelrecht »verbrannt« werden.

Der Status der Migranten hat sich umgedreht: Standen sie bisher am Rande der Gesellschaft, befinden sie sich jetzt im Fokus der öffentlichen Aufmerksamkeit. Sie werden aufgefordert, sich zu ihrer Identität, zu ihrer Zugehörigkeit und zu ihrer Loyalität zu äußern. Der Statuswechsel des muslimischen Migranten – von der Unsichtbarkeit zur übersteigerten Sichtbarkeit – ist ein Phänomen, das wir in allen europäischen Ländern beobachtet haben. Aber im britischen Fall war diese Umkehrung besonders brutal. Die Fatwa gegen Salman Rushdie und die Londoner

Anschläge von 2005 sind einschneidende Momente im Kollektivgedächtnis der in Großbritannien lebenden Muslime. Mit diesen
Ereignissen greift der globale Islam in ihr Leben ein und fügt dem
multikulturellen, britischen Insel-Islam schweren Schaden zu.

Die britischen Muslime stehen deshalb vor einer schwierigen
Aufgabe: Sie müssen ihre religiöse Identität und ihre britische
Staatsbürgerschaft miteinander in Einklang bringen. Darum
bemühen sich auch die Mitglieder der Londoner EÖB-Gruppe.
Leute mit festgefahrenen Vorstellungen – wie etwa der Imam,
der seine ethnische Identität in den Vordergrund stellt, oder solche, die nur auf den westlichen Säkularismus schwören – sind in
der Minderheit und beeinflussen nicht den Diskussionsverlauf
in unserer Gruppe. Die meisten Muslime kommen ohne Umschweife auf die »doppelte Zugehörigkeit« zu sprechen, auf das
Zusammenspiel der beiden Teilbereiche ihrer Identität: ihre Zugehörigkeit zur britischen Staatsbürgerschaft und zum muslimischen Glauben. Damit liegen sie auf einer Wellenlänge mit Tariq
Ramadan und Rowan Williams, die einer doppelten Logik folgen:
den Islam mit Europa zu denken und den religiösen Pluralismus
in Europa zu denken.

Navid, Chefredakteur einer muslimischen Zeitung, analysiert
in der Rückschau, was es bedeutet, in England Muslim zu sein.
Die islamische Identität fuße heute nicht mehr – wie noch in
den 80er Jahren – auf einem Ideal, sondern auf einer kontextab-
hängigen Erfahrung. Die traumatischen Ereignisse in Europa
seien ein Anlass, um das Kollektivgedächtnis und die Identität
zu überdenken. Die persönliche Interpretation dieser Ereignisse
dient jedem Teilnehmer der EÖB-Gruppe dazu, seine Identität
und seine Staatsbürgerschaft zu hinterfragen. Die Affäre um die
Satanischen Verse vor 20 Jahren sei ein Schlüsselereignis gewesen.
Derjenige, der damals die treffendste Antwort darauf gegeben
habe, sei Scheich Mohammed Aboulkhair Zaki Badawi gewesen,
der ehemalige Leiter des *Muslim College*, dessen moderate Geisteshaltung und religiöse Toleranz allgemein anerkannt waren. 1986
hatte der ägyptisch-britische Theologe Zaki Badawi das *Muslim
College* gegründet. Dem interreligiösen Dialog maß er große Bedeutung bei und hielt sich gegenüber den Imams, die in den Moscheen nicht auf Englisch unterrichteten, mit Kritik nicht zurück.

Er war einer der Ersten, die sich um eine Definition des britischen Islam bemühten, und blieb gleichzeitig ein traditioneller, respekteinflößender Ulema. Für Navid vertrat Zaki Badawi, der seiner Zeit grundsätzlich voraus war, auch während der Rushdie-Affäre einen visionären Standpunkt: Er habe damals öffentlich erklärt, »falls Salman Rushdie bei mir vor der Fatwa Zuflucht suchen würde, würde ich ihn schützen, denn er ist *my fellow citizen*«. Damit habe er eine Nähe zum Schriftsteller Salman Rushdie aufgebaut und so seine britische Staatsbürgerschaft über die muslimische Glaubensbruderschaft gestellt. Navid bedauert es sehr, dass damals keine muslimische Organisation den visionären Bezug von Badawis Äußerung begriffen habe: »Erst Jahre später haben die britischen Muslime begriffen, dass er recht hatte [...], und mussten noch einmal auf die *Satanischen Verse* zurückgreifen.« Dieses »Schlüsselereignis« habe den in Großbritannien lebenden Muslimen klargemacht, welche Bedeutung die britische Staatsbürgerschaft auch für sie habe.

Es wird in der Diskussion allgemein begrüßt, sich mit diesen Fragen zu beschäftigen, die Vergangenheit – und insbesondere den Fall Rushdie – noch einmal aufzurollen und sich die begangenen Fehler einzugestehen, vor allem die emotionale und gewaltsame Reaktion von Seiten der Muslime. Der bereits im Zusammenhang mit den *Sharia-Councils* erwähnte Richter Khurshid Drabu ist einer der Gründerväter des kurz nach der Rushdie-Affäre ins Leben gerufenen *Action Committee for Islamic Affairs*. Er gibt zu, dass sich die Muslime – einschließlich seiner selbst – damals emotional verhalten und auf einem Irrweg befunden hätten. Es wäre besser gewesen, als britische Staatsbürger nach institutionellen und friedlichen Interventionsmöglichkeiten zu suchen. Die britische Staatsbürgerschaft, so betont er, gehe mit dem Grundsatz einher, dass in einer freien Gesellschaft die Gedanken, Veröffentlichungen, Bücher, Karikaturen und die Kunst nicht zensiert werden.

Der aus Afghanistan stammende Milad arbeitet im muslimischen Netzwerk und nimmt am *Prevent*-Programm teil. Er greift in der Diskussion das Argument des Richters Drabu auf und betont seinerseits, dass die Muslime lernen müssten, nicht überstürzt und hitzköpfig zu reagieren, sondern nach anderen

Aktionsmitteln zu suchen: »Vor der Rushdie-Affäre hatten die in Europa lebenden Muslime nichts, wodurch sie sich hätten repräsentieren lassen können. Heute haben wir uns daran gewöhnt, als Briten und als Muslime zu intervenieren. Weil wir hier geboren sind, fühlen wir uns *british*. In Afghanistan würde ich mich als Fremder fühlen. Großbritannien ist meine Heimat und die meiner Kinder.«

Das Abflauen des Multikulturalismus war kein Thema, das nur in den Köpfen der politischen Führungskräfte und der europäischen Intellektuellen eine Rolle spielte. Für die Muslime wurde es zu einer gelebten Realität. Die folgenden Ereignisse boten jedoch auch die Gelegenheit, kritische Fragen zu stellen und die britische Staatsbürgerschaft als Haltepunkt zu begreifen. Unabhängig von den Diskussionen um die Rechte der Minderheiten, die Religionsfreiheit, den kulturellen Rassismus und die Diskriminierung sehen sich die Muslime gezwungen, ihre Beziehung zur Scharia »abzubauen« und ihre britisch-muslimische Staatsbürgerschaft aufzubauen. Es ist ein staatsbürgerliches Bewusstsein, das durch die »Entgleisung« ihrer islamischen Identität entstanden ist.

Die Lebensstile nach den *Halal*-Regeln

Der Islam ist eine Religion, die dem Gläubigen Verhaltensregeln für seine Beziehung zu den Mitmenschen an die Hand gibt. Es handelt sich dabei um einen Modus vivendi, der ihn tagtäglich in seinem Glauben unterstützt und ihm hilft, die strenge Unterscheidung zu beachten zwischen dem, was erlaubt ist, und dem, was nicht erlaubt ist. Seine Zugehörigkeit zur Glaubensgemeinschaft, der sogenannten *Oumma*, bringt der Muslim durch seinen Gehorsam gegenüber Gott zum Ausdruck, aber auch durch Kultpraktiken, Essensregeln und bestimmte Arten, jemanden anzusprechen und sich zu kleiden. Allein der Glaube als eine Form individueller Spiritualität reicht also nicht aus. Der Muslim ist gehalten, eine ganze Reihe manueller und physischer Akte zu erfüllen und so seinen Glauben in der Gemeinschaft zu demonstrieren. Diese Akte beziehen sich auf alle Lebensbereiche: Neben den Kultvorschriften (*Schahada*, Gebete, Fasten, Pilgerreise und Unterstützung der Armen) sind es auch die gesellschaftlichen Verhaltensregeln, die »guten Sitten« (ein Kopftuch tragen, sich einen Bart wachsen lassen und auf Geschlechtertrennung achten), die das Alltagsleben bestimmen.

Von der Scharia zu den allgemeinen *Halal*-Regeln

Das Gesetz wohnt im Körper des Gläubigen und wird über die Praktiken und Riten zum Ausdruck gebracht. Der Anthropologe Mohammed Hocine Benkheira spricht von der »Liebe zum Gesetz«, denn der Gläubige unterwirft sich freiwillig diesen islamischen Vorschriften und Normen.[200] Die religiösen Riten sind untrennbar mit der theologischen Heilsstrategie verbunden, mit der Forderung an den Gläubigen, seinen Körper, seine Lüste und

Leidenschaften zu zügeln.[201] Die verbotenen Speisen stehen nur für einen der Aspekte dieser Kontrolle über den eigenen Körper. Es ist die körperliche Selbstbeherrschung, die zum individuellen Heil und zur »Menschwerdung« führt und den Körper als den Ort, wo das Tierische und das Menschliche aufeinandertreffen, zu einem »bewohnbaren Raum« macht.[202]

In Bezug auf die Essensregeln – das Verbot von Schweinefleisch und die Pflicht zur rituellen Schlachtung – sind die Koranverse sehr genau. Der Theologe Yusuf al-Qaradawi zitiert in seinem Buch *Le Licite et l'Illicite en islam* den Vers 145 der 6. Sure: »Sprich: Ich finde in dem, was mir offenbart worden ist, nichts, was einem Speisenden, der es speist, untersagt worden ist, es sei denn von selbst Verendetes oder ausgeflossenes Blut oder Schweinefleisch – denn das sind unreine Dinge – oder etwas, was einem anderen als Allah geopfert worden ist.«[203] Der Gläubige spricht den Namen Gottes aus und erklärt, dass er diese Handlung gegenüber dem jeweiligen Lebewesen nur mit der Erlaubnis Gottes vollzieht. Hinter jedem Speiseverbot stehen hygienische Gründe oder die Sorge um eine gute Behandlung des Tieres. Was das Konsumverbot von Schweinefleisch angeht, so wird zur Erklärung der Verzehr »unreiner« Nahrung dieses Tieres angegeben.[204]

Benkheira stellt die theologische Unterscheidung zwischen erlaubt und nicht erlaubt in den Rahmen einer anthropologischen Analyse. Für ihn ist das Tier eine Kategorie, die eine Vorstellung von der Weltordnung vermittelt. Über die Klassifizierung der Tiere lässt sich auch die Kategorie der Menschheit entwickeln, nämlich mit Hilfe der Gegensätze von wild/zahm, fleischfressend/pflanzenfressend und dämonisch/göttlich. Das entscheidende Kriterium für die Unterscheidung zwischen erlaubten und unerlaubten Tierarten ist die Nahrung: Auf der Verbotsliste stehen Tiere, die sich von Fleisch oder Abfällen ernähren. Um diese Regel zu verstehen, sollte man – laut Benkheira – es als möglich oder gar als sicher gelten lassen, dass die Nahrung ihre Eigenheiten auf den Esser überträgt.[205] Bestimmte Tierarten zu meiden bedeutet also, deren Eigenschaften zu meiden. Ein Mensch, der sich dennoch von deren Fleisch ernährt, wird ihnen letzten Endes ähnlich werden. Das Verbot für das Fleisch von Fleischfressern lässt sich auf eine allgemeine Formel bringen: Man soll darauf verzichten, um nicht gleichzeitig auch deren Gewalt, Aggressivität und Wildheit zu erben.[206]

Wenn die Fleischfresser tabu sind, ist das aber natürlich noch lange kein Grund, das Schweinefleisch zu verbieten. Die taxonomische Klassifizierung ordnet das Schwein jedoch bei den Tieren ein, die mit Eckzähnen ausgestattet sind, also auch zu den Fleischfressern. Außerdem symbolisiert das Schwein in den muslimischen Fabeln den Appetit und die Liebe zum Diesseits und zum irdischen Leben.[207] Fresssucht, Habgier und Gleichgültigkeit gegenüber anderen sind dementsprechend die Eigenschaften, die man mit dem Schwein verbindet. Für manchen muslimischen Juristen schwächt der übermäßige Konsum von Schweinefleisch das »Interesse des Mannes an der Ehre seiner Familie«.

Unter welchen Bedingungen kann man also Fleisch essen, ohne dem Tierischen zu verfallen? Die detaillierte Klassifizierung der Arten ergibt eine Liste der Tiere, deren Verzehr laut islamischem Gesetz genehmigt ist. Gesetzlich vorgeschrieben ist dabei aber immer eine rituelle Schlachtung nach einem detaillierten Protokoll: Das Tier ist vor und während der Schlachtung gut zu behandeln. Es darf kein unnötiges Leid zugefügt bekommen, weswegen nur Messer mit einer scharfen Schneide verwendet werden dürfen.[208] Es ist außerdem wichtig, dass währenddessen der Name Allahs ausgesprochen wird – die Juristen bestehen darauf –, denn die Tiere sind Geschöpfe Gottes, und die Menschen dürfen sie nur mit göttlicher Erlaubnis töten. Die kanonischen Texte schreiben für die rituelle Tötung bestimmte Opferriten vor.[209] Mit der ritualisierten Schlachtung will man vermeiden, dass das Tier als Sache betrachtet wird. Außerdem soll der Mensch sich nicht mit einem Raubtier identifizieren. Wichtigstes Anliegen ist also insgesamt die »Zivilisierung« des Menschen: Man will sichergehen, dass er seine Menschlichkeit nicht verliert.[210]

Die »eklektische Anwendung der *Halal*-Regeln«

Die in den religiösen Grundsätzen beschriebenen Verzehrverbote werden in den modernen Gesellschaften allerdings kaum mehr beachtet. Mit der industriellen Schlachtung in Europa wird die Einhaltung dieser Regeln zum Diskussions- und Verhandlungsthema zwischen Industriellen, Tierärzten, Theologen und den Verantwortlichen der muslimischen Verbände.[211] Weil die Verbraucher zudem dem *Halal*-Zertifikat misstrauen, sehen sich immer mehr Muslime gezwungen, auf eine vegetarische Ernährung umzusteigen. Sie berufen sich dabei auf den Koran und die islamische Ethik.[212] Die Muslime bemühen sich auch hier, die islamische Ethik mit ihren Erfahrungen in Europa zu verbinden. Mit ihrer Nachfrage nach *Halal*-Lebensmitteln stoßen sie in der vegetarischen Bewegung, in den Bio- und Naturkostläden auf Gleichgesinnte.

Viele Muslime bitten in verschiedenen Bereichen um juristische Ratschläge *(Fatwas)*: angefangen bei der Körperhygiene über die Familienbeziehungen bis hin zu Geldtransaktionen.[213] Bei der Auslegung der Religion geht es in erster Linie darum, das Böse – die Sünde *(Haram)*[214] – zu vermeiden. Die in Europa lebenden Muslime fragen aber natürlich auch nach dem, was »im Islam erlaubt« ist. Sie stützen sich dabei auf die Stellungnahmen muslimischer Juristen, die in den meisten Fällen Genehmigungen aussprechen. Verbote sind eher die Ausnahme. Der Begriff *Haram* steht für dieses Verbotene, für die Strafe und die Angst. Der Begriff *Halal* hingegen ist dehnbar und bezieht sich auf erlaubte Handlungen. Etymologisch geht *Halal* auf das Wort *Hal* zurück, womit Tätigkeiten des Loslösens und des Befreiens bezeichnet werden.[215]

Die jungen Muslime Europas versuchen sich vom »Islam der Eltern« abzusetzen, indem sie die *Haram*-Verbote durch das *Halal*-Prinzip ersetzen. Der Islam der Verbote behindert diese jungen Leute, die sich den Anforderungen eines weltlichen Lebens stellen müssen. Sie überwinden diesen Gegensatz mit einer Religiosität, die sich an dem orientiert, was erlaubt werden kann, und sorgen außerhalb des familiären Rahmens selbst für Möglichkeiten, sich dazu im Islam weiterzubilden. Sie gründen beispielsweise »*Halal*-Kreise«, in denen sie unter Anleitung eines kompetenten Kenners von Texten muslimischer Wissenschaftler – etwa von Saïd Nursi[216] – miteinander sprechen, um einen anderen Islam kennenzulernen und zu praktizieren als den, der ihnen zu Hause aufgezwungen wurde. Diese Praktik, sich in

Gesprächsrunden – den sogenannten *Sohbet* – religiöses Wissen anzueignen, wird vor allem in der sufistischen Tradition gepflegt. Die jungen Leute lassen diese Tradition im europäischen Kontext wieder aufleben, um einen islamischen Modus vivendi für ihr Alltagsleben zu entwickeln. Unter Berufung auf die religiösen Texte stellen sie fest, dass es im Islam mehr erlaubte als verbotene Dinge gibt. Das bietet ihnen die Möglichkeit, sich erfinderisch mit den modernen Formen der Unterhaltung und des Freizeitvergnügens zu befassen: Sie organisieren alternative Bälle, Feiern zur Diplomübergabe und Geburtstagsfeste ohne Alkohol.[217] In diesem Sinne – so jedenfalls sieht es der Schweizer Politologie Patrick Haenni – steht der *Halal*-Begriff »nicht nur für die Beachtung eines Verbots, sondern auch für eine religiös geprägte Ethik. [...] angefangen bei der individuellen Sorge um die Gesundheit bis hin zur Unterstützung des gerechten Handels«.[218] Dieses muslimische Konsumverhalten ist – laut Haenni – hedonistisch, individualistisch und offen für eine kulturelle Extrovertiertheit.

Der Forscher und Moderator unserer EÖB-Gruppe in Toulouse, Rachid Id Yassin, schreibt von der »eklektischen Anwendung der *Halal*-Regeln« in allen Bereichen des gesellschaftlichen und kulturellen Lebens: Essgewohnheiten, Kleidungsstil, Hygiene, Gefühlsleben, Sexualität, Kunst, Freizeit, Finanzen und soziales Engagement.[219] Die Ausweitung des *Halal*-Bereichs zeigt deutlich, wie sehr die europäischen Muslime nach Lebensstilen trachten, die nicht strikt islamisch sind. Die Aktivitäten, die sie als *halal* bezeichnen, stehen eben nicht für eine rigorose Beachtung des muslimischen Kultes. Das bedeutet auch, dass der vom Glauben geforderte Grundsatz, den Appetit insgesamt zu zügeln, gelockert ist. Der Gläubige versteht sich als Kunde des *Halal*-Marktes, nicht als Verbraucher. Er erweitert seine ethischen Forderungen und verbindet den *Halal*-Begriff mit biologischen und ökologischen Grundsätzen und mit Überlegungen für einen gerechteren Markt. Der islamische *Halal*-Begriff stimmt in diesem Sinne mit kulturellen Strömungen überein, die heute weit verbreitet sind, und es kommt zu Begegnungen mit der *New-Age*-Generation und mit den alternativen »Bobo«-Bewegungen der europäischen Länder.[220] Die Suche nach der *Halal*-Liebe, nach dem eigenen Wohlbefinden und der Selbstverwirklichung steht nun bei den

Muslimen auf dem Programm. Und so zeichnen sich neue Berufe auf dem alternativen Markt des islamischen Wellness-Bereichs ab: etwa die mit Ausbildungszertifikaten ausgestatteten Experten des »islamischen Coaching«, die verschiedene Formen von Körper- und Psychotherapien anbieten.[221]

Die islamischen Normen sind nun modernen Ethik-Anforderungen unterworfen. Diese sind dazu berufen, den *Halal*-Begriff zu definieren. An die Stelle der traditionellen religiösen Autoritäten des Islam – beispielsweise die über die Normen diskutierenden Weisen *(Fiqh)* – treten nun Experten, die dem Fleisch, den Süßigkeiten, Getränken, Kosmetik-Artikeln, Freizeitaktivitäten, Hochzeiten, Beerdigungsriten[222] das *Halal*-Siegel verleihen. Mit der Forderung nach dem »ganz *halal*« sind die Muslime in der Tat im Alltagsleben der europäischen Gesellschaften angekommen. Das *Halal*-Siegel steht für den Übergang von den religiösen zu den sozialen Forderungen. Mit diesem Zertifikat entgleiten die islamischen Normen den religiösen Autoritäten und werden zu einem Unternehmen, zu einem Geschäft. Die Lebensstile nach den *Halal*-Regeln betreffen auch die weltliche Macht. Mit der Entwicklung der neuen Märkte des Islam und den entsprechenden Kunden und Verbrauchern erfährt das öffentliche Leben eine Erweiterung.

Die erstaunlichen französischen Dispute der 2010er Jahre

Ab 2009 kam es in Frankreich zu einer Serie von Disputen, ausgelöst durch einen Skandal um ein falsches *Halal*-Zertifikat in der Lebensmittelindustrie. In der Folge wurden Authentizität und Legitimität des *Halal*-Begriffs in einer laizistischen Republik in Frage gestellt. In einer Fernsehdokumentation wurde den Verbrauchern berichtet, dass Produkte mit dem *Halal*-Label nicht den Normen der rituellen Schlachtung entsprechen würden.[223] Nach dem Skandal wurde das Fleisch nun vermehrt durch muslimische Experten kontrolliert, und eine Reihe von Unternehmern spezialisierten sich auf die Vergabe des *Halal*-Siegels. Damit wollte man sichergehen, dass sich der Weg der Produkte zurückverfolgen lässt: von der Schlachtung und Verpackung des Fleisches über die Warenverteilung bis hin zur Finanzierung. Doch die *Halal*-Debatte beschränkte sich keineswegs auf die muslimischen Verbraucher, sondern erfasste in Windeseile die gesamte Gesellschaft. Für den Politologen Gilles Kepel zeigte die *Halal*-Affäre »das Verbindende in der Beziehung des Islam zu Frankreich«.[224]

Die eigentliche Kontroverse brach nämlich aus, als die Fast-Food-Kette *Quick* 2010 beschloss, in ihren französischen Filialen ein *Halal*-Menü anzubieten, das die rituelle Schlachtung und das Verbot von Schweinefleisch beachtete. Die Hamburger bestünden aus *Halal*-Rindfleisch, und Schweinefleisch würde man durch Putenfleisch ersetzen. Dieses Angebot entsprang einer ökonomischen Überlegung, weil man sich Marktanteile sichern wollte. Doch die *Halal*-Gegner sahen darin ein Zeichen für die »erzwungene Islamisierung« Frankreichs. Marine Le Pen gab – wie schon bei der Kontroverse um das Straßengebet – auch hier den Ton an. In der Konfrontation mit dem Islam definierte sie die politischen Termini: Sie brandmarkte das *Halal*-Angebot von Quick als ein »Abgleiten in den Kommunitarismus« und als ein den französischen Bürgern aufgezwungenes »Diktat«. In dem Zusammenhang bekannte sie sich zu den republikanischen Grundsätzen und distanzierte sich damit von den vorangegangenen Generationen der extremen Rechten. Mit ihrer Offensive gegen das *Halal*-Angebot drehte sie auch den Spieß in der Minderheit/Mehrheit-Beziehung um und sprach von den Franzosen als einer vom Ausschluss und von der Diskriminierung bedrohten Gruppe, die »in ihrem eigenen Land« verachtet würde. Im Wahlkampf zu den französischen Präsidentschaftswahlen von 2012 erklärte sie, dass viele Franzosen unwissentlich *Halal*-Fleisch essen würden, denn das in der Île-de-France verfügbare Fleisch sei »ausschließlich *Halal*-Fleisch«. Eine Aussage, die ganz offensichtlich nicht stimmt.[225]

Weitere Persönlichkeiten des rechten – aber auch des linken – Lagers schalteten sich in die Debatte ein und verurteilten das *Halal*-Angebot als einen Verstoß gegen die republikanischen Grundsätze. Auch die Mitte-Rechts-Regierung der UMP-Partei (Union pour un mouvement populaire) beteiligte sich ohne

Zögern und lenkte die Aufmerksamkeit auf die Schulkantinen, auf die Angabe der Schlachtmethoden auf den Fleischverpackungen und auf den Grundsatz des Laizismus auf dem »republikanischen Teller«.[226] Selbst Premierminister François Fillon bezog dazu Position. Für ihn entspricht die rituelle Schlachtung einer »Aufrechterhaltung alter Traditionen, die nicht mehr viel bedeuten«.[227] Obwohl diese Äußerungen sich eigentlich nur gegen das *Halal*-Essen der Muslime richteten, fühlten sich auch die Juden angesprochen. Ihre Vertreter, beispielsweise der Großrabbiner Gilles Bernheim, befürchteten, dass diese Kritik auch auf die jüdische Gemeinde zurückfallen würde, und sahen ihre religiösen Riten bedroht, zu denen das koschere Essen, die rituelle Schlachtung und die Beschneidung gehören.

Im Kampf gegen das islamische *Halal*-Essen bekam der Schweinefleischverzehr in bestimmten radikalen Kreisen einen nationalen Symbolcharakter und wurde als Bestandteil der »republikanischen Tafel« zu einer Integrationsbedingung erklärt. Mit der »Rückkehr des Schweins« als Streitpunkt wurde auch die Frage der Staatsbürgerschaft wieder aktuell, für die Muslime in der Gegenwart wie für die Juden in der Vergangenheit. Sie wurden alle verdächtigt, die französischen Sitten nicht zu beachten, und aufgrund ihres Glaubens von der gemeinsamen Tafel ferngehalten. Pierre Birnbaum hat in seinem Buch *La République et le Cochon* gezeigt, wie wichtig die Ernährungsfrage ist, wenn man den Ausschlusskriterien eines Landes auf den Grund gehen will.[228] Die Rückkehr des Schweins weckt in der Tat Erinnerungen an die seit Jahrhunderten allgemeinverbindliche Norm des Schweinefleischverzehrs. Das Schwein nimmt auf dem Bauernhof, dem Land und bei Festessen einen ganz besonderen Platz ein. Auch in Romanen werden Festtafeln beschrieben, an denen man Schweinefleisch isst. In Frankreich ist Essen kein rein individueller, auf die Privatsphäre beschränkter Akt. Die gemeinsame Tafel symbolisiert eine öffentliche Aktivität, mit der die Bürger ihre Brüderlichkeit betonen.[229] Dementsprechend ist die republikanische Tafel ein idealer Ort, um die Vorlieben und Bedingungen für die Zugehörigkeit zum öffentlichen Bereich zu erlernen. Steht das Schwein in den Kindermärchen für die Unschuld, Sensibilität und Intelligenz, ist es für Juden und Muslime ein mustergültiges

Symbol für die Unreinheit. Birnbaum belegt klar, wie der nationalistische Gedanke aus der Ernährungsfrage eine Waffe gegen die muslimischen Migranten macht, von der sich auch die Juden angesprochen fühlen. Im Namen eines kulinarischen Wir-Gefühls das Schweinefleisch rühmen und koschere Lebensmittel verbieten käme einer Rückkehr zum ethnischen Nationalismus gleich, würde die Xenophobie nähren und uns – laut Birnbaum – in eine zurückliegende Vergangenheit entführen: Er erinnert daran, dass das Verbot von rituellen Schlachtungen und von koscherem Fleisch eine der symbolträchtigsten Maßnahmen der Vichy-Regierung war.

Die *Halal*-Kontroverse hat übrigens auch die für die rituellen Schlachtungen der Muslime und Juden gültige Ausnahmegenehmigung in Frage gestellt. Denn eigentlich ist es in Frankreich vorgeschrieben, dass die Tiere vor dem Schlachten betäubt werden. Damit weitet sich die Konfrontation aus, denn die Religionsfreiheit ist nun auch Angriffen von Seiten des Tierschutzes ausgesetzt. 2010 starteten die Tierschützer eine Kampagne gegen die *Halal*-Schlachtung, die für die Tiere eine Qual sei, um die französischen Bürger gegen die rituelle muslimische Schlachtung zu mobilisieren (allerdings ohne Erfolg).[230]

Wie die anderen bereits vorgestellten Kontroversen hat auch der *Halal*-Streit in Frankreich »mediengesteuerte Phantasien« entfacht, die ihren Beitrag zur Panikmache und Polarisierung der Gesellschaft geleistet haben.[231] Das Schwein als Emblem für die traditionelle Geselligkeit der Franzosen wurde zum Widerstandssymbol der Republik gegenüber dem *Halal*-Lebensstil stilisiert, wohingegen die rituelle muslimische Schlachtung auf den – symbolisch aufgeladenen – Schnitt durch die Halsunterseite des noch lebenden Tieres reduziert und so zu einer Barbarei stigmatisiert wurde, die das Leid der Tiere nicht beachten würde. Die Kritik richtete sich dabei nicht an die Lebensmittelindustrie, obwohl zahlreiche dokumentarische Arbeiten[232] klar bewiesen, dass ihre Praxis nur eine zynische Geldmacherei auf Kosten der Tiere ist – und mit dem Islam nichts zu tun hat. Auch die für Europa ungewohnte Konvergenz zwischen den *Halal*-Normen und der Bio-Bewegung und die Ähnlichkeit zwischen den muslimischen und jüdischen Schlachtungsriten wurden völlig außer

Acht gelassen. Die typisch französische Polarisierung »Republik versus Islam« hat einmal mehr die Möglichkeit einer interkulturellen und -konfessionellen Verbindung zwischen den Bürgern vereitelt – dieses Mal mussten die Tiere dafür herhalten. Dabei sind es doch gerade die ungelösten Fragen im Alltagsleben, die die schöpferischen Möglichkeiten für unsere modernen Gesellschaften in sich bergen.

Die *Halal*-Normen und die »republikanische Tafel« in Toulouse

Am 14. Juni 2009 fuhren wir nach Toulouse. Als wir im Grand Hôtel d'Orléans mit unserer ersten EÖB-Gruppe zusammenkamen, wusste ich noch nicht, ob man mit dieser Forschungseinrichtung tatsächlich einen Ort für Gedankenaustausch schaffen und Möglichkeiten für einen alternativen öffentlichen Bereich aufzeigen kann, der nicht von Vorurteilen und Misstrauen beherrscht ist.

Bei der Ankunft der rund zehn Teilnehmer fällt mir auf, dass die jungen Frauen sich auf der einen Seite des Tisches versammeln und ihnen gegenüber sich die Männer setzen. So respektieren sie die im Islam übliche räumliche Trennung zwischen Männern und Frauen. Nur eine Frau, die älteste der Gruppe und die einzige ohne Kopftuch, setzt sich auf die Seite der Männer. Die anderen vier Frauen sind jung und tragen ein Kopftuch, stammen ursprünglich aus Algerien oder Marokko und besitzen alle die französische Staatsbürgerschaft. Die Gymnasiastin Zeyneb ist Sängerin und engagiert sich in muslimischen Verbänden. Von den drei anderen Frauen studieren zwei Physik und Biologie an der Paul-Sabatier-Universität, und die dritte besitzt ein Universitätsdiplom für Mathematik. Sie sind Mitglieder verschiedener Verbände, etwa bei den *Étudiants musulmans de France*[233] oder bei den *Médecins du monde*.[234] Auch die männlichen Mitglieder unserer EÖB-Gruppe, ein zum Islam bekehrter Franzose, ein muslimischer Slam- und Rap-Musiker und ein Inhaber einer muslimischen Privatschule, sind in französischen Vereinen aktiv, zum Teil auch in antirassistischen und prolaizistischen Bewegungen: Zwei von ihnen tragen lange Bärte als Zeichen für ihren muslimischen

Glauben. Wie die Frauen stammen die meisten von ihnen aus dem Maghreb und besitzen die französische Staatsangehörigkeit.

Für diese Generation der jungen Muslime ist die französische Staatsangehörigkeit ein unbestrittener Teil ihrer Identität. Die Mathematikerin Houria trägt ein Kopftuch. Sie arbeitet an der Universität, bekennt sich zum Laizismus und erklärt, dass sie sich zu Frankreich zugehörig fühle. Ein Foto einer Frau, die ihr Gesicht mit einer französischen Flagge bedeckt, kommentiert sie mit den Worten: »Ich denke, sie will sagen, dass Muslimin sein nicht bedeutet, weniger französisch zu sein.« Für sie ist Frankreich ihre Heimat: »Wenn ich an die Reinkarnation glauben würde, würde ich sagen, dass ich schon einmal in Frankreich gelebt habe. Das dachte ich schon, als ich zum ersten Mal den Boden von Toulouse betreten habe.« Dieses Gefühl der Vertrautheit und Verbundenheit mit Frankreich kennen auch andere muslimische Bürger. In Frankreich »fühlen sie sich zu Hause«. Diese emotionale Verbundenheit zwischen dem Wohnort und dem tiefsten Inneren erinnert an den deutschen *Heimat*-Begriff. Eine solch identitätsstiftende Beziehung kann man nur entwickeln, wenn man von Geburt an mit der Sprache und Kultur vertraut ist. Dieses verwurzelte Identitätsgefühl findet man bei vielen muslimischen Migranten in Europa.

In Anlehnung an die öffentlichen Debatten in Frankreich kamen wir in der Gruppe auch auf den Laizismus zu sprechen. Zwei Teilnehmer, eine Jüdin, deren Eltern während des Krieges deportiert worden waren, und ein Muslim, Sohn von Migranten, zählten innerhalb der Gruppe zu den Befürwortern des Laizismus. Die pensionierte Physiklehrerin Chantal engagiert sich für die Vereinigung *Riposte laïque*[235] (laizistische Antwort), welche in Europa die Symbole des Islam bekämpft. Außerdem prangert sie mit dem Verband *Ni putes ni soumises*[236] (Weder Huren noch Unterworfene) die Unterdrückung muslimischer Mädchen an und steht für eine feministische Laizismus-Version, die sich im Zusammenhang mit der französischen Kontroverse um die Kopftuch-Affäre entwickelt hat. Abdallah, Arabischlehrer an einem öffentlichen Gymnasium, befürwortet hingegen eine eher progressive Form des Laizismus, so wie sie von den modernistischen Eliten in den muslimischen Ländern vertreten wird. Er stellt sich als »militanter

Laizist muslimischer Kultur« vor. Da beide Laizismus-Verfechter nicht-christlichen Ursprungs und nicht »alteingesessene« Franzosen sind, gehören sie also nicht zu den »Katho-Laizisten«, die die Grundsätze des Laizismus befürworten, aber im Grunde genommen an christlichen Werten hängen. Ihre Bezüge zum Laizismus werden jedoch auf eine recht didaktische, ja sogar autoritäre Weise vorgetragen und fordern deshalb die anderen Gruppenmitglieder heraus. Diese beiden – eine Jüdin und ein Muslim – erklären den jungen und gläubigen Diskussionsteilnehmern, wie wichtig die Geschichte des Laizismus in Frankreich ist, die man unbedingt kennen muss. Ohne Zögern halten sie einen Vortrag darüber, dass die Religion den Fortschritt behindere, sowohl für die Gesellschaft im Allgemeinen als auch insbesondere für die Frauen. Dabei belehren sie mehr, als dass sie zuhören.

Doch auch für die muslimischen Diskussionsteilnehmer zählt der Laizismus-Grundsatz zu den Bestandteilen ihres Universums. Anouar fasst es explizit in Worte: »Ich sage schon immer, dass diejenigen, die nicht glauben, den Laizismus nicht für sich gepachtet haben … Der Laizismus gehört allen, den Gläubigen genauso wie denen, die nicht glauben. Er ist nämlich ein Grundsatz der zivilen Gesellschaft, ähnlich dem Schiedsrichter, der zwischen zwei Mannschaften steht und darauf zu achten hat, dass alle die Regeln einhalten.« Ein Mädchen mit Kopftuch bedauert, dass »der Laizismus sich gegen den Islam richtet, gegen unsere Religion«. Es folgen beschwörende Aussprachen zum Laizismus, die eher ausschließend als integrierend funktionieren und deshalb die Muslime auf ihrer Suche nach einem glaubenskonformen Leben nicht unterstützen.

Die Diskussion macht den muslimischen Teilnehmern erneut bewusst, wie sehr sich mit der Anpassung der islamischen Normen und Praktiken an das europäische Alltagsleben auch die Verbindung zum Glauben ändert. Mit der Suche nach Lebensformen, die innerhalb einer säkularen Gesellschaft mit den islamischen Normen in Einklang stehen, ändern sich paradoxerweise auch die Modalitäten des Glaubens selbst. Die Frage nach der Übereinstimmung oder Abweichung des Glaubens wird zum ganz persönlichen Anliegen eines jeden Muslims, aber auch zum Thema interner Debatten und kollektiver Überlegungen.

Das Schinkenverbot mit muslimischem Humor betrachtet

Um Bewegung in die Diskussion unserer Toulouser EÖB-Gruppe zu bringen, zeigen wir ein kurzes Video zum Thema »Schinkenverbot«. Der Film wird über eine Internetseite, die 2008 als Folge der öffentlichen Kontroversen um den Islam entwickelt worden war, verbreitet.[237] Die Initiatoren dieser Seite wollen mit Humor die Vorurteile gegen den Islam bekämpfen. Sie gehen davon aus, dass die Streitthemen hinsichtlich des Islam – insbesondere das Kopftuch an den Schulen, die Scheidung wegen fehlender Jungfräulichkeit, die dänischen Karikaturen, die in der Banlieue verbotenen Moscheen – auch Aufschluss geben über die verschiedenen Gruppierungen und Spannungen innerhalb der französischen Gesellschaft. In diesem Klima des Misstrauens und des gegenseitigen Unverständnisses, des Rückzugs in die Glaubensgemeinschaft auf der einen Seite und der Islamophobie auf der anderen Seite, verstanden sie es, mit komödiantischen Filmen die auseinanderdriftenden Welten zu verbinden. Denn schließlich müssen diese beiden Welten lernen, miteinander zu leben, einen Dialog zu eröffnen und »die Gemüter zu beruhigen, um aus dem ›Kulturschock‹ kein Drama, sondern eine Farce zu machen«, so das erklärte Ziel der beteiligten Komiker und Künstler. Dementsprechend formulieren sie ihre Losung für das Zusammenleben: »Über seinen Nachbarn genauso lachen zu können wie über sich selbst.«

Die erste Szene des Films *Jambon* versetzt den Zuschauer in die Küche einer Arbeiterfamilie. Ein Vater füttert in Ruhe seine dreijährige Tochter. Doch die Atmosphäre verschlechtert sich, als er im Mülleimer eine ungeöffnete Packung Schinken entdeckt. Offensichtlich kommt dies in diesem Haushalt nicht zum ersten Mal vor. Er sagt zu seiner Tochter, sie solle ihren Bruder holen. Der verärgerte Vater hält dem in die Küche kommenden Jugendlichen das Schinkenpaket unter die Nase: »Weißt du, was das ist?« Der Sohn setzt eine lässige Miene auf und seufzt, der Vater hingegen wird wütend: »Das will ich ein für alle Mal klarstellen, Mathieu! Wenn du mich schief anschaust, weil ich ein Bier aus dem Kühlschrank hole, oder wenn du weiterzappst, weil sich eine Tussi im Fernsehen allzu sehr entblößt, das mag ja alles noch angehen. Wenn du deine Mutter anmachst, weil ihr Rock zu kurz ist, bekomme ich schon einen dicken Hals. Aber wenn du Schinken, den wir gekauft haben, in den Müll schmeißt, das geht gar nicht!« Der Junge schweigt, und der Vater fängt an zu schreien: »Schau mich gefälligst an, wenn ich mit dir rede! Weißt du, wer du bist?« Der Vater brüllt ihn mit seinem vollen Namen an: »Ich werde dir sagen, wer du bist! Mathieu Bué heißt du! Der Sohn von François Bué! Und es mag dir vielleicht stinken, aber was zum Saufen, nackte Tussis und Schweinefleisch, das lieben wir hier in der Familie! Raffst du das? Raffst du, dass du kein Essen in den Müll schmeißen sollst?« Der Junge schweigt weiter und schaut auf den Boden. »Sag doch was, verdammte Scheiße!«, brüllt der Vater weiter.

Schließlich schiebt der Junge das auf dem Tisch liegende Schinkenpaket angewidert von sich weg. »Das ist *haram*!«, rutscht es ihm heraus. Wutentbrannt entgegnet der Vater: »Ich will dir mal was sagen: Auch wenn dir die Mohammeds von nebenan die Birne volldröhnen mit ihren *Salemaleikums*, tanzen wir hier deswegen noch lange nicht nach deiner Pfeife. Jetzt ist Schluss mit diesem Schwachsinn! Was kommt als Nächstes, he? Du wirst im Wohnzimmer auf allen vieren ›*Allahu Akbar!*‹ kreischen. Ich warne dich, wenn du das machst, bekommst du von mir höchstpersönlich einen solchen Tritt in den Arsch, dass du dich direkt in Mekka wiederfindest! Ich sage hier, wo es langgeht. Ist das bei dir angekommen?« »Ja, Papa«, murmelt der Junge und verschwindet aus der Küche. Anschließend hört man den Vater – den Kopf auf die Hände gestützt – sich fragen, was er mit dem Jungen bloß anfangen soll. Als die Tochter in die Küche zurückkommt, entschuldigt er sich bei ihr, weil er ihren Bruder so angeschrien hat, und schlägt vor, mit ihr Karussell fahren zu gehen. »Inschallah!«, antwortet die Tochter freundlich. Der Film endet mit einer Großaufnahme vom Gesicht des völlig verzweifelten Vaters.

Schon während des Films lassen es sich die Mitglieder der Toulouser EÖB-Gruppe nicht nehmen, amüsiert darüber zu lachen. Sie finden die Geschichte zwar übertrieben, geben aber zu, dass sie gleichwohl einen Teil der Realität wiedergibt, nämlich das Beharren der Muslime auf den Essensregeln und dem Verbot des Schweinefleisches: »Auch wenn der Film eine Karikatur ist, ist er doch von der Realität und von wahren Fakten inspiriert.« Dieses Urteil von Sabiha, der jungen Physik-Studentin, stößt auf eine breite Zustimmung in der Gruppe.

Im Film geht es in der Tat um die neue Soziologie des Islam: das Auftauchen der islamischen Normen – mit ihren Genehmigungen *(Halal)* und Verboten *(Haram)* – innerhalb der weltlichen Gesellschaften, das Phänomen der zum Islam übertretenden jungen Leute und die Sorge, die dadurch in den französischen Familien aufkommt. Das Schinkenpaket im Mülleimer steht für die Konfrontation zwischen zwei Normen und Kulturgewohnheiten. Das Gefühl, das oft in dem Spruch »Wir sind hier nicht mehr zu Hause« zum Ausdruck kommt, erreicht eine Art Höhepunkt. Mit dieser Schinkenaffäre macht der Film deutlich, dass die Auswirkungen der Migration nicht an der Türschwelle haltmachen, sondern auch ins Haus, in die Küche mit ihren Essgewohnheiten eindringen. Der Islam wandert von der Straße in die Wohnung, mitten hinein ins Familienleben, denn der Junge wird durch die muslimischen Freunde seines Wohnviertels sozialisiert. Die muslimische Art zu sprechen und zu handeln ist ihm nicht nur vertraut, er übernimmt sogar den islamischen Habitus der Jugendlichen aus der Nachbarschaft. Für den Vater kommt dies einer Herausforderung seiner väterlichen Autorität gleich, und zwar im eigenen Haus. Er fühlt sich entmachtet, zumal er sich in seinem Sohn nicht mehr wiedererkennt. Es ist so, als ob sein Sohn mit dessen Hinwendung zu einer fremden Religion auch nicht mehr zu seiner französischen Familie gehören würde. Der Vater versucht ihn an seinen Namen zu erinnern, ihn zu seiner »angestammten« französischen Identität zurückzuführen. Der Gegensatz zwischen den beiden Kulturen wird auf Stereotypen verkürzt, die den aktuellen Konflikt um den Islam aber sehr gut wiedergeben. »Der Schinken, das Bier, der Wein und die Tussis« erscheinen als die typischen Züge der französischen Tradition und der Lebensfreude. Die islamische Lebensart wird hingegen mit einem religiösen Vokabular umschrieben: *Haram*, Mohammed, *Salemaleikum*, *Allahu Akbar*, Mekka, *Inschallah*.

Der Film spiegelt also die Konfrontation zwischen zwei unterschiedlichen Lebensstilen, darüber hinaus aber auch das

Unverständnis zwischen dem Islam und der westlichen Welt. Für Nasreddine, Doktorand der Rechtswissenschaft und Mitarbeiter in islamischen Netzwerken, symbolisiert der Vater die westliche Welt, die nicht mehr im Gleichklang ist mit den aktuellen Ereignissen und mit Unverständnis und Sorge auf den Islam reagiert. Trotzdem will er seine Autorität geltend machen. Die Tatsache, dass sein eigener Sohn den Islam vertritt, macht die Situation nur noch schlimmer, denn so ist es seine eigene – im engsten Familienkreis gegenwärtige – Nachkommenschaft, die sich zum muslimischen Glauben bekennt.

Es sind die zum Islam Konvertierten, welche die endogene Natur des europäischen Islam deutlich machen. In der postmigrantischen Phase beteiligen sich die Muslime auf intime Weise an der Kultur der europäischen Gesellschaften. Doch trotz dieser Vernetzung, trotz des nachbarschaftlichen Verhältnisses und der Verwandtschaft mit den europäischen Bürgern kommt keine Gastfreundschaft auf. Die Dialogunfähigkeit zwischen dem das westliche Erbe repräsentierenden Vater und dem sich dem Islam zuwendenden Sohn ist ein Zeugnis dafür, wie Nasreddine betont: »Man sieht, es gibt keinen Dialog zwischen Vater und Sohn, ebenso wenig wie zwischen dem Westen und dem Islam. Geltend gemacht wird nur eine Autorität: ›Ich bin der Vater, ich habe die Leitung, ich sage, wo es langgeht, und du hast dich der Autorität unterzuordnen.‹ Das ist das, was die Europäer im Grunde genommen sagen: ›Es gibt Gesetze, es ist unser Land, es sind unsere Werte, und ihr habt euch nach diesen Gesetzen zu richten.‹«

Die Bedeutung der »Geduldsarbeit«
und die Beliebtheit des »*Halal*-Schinkens«

Er weist aber auch darauf hin, dass der Vater nicht allein die Verantwortung für den mangelnden Dialog trage: Der Sohn kommt ihm auch nicht entgegen, ebenso wenig der Islam der Konvertierten im Allgemeinen oder manchmal auch der Islam der europäischen Muslime mit seinem betont gleichgültigen Auftreten. Oft geht es ihnen mehr um die äußeren Zeichen des Islam als um die Sorge für die religiösen Traditionen. Die muslimischen

Diskussionsteilnehmer erinnern an den islamischen Grundsatz, kein Essen wegzuschmeißen, und finden deshalb, dass der Sohn gar nicht nach islamischen Regeln gehandelt hat. Sie legen den Schwerpunkt also nicht auf das Verbot des Schweinefleisches, sondern auf das Gebot, kein Essen wegzuschmeißen, und geben damit der Diskussion eine andere Richtung. Sie scheinen in diesem Punkt mit dem Vater übereinzustimmen und eine gemeinsame Verständigungsebene gefunden zu haben. Anouar präsentiert sich »in Bezug auf die Erinnerungen als Algerier, in Bezug auf die Staatsbürgerschaft als Franzose, in Bezug auf die Kultur als Europäer, in Bezug auf die Religion als Muslim und als Laizist obendrein«. Er schaltet sich ein, um zu bestätigen, dass der Islam das Wegwerfen von Lebensmitteln verbietet. Aber »wenn Jugendliche sich einer Religion anschließen, legen sie sehr viel Wert auf alles, was nach außen gerichtet ist, auf die sichtbaren Symbole«. Was den Dialog verhindere, sei sowohl »ein Intoleranter – der Vater –« als auch »jemand, der die Religion nicht kennt – der Sohn –«, also auf der einen Seite »der Vater, der Äußerungen wiedergibt, die er im Fernsehen gehört hat, und auf der anderen Seite der ungeduldige Jugendliche, der die Religion nicht genug kennt, einen Fauxpas nach dem anderen begeht und im Widerspruch zu bestimmten Werten des Islam steht«. Anouar analysiert das Verhalten des Sohnes so: »Er bringt etwas Neues und muss deshalb gegenüber dem Vater, gegenüber der Mehrheit Geduld zeigen«. Man kann die Situation des Jungen durchaus auf die Muslime im Allgemeinen übertragen. Keiner sehnt sich nach einer Konfrontation mit der gesellschaftlichen Mehrheit. Die Begriffe »Geduld« und »Zurückhaltung«, wie wir sie schon bei unserer EÖB-Gruppe in Bologna gehört haben, tauchen wieder auf. Sie gelten bei den Muslimen in Europa als wünschenswerte Verhaltens- und Handlungsweisen.

Nasreddine fährt mit der kritischen Analyse des Verhaltens der Muslime fort und bezieht auch sich selbst dabei mit ein. Er würde sich in der Vater-Sohn-Beziehung des Films wiedererkennen, denn er selbst hätte ähnliche Erfahrungen gemacht. Er kommt auf seine Jugend in den 90er Jahren und auf die konfliktgeladene Beziehung zu seinem Vater zu sprechen. Er habe in einer Umgebung gelebt, »die man damals ›islamischer Aufbruch‹

nannte«, während sein Vater »ziemlich laizistisch« gewesen sei. Er hielt seinen algerischen Vater damals für nicht muslimisch genug, ja sogar für »etwas abgedriftet« *(rabbi yahdi)*, was im religiösen Sprachgebrauch so viel bedeutet wie, dass Gott ihn auf den rechten Weg zurückführen möge. Aber im Grunde genommen, fügt er lachend hinzu, sei er es gewesen, der damals etwas abgedriftet sei. Er denke, dass der Junge sich in einem ähnlichen Geisteszustand befände und ebenfalls glauben würde, dass sein Vater nicht auf dem rechten Pfad wandle. Für Nasreddine ist die Situation der Konvertierten mit der von den Anhängern des islamischen Aufbruchs vergleichbar. In beiden Fällen handele es sich um eine neue Art, sich der Religion zuzuwenden, sie wiederzuentdecken und zu interpretieren. Beide gehören zu einer radikalen Form der Islam-Zugehörigkeit, die einen Bruch mit den historischen Kontinuitäten und religiösen Traditionen herbeizuführen wünschen. Ein von seinen kulturellen Besonderheiten befreiter Islam ist der gemeinsame Traum der Neomuslime und der Fundamentalisten – ein Traum, der dank der europäischen Migrationsbedingungen Wirklichkeit geworden ist. Der Politologe Olivier Roy spricht im Zusammenhang mit dem Mythos von der religiösen Reinheit von der »heiligen Ignoranz«, die sich außerhalb der Kulturen bei den modernen Fundamentalismen entwickeln würde.[238]

Doch die Abkoppelung der Religion von ihrer angestammten Kultur hat auch unerwartete und nicht intendierte Folgen, denn sie lässt Praktiken entstehen, die mit den orthodoxen Ideologien des Islam eigentlich nicht vereinbar sind. Für viele von denen, die sich darin wiedererkennen, bildet die Religion die Basis, auf welcher die ganze europäische Kultur umgewandelt und angenommen werden soll. Die islamische Präsenz löst bei europäischen Kulturen einen Durchdringungsprozess zwischen dem weltlichen und dem religiösen Bereich aus und mündet in bisher nicht gekannte Mischformen. Eine gegenseitige Transformierung der europäischen Kultur und der muslimischen Religion ist unbemerkt im Gange. Sie nimmt in den Praktiken Gestalt an, die wiederum im Alltagsleben und in den Essgewohnheiten der Muslime Marktnischen schaffen, die sich den aktuellen Tendenzen anpassen. Man will also an den französischen Traditionen teilhaben, ohne die islamischen Normen dafür aufzugeben. Die erstaunliche Beliebtheit des *Halal*-Schinkens ist ein gutes Beispiel dafür. Einer der Diskussionsteilnehmer beobachtet diese Tendenz neutral: »Wenn die Muslime – egal ob streng praktizierend oder gar nicht praktizierend – heute in die *Halal*-Metzgereien gehen, verlangen sie Schinken; natürlich ist es kein Schweinefleisch, aber es sieht aus wie Schinken.« Ein anderer fügt hinzu: »Ja, ja, sie sagen, wir essen auch Schinken, nämlich *Halal*-Schinken!« Alle lachen über diese »etwas abgewandelte Integration«. Das islamische Schweinefleischverbot wird zugunsten der französischen Traditionen verändert.

In der postmigrantischen Phase wird das Schwein zu einer öffentlichen Zentralfigur, welche die islamischen Verbote und europäischen Essgewohnheiten sich aneinander reiben und gegenseitig beeinflussen lässt. Der *Halal*-Schinken steht weniger für die religiösen Gepflogenheiten der Migranten und deren Nachkommen als vielmehr für die islamischen Normen, die in Wechselwirkung mit den europäischen Lebensweisen weiterentwickelt werden und so als eine Art Zertifikat für die Übernahme dieser Lebensweisen dienen können. Sie sind aber auch ein Mittel, um die eigene Andersartigkeit zu betonen und sich gesellschaftlich abzugrenzen. Die neuen »muslimischen« Lebensformen entstehen durch die islamische Stilisierung der modernen Lebensweisen. Die europäischen Muslime sind sozusagen dabei, sich weltliche Lebensbereiche zu erobern und dem Konsumverhalten, den Freizeitaktivitäten, den künstlerischen und musikalischen Kreationen ein islamisches Label anzuhängen, auch wenn die Vermarktung des Islam nicht alle Spannungen zwischen dem Rigorismus und Hedonismus aus dem Weg räumen kann.[239]

Die heikle Frage der Kohärenz zwischen Glauben und Begierde

In Anbetracht dieser neuen, islamisch genormten Lebensstile stellt sich für die in Europa lebenden Muslime auch die Frage nach dem Zusammenhang zwischen ihren alltäglichen Praktiken und der koranischen Doxa. Der Wunsch, sich der Kultur der europäischen Länder zu öffnen und gleichzeitig die religiösen Vorschriften zu beachten, ist nicht nur eine Streitfrage der europäischen Öffentlichkeit. Auch für das zwischen weltlichen und religiösen Kategorien hin- und hergerissene subjektive Empfinden der Muslime ist sie eine Quelle der ambivalenten Gefühle. Diese Spannungen zwischen der Subjektivität des Gläubigen, dem Kulturbereich und dem islamischen Gesetz treten in der Jugendkultur deutlich zutage, vor allem in der Musik.

Besonders im Hip-Hop, der bei der am Rande der Gesellschaft lebenden städtischen Jugend beliebten Musik, zeigt sich, wie sehr die Muslime in eine globale Kulturbewegung verstrickt sind. Denn dort entsteht eine Fusion – ja sogar Konfusion – von islamisch geprägten Musikstilen. Seit den 80er Jahren ist die europäische Musikszene muslimisch geprägt.[240] Die Lieder der muslimischen Musiker haben eine religiöse Ausrichtung: Mit vom Sufismus inspirierten islamischen Klängen wird die Ungerechtigkeit in der Welt angeprangert. Aber auch in den Vorführungen auf der Bühne kommt ihre Frömmigkeit zum Ausdruck. Der gläubige Künstler versucht nicht, die islamischen Verbote zu umgehen. Laut dem belgisch-marokkanischen Anthropologen Farid El Asri präsentiert er sich vielmehr als »Zeuge des Glaubens« und verarbeitet die islamischen Bezüge zu einer neuen Choreographie. Über die Gestik und über Anspielungen auf bestimmte Koran-Verse lässt er prophetische Traditionen lebendig werden, auch mit Hilfe von Gegenständen wie beispielsweise der Gebetskette, über die Kleidung oder symbolhafte Orte.[241] Was die muslimischen Musiker in Szene setzen, ist eine expressive, ja sogar demonstrative Religiosität, die sowohl im Hip-Hop als auch in den neuen islamisch-europäischen Normen zum Ausdruck kommt.

Die musikalische Praxis ist im Koran keineswegs verboten, doch spätere Exegesen – vor allem moralischer Natur – halten die Gläubigen dazu an, auf den Inhalt der Lieder zu achten und Aufforderungen zur Unzucht und zur überschwänglichen Trunkenheit zu meiden. Der konservative Theologe Yusuf al-Qaradawi aus Katar weist darauf hin, dass nach Ansicht der muslimischen Juristen der Gesang an sich nicht verboten und nur dann nicht erlaubt sei, wenn er andere Verbote berühre. Seiner Meinung nach würden der Gesang und die Musik nämlich oft

»mit Luxus, Weingelagen und verbotenen Abendgesellschaften« einhergehen. Es sei auch die Art des Singens, die eine »gewisse Anziehungskraft und die Instinkte weckende Koketterie« entfalten könne und auf diese Weise Versuchungen und Leidenschaften wachrufe. Der Gesang dürfe keine »niederen Instinkte« wecken und im Menschen nicht die »tierische Seite« dominieren lassen.[242]

Die muslimischen Musiker müssen sich also mit eventuellen religiösen Verboten auseinandersetzen. Für einige ist das ein Dilemma, wenn sie sich zwischen der Treue zum Glauben und ihrer Liebe zur Musik entscheiden müssen. Die französische Rapperin Diam's ist ein Beispiel dafür: 1980 als Tochter einer französischen Mutter und eines griechisch-zypriotischen Vaters geboren, verkündete sie 2012, das heißt vier Jahre nach ihrem Übertritt zum Islam, das Ende ihrer Karriere. Als die Presse 2009 Fotos von ihr veröffentlichte, auf denen sie beim Verlassen einer Moschee ein islamisches Kopftuch trägt, löste dies einen Skandal aus. Ihr Rückzug aus der Musikszene war ein Zeichen für die Unvereinbarkeit des Islam mit einer modernen Musikrichtung und den dazugehörigen öffentlichen Auftritten einer Frau. Es ist ein erstaunliches Paradoxon, dass ausgerechnet in den europäischen Gesellschaften ein veraltetes Verbot durch eine konvertierte junge Künstlerin wieder auftaucht.

Es ist uns nicht bekannt, ob Zeyneb, die Kopftuch tragende Gymnasiastin unserer Toulouser EÖB-Gruppe, von Diam's inspiriert wurde, aber jedenfalls will sie Sängerin werden. Den Wunsch nach einer künstlerischen Karriere hat sie trotz religiöser Vorbehalte klar geäußert. Die allgemein vorherrschende Interpretation der Koranvorschriften hinsichtlich der Scham und des *Awra*-Grundsatzes ermutigt in der Tat Frauen nicht gerade, vor einem gemischten Publikum – das heißt in Gegenwart von Männern – zu singen.[243] Ganz rigorose und sektiererische Exegeten behaupten sogar, dass, wer einmal die Grundsätze des Islam akzeptiert habe, gegenüber dem Glauben »konsequent« sein und die Sphären des mondänen Lebens der Religiosität unterordnen müsse. Worte wie »Begierde« oder »Frustration« hätten in der Welt des Gläubigen keinen Platz.

Musik, Ernährung und Sexualität:
die Schmelztiegel für neue Formen islamischer Normen

In Birmingham, jener multiethnischen Stadt, die von der Rebellionskultur junger Leute geprägt ist, kann man wahrscheinlich am besten beobachten, wie die muslimische Jugend sich in die europäische Musikszene einbringt, und zwar mit all den damit zusammenhängenden Problemen. Birmingham hat einen hohen Migrantenanteil, die meisten stammen aus Pakistan und Indien, aber auch aus Somalia und dem Jemen. Neuerdings kommen auch Osteuropäer hinzu. In der Stadt haben sich zahlreiche islamische Netzwerke entwickelt.[244]

Sie gelten als Stützpunkte für die »englischen Taliban« und seit den Anschlägen vom 7. Juli 2005 in London auch als Basis für den »hausgemachten« (*home grown*) Terrorismus. 2009 kam es in Birmingham zu Zusammenstößen zwischen islamistischen Gruppierungen und rechtsextremen Briten. Den Anlass dazu gaben die Krawalle gegen den Einsatz britischer Truppen in Afghanistan und im Irak. Aus diesen Gründen haben dort die Sicherheitspolitik und die Antiradikalisierungsprogramme für junge Leute – zum Beispiel *Prevent* – einen hohen Stellenwert.

Während unseres Forschungsaufenthaltes in Birmingham trafen wir Frauen, die uns von den Krawallen, von der Radikalisierung der Jugend und von der Wut ihrer eigenen Söhne, ihrer *bad muslim boys*, berichteten. Sie betonten, wie wichtig es sei, ihre Empörung und ihr Mitteilungsbedürfnis zu begreifen. Die Musik sei dabei für sie eine Möglichkeit, die Ungerechtigkeiten zum Ausdruck zu bringen und ihre Gefühle zu kanalisieren. Die Themen, beispielsweise die Besetzung des Gaza-Streifens und die getöteten Brüder und Schwestern, sind gewiss emotional stark belastet und politisch radikal. Die Religion kann jedoch ein Element der Ruhe beisteuern und einen Übergang vom *Street Fighting* zum *Street Praying*, von den Straßenkämpfen zum Straßengebet, ermöglichen.

Der islamische Hip-Hop vermittelt den jungen Leuten ein Gefühl von Stolz und Popularität, vergleichbar mit dem *Black Power Movement*. In dem Songtext – *I am dirty, but I point towards a good direction* – verkünden sie, dass sie mit dem Islam die richtige

Richtung einschlagen, auch wenn sie Sünder und eine gesellschaftliche Randgruppe seien. Sie würden sich der Hip-Hop-Kultur zuwenden, weil diese ihrem Engagement für die islamischen Normen Wertschätzung entgegenbringe. Über diese Musik komme es zu Freundschaften zwischen Muslimen verschiedener Herkünfte, zwischen Menschen aus Afrika, aus der Karibik, aus Jamaika und anderswoher. Der Hip-Hop ist eine Mischung verschiedener Stilrichtungen. Die muslimische Jugend, Frauen wie Männer, ist Träger dieser neuen vom Islam geprägten Kultur mit vielerlei kreativen Mischformen. Zum Ausdruck kommt dies durch die Fusion von unterschiedlichen Musikstilen, durch die Multiethnizität, die sprachliche Polyphonie, durch die bunte Kleidermischung und die Erfindung sozialer Etiketten.

Ihren Glauben definieren sie durchweg durch das Prisma ihrer europäischen Erfahrung. Es sind die Bereiche der Kunst, der Ernährung und der Sexualität, in denen sich die Normen konträr gegenüberstehen, in Birmingham genauso wie im übrigen Europa. Die beiden Extremfiguren – die Frau in der Burka und der homosexuelle Gläubige – kristallisieren auf besonders paradoxe Weise die Spannung zwischen dem persönlichen Glauben, der islamischen Normativität und der europäischen Sexualitätskultur. Die Burka – auch bei den zum Islam konvertierten Europäerinnen – ist eine Steigerung der islamischen Norm. Mit der Vollverschleierung ihres Körpers bezeugt die Frau in der Burka ihren Glauben und glaubt, so das islamische Gesetz – die Scharia – zu verkörpern. Es handelt sich um eine demonstrative Religiosität, die sich den mit der sexuellen Freiheit verbundenen Werten entziehen will. Das Gegenstück dazu ist der homosexuelle muslimische Gläubige, der für die Rechte sexueller Minderheiten kämpfen möchte, ohne dafür seinen Glauben aufgeben zu müssen. Am 30. November 2012 wurde in Paris eine »inklusive« Moschee gegründet, die zu einer neuen Verbindung zwischen unterschiedlichen sexuellen Identitäten und Glaubensrichtungen wurde. Das Anliegen des Gründers war es, einen alternativen religiösen Bereich zu schaffen, der auch den Muslim-inn-en mit »dissonanter Identität«, das heißt den sexuellen Minderheiten, offen steht.[245]

Die eine Figur plädiert also für die Reinheit in Extremform, die andere zerlegt die Kategorien des Unreinen. Die eine bricht mit den Werten der sexuellen Freiheit und mit der Verfügbarkeit der Frauen, die andere bekennt sich zur Kultur der sexuellen Minderheiten. Die neue islamische Normativität entwickelt sich in beiden Formen, in der Burka ebenso wie in der Inklusiv-Moschee. In beiden Fällen handelt es sich um ungewöhnliche, exotische Figuren, die nur schwer fassbar und schwierig zu benennen sind. Sie lösen in den europäischen Gesellschaften Skandale aus, sind aber auch in den muslimischen Traditionen ungewöhnlich und stellen sogar einen Verstoß gegen die Scharia dar. Hinter ihnen stehen aktive Minderheiten, die mit ihrer Erforschung der kulturellen und religiösen Normen die neue Situation des europäischen Islam sehr wohl mitgestalten.

Die Frage nach dem Zusammenhang zwischen dem althergebrachten Sakralen, der persönlichen Erfahrung und der mondänen Moderne liegt diesen Praktiken zugrunde. Die Spannungen zwischen dem Offenbarungstext und dem Kontext des Lebens, zwischen der Transzendenz und der Immanenz, zwischen der Frömmigkeit und der Begierde, zwischen der Abstinenz und den Verlockungen charakterisieren die Praktiken der ganz normalen europäischen Muslime, und seien sie auch noch so extravagant.

In Anbetracht dieser Lebensstile verwandelt sich auch die Autorität in religiösen Fragen. Das Auftreten junger muslimischer Theologen mit europäischer Lebenserfahrung und religionswissenschaftlicher Bildung zeigt, dass diese völlig neuen Fragen – ausgelöst durch die Verankerung des europäischen Islam – durchaus Anerkennung finden.[246] Ihre Interpretationsarbeit hängt nicht nur davon ab, inwieweit sie den in Europa lebenden Muslimen deren Hemmungen gegenüber den religiösen Autoritäten der mehrheitlich islamischen Länder nehmen können, sondern auch davon, inwieweit sie diesem europäischen Islam dessen Einzigartigkeit vermitteln können. In diesem Sinne hält ein muslimische Musiker mit auffallend langem Bart in unserer Toulouser EÖB-Gruppe folgendes Plädoyer: »Wir sollten die Frustrationen vermeiden und ein Terrain finden, auf dem wir uns mit dem Althergebrachten, dem Sakralen, arrangieren können. Die Religion muss zeigen, dass sie die jungen Leute akzeptiert, so wie diese die Religion akzeptieren.«

Im modernen Europa hat ein Wandlungsprozess eingesetzt: Das Band zwischen der Subjektivität der Muslime und den unterschiedlichen Arten, den Glauben zu leben, verändert sich. Der theologische Sinn der islamischen Normativität nimmt neue soziologische Bedeutungen an. Wie in seiner Entstehungszeit muss sich der Islam mit anderen Religionen, anderen Normen und Gewohnheiten auseinandersetzen und sich von ihnen abheben. Der frühe Islam hat vor allem gegenüber den Juden und heidnischen Arabern seine Singularität behauptet. Die in Europa lebenden Muslime versuchen heute, sich nicht nur von ihren andersgläubigen Nachbarn abzusetzen, sondern auch von den traditionellen Interpretationen des arabisch-muslimischen Islam. Deshalb ist im europäischen Kontext, wo die drei monotheistischen Religionen um ihren Platz streiten, das Schweinefleischverbot – eine Frage, die seit den Anfängen der auf Abraham zurückgehenden Religionen omnipräsent ist – wieder hochaktuell.

Der jüdische Gradmesser

Die öffentlichen Kontroversen betreffen nicht nur abstrakte Ideen und werden nicht nur über konzeptionelle Debatten ausgetragen. Es geht eben auch um körperliche Praktiken und Essgewohnheiten, ja sogar um Tiere. In Frankreich trat das Schwein, wie wir festgestellt haben, als »nationales Symbol« auf. Aber nicht nur in Frankreich: Überall in Europa wurde es zu einer öffentlichen Figur hochstilisiert und spielte in den Aktionen gegen die *Halal*-Lebensweise der Muslime sogar die Hauptrolle. Um die Muslime zu stigmatisieren und die islamischen Essverbote ins Lächerliche zu ziehen, wurde das Schwein nach 2000 von radikal-nationalistischen Gruppierungen zu einem typischen Merkmal der Mehrheitskultur aufgewertet: So wurden in Frankreich in den ersten Jahren nach 2000 beispielsweise öffentliche Veranstaltungen organisiert, bei denen als Umtrunk Wein und luftgetrocknete Salami gereicht wurden. Diese sogenannten »Apéro saucisson-pinard« galten als Synonym für die kulinarischen Werte der Nation und wurden ultra-provokativ, aber nur von einer Minderheit ausgetragen. Das Echo war dementsprechend gering. 2010, zum Jahrestag des Appells von General de Gaulle, der am 18. Juni 1940 die Nation zum Widerstand gegen die Nazi-Besatzung aufgerufen hatte, wollten erneut mehrere rechtsextreme Organisationen – unter anderem der *Bloc identitaire* – im Pariser Goutte-d'Or-Viertel, mit einer überwiegend muslimischen Bevölkerung, einen »Apéro saucisson-pinard« organisieren. Sie verstanden es als eine Art »Widerstand« gegen die »Besetzung« des 18. Arrondissement durch die Straßengebete und durch »entschiedene Gegner unserer heimischen Weine und Wurstwaren«.

Auch in Italien haben zum Beispiel Aktivisten der *Lega Nord* des Öfteren vor den muslimischen Kultstätten ostentativ

Salamiprodukte verzehrt. Und 2008 haben militante Anhänger der neofaschistischen *Forza Nuova* auf ihren anti-islamischen Kundgebungen gegen den Bau von Moscheen einen öffentlichen Imbiss mit dem Titel »Schweinebraten« organisiert.[247]

So bekommt auch in den Kampagnen gegen den Neubau von Moscheen das Schwein seinen Platz und wird benutzt, um die Bauplätze zu entweihen. In Bologna und Padua veranstaltete man »Schweinespaziergänge«. Im Jahre 2000 hatten weitere Anhänger der *Lega Nord* in Lodi den Bauplatz einer zukünftigen Moschee mit Schweineurin besprengt, um ihren Unwillen gegen die »schleichende Islamisierung der Lombardei« zum Ausdruck zu bringen. 2007 hat der damalige Minister Roberto Calderoli (Mitglied der *Lega Nord*) im Ramadan-Monat einem lokalen Ausschuss ein Schwein zur Verfügung gestellt, um es in Bologna auf dem Bauplatz einer geplanten Moschee ausführen zu lassen. Im April 2004 schmierten in Rimini islamophobe christliche Extremisten mit Schweinefett den Spruch »Christus ist der König« an die Haupteingangstür der Moschee.[248] Im Dezember 2009 fand man vor einer Moschee in der südwestfranzösischen Stadt Castres Schweinsfüße und -ohren.[249] Diese äußerst symbolischen islamophoben Aggressionen haben in den 2010er Jahren deutlich zugenommen.

Das Schwein wird benutzt, um die Muslime einzuschüchtern und deren Kultstätten zu schänden, obwohl das Tier an sich für die Muslime gar kein Symbol der Schändung ist. Das wurde uns auf unserer Forschungsreise mehrmals bestätigt, so auch durch Yassine, einen marokkanisch-stämmigen jungen Mann aus Bologna, der sich unverblümt amüsiert über die grotesken Aktionen der fanatischen Nationalisten, die glauben, durch die Schändung mit Schweineköpfen den Bau von Moscheen verhindern zu können: »Alle Welt glaubt, dass wir Muslime kein Schwein anfassen können. Aber ich kann ein Schwein problemlos anfassen und es sogar wie einen Hund spazieren führen. Ich kann es nur nicht essen, denn Gott verbietet mir, sein Fleisch zu essen. Aber er verbietet mir nicht, es anzufassen.«[250]

Die Kontroversen um den Islam und das Judentum

Die Kontroversen um den Islam beziehen auch das Judentum und dessen Verbote in die Debatten mit ein und machen daraus eine Art Doppelgespann. Die »Rückkehr des Schweins« – um den Ausdruck von Pierre Birnbaum zu übernehmen – wirkt sich auch auf den Ruf und den Status der in Europa lebenden Juden aus. »Gestern wie heute«, schreibt Birnbaum, »werden die Juden aufgefordert, ihre ›althergebrachten Sitten‹ aufzugeben, sei es aus biologischen Gründen oder wegen eines universalistischen Laizismus, der trotz allem in kultureller Hinsicht im Christentum verankert ist.«[251]

Die Juden sind – ob sie es wollen oder nicht – in die Kontroversen um den Islam verwickelt, und zwar wegen der rituellen Schlachtung, wegen der Beschneidung oder der religiösen Gerichte, wegen des Bilderverbots oder wegen der Debatten um die »jüdisch-christlichen Wurzeln« Europas. Bei den aktuellen Debatten um den Islam geht es also auch um den Platz des Judentums und um die jüdische Identität. Auch die Juden werden wieder öffentlich sichtbar, obwohl deren Status als religiöse Minderheit über einen längeren Zeitraum kaum mehr Probleme bereitet hatte.

Das Judentum und der Islam haben als Gemeinsamkeit die starke Verbindlichkeit ihrer Gesetze. Sie dienen in beiden Religionen als Rahmen für die Organisation des Lebens. Dabei greifen beide Konfessionen auf kanonische Texte zurück: Die *Halaka* beziehungsweise die Scharia bildet die Grundlage für die religiösen Praktiken.[252] Auf Grund ihrer vergleichbaren Vorschriften und Verbote hat man die beiden Religionen in den europäischen Kontroversen oft in einen Topf geworfen, obwohl der zeitgleiche Anstieg des Antisemitismus und der Islamophobie die beiden Religionen eigentlich distanziert und wechselseitige Feindseligkeiten ausgelöst hat.[253] Nach der Shoah kam in Europa ein Versöhnungsprozess mit den Juden in Gang, der dazu führte, dass die »jüdisch-christlichen« – und nicht mehr die »griechisch-lateinischen« – Wurzeln der europäischen Kultur immer mehr in den Vordergrund gestellt wurden. Das arabische und muslimische

Erbe wurde dabei aber verleugnet. Das Spiel von Nähe und Distanz zwischen Juden und Muslimen muss aus zwei unterschiedlichen Perspektiven heraus betrachtet werden. Zum einen gilt es, im Spiegel der jüdischen Religionsgeschichte Europas nach der muslimischen Präsenz zu forschen, zum andern ist das Verhältnis der Juden zum Islam im Hinblick auf die gegenwärtigen Herausforderungen zu untersuchen. Die sich überkreuzenden Temporalitäten innerhalb der europäischen Geschichte – das Judentum in der Vergangenheit und der Islam in der Gegenwart – machen es in der Tat schwierig, sich gegenseitig anzuerkennen.

Religiöse Riten wie die Beschneidung oder die koschere beziehungsweise die *Halal*-Ernährung lösen zum Teil Hassgefühle oder Ressentiments gegenüber den in Europa lebenden religiösen Minderheiten aus. Sie lassen manche Regierung auch auf Techniken zurückgreifen, die die Grenzen zwischen den Religionen betonen und deren Nähe zur weltlichen Moderne regulieren sollen. In diesem Prozess der Anpassung und des Ausschlusses religiöser Praktiken wird die Beziehung zum Judentum auch zu einem Gradmesser für das Verhältnis zwischen Europa und den Muslimen.

Die Distanz zwischen Juden und Muslimen ist historisch unterschiedlich ausgeprägt: Sie variiert je nach Epoche und vorherrschendem Zeitgeist. Für die Mythen, die das Verhältnis zwischen beiden Religionen festlegen, gibt es verschiedene historische Interpretationen. Der Gradmesser orientiert sich an der Art, wie die wechselseitigen Überschneidungen und Rivalitäten wahrgenommen und aufgebaut werden.

Die Historiker teilen sich dabei in zwei Lager: auf der einen Seite die Schule der Betonung der Harmonie, auf der anderen die des Konfliktes.[254] Erstere glaubt an die Möglichkeit einer interreligiösen Utopie und bezieht sich dabei auf die Epochen, in denen die beiden Religionen friedlich nebeneinander existierten, beispielsweise im mittelalterlichen Spanien oder im Osmanischen Reich, wo den Juden ein Schutzstatus *(Dhimmi)*[255] zugestanden wurde. In ihrem Buch *Becoming Ottomans* bestätigt Julia Phillips Cohen, dass die Juden sich als Bürger des Osmanischen Reichs anerkannt fühlten.[256] Die Identifizierung der Juden mit dem Osmanischen Reich schlägt sich ganz konkret in ihrer Aneignung der Symbole nieder: Der Halbmond, der Reichsstern oder die stilisierte Unterschrift des Sultan *(Tugra)* findet man auch auf den in den jüdischen Ritualen verwendeten Gegenständen, beispielsweise auf dem Gebetsschal (*Talit*) oder dem silbernen Gewürzturm *(silver spice tower)*. Das von Tanzimat (1839–1876) als Reform in Aussicht gestellte osmanische Bürgerrecht und die juristische Gleichstellung der nicht-muslimischen Untertanen haben jedoch später – mit dem Aufkommen des Nationalstaates – die Deportierung der armenischen Bevölkerung ebenso wenig verhindern können wie die regelmäßig wiederkehrenden antisemitischen Gewaltakte in der jungen Republik. Im Gegensatz dazu betonen die Konfliktanalytiker die langwierige Kontinuität des Hasses zwischen Juden und Muslimen. In Abgrenzung zu denen, die glauben, dass der Antisemitismus mit dem realisierten Frieden zwischen Israel und Palästina verschwinden wird, behauptet die Konfliktschule, dass die Wurzeln des Antisemitismus schon in den Anfängen des Islam liegen.[257] Heute lehnt die Mehrheit der Muslime diese Vorstellung aber ab und favorisiert die idealisierte Erzählung aus der Vergangenheit des Mittleren Ostens, in der Werte wie Toleranz und Gastfreundschaft ihren angestammten Platz haben. Die feindseligen Gewaltakte des islamistischen Terrorismus erklären sie sich ausschließlich mit der Politik des israelischen Staates in Palästina. Dass es möglicherweise zwischen dem politischen Islamismus und dem Antisemitismus Verbindungen gibt, wird nur ungern zugegeben.

Auf der anderen Seite gibt es jüdische Strömungen, die eine Linie ziehen zwischen dem alteingesessenen westlichen Antisemitismus und den aktuellen islamistischen Ausdrucksformen. Die jüdische Geschichte in Europa bleibt tief gezeichnet von der Erinnerung an die Shoah. Deshalb sehen diese Strömungen in der massiven muslimischen Präsenz und im islamistischen Extremismus Anlass für neue Sorgen. Einerseits haben sie Angst, zur Zielscheibe eines muslimischen Antisemitismus zu werden, andererseits fürchten sie, dass die Islamophobie-Welle auch ihren bisher erreichten Status zerstört. In den aktuellen Konflikten fühlen sie sich von der Vergangenheit eingeholt. Dieser Komplex wird zu einem Gradmesser für die aktuelle Beziehung zwischen Europa und dem Islam und bekommt somit eine neue Bedeutung. Dabei müssen sich das Judentum und der Islam beide mit den Normen der weltlichen Moderne auseinandersetzen.

Die Ablehnung der *Halaka* und der Scharia hat im christlichen Europa eine lange Tradition

Das deutsche Beispiel, ebenso komplex wie tragisch, zeigt, wie wichtig es ist, die moderne Geschichte der beiden Religionen parallel zu betrachten. Erstaunlicherweise tauchen heute in Bezug auf den Islam Streitthemen auf, die im Deutschland des 19. Jahrhunderts hinsichtlich des Judentums aktuell waren. Die jüdischen Rituale wurden damals allgemein als »orientalisch« empfunden. Die Debatten, welche die Juden vor zwei Jahrhunderten als religiöse Minderheit auslösten, haben eine irritierende Ähnlichkeit mit den aktuellen Kontroversen um den Islam: Damals ging es vor allem um den Bau von Synagogen, das Tragen der Kippa bei Gerichtssitzungen oder um die Befreiung jüdischer Kinder vom Sportunterricht am Sabbat oder vom Religionsunterricht an den öffentlichen Schulen. Auf diese Parallelität hat vor allem der israelische Rechtssoziologe Shai Lavi hingewiesen.[258] In der zweiten Hälfte des 19. und Anfang des 20. Jahrhunderts waren die jüdischen Rituale das zentrale Thema in der Auseinandersetzung zwischen dem deutschen Nationalismus und dem jüdischen Partikularismus. In den öffentlichen Debatten ging es damals vor allem um zwei jüdische Vorschriften: die koscheren Fleischwaren und die Beschneidung *(Brit Milah)* der Jungen. Obwohl es zwei grundverschiedene Rituale sind, sahen damals bestimmte Schichten in Deutschland genau in diesen beiden den störenden Unterschied zwischen den Juden und den Sitten der Mehrheit. In pseudowissenschaftlichen Abhandlungen wurden die jüdischen Traditionen damals als rückständiger Aberglaube abgetan.[259]

Die Beschneidung ist ein biblisch vorgeschriebener Übergangsritus für einen Jungen am achten Tag nach der Geburt. Laut Altem Testament ist es das in Fleisch gravierte Zeichen für das Bündnis zwischen Gott, Abraham und dessen Nachkommen. Im Laufe der Zeit kam eine weitere Bedeutung hinzu: die

Zugehörigkeit zur Glaubensgemeinschaft. Die Beschneidung und die Verpflichtung zu koscheren Speisen galten fortan als die typischen Praktiken der in Europa lebenden Juden. Die zweite Vorschrift springt mit den koscheren Metzgereien entschieden mehr ins Auge als die Beschneidung. In beiden Fällen geht es um Fleisch, um die Verwendung eines Messers und um Blutvergießen, im weitesten Sinne alles Themen, die auf die deutsche Gesellschaft beunruhigend wirkten. Die amerikanische Historikerin Robin Judd hat in ihrem Buch über die »umstrittenen Rituale« in Deutschland[260] den in der Weimarer Republik (1918–1933) tobenden Streit um diese beiden Rituale deutlich beschrieben. Er beginnt in der Zeit nach 1850, nimmt nach der nationalstaatlichen Einigung in den 1880er und 1890er Jahren radikalere Formen an und mündet schließlich 1933 unter den Nazis in einem Verbot der beiden Praktiken. Auch wenn die Vokabeln sich über die Zeit ändern, werden immer die gleichen Vorwürfe an die Juden gerichtet: Sie würden sich von der gesellschaftlichen Mehrheit absondern, sich gegenüber den Tieren grausam verhalten, Blut vergießen und die Kriterien der Hygiene und Gesundheit missachten.

Die aktuellen Debatten um die religiösen Praktiken der in Europa lebenden Muslime haben im Kollektivbewusstsein diese alten Konflikte wieder aufleben lassen. Wie wir gesehen haben, ist die Debatte um das *Halal*-Essen ein später Widerhall der Auseinandersetzung um das koschere Essen. Zudem steht die Beschneidung – eine Vorschrift, die sowohl Juden als auch Muslime kennen – mit dem Kölner Gerichtsurteil vom Juni 2012 wieder im Rampenlicht: Dieser Ritus wird nun als Straftatbestand geahndet[261] – eine Entscheidung, die in erster Linie gegen die Muslime gerichtet ist, aber auch die jüdische Bevölkerung in Deutschland nicht unberührt lässt.

Beide Religionen berufen sich bei ihrer Beschneidungspraktik auf Abraham. Auch wenn sie vom Koran nicht vorgeschrieben wird, gehört sie doch zur prophetischen Tradition und wird von der *Sunna* empfohlen. Die Beschneidung ist ein vorislamischer Brauch, der durch den Islam weiterlebt und die Bedeutung eines Übergangsritus angenommen hat. Sie geht mit einer Zeremonie einher, zu der auch Festivitäten und Schafopfer gehören. In traditionellen Kreisen symbolisiert sie den Eintritt des Kindes in die religiöse Gemeinschaft.[262] Deshalb ist diese religiöse Norm auch ein Kulturbrauch, der die Zugehörigkeit zur muslimischen Glaubensgemeinschaft kenntlich macht. Wie im Judentum ist die Beschneidung das Kennzeichen für den muslimischen Mann, aber auch eine Markierung in der Eltern-Kind-Beziehung und in der Beziehung zwischen Mann und Frau. Der Ritus wird von einer Generation an die andere weitergegeben, und es ziemt sich nicht für eine muslimische Frau, einen unbeschnittenen Mann zu ehelichen. Denjenigen, die sich zum Islam bekehren, wird empfohlen, sich dem Initiationsritus der Beschneidung zu unterziehen, um voll und ganz zur Gemeinschaft zu gehören. Selbst die nicht praktizierenden Muslime pflegen diesen religiösen Brauch und hinterfragen ihn kaum.[263] So lassen es sich auch die Migranten in Europa trotz der neuen Lebensbedingungen nicht nehmen, diese »althergebrachte« Praktik weiter auszuüben.

Die Lektionen aus den Kontroversen um die Beschneidung

Die Beschneidung eines vierjährigen Jungen im November 2010, der mit seinen türkischstämmigen Eltern in Köln lebt, hätte kein besonderes Aufsehen erregt, wenn es nicht zu medizinischen Komplikationen gekommen wäre. Der Junge musste als Notfall ins Krankenhaus gebracht werden, nachdem er wenige Tage nach dem Eingriff Blutungen bekommen hatte. Die Kölner Staatsanwaltschaft leitete daraufhin ein Verfahren gegen den Arzt ein, der diesen Eingriff vorgenommen hatte. Der Prozess löste eine bundesweite Diskussion aus, die bis zum Europäischen Rat führte. Das Kölner Landgericht entschied sich für ein Verbot der Beschneidung und begründete es damit, dass es die körperliche Unversehrtheit des Kindes verletzen würde. Das Urteil wurde in verschiedenen Kreisen empört aufgenommen und sorgte dafür, dass die Beschneidungsdebatte nicht allein den Expertengremien vorbehalten blieb. Der Rechtsexperte Holm Putzke hatte zuvor schon mehrere Artikel mit der Forderung veröffentlicht, die Beschneidung unter Strafe zu stellen. Das von seinen Überlegungen inspirierte Kölner Gerichtsurteil markiert eine neue Etappe in der juristischen Reglementierung religiöser Praktiken von muslimischen Mitbürgern. Obwohl kein medizinisches Fehlverhalten nachzuweisen war und die Zustimmung der Eltern vorgelegen hatte, entschieden sich die Richter, gegen die Beschneidung vorzugehen. Als Hauptargument wurde das »Wohlbefinden« des Kindes angeführt: Es würde sich um eine Verletzung der körperlichen Unversehrtheit handeln, weil die körperliche Veränderung nicht mehr rückgängig zu machen sei. Außerdem würde es seine Autonomie und seine Freiheit beeinträchtigen, zu einem späteren Zeitpunkt seine Religion selbst zu bestimmen.

Eine althergebrachte, familiäre Praxis, die in der europäischen Geschichte immer eher als Kennzeichen für das Judentum als für den Islam galt, wurde so zu einer öffentlichen Angelegenheit. Hier stehen sich zwei Grundsätze gegenüber: die freie Religionsausübung und der Respekt vor der körperlichen Unversehrtheit des Kindes.[264] Auf der einen Seite verurteilten die Vertreter der drei großen monotheistischen Religionen in einhelliger Solidarität die juristische Einmischung in den Bereich des Glaubens. Auf der anderen Seite warfen die wissenschaftlichen Experten der Medizin, der Kinderheilkunde und der Rechtswissenschaft als Argument das Interesse des Kindes in die Waagschale.[265] Die Beschneidung als einen Akt der Verstümmelung, der Barbarei oder gar des religiösen Extremismus hinzustellen bringt eine insbesondere gegen die muslimische und jüdische Gemeinschaft gerichtete antireligiöse Haltung zum Ausdruck. Der intellektuelle Deutsch-Iraner Navid Kermani bezeichnete dies als einen Triumph des »vulgären Rationalismus«.[266]

Die Sprecher der türkischen Migranten warnten vor diesem Gerichtsurteil, das für die Muslime ein eindeutiges Zeichen dafür sei, »dass sie nicht zur deutschen Gesellschaft gehören und nicht willkommen sind«. Auch der Konferenzvorsitzende der europäischen Rabbiner bezeichnete das Gerichtsurteil als »den schlimmsten Angriff auf das jüdische Leben in Europa seit der Shoah«.[267] Nachdem sich die Wortführer des Judentums eingeschaltet hatten, änderte sich die Debatte in dem durch seine Vergangenheit belasteten Deutschland: Aus dem die Muslime betreffenden Vorfall in Köln wurde nun auch eine Frage, welche die Juden betrifft, und so sahen sich die politischen Entscheidungsträger – allen voran Angela Merkel – gezwungen, nach Lösungen zu suchen, die die den Juden gewährte freie Religionsausübung nicht aufheben. Zur allgemeinen Beruhigung der Gemüter wurde ein neues Gesetz verabschiedet, das die Beschneidung unter verstärkter medizinischer Kontrolle genehmigt: Die Präsenz eines Arztes wurde bei jeder Form von Beschneidung zur Vorschrift, es sei denn, der Eingriff würde schon in den ersten sechs Monaten nach der Geburt des Kindes vorgenommen. Die für den achten Tag vorgesehene jüdische Beschneidung kann demnach der dafür zuständige religiöse Fachmann *(Mohel)* vornehmen. Das gilt nicht für den muslimischen Beschneidungsfachmann (türkisch: *Sunnetci*). Es gibt Leute, die in dieser für die jüdische Praxis gewährten Ausnahme einen Verstoß gegen den Gleichheitsgrundsatz sehen, der sich aber durch die historische Schuld der Deutschen erklären lässt.

Die Anti-Beschneidungs-Politik griff auf andere Länder über, insbesondere auf die Schweiz und auf Österreich: Zwei Krankenhäuser – in Zürich und St. Gallen – beschlossen, medizinisch nicht notwendige Beschneidungseingriffe vorübergehend auszusetzen. In einem österreichischen Bundesland sind Beschneidungen aus nicht-medizinischen Gründen in allen öffentlichen Kliniken seitdem ganz verboten. Es mag paradox klingen, wie die französische Politologin Dominique Schnapper zu Recht betont, dass das oft als zu sehr auf Integration drängend kritisierte Frankreich in diesem Punkt eine pragmatische Haltung einnimmt und die Beschneidungspraxis toleriert. In Deutschland hat sie hingegen eine umfangreiche Kontroverse über die demokratischen Grundsätze ausgelöst. Wie kann man die Grenze zwischen der Privatsphäre und dem öffentlichen Bereich respektieren? Ist das Grundrecht des Persönlichkeitsschutzes mit der Treue gegenüber religiösen Traditionen vereinbar? Diese Grundfragen stellen sich in sämtlichen europäischen Demokratien.[268] Beziehen sie sich jedoch auf die Praktiken der Muslime, werden sie zumeist nicht mit allgemeinen Grundsätzen in Verbindung gebracht, weder mit dem Multikulturalismus noch mit den Rechten für religiöse Minderheiten. Ein weiteres Mal wird deutlich, dass die europäischen

Länder – trotz ihrer jeweiligen historischen oder politischen Besonderheiten – der islamischen Andersartigkeit alle auf ähnliche Weise begegnen. Man bemüht sich um eine Neudefinition der islamischen Religion, und zwar unter Berücksichtigung der weltlichen Werte und im Hinblick auf bestimmte Rechte, insbesondere die Rechte der Frauen und Kinder. Die Unterscheidung zwischen religiösen Vorschriften und Bräuchen und die medizinische Betreuung der Rituale werden zu Voraussetzungen, um die religiösen und weltlichen Sphären voneinander zu trennen.

Die Debatte um die Beschneidung war nicht allein auf die Religion der Migranten beschränkt. Sie betraf auch die Juden, und so kamen mit der Kontroverse auch Erinnerungen an die Zeit vor der Shoah hoch.[269] Wie die rituelle Schlachtung sorgte auch die Beschneidung als archaische und barbarische Praxis für einen Skandal. Sowohl die Muslime als auch die Juden mussten hinnehmen, dass man ihre Religion als »prämodern« und für nicht-kompatibel mit den modernen europäischen Werten abtat.

Die beiden unterschiedlichen Kontroversen zeigen die Wichtigkeit der religiösen Praktiken, die den Juden und Muslimen gemeinsam, den europäischen Christen aber fremd sind. Es wäre jedoch falsch, in ihnen nur einen Ausdruck von Antisemitismus und Islamophobie zu sehen. Die Zunahme fremdenfeindlicher Begründungen ist laut Shai Lavi in Beziehung zur Verbreitung ethischer Argumente zu sehen.[270] Ende des 18. und im frühen 19. Jahrhundert kommt im christlichen Europa eine neue humanistische Ethik auf. In diesen Kontext sind die Sorgen über die mutmaßlich unmenschliche Natur der rituellen Schlachtung und der Beschneidung einzuordnen. Denn beide Praktiken werden kritisiert, weil sie wehrlosen Geschöpfen Leid zufügen. Gefördert wird diese neue ethische Sensibilität durch die Entwicklung der medizinischen Wissenschaften, aber auch durch den angeblich »liberalen« Staat, der das »private« Moralempfinden genauso lenkt wie das Verhalten in der »Öffentlichkeit«. Der Kinder- und der Tierschutz berechtigen den Staat, sich immer stärker in die Privatsphäre einzuschalten, in den früher geschützten Intimbereich.

Im Judentum wie im Islam stellen die religiösen Bräuche die Regeln des Alltagslebens auf. Die moderne Annäherung des christlichen Säkularismus macht jedoch aus der Schlachtung und aus der Beschneidung ein Ritual, das heißt einen transzendenten Moment innerhalb des weltlichen Lebens. Dazu gehört – laut Lavi – der Versuch, die jüdischen Traditionen zu reformieren und den protestantischen Praktiken anzugleichen. Eines dieser Argumente gegen die koschere Schlachtung besagt, dass diese Praktik nicht zur jüdischen Religion gehöre, sondern ein einfaches Ritual sei. Man stützt sich dabei auf die Tatsache, dass der detaillierte Schlachtakt, insbesondere die Verwendung des Messers und folglich das Verbot der Betäubung, in der Bibel gar nicht vorkommt. Die Debatte zur Beschneidung kam Mitte des 19. Jahrhunderts auf, als jüdische Eltern in Deutschland den Beschneidungseingriff für ihre Neugeborenen ablehnten. Dass diese jedoch gleichzeitig ihre Kinder als vollwertige Mitglieder der jüdischen Glaubensgemeinschaft registrieren lassen wollten, wurde ihnen von orthodoxen Rabbinern verweigert, obwohl die Beschneidung eigentlich keine Vorbedingung ist, um Jude zu werden. Die Rabbiner bestanden trotzdem auf der Pflicht zur Beschneidung. Sie sahen in ihr einen notwendigen Übergangsritus, um in der jüdischen Glaubensgemeinschaft akzeptiert zu werden, und stellten sie somit der christlichen Taufe gleich.[271]

Wie der amerikanische Anthropologe Talal Asad in seinem Buch über die Genealogien der Religion deutlich zeigt, setzt sich mit der Säkularisierung eine moderne Auffassung zum Ritual durch. Die traditionelle Haltung zu den Vorschriften wird durch ein Handbuch ersetzt, in dem die Verhaltensregeln in Abstimmung mit den gesetzlichen Vorgaben genau festgelegt werden.[272] Asad weist auch darauf hin, dass der Begriff »Ritual« der jüdischen Tradition fremd ist: Die Juden sprechen stattdessen von *Mitzvah* (Verpflichtung oder Gebot). Wenn sie sich auf eine spezielle Vorschrift oder auf den gesamten religiösen Kodex beziehen, sprechen sie von *Halaka*.[273] Auch die Muslime meinen, wenn sie von der Scharia sprechen, einen Leitfaden für ihr Leben, für ihre täglichen Praktiken. Mit der Ritualisierung zieht sich die Religion in einen klar definierten Bereich – nämlich in den Privatbereich – zurück und passt sich an ein neues Religionsverständnis an: Die Religion wird jetzt als Aktivität spiritueller, persönlicher Natur wahrgenommen. Das führt zu einer Trennung zwischen dem Glauben und den Praktiken. Die Religion zieht sich damit aus dem kulturellen Bereich und aus der Organisation des Alltagslebens zurück. Wird der Islam – wie das Judentum in Europa[274] – dadurch zu einer privaten, ritualisierten Religion?

Die »christlich-jüdischen Wurzeln« Europas

Mit der Angleichung an die modernen, protestantischen Vorstellungen von Religion musste sich das Judentum von der Identifizierung mit dem Orient lösen. Denn davor war die jüdische Religion gar nicht mit dem Christentum in Zusammenhang gebracht worden. Vielmehr wurde sie lange Zeit den orientalischen Religionen zugeordnet, die der christlich-westlichen Kultur fremd sind.[275] Daher rührt auch die Vorstellung, dass die rituelle Schlachtung nicht zur biblischen Welt gehöre, sondern in den heidnischen Traditionen des alten Ägyptens seinen Ursprung habe: Als die Juden um 1500 v. Chr. aus Ägypten flohen, sollen sie diese Praxis in ihre Religion aufgenommen haben.

Erst im Laufe des 19. Jahrhunderts erreichte das Judentum den Status einer Religion.[276] Die Juden selbst beteiligten sich an der Definition dessen, was man das *German Jewry* nennt, vor allem die liberalen Juden, die sich als deutsche Staatsbürger mosaischen Glaubens empfanden, aber auch die orthodoxen Juden in ihrem Streben, als eigenständige Glaubensgemeinschaft anerkannt zu werden.

Die Assimilierung der Juden ist das Ergebnis einer Dialektik von Seiten des Westens gegenüber dem Orient: Über eine orientalistische Rückbesinnung haben sich die jüdisch-arabischen, aschkenasisch-sephardischen, laizistisch-religiösen Dichotomien entwickelt und im Laufe der Geschichte verfestigt.[277] Das jüdisch-christliche Band entsteht nur, indem sich das Jüdische vom Orient, von den von dort stammenden Sepharden und vom Arabischen trennt. Macht kann man ausüben über das Angleichen der Praktiken, aber auch über das Festschreiben von Unterschieden. Der amerikanische Philosoph und Religionshistoriker Gil Anidjar zeigt, wie sich die europäische Idee über die Trennung zwischen dem Jüdischen und dem Arabischen als Macht etablieren konnte. Er ist der Meinung, dass Europa während seiner ganzen Geschichte Maßnahmen zur Betonung der Andersartigkeit und der Feindseligkeit entwickelt hat: Der Jude wurde zum theologischen und inneren Feind, der Araber zum politischen und äußeren Feind.[278] Das Richtmaß für das europäische Wesen der Juden sind ihre Nähe zum Christentum und ihre Distanz zum Islam. Nach der Shoah entwickelte sich zwischen der jüdischen und der christlichen Identität eine Verbindung, die als Begleiterscheinung eine Distanz gegenüber den Muslimen und dem islamischen Erbe mit sich brachte.

In Frankreich bestätigt eine Buchveröffentlichung aus dem Jahre 2008 diese christlich-europäische, von sämtlichen Verbindungen zur arabisch-muslimischen Welt losgelösten Identität.[279] Der Mediävist Sylvain Gouguenheim bemüht sich, das Argument der »Schuld Europas gegenüber der arabisch-muslimischen Welt«, die dem Westen das griechische Gedankengut übermittelt haben soll, zu korrigieren und zu widerlegen. Stattdessen soll Jacques de Venise in der ersten Hälfte des 12. Jahrhunderts – also 50 Jahre, bevor die Werke von Aristoteles ins Arabische übersetzt wurden – in Mont-Saint-Michel die ersten aristotelischen Schriften ins Lateinische übertragen haben.[280] Gouguenheim untersucht erneut die Entwicklung der kulturellen Identität Europas und betont dabei die Rolle, die den Mönchen in den klösterlichen Schreibstuben bei der Übermittlung des griechischen Wissens zukam. Er hebt mit Nachdruck hervor, dass die Matrix für die europäische Zivilisation in ihren griechischen Wurzeln zu suchen sei und der arabisch-muslimischen Welt nichts schulde.

Mit dieser Vereinfachung der identitätsstiftenden Strukturen – Christentum und Islam, Europa und Orient – griff er die These vom »Konflikt der Kulturen« auf. Obwohl das Buch nach dem einhellig vernichtenden Urteil der Wissenschaft so viel Aufmerksamkeit gar nicht verdient gehabt hätte, löste es dennoch eine heftige Debatte aus. Von den einen wird Gouguenheims These beweihräuchert, die anderen unterzeichnen Petitionen, die diese vernichten sollen.[281] Der Philosoph Alain de Libera, Autor eines Buches mit dem Titel *Penser au Moyen Âge*[282] (Denken im Mittelalter), bezeichnet Gouguenheims Buch als »sachkundige Islamophobie«, die das Ziel verfolge, »das Griechische vom Arabischen

und damit das Arabische von uns« zu trennen.[283] Die Idee eines
»im Wesentlichen durch Europa geprägten Christentums« zielt
darauf ab, die islamische Welt von der Moderne auszuschließen.
Diese These fördert die »Hellenisierung des christlichen Europas«
und ist Teil einer umfangreicheren Debatte über die europäische
Identität und ihr christliches Erbe.[284]

In den Jahren 2003 bis 2005 nahm diese Debatte einen zentralen Platz in der Öffentlichkeit ein, vor allem bei der Frage
eines Beitritts der Türkei zur Europäischen Union, die auf der
Suche nach der europäischen Identität und ihren kulturellen
Grenzen die Rolle eines Katalysators spielte.[285] In diesen Diskussionen entwickelte sich die Definition des europäischen Muslims
zu einem Problem. Auch die Akzeptanz einer langfristigen muslimischen Präsenz in Europa wurde dadurch natürlich nicht gefördert.[286] Manche legten großen Wert darauf, dass das Bekenntnis
zu den jüdisch-christlichen Wurzeln in der europäischen Verfassung festgeschrieben wird. Sie sahen darin die kulturelle Basis
für die Definition dieser Identität. Und obwohl dieser Vorschlag
nicht angenommen wurde,[287] war deswegen die Frage nach der
europäischen Identität noch lange nicht vom Tisch. Intellektuelle, Bürger und Politiker gingen ihr in öffentlichen Debatten
nach und mobilisierten auf diese Weise kollektive Emotionen.
Die »traditionellen« europäischen Themen – wie beispielsweise
der Umweltschutz, die Landwirtschaft oder die Verfassung – galten hingegen als Fragen, die weniger für die Bürger als vielmehr
für die Sachverständigen und die Bürokratie von Belang seien.
Kurz: Je leidenschaftlicher die Bürger ihre Identität verteidig-
ten, desto mehr verloren sie die Zukunft Europas aus den Augen. Europa erschien ihnen dabei als ein von oben – von der politischen Elite – aufgedrängtes Projekt. Diese Rückbesinnung auf
die Identität entwickelte sich schnell zu einem Terrain, auf dem
die neopopulistischen Bewegungen der Rechten ihre euroskepti-
sche, fremdenfeindliche Politik propagieren konnten.

Man kann sich natürlich fragen, ob die Bejahung einer europäischen Identität nicht zwangsläufig in eine Ausschluss-Politik
münden muss. Betrachtet man den Verweis auf die jüdisch-
christlichen Wurzeln genealogisch, wird deutlich, inwiefern
die Rückbesinnung auf die Identität tatsächlich zu einem

politischen Instrument des Ausschlusses werden kann: Der Begriff »jüdisch-christlich« hat – jedenfalls nach den Erklärungen der kanadischen Philosophin Anya Topolski – je nach Epoche unterschiedliche, zum Teil auch widersprüchliche Bedeutungen gehabt.[288] In Europa erschienen zwei ganz unterschiedliche Texte zur Bedeutung dieses Begriffs: Der eine erschien in den 1830er Jahren, der andere in der Zeit nach der Shoah. Ferdinand Christian Baur, der Begründer der *Tübinger Schule*, hat diesen Begriff geprägt. Er ging dabei von einer theologischen Sichtweise aus, die auf das vierte Jahrhundert zurückgeht und besagt, als das Christentum dazu berufen sei, die Nachfolge des Judentums anzutreten. Er veränderte diese Sichtweise insofern, dass er den Protestantismus zum Nachfolger des »Judeo-Christentums« erklärte. Die Idee des »reinen« Europas könne man nur im nicht-israelitischen Christentum der »Braven« finden. Baur hielt es für notwendig, das Christentum von seiner Vergangenheit zu befreien, von seinen jüdisch-christlichen »Ketten« und von dem durch die Interaktionen mit dem Judentum, dem Papsttum und dem Islam »vergifteten« Katholizismus. Anya Topolski zeigt, dass der Begriff »jüdisch-christlich« im 19. Jahrhundert – aber auch im modernen Europa – eng verbunden blieb mit einem Identitätsbegriff, der von einem Willen zur Einheit getragen war, der zwangsläufig einen Ausschluss forderte. Die weit verbreitete Idee, dass ein starkes Europa eine starke Identität brauche, lässt keinen Gedanken an ein alternatives Europa der *communitates* aufkommen.[289] Im Gegensatz zur Kollektiv-Identität steht der lateinische Begriff *communitas* für die Gesamtheit aller Personen, die über eine gemeinsame »Verpflichtung« vereint werden und nicht über das, was typisch für sie ist. Die Gemeinschaft wird hier nicht durch Charakteristisches beschrieben, sondern eben durch Uncharakteristisches, durch die Vollendung dessen, was unvollendet ist.

In Topolskis treffender Analyse stellt sich die Frage, ob das zukünftige Europa in der Lage ist, solche *communitates* zu bilden, ob es als eine Gemeinschaft vorstellbar ist, in der die Verantwortungen gemeinsam getragen werden. Dieser Ansatz ist vergleichbar mit dem unserer Feldforschung. Auch wir suchen nach Möglichkeiten für einen horizontalen Pakt zwischen Individuen unterschiedlichen Glaubens und unterschiedlicher, ja sogar gegensätzlicher Überzeugung. Wir stellen uns die Frage, wie sich in einem multikulturellen, mehrsprachigen Europa mit den unterschiedlichsten Herkünften und Konfessionen Bindungen entwickeln können. Bei unserer Feldforschung mit ganz normalen Leuten haben wir die Konfliktthemen nicht ausgeklammert. Im Gegenteil: Oft haben wir gerade mit den Themenkomplexen angefangen, die Probleme bereiten oder sogar einen Skandal auslösen können. Denn auch wenn die Kontroversen im Allgemeinen eine explosive Wirkung haben, können sie trotzdem zwischen gegensätzlichen – oder gar feindseligen – Personen eine Verbindung herstellen. Über genau diese Kontroversen suchen wir nach Möglichkeiten, die Gemeinschaft am kreativen Potential des öffentlichen Bereichs in Europa teilhaben zu lassen.

Ist das Zusammenleben von Juden und Muslimen in Europa unmöglich?

Die Möglichkeit eines Dialogs hängt zwangsläufig von der gegenseitigen Anerkennung der Juden und Muslime ab, und zwar im Hinblick auf gemeinsam getragene Verantwortungen und die europäische Staatsbürgerschaft. In diesem Zusammenhang tritt der israelisch-palästinensische Konflikt auf den Plan, denn er behindert in den europäischen Realitäten die Verständigung zwischen den Juden und den Muslimen: Viele von ihnen übertragen ihr Verhältnis zu den Mitbürgern auf einen Konflikt, der sich außerhalb Europas abspielt. Jerusalem oder *Al Qods* ist sowohl für die muslimische als auch für die jüdische Religion ein heiliger Ort, der jeden tief berührt. Das politische Gewicht dieser Stadt ist ungleich höher als das der zugehörigen Länder. Man kann nicht sagen, dass die Juden und die Muslime sich nicht kennen. Aber den anderen zu kennen bedeutet noch lange nicht, dass sich dadurch etwas verändert, jedenfalls solange nicht das Herz berührt wird und auf der Gefühlsebene Sympathien geweckt werden. In diese Richtung erklärt es auch der palästinensische Philosoph Sari Nusseibeh: Ohne eine intensive Überprüfung seiner selbst bleibt man in seinem Körper eingemauert.[290]

Die Kontroversen um den Islam nehmen viele Juden zum Anlass, in den aktuellen Diskussionen auch ihre eigene Geschichte zu beleuchten. Andererseits sind die Debatten um die *Halal*-Regeln und die Beschneidung auch für die Muslime ein Grund, sich zur Vergangenheit der Juden zu äußern. Aber zu welcher Vergangenheit? Äußerungen zur Shoah sind problematisch. Als Migranten fühlen sie sich nicht involviert, nicht verantwortlich für die Schrecken der europäischen Vergangenheit. Und oft drücken sie ihren Vorbehalt aus, dass die Erinnerung an die Shoah das Gedenken an andere Gräueltaten überdecke, beispielsweise an die Sklaverei, an den Kolonialismus oder an den Algerien-Krieg.[291] Völlig unerwartet knüpfen die Kontroversen um den Islam auch an die jüdische Vergangenheit an, und so zieht man zwangsläufig Parallelen zwischen zwei historischen Situationen, zwischen zwei Religionen und ihrer unterschiedlichen Art, auf die weltliche Moderne Europas zu reagieren.

Durch diese historischen Bezüge ergibt sich jedoch die Möglichkeit, ein anderes Verhältnis zum Shoah-Gedenken zu entwickeln. Im Zusammenhang mit den aktuellen Kontroversen um den Islam kommt die religiöse Dimension des Holocaust zum Vorschein. Man sieht in der Tat, dass die Debatten um die alltäglichen Praktiken der Juden und der Muslime keineswegs trivial sind, sondern einen wesentlichen Teil der politischen Bezüge ausmachen. Ausgelöst durch die Kontroversen, setzen die Muslime sich mit der jüdischen Religionsgeschichte in Europa auseinander, entdecken einen Zusammenhang zwischen der Islamophobie und dem Antisemitismus und reflektieren so ihr Verhältnis zum Shoah-Gedenken. Aber dieses Gedenken verändert die Vorstellungen der Muslime nur dann, wenn es einen direkten Bezug zur muslimischen Lebenserfahrung hat und die Bürger nicht als passive Objekte, sondern aktiv in die Erinnerung an die Shoah mit einbezogen werden.[292] Wenn man das Shoah-Gedenken im Zusammenhang mit der Migrationsgeschichte sehen will, muss man sich »von vielen Seiten diesem Gedenken annähern«.[293]

Bei den türkischen Migranten in Deutschland beobachtete man in der Tat eine neue Art, eine Verbindung zur jüdischen Vergangenheit aufzubauen. Der deutsch-türkische Schriftsteller und

Dichter Zafer Şenocak stellte fest, dass die türkischen Migranten sich lange nicht von der deutschen Geschichte betroffen fühlten: In seinem Roman *Gefährliche Verwandtschaft* (1998), der zu den maßgeblichen Texten der »türkischen Wende in der zeitgenössischen deutschen Literatur«[294] zählt, spricht er von sich über drei Generationen hinziehende »gefährliche« Affinitäten zwischen Türken, Juden und Deutschen im Berlin der 90er Jahre.

Verschiedene Möglichkeiten des Sich-Erinnerns – an die Shoah, aber auch an den Völkermord an den Armeniern – werden zueinander in Beziehung gesetzt: Was kann man tun, wenn man die Erinnerung nicht wegschieben will? Wenn man sie in der Gegenwart wieder aufleben lassen will? Solche Fragen bilden den Leitfaden seines Romans. Dem Autor geht es weniger um die jeweilige Schuld der Türken und Deutschen und um die schwere Belastung für die nachfolgenden Generationen als darum, wie sich die Erinnerungskultur in Deutschland entwickelt und durch den Einfluss anderer Formen des Sich-Erinnerns verändert. Da er seinen Roman in der Zeit nach dem Fall der Berliner Mauer spielen lässt, hat er bei seinen Fragen das Deutschland nach der Shoah im Blick, das sich mit der Wiedervereinigung und der Migration neu konfiguriert hat. Weil Zafer Şenocak sich persönlich betroffen fühlt und die historische Verantwortung mittragen will, schreibt er nicht als Autor mit einer anderen Herkunft, sondern als Bürger, der die deutsche Gesichte als seine eigene Geschichte annimmt, aber natürlich auf kritische Art und Weise. Er folgt also dem Erbe der deutschen Intellektuellen, die sich prüfend mit der Erinnerung auseinandergesetzt haben. Und er konfrontiert seine in Deutschland lebenden türkischen Landsleuten mit der zentralen Frage: »Muss derjenige, der nach Deutschland immigriert, sich nicht auch den Herausforderungen der jüngeren Geschichte dieses Landes stellen?«[295] Er versucht, eine Erzählung über die Migration zu schreiben, über die verschiedenen sich mischenden und sich gegenseitig »berührenden« Möglichkeiten des Sich-Erinnerns in Deutschland. Es handelt sich um eine doppelte Intimität, denn man ist in zweifacher Hinsicht vom anderen berührt, in körperlicher und emotionaler Beziehung: Indem die türkischen Migranten die Erinnerung an die Shoah übernehmen, »emigrieren« sie in die deutsche Vergangenheit, gleichzeitig aber auch in ihre eigene Vergangenheit. Zafer Şenocak macht das Bewusstsein für die zentrale Bedeutung der Shoah in der europäischen Geschichte zu einer Bedingung für die deutsch-türkische Staatsbürgerschaft.

Ohne eine Auseinandersetzung mit der Unmenschlichkeit von Auschwitz, erklärt er, kann es kein europäisches Bewusstsein geben. Man weiß nicht genau, warum dort die sterbenden Juden in der Lagersprache »Muselmänner« genannt wurden. Mit diesem deutschen Wort bezeichnete man die Männer, die – völlig erschöpft von der Arbeit – am Ende ihrer Kräfte waren und sämtliche Reserven an Muskeln und Fett verbraucht hatten. Gil Anidjar, der die theologisch-politische Geschichte Europas nachzeichnet, hat gezeigt, dass man diesen Ausdruck in die Grauzone der gefährlichen Porosität zwischen Juden und Muslimen einordnen kann, zu den Unterscheidungskriterien zwischen den inneren und äußeren Feinden. Der vor dem Sterben zum »Muselmann« werdende Jude steht für den resignierenden, »fatalistischen« Juden.[296] Demnach bezieht sich der Begriff auf den Fatalismus und die Schicksalsergebenheit, die beide mit dem Islam und dem Orient in Verbindung gebracht werden. Auschwitz befindet sich im Zentrum der europäischen Geschichte, in der Verlängerung der theologisch-politischen Beziehungen zwischen der Moderne und den drei monotheistischen Religionen. Die nach Europa kommenden Migranten, muslimisch oder nicht, aber auch die Bürger der Staaten, die sich um eine Aufnahme in die Europäische Gemeinschaft bemühen, beispielsweise die Türken, können diese Realität nicht ignorieren.

Im Februar 2011 gehörte ich zu einer französischen Delegation, die im Rahmen des Aladin-Projektes[297] zu einem Besuch in Auschwitz eingeladen wurde. Wir waren eine große Gruppe. Im Lager Birkenau stand ich plötzlich vor Kleidern, Koffern und Gegenständen, die manche von diesen millionenfach ermordeten unschuldigen Menschen zurückgelassen hatten. Mir gingen einige Textpassagen des ungarischen Schriftstellers Imre Kertész (Literatur-Nobelpreisträger von 2002) durch den Kopf. Er wurde 1929 in Budapest in eine jüdische Familie hineingeboren und 1944 im Alter von 15 Jahren nach Auschwitz-Birkenau deportiert. In *Mensch ohne Schicksal*[298] beschreibt er auf subtile Art die Lebensbedingungen der Budapester Juden während des Zweiten

Weltkriegs: das Tragen des Judensterns, den Austausch von Blicken mit Nicht-Juden, die Zwangsarbeit, das Verbot, nach 20 Uhr seine Wohnung zu verlassen, die Razzien, mit welchen die Juden auf ihren alltäglichen Wegen zu rechnen hatten, die Lügen der Nazis auf der Suche nach Freiwilligen für die Arbeit in Deutschland, den Transport in Viehwagen ohne Wasser, die »Selektion« bei der Ankunft in Auschwitz, die Verwandlung der Menschen in Deportierte, die auf den Bettgestellen zusammengepferchten Menschen, die Krankheiten, das unendliche Warten auf die Quarantäne, den Hunger, den ständigen Transfer von einem Lager zum anderen und den Verlust jeglicher Solidarität. In ruhigem Ton berichtet er in seinem Buch von seiner Quasi-Agonie und seiner Verwandlung in einen dem Tode nahen »Muselmann«.

Nach einer langen und schrecklichen Zugreise kamen die Juden in Auschwitz an. Viele von ihnen hatten geglaubt, was die Nazis ihnen gesagt hatten: Sie sollten hier arbeiten, ihre Familien wiederfinden sowie ihre Ausweise, Dokumente und Koffer, all das, was nun vor unseren Augen lag. Die Beschreibung der naiven, folgsamen Juden, die die Lüge nicht erkannten – und noch weniger den unmenschlichen Plan ihrer von den Nazis organisierten Auslöschung –, sie erschien mir als eine einmalige Besonderheit des jüdischen Genozids. Ich erzählte meinem Nachbarn von den Passagen dieses Buches, einem muslimischen Theologen und bekannten Intellektuellen aus der Türkei. Zunächst hörte er mir aufmerksam zu, dann erinnerte er an den Genozid von 1915. Auch die Armenier hatten geglaubt, was ihnen die Türken gesagt hatten, als man sie aufforderte, ihre Häuser zu verlassen: dass sie nach dem Krieg mit Russland wieder heimkehren würden.

In Auschwitz wurden wir zu Zeugen der an den Juden begangenen Verbrechen gegen die Menschlichkeit. Diese Verbrechen haben auch eine Verbindung zu unserer eigenen Geschichte, und so waren wir uns im Geiste einig gegen jegliche Form unmenschlichen Handelns. Seit den 2000er Jahren sind in der Türkei einige der Tabus bezüglich des armenischen Genozids gefallen. Die Zahl der Bürger, die öffentlich ihr Bedauern und ein Verantwortungsgefühl gegenüber den armenischen Opfern des Genozids von 1915 zum Ausdruck bringen, wird immer größer. Nach dem Mord vom 19. Januar 2007 an dem türkisch-armenischen

Intellektuellen Hrant Dink durch einen jungen nationalistisch-extremistischen Türken versammelten sich spontan mehrere tausend empörte Bürger und skandierten: »Wir alle sind Hrant, wir alle sind Armenier.« Dass die Empörung in einer solch öffentlichen Form zum Ausdruck gebracht wurde, war für viele ein Schock – sowohl auf emotionaler wie auf politischer Ebene, ein Schock, durch den das offizielle Tabu in tausend Stücke zerbrach. Am 15. Dezember 2008 wurde ein von mehreren tausend türkischen Bürgern signierter »Entschuldigungsbrief« an die Armenier verfasst. Damit ist die Politik der Verleugnung auf deutlichen Widerstand gestoßen.[299] Die unabhängige Erinnerungsarbeit der Bevölkerung steht für eine neue politische Aktionsform, die etablierte Rahmen überschreitet und die Beziehungen zwischen den Bürgern verändert.[300]

Die zahlreichen Bürgerinitiativen und Kundgebungen zeugen auf ihre Weise von der vielfältigen politischen Erinnerungsarbeit, die sich im modernen Europa mehr und mehr entfaltet. In der vom Fall der Berliner Mauer geprägten Zeit wurde in einem multikulturellen Europa die Erinnerung an die Shoah in der Begegnung mit »Anderen« – mit jüdischen und nicht-jüdischen Migranten – auf lebendige, kreative Weise neu gestaltet.[301] Dadurch öffnete sich den in Europa lebenden Juden ein neuer Bereich der Reflexion darüber, inwiefern sich ihre Staatsbürgerschaft mit anderen verbindet. In einem Punkt waren sich die Juden in der Nachkriegszeit einig: In Europa werde es kein jüdisches Gemeinschaftsleben mehr geben, sondern nur noch in Israel oder – in gewissem Maße – in den Vereinigten Staaten. Die amerikanische Historikerin Diana Pinto erinnert daran, dass das Judentum damals in Europa nur der Vergangenheit zugerechnet und nicht mit der Zukunft in Verbindung gebracht wurde.[302] Sie wirft die Frage auf, auf welche Weise die Juden im aktuellen pluralistischen und multikulturellen Europa eine aktive Präsenz zeigen. Nach einer unterschiedlichen Vergangenheit beginnt für die in Europa lebenden Juden und Muslime eine neue Phase gemeinsamer Geschichte. Sie hinterfragen ihr Zusammenleben: eine Herausforderung für die demokratische Zukunft und die multikulturelle Neuorientierung Europas.

Schluss

Die Muslime betreten die europäische Bühne

Das Buch als Quintessenz einer langjährigen Forschung hat es gezeigt: Seit den 1980er Jahren ist die muslimische Religiosität, die zuvor auf die eigenen Bereiche der Migranten beschränkt schien, im gesamten gesellschaftlichen Leben Europas auszumachen. Die Muslime fordern für sich das Recht ein, ihre Religion ausüben und die islamischen Vorschriften befolgen zu können und trotzdem Zugang zu allen Sphären der europäischen Gesellschaft zu haben, der Arbeit, Bildung und Freizeit. Der Islam wird im öffentlichen Leben Europas sichtbar. Dies läutet im Integrationsprozess der Muslime eine von heftigen Debatten begleitete neue Etappe ein. Es lässt sich nicht leugnen, dass die öffentliche Sichtbarkeit des Islam mit seinen wichtigsten Symbolen – den Moscheen, dem Kopftuch und der *Halal*-Lebensweise – immer noch ein Problem darstellt für die Bürger, die den weltlichen, westlichen Werten Europas zugetan sind. Der Islam wird zu einer öffentlichen Angelegenheit, die kollektive Leidenschaften und allgemeine Diskussionen entfacht.[303] Die Kontroversen um den Islam reißen Gräben auf und bilden neue Allianzen im Kampf um Normen, Werte und Identitäten; sie verändern die demokratischen Agenden der europäischen Länder. Der Islam ist zu einer unübersehbaren Quelle politischer Programme geworden, sowohl für dessen Gegner als auch für dessen Anhänger.

Ungewollt und ungeplant ist der Islam auch zu einem entscheidenden Faktor in den Diskussionen um die normative Ausrichtung der europäischen Gesellschaften geworden. Die Zukunft der Europäischen Gemeinschaft, die sich eigentlich in den Bahnen der westlichen Kultur und des christlichen Erbes bewegen sollte, entwickelt sich durch Öffnung für Dynamiken aus dem Orient in unerwartete Richtungen. Vergessene, aber immer noch relevante Seiten einer gemeinsamen Vergangenheit kommen ans Licht. Ziel meines Schlusswortes ist es daher, die Ergebnisse unserer Forschung in einem größeren Zusammenhang zu fassen und die Herausforderungen der Gegenwart den immer noch schwelenden, ungelösten Konflikten der Vergangenheit gegenüberzustellen.

Auf dem Weg in ein postokzidentales Europa?

Nach dem Fall der Berliner Mauer entstand ein erster Entwurf eines Europas mit »postokzidentaler« Orientierung. Der Fotograf Raymond Depardon hat im November 1989 den Moment der Wiederbegegnung der Berliner aus Ost und West festgehalten. Berlin, sagte er, die Stadt, die sich der Vergangenheit zuwende, trage gleichzeitig »die Zukunft Europas« in sich.[304] Aber die Wiedervereinigung hat in Europa nicht nur den Frieden sichern können. Nach dem Fall der Mauer brach beispielsweise das als stabil geltende Jugoslawien auseinander. Haris Pašović, der Direktor der Theaterkompanie *Ost-West* in Sarajevo, erinnert sich gut daran: »Die Mauer, wir saßen auf ihr. Als sie fiel, riss sie ganz Jugoslawien mit sich. Wir sind die ersten Opfer ihres Falls.«[305]

Nach 40 Jahren »Sozialismus mit menschlichem Gesicht«, dem Erbe Titos, stürzten diese osteuropäischen Länder mit dem Neofaschismus von Milošević in einen chauvinistischen Nationalismus. Dort, im Herzen Mitteleuropas, wurde durch den Krieg von 1992 bis 1995 die muslimische Präsenz in Europa insgesamt auf eine harte Probe gestellt: Die serbischen Machthaber betrieben gegenüber den muslimischen und kroatischen Bevölkerungsgruppen in Bosnien eine Politik der Zerstörung und der ethnischen Säuberung.[306]

Die Zerstörung der Brücke von Mostar am 9. November 1993 war ein Vorbote für das neue Europa auf der Suche nach sich selbst. Die Brücke war 1566 errichtet worden, zu einer Zeit, in der der Herrschaftsbereich des Osmanischen Reiches bis nach Budapest reichte. Den Plan für den Brückenbau zeichnete ein Ingenieur namens Hayreddin, ein Schüler von Sinan, dem Meisterarchitekten von Süleyman dem Prächtigen. Hoch über der Neretva verband die Brücke die an beiden Ufern liegenden Moscheen und Märkte. Im Laufe der Jahrhunderte wurde sie zum

Wahrzeichen der Stadt und gehörte zum europäischen Kulturerbe. Ihre Zerstörung brachte nicht nur Bosnien, sondern das gesamte Projekt Europa in Gefahr. Mit ihrem Dokumentarfilm *Bosnie!* aus dem Jahr 1994 starteten die französischen Intellektuellen Bernard-Henri Lévy und Alain Ferrari einen Hilferuf: »Europa soll nicht in Sarajevo sterben.« Jean-Luc Godard formulierte 2004 mit seinem Film *Notre Musique* den gleichen Wunsch: Die Brücke sollte wieder zu einem Bindestrich werden und ein hoffnungsvolles Europa verkörpern. Der für den Wiederaufbau verantwortliche französische Architekt Gilles Péqueux hat mit Nachdruck auf die historische Bedeutung dieser architektonischen Geste hingewiesen: »Mostar, das ist gewissermaßen da, wo Orient und Okzident sich die Hand gereicht haben.«[307]

Die Brücke von Mostar ist indes nicht zum Symbol der europäischen Versöhnung geworden. Es ist die Zerstörung einer hässlichen Mauer, die prägend bleibt für die Wiedervereinigung des Kontinents. Der Mauerfall ist tatsächlich Gegenstand des Gedenkkens und der kollektiven Erinnerung. Die Brücke hingegen verschwindet in den Archiven und in den Akten der Stadtgeschichte. Es gibt, wie Paul Ricœur treffend schreibt, keine »gerechte Erinnerung«, sondern eher ein beunruhigendes Schauspiel, weil man »sich auf der einen Seite an zu viel erinnert und auf der anderen Seite zu viel vergisst«.[308] Aber Geschichte entsteht auch durch zwischen den Zeilen geschriebene, verdrängte Phänomene. Mit dem Fall der Berliner Mauer war das Kapitel des Kommunismus beendet. Die Zerstörung der Brücke hingegen hat ein neues Kapitel eröffnet, indem sie die verstörende Präsenz der Muslime im Herzen Europas spürbar werden lässt.

Mit der Vernichtung der beiden Bauwerke kommen weit zurückreichende Zusammenhänge an die Oberfläche. Der Balkan lag im Einflussbereich von zwei Machtzentren, dem Osmanischen Reich und der Sowjetunion. Die Spuren dieser Mächte finden sich inmitten der aktuellen Rivalitäten Europas wieder: auf der einen Seite das Christentum des Orients, das durch den Sturz des Kommunismus befreit ist, auf der anderen der Islam des Okzidents, der um seinen Platz in Europa streitet. Das Vordringen des orientalischen Christentums, der orthodoxen Kirche, ins Zentrum Europas und die Präsenz der Muslime in den hiesigen Einwanderungsländern bringen die gültigen Definitionen des westlichen und christlichen Europas durcheinander. Im Annäherungsprozess zwischen der katholischen Kirche und der Kirche des Orients ist bereits eine neue Phase eingetreten; die Reise von Papst Franziskus im November 2014 nach Istanbul, wo Bartholomäus I., der Patriarch von Konstantinopel, immer noch residiert, ist ein erster Schritt in diese Richtung.

Die europäische Moderne fühlt sich hauptsächlich ihrem griechisch-römischen Erbe verpflichtet. Das Erbe der beiden anderen Kulturen, der slawisch-byzantinischen und der osmanisch-muslimischen, wird nach wie vor unterschätzt, ja sogar ignoriert, wie der britische Soziologe Gerard Delanty deutlich macht.[309] Für ihn ist die europäische Moderne nicht auf eine einzige Kultur zurückzuführen, sondern auf eine Kombination aus diesen drei Kulturen. Zwar hat die Moderne gewiss nicht in allen drei Kulturen die gleiche Entwicklung genommen. Während sie in Westeuropa den Weg über die kulturelle Rationalisierung nahm (Reformation, Aufklärung und Säkularisierung), haben Russland und die Türkei mit der Gründung von laizistisch-jakobinischen Staaten die politische Rationalisierung bis zum Äußersten getrieben. Und heute haben die Gesellschaften der Länder, die vom russischen und osmanischen Erbe geprägt sind, die gleichen Schwierigkeiten, sich in einem auf sich selbst bezogenen westlichen Europa wiederzufinden.

Orientalisches Christentum und okzidentaler Islam

Die Hagia Sophia in Istanbul und die Mezquita-Kathedrale in Córdoba, zwei Juwelen des Weltkulturerbes, gehören zum Erbe der christlichen und muslimischen Kultur. Die beiden Kultstätten, die christliche im Orient und die muslimische im Okzident, verkörpern das Nebeneinander historischer Schichten: byzantinische und muslimische, arabische und spanische. Sie stehen aber auch für verschiedene Epochen und Ereignisse: für das Mittelalter, für die spanische Reconquista, für den Fall von Konstantinopel, für mehrfache Bekehrungen von einer Religion zu der anderen, für die Hinterlassenschaften mächtiger Reiche und

Nationen, aber auch für das Beseitigen von wichtigen Spuren. Bis heute sind diese beiden Bauwerke Gegenstand symbolischer Kämpfe zwischen Religionen und Kulturen. Die Tatsache, dass man die Benennung beider Gebäude ändern wollte, ist ein Hinweis auf das ambivalente Verhältnis zur Vergangenheit und auf eine kontrovers diskutierte Zukunftsorientierung.

Die mythischen Momente der Koexistenz verschiedener Religionen und Kulturen – der muslimischen, jüdischen und christlichen – zwischen dem 15. und 19. Jahrhundert sind in einem Europa, das nun nach den historischen Quellen des Pluralismus sucht, wieder von Interesse.[310] Auch wenn dieses andalusische Nebeneinander der drei monotheistischen Religionen in diesem Sinne als Vorzeigemodell fungiert, ist die Erinnerung daran zahlreichen aktuellen Angriffen und Identitätskonflikten ausgesetzt.[311] Hamza Salah, der Rektor der Khalid-Ibn-Walid-Moschee in Paris, erklärte dies 2009 mit folgenden Worten: »Ich beziehe mich immer auf diese Vielfalt von Andalusien – Sie wissen, Christen, Juden und Muslime, die in harmonischer Symbiose miteinander lebten. Das ist es, was ich gerne morgen in Frankreich und in Europa wiedersehen möchte: Ich möchte dort das Andalusien von morgen sehen, das Córdoba von morgen, das Granada von morgen.«[312] Aber nicht nur in Europa entfachen diese Kultstätten einen Kulturstreit. Auch in New York löste der Plan, in der Nähe der beiden Zwillingstürme, die bei den Anschlägen vom 11. September zerstört worden waren, eine Moschee mit dem Namen *Cordoba House* zu errichten, bei etlichen amerikanischen Bürgern, die sich dem Gedenken der Opfer verpflichtet fühlen, heftige Reaktionen aus. Dabei hatten die muslimischen Unterstützer des Projekts erklärt, eine Plattform für den interkonfessionellen Dialog errichten zu wollen, wie es damals in Andalusien unter muslimischer Herrschaft üblich gewesen sei.

Neben der Alhambra von Granada ist die große Moschee von Córdoba sicherlich die prächtigste Zeugin dafür, dass die Muslime seit dem 8. Jahrhundert in Spanien präsent waren. Die Mezquita ist für Einheimische wie für Besucher eines der wichtigsten Bauwerke der spanisch-muslimischen Architektur in Andalusien. Erbaut wurde sie unter dem Kalifat der Omaijaden. In späterer Zeit erfuhr sie jedoch mehrfache Erweiterungen. Im Inneren hat man durch den Wald aus Marmorsäulen und durch die Doppelarkaden aus Mauerziegeln und hellem Stein den Eindruck von Unendlichkeit. Es herrscht eine besondere Ästhetik der Transzendenz. Als Córdoba 1236 von den Christen zurückerobert wurde, wandelte man die Mezquita in eine Kirche um. Im 16. Jahrhundert wurde im Zentrum der Anlage dann eine prunkvolle Barockkathedrale errichtet. Heute ist die Mezquita-Kathedrale die Hauptkirche der Diözese Córdoba, und die Ausübung des muslimischen Kultes ist dort formell verboten. Das Minarett wurde zwar nicht zerstört, aber im Inneren des Kathedralturms versteckt.[313]

Am 8. Dezember 2006 erneuert Mansur Abdussalam Escudero,[314] ein zum Islam konvertierter spanischer Psychiater, auf spektakuläre Weise die alte Forderung, dass Muslime in der Mezquita-Kathedrale beten dürfen. An diesem Tag legt er seinen Teppich vor dem Gebäude aus und verrichtet sein Gebet vor den Fernsehkameras. Escudero erklärt, dass er sich nicht auf die Vergangenheit berufen und diesen Ort zurückerobern will, sondern daraus einen in der Welt einzigartigen, ökumenischen Bezirk machen möchte. In diesem Sinne hat er auch einen Brief an den spanischen Ministerpräsidenten José Luis Zapatero geschrieben und unter anderem vorgeschlagen, auch die Hagia Sophia in Istanbul für alle Gläubigen zu öffnen. Aber sein Vorstoß bleibt ohne Erfolg. Juan José Asenjo, der Bischof von Córdoba, lehnt seinen Vorschlag ab und weist mit Nachdruck darauf hin, dass man eine katholische Kirche nicht mit Muslimen teilen könne, die schließlich nicht die gleiche Gottesvorstellung wie die Christen hätten (Vater, Sohn und Heiliger Geist). Um diesen Ansprüchen ein für alle Mal ein Ende zu setzen, schlägt der Bischof 2010 vor, den Namen des Bauwerks zu ändern: Er fordert die Stadt auf, den Namen *Mezquita* zu streichen und statt dessen nur noch von der »Kathedrale von Córdoba« zu sprechen. Der Begriff »Moschee« (spanisch: Mezquita) – so der Bischof – führe die Besucher nur in die Irre, und da das Gebäude ja schon seit Jahrhunderten nicht mehr als Moschee genutzt würde, sei es heute unpassend, es weiterhin Mezquita zu nennen. Doch weder die Bevölkerung noch der Bürgermeister der Stadt haben diesen Vorschlag angenommen. Dieser »Wortkrieg«[315] gehört in eine lange Reihe symbolischer Streitereien. Gleichzeitig beleuchtet er die Diskussionen im heutigen Spanien um das Erbe der muslimischen Vergangenheit. Die Teilnehmer unserer EÖB-Forschungsgruppe, die wir am 21. Februar 2010 in Córdoba organisiert hatten, teilten die Sorge in Anbetracht der Versuche, die Vergangenheit zu verzerren und das muslimische Erbe der spanischen Kulturgüter auszumerzen. Beunruhigt waren sie auch angesichts der Zunahme nationalistischer Bewegungen, die sich zur Rechtfertigung ihrer islamophoben Politik auf die »Mauren-Jagd«[316] während der Reconquista berufen.

Die Hagia Sophia ist eine ehemalige christliche Kirche, die im 6. Jahrhundert in Konstantinopel erbaut und im 15. Jahrhundert in eine Moschee umgewandelt wurde. In der heutigen Türkei, wo die auf eine Stärkung der muslimischen Identität ausgerichtete Politik immer mehr an Boden gewinnt, ist sie Gegenstand heftiger Auseinandersetzungen. Mit der Gründung der laizistischen türkischen Republik wurde die Hagia Sophia zu einem Nationalmuseum. Die Forderung, sie in eine religiöse Kultstätte zurückzuverwandeln, bringt im kollektiven Bewusstsein verschiedene historische und kulturelle Schichten in Bewegung. Die Hagia Sophia – der griechische Name steht für »Heilige Weisheit« – ist sowohl für die byzantinischen Christen als auch für die osmanischen Muslime eine Kult- und Erinnerungsstätte und besitzt einen besonderen Stellenwert innerhalb des Kulturerbes. Sämtliche historischen Umwälzungen, Eroberungen und Konvertierungen hat sie überlebt, ebenso den Niedergang verschiedener Reiche und das Aufkommen fanatischer Nationalismen. Sie hat sich dabei immer dem jeweiligen Kontext angepasst.[317] Nachdem die Hagia Sophia tausend Jahre lang dem orientalischen Christentum als Versammlungsraum gedient hatte, wurde sie 1593 mit der Eroberung Konstantinopels durch die Türken zur imperialen Moschee von Istanbul. Die Eroberer verwandelten das byzantinische Bauwerk und integrierten es voll und ganz in ihr imperial-islamisches Kollektivgedächtnis. In diesem neuen islamischen Kontext wurde die Hagia Sophia auf Initiative der Sultane, die auch ihre Restaurierung und Umwandlung in die Wege leiteten, zur Kultstätte und zum religiösen Symbol des Islam. Die typischen Merkmale des Christentums wie beispielsweise die Glockentürme und die Altäre wurden entfernt und die Mosaiken zugedeckt. Hinzugefügt wurden dagegen

die architektonischen Elemente des Islam: der *Mihrab* (Gebets-
nische), der *Minbar* (Kanzel) und die Minarette. Außerdem ließen die osmanischen Sultane Texte schreiben und gaben Fabeln
und Mythen in Auftrag, welche die Umwandlung der Hagia Sophia in eine imperiale Moschee beschrieben.[318] Der Bau hatte
einen ganz besonderen Einfluss auf die klassische türkische und
osmanische Architektur. Die Moscheen des Architekten Mimar
Koca Sinan (1489–1588) mit ihren Kuppeln und schlanken Minaretten gelten als typische Beispiele für den stilistischen Übergang von den Architekturtraditionen von Byzanz zum Islam. Mit
der Ausrufung der türkischen Republik wird die Hagia Sophia
im Sinne der politischen Säkularisierung 1934 zu einem Nationalmuseum umgebaut. Im Kontext der weltlichen Republik, die
sich von ihren imperialen und religiösen Wurzeln lossagen will,
wird so auch die Hagia Sophia neutralisiert. Heute wird die Idee,
sie wieder in eine Moschee umzuverwandeln, immer noch von
einigen unterstützt, andere wiederum betrachten dieses Anliegen jedoch mit großer Sorge. Die Türken bezeichnen das Gebäude nach wie vor mit seinem ursprünglichen – wenn auch ans
Türkische angepassten – griechischen Namen: *Ayasofya*.

Wie die Mezquita von Córdoba ist auch die Hagia Sophia bis
heute ein Ort der Auseinandersetzung zwischen den Religionen.
In ihr kristallisiert sich der Streit zwischen dem Weltlichen und
dem Religiösen, zwischen den Christen und den Muslimen, zwischen dem Okzident und dem Orient. Die vielfältigen Wurzeln
dieser Kultstätten und ihre mit mehreren Kulturen verflochtene
Genealogie tragen diese Debatten weit über Spanien oder die
Türkei hinaus in einen transnational-europäischen öffentlichen
Bereich.

Die ungewöhnliche Verankerung des Islam in Europa

Der deutsche Philosoph Jürgen Habermas bedauert, dass die
Bürger sich nicht genügend für die Angelegenheiten der Europäischen Gemeinschaft interessieren, und bemängelt, dass das
Fehlen eines öffentlichen Bereichs eine schwache Grundlage für
die Demokratie ist.[319] Er hat völlig Recht, wenn er sagt, dass die

Bürger sich nicht sonderlich für Europa engagieren: Auch im Zusammenhang mit unserer Forschung konnten wir feststellen, dass das europäische Projekt für die Bürger keine Anhaltspunkte bietet, wenn sie Probleme formulieren oder nach Möglichkeiten suchen, Antagonismen zu überwinden. In der Debatte lässt der Vorschlag, über Europa zu diskutieren, die Stimmung stets merklich abkühlen.

Bei der Islamfrage hingegen tun sich in der Debatte Querverbindungen auf. Anders formuliert: Der öffentliche Bereich in Europa entsteht da, wo man ihn nicht erwartet, nämlich dort, wo es um die Angelegenheiten des Islam geht. Der Platz des Islam in Europa, seine Kultstätten, sein Erbe und die aktuelle Präsenz der Muslime sind Themen, über die heftig debattiert wird, mit schweren emotionalen Altlasten und gegenseitigen Ressentiments, welche die kollektiven Leidenschaften stimulieren. Der öffentliche Bereich ist der Ort der Begegnung und der Konfrontation, aber auch des gegenseitigen Austausches und der Einigung. Durch die quasi vulkanische Eruption des Islam wird Europa in eine heiße Zone der Veränderung und des Wechsels hineingezogen.

Claude Lévi-Strauss definiert die modernen Gesellschaften als »heiße Gesellschaften« im Gegensatz zu den »kalten Gesellschaften«, die in erster Linie »auf ihrem Wesen beharren«[320] und anscheinend eine ganz »besondere Weisheit« entwickelt haben, »die sie dazu anspornt, gegenüber jeder strukturellen Veränderung, die es der Geschichte erlauben würde, in sie einzudringen, verzweifelten Widerstand zu leisten«. Die drei wichtigsten charakteristischen Merkmale dieser von Lévi-Strauss beschriebenen kalten Gesellschaften sind die Wahrung des Lebensstandards, die Fertilitätsrate und die gesicherte Zustimmung der Mehrheit. In Bezug auf die muslimische Einwanderung weisen die europäischen Gesellschaften diese drei Merkmale auf. Denn die Migration wird oft als Störfaktor für die Fertilitätsrate empfunden, als Bedrohung für den Lebensstandard und die errungenen Freiheiten und als Unsicherheitsfaktor, was die Zustimmung der Mehrheit betrifft. In dem Maße, wie die europäischen Gesellschaften sämtliche Veränderungen – vor allem in Zusammenhang mit der muslimischen Präsenz – verhindern wollen, übernehmen sie die

Züge der kalten Gesellschaften. Während die sogenannten stagnierenden Gesellschaften – insbesondere mit den Schwellenländern und den arabischen Revolutionen – eine heiße historische Phase mit immer schnelleren Veränderungen erleben, haben die europäischen Gesellschaften die Tendenz, zu erkalten. Mit dem Islam beginnt jedoch auch hier eine heiße historische Phase, denn es entstehen neue soziale Realitäten, die die Bewahrung der alten Welt verkomplizieren.

Den Akteuren des Islam wird vorgeworfen, nicht mit den säkularen Werten im Einklang zu stehen, im öffentlichen Leben Europas »Zeiträume aus einer anderen Welt« hervortreten zu lassen und sich an Sachverhalten von jenseits der nationalen Grenzen zu orientieren. Man ist davon überzeugt, dass ihr Leben geprägt ist vom Herkunftsland der Eltern, von den Satellitenschüsseln in ihren Wohnungen und von der Muttersprache, in der sie sich zu Hause unterhalten. Ihr plötzliches Auftauchen im öffentlichen Bereich wird sofort mit dem Überschreiten der nationalen Grenzen in Verbindung gebracht und gibt Anlass zu permanenten Verdächtigungen, vor allem wegen ihrer Mehrfach-Zugehörigkeiten und wegen des Zweifels an ihrer Loyalität gegenüber dem Land, in dem sie leben. Über ihren Namen werden sie auf die Herkunft ihrer Eltern gepolt, bekommen das Label »Migrationshintergund« und gelten somit als nicht vollständig integriert und nicht als Bürger anerkannt. Ihre Präsenz weckt den Eindruck, dass plötzlich der »Mittlere Osten« in Europa auftauche. Man unterstellt ihnen enge internationale Verflechtungen, und zwar nicht nur im kommerziellen, kommunikativen und humanitären Bereich, sondern auch in Bezug auf den Terrorismus. Dies alles weckt Argwohn und wird als Zeichen für die misslungene Integration der in Europa lebenden Muslime interpretiert.

Dies gilt umso mehr, weil mit dem öffentlichen Auftreten des Islam Zeichen und Symbole auftauchen, die auf die lange Tradition dieser Religion – ja sogar auf deren Unbeweglichkeit – verweisen. Das Leben der Muslime ist typisch für die religiöse Vorstellungswelt einer Gesellschaft. Man erkennt sich untereinander anhand der Befolgung der islamischen Vorschriften und stellt über die mimetische Kontinuität auch Bezüge zur prophetischen Tradition her. Mit der *Sunna*-Tradition kann man eine andere – nämlich auf Mohammed zurückgehende – Zeitlichkeit in die Gegenwart einbringen. Als Sammlung von Äußerungen und Taten des Propheten ergänzt die *Sunna* die göttliche Offenbarung des Korans und fungiert als allgemeingültige Matrix von Verhaltensregeln, welche die Muslime in Anbetracht der Migrations- und Anpassungsbedingungen mit dem Islam verbinden. Gewöhnlich stellt man die Religion dem politischen Bereich gegenüber. Am Beispiel des Straßengebets haben wir jedoch gesehen, dass der Ausdruck des Glaubens durchaus eine öffentliche Erscheinungsform ist. So bringen die Muslime tagtäglich die phänomenologische Dimension der Politik zur Geltung.

Auch die starke Verbreitung eines bestimmten Wortschatzes zeigt deutlich, dass der Islam im öffentlichen Leben Europas angekommen ist. Begriffe wie *Scharia*, *Halal*, *Fatwa*, *Hidschab*, *Burka* oder *Dschihad* kommen in den Debatten der Medien und der Politik mehr und mehr vor. Täglich begegnet man diesen religiösen Begriffen aus einem anderen Kulturkreis und aus einer anderen Zeit. Sie gelten als archaisch, auch wenn sie inzwischen einen europäischen Anstrich bekommen haben, durch den sich manche Bedeutungen innerhalb des islamischen Wortschatzes verschieben. Der ursprüngliche theologische Sinn dieser Begriffe erfährt dadurch eine Abwandlung. Ihre Verwendung in einem anderen Kontext verändert zugleich den Sinn, so wie sich auch die Scharia-Vorschriften in Bezug auf den *Halal*-Lebensstil verändert haben.

Muslime erleben oft, dass ihr Glaube und ihre Praktiken von anderen – zum Teil mit abwertendem Unterton – hinterfragt werden. Sie müssen sich mit offensiven Bildern von ihrem Propheten auseinandersetzen, der als »Terrorist« oder »Pädophiler« dargestellt wird. So mancher Koran-Vers wird aus seinem theologischen Kontext gerissen und in Filmen oder Kampagnen zitiert, um die angeblich gewaltsamen und rückschrittlichen Aspekte der muslimischen Religion anzuprangern. Manche versuchen sogar, den Koran zu verbrennen. Andere – wie etwa der ultranationalistische niederländische Abgeordnete Geert Wilders – möchten ihn gerne auf die Index-Liste der verbotenen Bücher setzen.[321]

Es bleibt daran zu erinnern, dass man sich in Europa nicht erst seit heute über die heiligen Symbole des Islam streitet. Entsprechende Auseinandersetzungen findet man mindestens ab dem 12. Jahrhundert: Die Figur des besorgten Propheten und ihre verschiedenen Darstellungen bilden in den meisten Fällen den Mittelpunkt der theologischen Kontroversen.[322]

Trotz der Unterschiede zwischen den einzelnen Ländern und deren Migrationserscheinungen kann man festhalten, dass sich die Kontroversen überall wiederholen. Der Umgang mit der muslimischen Präsenz ist in allen Ländern ähnlich. Die öffentlichen Begleiterscheinungen der Kontroversen sind immer die gleichen: Anleihen an den islamischen Wortschatz, Darstellungen des Propheten und Koran-Zitate als typische Repräsentationen, das Auftauchen von Persönlichkeiten, die sich für oder gegen den Islam engagieren, und die Gründung von ungewöhnlichen, zum Teil fatalen Allianzen. Die Gegenüberstellung von »alteingesessenen« Bürgern und Migranten, von »mutigen« Einheimischen und »befreiten« Muslimen ist ein weiteres Beispiel für solche typischen Phänomene. Zum Teil nähern sich gewisse militante Kämpfer, die sich für die Kultur ihres Landes starkmachen, und Muslime, die – insbesondere im Hinblick auf die Gleichberechtigung von Mann und Frau – die islamischen Normen kritisieren, einander an.[323] So kommt es auch zu Zusammenschlüssen ganz unterschiedlicher Elemente und Individuen, die das Sakrale und Profane hemmungslos vermischen. Die Kontroversen schaffen Verbindungen zwischen Gruppen, die sich sonst nichts zu sagen hätten.

Der islamische Beitrag zur Entwicklung eines öffentlichen Bereichs in Europa

Der öffentliche Bereich ist kein leerer neutraler Raum, sondern vielmehr hierarchisch gegliedert in Räume und soziale Schichten und besteht aus den Gegensätzen zwischen Zentrum und Randgesellschaft, zwischen Stadt und Banlieue, zwischen Gebildeten und Ungebildeten sowie zwischen denen, die in die Gesellschaft einbezogen, und denen, die ausgeschlossen sind. Solange die Muslime sich auf die Banlieue beschränken, nur an ihrem

Arbeitsplatz auf ihre Religion beharren und ihre Moscheen in den Industriegebieten errichten, sind die Zeichen und Symbole des Islam für die Mehrheitsgesellschaft nicht weiter störend. Wenn sie jedoch an den Orten, die eigentlich den »alteingesessenen« Bürgern vorbehalten sind, ein gleichberechtigtes Nebeneinander einfordern, wird die Öffentlichkeit auf sie aufmerksam. Obwohl diese Sichtbarkeit ein Zeichen für die Integration der Eingewanderten ist, löst sie Unbehagen aus und entfacht Kontroversen.

Die Teilnahme an der Öffentlichkeit setzt eine gewisse Konformität mit den etablierten Verhaltenskodizes und eine relative Akzeptanz der von der Mehrheit vertretenen Werte voraus. Für manche Menschen hat das öffentliche Auftreten der Muslime mit ihrem Glauben und ihren typischen Verhaltensweisen aber eine zerstörende Wirkung. Sie sehen darin einen Anachronismus und einen radikalen Bruch innerhalb der Gesellschaft. Wie Erving Goffman schreibt, werden die radikalen Brüche von unten eingeleitet, von Leuten, die von woanders herkommen, beispielsweise von muslimischen Migranten.[324] Der öffentliche Bereich ist dort, wo Bürger sich versammeln und wo sich ein Konsens bildet. Es ist aber auch der Ort, an dem das demokratische Versprechen, Konflikte und Meinungsverschiedenheiten zu dulden und der Unsicherheit einen Platz einzuräumen, zum Tragen kommt.[325] Zur Kontroverse kommt es, wenn allgemeingültige Meinungen und Wahrheiten aus den Angeln gehoben werden und sich wie Urteile präsentieren, die mit der Realität nicht mehr kompatibel sind.[326]

In dem Maße, wie der Islam die kognitiven Formen des Gemeinschaftslebens stört, erscheint er im kulturellen Kontext Europas als inakzeptable Andersartigkeit. Sämtliche menschlichen und sozialen Aktionen entwickeln sich in einem Chronotopos, das heißt in einem Zeit-Raum, in dem die alltäglichen Realitäten Gestalt annehmen. Für den russischen Historiker Michail Bachtin (1895–1975) handelt es sich bei den Zeit-Räumen der öffentlichen Sphäre um soziale und historische Produkte, die verschiedene Gruppen von Individuen je nach Epoche in unterschiedlicher Weise erschaffen.[327] In der Gegenwart sind die Gesellschaften Dynamiken ausgesetzt, die durch die Migration oder global bedingt sind. Darauf müssen die Demokratien ihre auf einen einzigen Zeit-Raum – nämlich den der nationalen Monokultur – fixierte öffentliche Sphäre ausrichten. Die öffentliche Sphäre braucht die Polyphonie und den Dialogismus – ja sogar den Karneval[328] –, um der Vielfalt der miteinander konkurrierenden »Ist-Zustände« Rechnung tragen und die Komplexität der modernen Erfahrung begreifen zu können.

Das vorliegende Buch hat es in seiner ganzen Länge gezeigt: In dem Maße, wie die Muslime sich unterscheiden und auffallen, werden sie in Europa sichtbar. Die betreffenden Formen sind für Europa ungewohnt, ganz gleich ob es sich dabei um Kleidung oder Architektur, um eine neue Semantik oder um Verhaltensregeln handelt, die den religiösen Normen der Reinheit und der Scham entsprechen. Dieser Mut, seine Privatsphäre zu verlassen und in seiner Besonderheit Gesicht zu zeigen, ist für die Philosophin Hannah Arendt der beste Beweis für eine angewandte Staatsbürgerschaft.[329] In diesem Sinne erreicht man den Status eines Bürgers über aktives Handeln und öffentliches Auftreten.

Die öffentliche Sphäre und der öffentliche Bereich sind Begriffe, die sich zum Teil überdecken. Die öffentliche Sphäre bezieht sich mehr auf die Meinungs- und Kommunikationsfreiheit – oft neigt man dazu, diese Freiheiten mit den Debatten in den Medien zu verwechseln, die jedoch nur ein Element davon sind. Den öffentlichen Bereich hingegen hat man sich als eine öffentliche »Bühne« vorzustellen, eine Bühne, auf der sowohl Akteure und Aktionen als auch Ereignisse und soziale Probleme sichtbar werden.[330] Die Medien mit ihrer Art, die Präsenz des Islam zu behandeln, intensivieren die visuellen Eindrücke und verschärfen in den Debatten den polemischen Aspekt. Die islamischen Erscheinungsformen werden in ihrer exzessiven Übertreibung dargestellt, und die Andersartigkeit wird so als eine absurde Entartung präsentiert. Die rationalen Aspekte einer öffentlichen Debatte werden durch Sensationen, Skandale und überzogene Stellungnahmen ersetzt. In unserer Forschung wollten wir nun das demokratische Potential des öffentlichen Bereichs stärken, und zwar sowohl als Bühne, auf der die ganz normalen Muslime auftreten, als auch als Ort des Austausches und der Debatte. Über unsere Forschungseinrichtung – die sogenannten EÖBs – hatten die muslimischen Teilnehmer die Möglichkeit, sich von der

Vorherrschaft der Medien, als deren Gefangene sie sich fühlen, zu befreien. Sie konnten in Gegenwart anderer Bürger ihre Alltagsrealität besser begreifen, sich austauschen mit Katholiken über humanitäre Hilfe für Migranten, mit jungen Leuten in der antirassistischen Bewegung, mit Juden im interkonfessionellen Bereich, mit Konvertierten zum Spiritualismus, aber auch mit Globalisierungsgegnern, Ökologen, Kulturbeauftragten … Die EÖBs waren für die Teilnehmer eine Möglichkeit, sich zu treffen, sich die Präsenz des anderen zu vergegenwärtigen und die vereinfachten binären Antagonismen zu überwinden.

Kunst lässt die Europäer die sich mit den Muslimen ergebenden Möglichkeiten erahnen

Es hat sich gezeigt, dass im Kunstbereich derartige Debatten einfacher zu führen sind, selbst bei Kunstwerken, die für bestimmte Leute blasphemisch sind. Besonders schwierige Themen wie Sexualität und Religion sind beispielsweise im EÖB von Brüssel mit dem Künstler Mehdi-Georges Lahlou angesprochen worden. Einige Künstler versuchen, auf die Spannungen zwischen den europäischen Lebensstilen und den islamischen *Halal*-Vorschriften einzugehen. So setzen manche muslimischen Künstler das Schwein als typisches Symbol für das Leben in Europa neben die identitätsstiftenden Zeichen des Islam. Das Schwein als öffentliche Figur kommt also nicht nur bei rechtspopulistischen Bewegungen zum Einsatz, um damit die Muslime zu stigmatisieren, sondern auch bei einzelnen Muslimen, die daraus ein Integrationssymbol machen. Diese Künstler versuchen, sich mit dem Schwein vertraut zu machen und es zu zähmen, wodurch sie oftmals eine Schockwirkung erzielen. Die türkische Künstlerin Nezaket Ekici schuf 2004 ein Kunstwerk mit dem Titel »My pig«: Dargestellt ist eine Frau – die Künstlerin selbst – in einer schwarzen Burka, die ein rosa Ferkel streichelt und es wie einen Hund an der Leine spazieren führt. Sarah Maple, eine andere junge Künstlerin aus England, Tochter einer muslimischen Mutter und eines christlichen Vaters, kreiert mit ihrem Körper irritierende Szenen und Situationen. In ihrem umstrittenen Kunstwerk mit dem Titel »Haram« sieht man die ein islamisches Kopftuch tragende Künstlerin ein Ferkel auf ihren Knien schaukeln. Das Werk war 2008 in der Londoner *Salon Gallery* ausgestellt und hat in bestimmten Kreisen der britischen muslimischen Glaubensgemeinschaft Bestürzung ausgelöst. Diese Kreise sahen darin eine blasphemische Kritik am Koran und am Verbot des Verzehrs von Schweinefleisch.

Der Künstlerin ging es jedoch um die Diskrepanz zwischen diesem islamischen Verbot und dem heftigen Ekel, den das Tier bei den Muslimen hervorruft. Sie verteidigt sich so: »Meine Arbeit ist keine Kritik am Islam als Religion. Ich gehe von meinen eigenen Erlebnissen aus: Ich bin in einer konfessionell gemischten Familie aufgewachsen, habe als Muslimin eine katholische Schule besucht und so weiter. Ich kann die Dinge folgendermaßen zusammenfassen: Ich würde gerne gläubig sein, aber ich würde trotzdem gerne das tun können, was meine Freunde tun.« Ihre Äußerungen verdeutlichen das Dilemma der jungen Muslime, die in Europa am normalen Leben teilhaben möchten. Immer wenn wir Muslime im Rahmen unserer Forschung auf diese Kunstwerke angesprochen haben, wiesen sie darauf hin, dass der Koran zwar den Verzehr von Schweinefleisch verbiete, aber keineswegs vorschreibe, dieses Tier, das ja auch ein Geschöpf Allahs ist, zu hassen. Die Erläuterungen einer jungen Muslimin zum Bild »Haram« von Sarah Maple ist ein gutes Beispiel für die »ungewöhnliche Verankerung der Muslime« in Europa. »Es ist zu schön, dieses Bild! Die Frau wirkt unglaublich mütterlich und etwas autoritär. Sie beschützt ein Schwein, Symbol für diejenigen, die Schweinefleisch essen … Ja genau, für mich ist das Schwein negativ besetzt, das sitzt fest in meinem Kopf. Aber ein Künstler muss stören. Dieses Bild bringt mich dazu, nachzudenken. Vielleicht hat sie es ja adoptiert … Und außerdem hat sie lackierte Fingernägel … Normalerweise darf man seine Nägel nicht lackieren, sonst zählen die rituellen Waschungen nicht. Das findet man nicht oft, ein Mädchen mit Kopftuch und lackierten Fingernägeln … Ja, es sind die winzigen Details, die einen zum Nachdenken bringen … Ich glaube, das bedeutet, dass die Frau den Westen adoptiert hat! Ja, das ist ein Kulturdialog.«[331] In ihrem Gedankengang wird ein Prozess der Reflexivität erkennbar:

Die Muslime versuchen nachzuvollziehen, inwieweit sie sich durch ihre Erlebnisse in Europa verändert haben. Das Schwein in den Armen einer Muslimin wird zur Metapher für die Adoption Europas durch die Muslime. Es sind dabei in erster Linie die Frauen, die sich mit den europäischen Lebensstilen vertraut machen, und zwar sowohl über ihre oft mütterliche Stellung als auch über ihre geistige Haltung.

Wir haben beobachtet, dass viele Muslime ihre Staatsbürgerschaft durch performative Taten zum Ausdruck bringen. Damit schaffen sie eine Verbindung zwischen sich und Europa. In Abgrenzung zur übertriebenen Zurschaustellung in den Medien greifen sie auf ihren Glauben zurück und auf Tugenden wie Geduld, Diskretion und Schweigen. Mit einem reichen Repertoire an humoristischen und visuellen Aktionen versuchen muslimische Bürger – und ebenso die nicht-muslimischen – die Verbote des öffentlichen Bereichs zu umgehen. Als Reaktion auf das Schweizer Referendum gegen den Bau von Minaretten wurde 2010 ein Wettbewerb zum schönsten Minarett von Europa ausgeschrieben. Die Initiative dazu kam von mehreren regierungsunabhängigen Organisationen, unter anderem von der internationalen Jugendorganisation COJEP *(Conseil pour la Justice, l'Égalité et la Paix)*, von der *Organisation für islamische Zusammenarbeit* OIC *(Organisation of islamic cooperation)*, von Fachleuten der Architektur und Fotografie und von konfessionellen Vertretern (Juden und Protestanten). Unter den 200 eingereichten Vorschlägen ging das Minarett der Madni Jamia Masjid in Bradford als Sieger hervor.[332]

Im September 2010, am Abend vor der Verabschiedung des französischen Gesetzes, das die Vollverschleierung – die Burka – an öffentlichen Plätzen verbietet, starteten zwei etwa 20 Jahre alte Französinnen eine Performance mit dem Titel »Niqabitch«: Mit einer Burka, die nur bis zu den Hüften reichte, und nackten Beinen spazierten sie durch die Straßen von Paris und zogen so das Verbot der Vollverschleierung ins Lächerliche. Sie trieben den Kleiderkodex auf die Spitze und schufen eine hybride – muslimische und europäische – Figur ohne Gesicht, die deshalb nicht identifizierbar war.[333] Das Nebeneinander gegensätzlicher Codes – der Schleier und die Nacktheit, sich bedecken und gleichzeitig entkleiden – erzielt eine überschreitende, humoristische Wirkung. Der öffentliche Bereich wird zu einem karnevalistischen Ort, an dem sich die Verbote umkehren.

Mit der Kreation neuer ästhetischer Formen wird auch der Wille deutlich, die Antagonismen zu überwinden und die Unterscheidung der Identitäten von Europäern und Muslimen aufzugeben. Bei der Geschichte der Kölner Moschee war dies deutlich zu erkennen. Auch die als schönstes Gebäude Bayerns ausgezeichnete Moschee von Penzberg, deren Architekt muslimisch-bosnische Wurzeln hat, verdeutlicht die Rolle, welche die ästhetischen Formen im Miteinander der Glaubensgemeinschaften spielen. Vom stählernen Minarett dieser Moschee erklingt zwar kein Muezzin-Gesang, aber die Worte des Gebetsappells sind kalligraphisch eingraviert, und zur Erinnerung an die Gebetsstunde leuchtet das Minarett.[334] Die Minarette werden zu architektonischen Inspirationsquellen mit dem Ziel, den Islam an die europäische Landschaft anzupassen. Der öffentliche Bereich wird zu einem Forschungsfeld für neue Normen und ästhetische Formen. Die Muslime können Gesicht zeigen und sich so in die öffentlichen Angelegenheiten ihres Wohnortes einbringen, ohne dass ihre Andersartigkeit immer verzerrt dargestellt wird.

Ein gutes Beispiel für ein bürgerliches Engagement dieser Art ist die internationale Kampagne *Not in my name*, die am 10. September 2014 von britischen Muslimen ins Leben gerufen wurde, um die Gräueltaten – unter anderem die Enthauptung europäischer Bürger – anzuprangern, die der selbsternannte »Islamische Staat«, die Terrororganisation *Daech*, im Irak und in Syrien begangen hatte. Über diese Bewegung konnten die ganz normalen Muslime ihre Stimme öffentlich zu Gehör bringen. Sie konnten als Muslime Stellung beziehen und kundtun, dass diese entsetzlichen Verbrechen nicht in ihrem Namen verübt werden.[335] Die *Not-in-my-name*-Bewegung ist eine Aktionsform, die dem Slogan »Das Persönliche ist politisch« folgt. Alle Teilnehmer zusammen zeigen die vielfältigen Gesichter des Islam und die europäische Polyphonie der Muslime. Wie 25 Jahre zuvor, als britische Muslime die Todes-Fatwa gegen Salman Rushdie anprangerten, ist die von Muslimen gestartete Initiative *Not in my name* ein Ausdruck für ihre gemeinsame Staatsbürgerschaft mit den »alteingesessenen« Europäern. Die europäischen Muslime verteidigen ihren

Islam gegen diejenigen, welche sämtliche Verbindungsmöglichkeiten zu den anderen zerstören wollen, welche die Christen des Orients, die Juden des Okzidents, aber auch die in ihren Augen vom rechten Weg abgekommenen Muslime – bei den Frauen angefangen – vernichten wollen.

Die Dschihadisten genauso wie die Islamophoben bekämpfen diesen kulturellen Mischprozess und verteidigen eine völlig unrealistische identitätsstiftende, religiöse oder nationale Reinheit. Aus diesem Grunde sabotieren sie das gemeinsame Zusammenleben, verhindern die Debatte und zerstören die Begegnungsstätten, die einen mit verbaler, die anderen durch physische Gewalt. Wer den Nährboden des Extremismus eindämmen will, muss nach Chancen eines gesellschaftlichen Miteinanders suchen und die Unterschiede nicht zu einer Collage, sondern zu einem Gewebe verarbeiten. Der europäische Ausnahmefall ist in seiner schöpferischen Freiheit begründet, in seiner Bereitschaft, sich in der Gesellschaft anderer neu zu erfinden. Einem fliegenden Teppich vergleichbar, eröffnet Europa mit seinen Muslimen einen Horizont der Möglichkeiten.

Nachwort

Gesellschaftliches Zusammenleben trotz der Attentate vom Januar 2015

Dieses so nicht vorgesehene Nachwort wurde am 28. Januar 2015 geschrieben, drei Wochen nach den Terrorakten, die Paris bis ins Mark getroffen hatten. Ich musste es schreiben, denn dieses Buch – Ergebnis einer mehr als vierjährigen Forschungsarbeit, dessen Niederschrift ich zwei Wochen vor diesem ungeheuren Drama abgeschlossen hatte – soll dem Leser helfen, besser zu verstehen, wie Europäer muslimischer Kultur die Realitäten erleben. Realitäten, die alle diejenigen, die nach den Motivationen der Attentäter fragen, nicht außer Acht lassen können, zumal sie – mehr oder weniger vage – wissen, dass diese sektiererischen Terroristen mit dem Alltagsleben der allermeisten Muslime in Europa überhaupt nichts zu tun haben, ebenso wenig mit der neuen Gesellschaftskultur, die Letztere mitbegründen.

Ein neuer Bruch im euromuslimischen Kollektivgedächtnis

Jedes Attentat sorgt für einen Bruch. In kürzester Zeit gerät das alltägliche Leben ins Wanken, der Gesellschaftsvertrag zerbricht, und es kommt hier stattdessen zu einer Polarisierung. Nach dem Schock und der damit einhergehenden tiefen Betroffenheit gedenkt man zunächst einmal derer, die ihr Leben verloren haben. Dann bemüht man sich, den Schaden zu beheben und die Brüche innerhalb der Gesellschaft wieder zu kitten. Manchmal gelingt es, den Moment des Terrors als eine Ausnahmesituation darzustellen, die Angelegenheit mit Trauerbekundungen abzuschließen und zu hoffen, dass es nie wieder geschieht. Zuweilen wirkt sich dieses terroristische Moment aber auch langfristig aus, zieht eine Reihe unvorhersehbarer Ereignisse und Schäden nach sich.

Die Verbrechen vom Januar 2015 zählen wahrscheinlich zur zweiten Kategorie. Der Mord an acht Zeichnern und Redakteuren der Wochenzeitung *Charlie Hebdo*, an zwei ebenfalls anwesenden Freunden sowie an zwei Polizisten und vier jüdischen Mitbürgern, die in einem koscheren Supermarkt in Vincennes in Geiselhaft geraten waren, leitete einen Wendepunkt ein. Die gezielten Massaker, unter dem Vorwand, den Propheten Mohammed zu »rächen«, verübt von in Frankreich geborenen Terroristen, haben in ganz Europa das Unbehagen gegenüber dem Islam verstärkt. Zwei Grundwerte der zeitgenössischen westlichen Demokratie, die Verteidigung der Meinungsfreiheit und der Kampf gegen den Antisemitismus, schienen infolge der terroristischen Waffengewalt verlorengegangen zu sein. Diese Bluttaten könnten die Geschichte Europas und seiner Muslime zum Entgleisen bringen.

Bei diesem Datum gibt es ein Vorher und ein Nachher, ähnlich wie bei den Anschlägen der Al-Qaida vom 11. September. Aber im Gegensatz zu den Vereinigten Staaten hat Europa – und ganz besonders Frankreich – eine lange gemeinsame Geschichte mit dem Islam und den Muslimen, eine Beziehung, die sich über einen geraumen Zeitraum entwickelt hat und sich auch weiterhin entwickelt. Dieses Buch will vor allem zeigen, wie sehr die dynamischen Prozesse zwischen den Muslimen und den europäischen Gesellschaften ineinander verflochten sind. Es betrachtet die Pariser Anschläge vom Januar 2015 aus einem europäischen Blickwinkel und macht auf die vorausgegangenen Signale aufmerksam. Denn diese Anschläge gehören in eine Kette von Ereignissen und Kontroversen, die durch die Darstellung der heiligen Symbole des Islam ausgelöst worden sind. Das Todesurteil mittels einer Fatwa gegen Salman Rushdie (1989), den Verfasser der *Satanischen Verse*, der Mord am niederländischen Intellektuellen Theo Van Gogh (2004), dem Regisseur des Films *Submission*, und die Veröffentlichung von Prophet-Mohammed-Karikaturen in einer dänischen Zeitung (2005) – all diese Schläge haben sich im euromuslimischen Kollektivgedächtnis festgesetzt. Zwischen London, Amsterdam, Kopenhagen und Paris kam es zu dynamischen Querverbindungen.

Jenseits sämtlicher Unterschiede zwischen den nationalen Gegebenheiten und auch jenseits aller Unterschiede zwischen den Sunniten und Schiiten zeichnet sich zu den Kontroversen um den Islam mehr und mehr eine Art europäische Landkarte ab. Und wie im Fall von *Charlie Hebdo* kann sich der gewaltsame Charakter dieser Kontroversen durch schriftliche oder visuelle Darstellungen des Islam entfachen: Die zeichnerische Darstellung des Islam und der Einsatz von kritischem Humor lösen Gewaltreaktionen aus. Dadurch stoßen sich manche, die sich in der kulturellen Erbfolge vom Mai '68 sehen, am Islam und dessen Erscheinungsformen im öffentlichen Leben in Europa.

Der Schriftsteller Michel Houellebecq ist eine der symbolträchtigsten Figuren in der spannungsgeladenen Begegnung zwischen diesen beiden Kulturen. In seinen Romanen fängt er den Zeitgeist ein, die Ängste einer entzauberten, depressiven Generation, die dem Aufstieg des Islam fassungslos gegenübersteht. In seinem Roman *Unterwerfung* (frz. Titel: *Soumission*) nimmt er eine vom Islam durchdrungene französische Gesellschaft vorweg, ein Land, das schließlich einen Muslim mit dem Vornamen Mohammed zum Präsidenten wählt. Die Hauptfigur, die an der Sorbonne eine Promotionsarbeit über Joris-Karl Huysmans schreibt, ist ein »menschenverachtender, eigenbrötlerischer Ästhet« auf der Suche nach spirituellem Wohlbefinden in der katholischen Liturgie. Schließlich konvertiert er zum Islam und spricht in der großen Moschee von Paris die rituelle Gebetsformel aus. 2022 wird der Islam zur maßgebenden Religion Frankreichs und ebenso zur maßgebenden Religion des Protagonisten. Das Buch verwischt erfolgreich die Grenzen zwischen Fiktion und Politik, zwischen dem Autor und dessen Helden, zwischen dessen Furcht vor dem Islam und dessen desillusionierter Faszination für diese Religion. Das Buch war ein Ereignis, weit über die Literaturkreise hinaus: Es löste eine stark von den Medien vermarktete Debatte aus und zwang die Politiker und die in der Öffentlichkeit stehenden Intellektuellen zu einer Reaktion. Die Wochenzeitung *Charlie Hebdo* bildete da keine Ausnahme: Der Romanautor füllte die Titelseite der just am Tag des Attentats erscheinenden Ausgabe. Der Zeichner Luz, einer der Überlebenden des Blutbads, hatte den

Schriftsteller als einen Magier dargestellt, der seine eigene Unterwerfung unter den Islam ankündigt: »2015 verliere ich meine Zähne, 2022 halte ich mich an den Ramadan.« Am 7. Januar 2015 kam das Buch in den Buchhandel, an einem schicksalsschweren Datum, ähnlich wie schon sein Roman *Plattform* (frz. Titel *Plateforme*), der kurz vor den Anschlägen des 11. Septembers 2001 auf den Markt gekommen war.

Die Gegenkultur der 68er-Bewegung und deren Folgen

Die französische Gegenkultur der 70er Jahre war vor allem geprägt von der Kritik an den konservativen »Werten« der katholischen Kirche und von einer sexuellen Befreiungsbewegung. In jenen Jahren drang eine neue Säkularisierungswelle in den Kulturbereich und in die Privatsphäre ein. Am Horizont standen die Gleichheit der Geschlechter und die Lockerung des Sittenkodex. Für viele ist die 68er-Bewegung zum Symbol für die Emanzipation der Frauen und der sexuellen Minderheiten geworden. Die Wochenzeitung *Charlie Hebdo* – 1970 Nachfolgerin des ein Jahr zuvor gegründeten Wochenblattes *L'Hebdo Hara-Kiri* – war einer der avantgardistischen Zellkerne dieser Gegenkultur. Ihre Zeichner und Kolumnisten, berühmt für ihren frechen, jede Form von religiöser Hegemonie oder öffentlicher Moral geißelnden Stil, sind legendäre Figuren dieser Generation. Die Tradition des Humors und der zugespitzten Übertreibung geht in Frankreich bis ins 16. Jahrhundert zurück. Das Werk von François Rabelais – der hedonistischen Symbolfigur schlechthin – ist ein Zeugnis dafür. Der Humor der ersten Generation von *Charlie Hebdo* passte sich ein in die linken Emanzipationsbewegungen zugunsten unterdrückter Minderheiten.

40 Jahre später haben sich die Zeiten jedoch geändert. In gewisser Hinsicht sind die 68er-Bewegungen nach wie vor der Inbegriff einer von Gerechtigkeitsidealen erfüllten, ewigen Jugend. Doch viele ihrer innovativen Ideen sind inzwischen banal. Und in einer Gesellschaft, in der die sexuelle Freiheit mit keiner moralischen Autorität mehr konfrontiert wird, ist auch

die Macht der Kirche verschwunden. Die religiösen Normen und sichtbaren Symbole des Islam tauchen ab den 90er Jahren also in einer säkularisierten, sexuell emanzipierten Gesellschaft auf. So war es dann für die jungen Zeichner der neuen *Charlie-Hebdo*-Riege, die direkten Nachfolger der glühendsten Verfechter der Meinungs- und sexuellen Freiheit, durchaus logisch, dass der Kampf ihrer Vorgänger gegen die Macht der Kirche nun gegen den heutigen Islam – insbesondere gegen die terroristischen Auswüchse in der muslimischen Welt – fortgesetzt wird. Dabei orientierten sie sich oft an den im Islam weit verbreiteten, übertrieben verzerrenden, karikierenden Medienproduktionen, ohne hinreichend die Vielfalt, die Denkart und Sensibilität ihrer muslimischen Mitbürger sowie deren prekären Status als Minderheit zu reflektieren.

Binäre Darstellungen lassen keinen Platz für Grauzonen. Für die vielen unterschiedlichen Gesichtspunkte, für die Interpretationsarbeit, das wechselseitige Lernen und das Verändern des Standpunkts mittels der Debatte ist kein Raum. Die den Medien eigenen Mechanismen betonen die unterstellten spezifischen Besonderheiten, entstellen die Wesensmerkmale und unterstreichen die kulturellen Unterschiede. Die damit einhergehenden stereotypen Darstellungen schüren die Kontroversen. So ist es zwischen den Verteidigern der Meinungsfreiheit und denen, die für den Schutz des Heiligen eintreten, zur Konfrontation gekommen, die aber die breite Öffentlichkeit und somit die ganz normalen Leute ausklammert.

In diesem Kontext sind die Meinungsfreiheit und die Trennung von Staat und Kirche (Laizismus) anscheinend zu emotionsgeladenen Werten geworden, zu einer Art Wandschirm, hinter den sich diejenigen flüchten, die sich für die Wortführer der gesellschaftlichen Mehrheit halten, um sich ihr geistiges Wohlbefinden zu bewahren. Statt den sozialen Kontakt zu suchen und die anderen aufzufordern, ihre Meinung zu äußern, verstärken heute die von einigen Leuten »gefälschten« Werte – um den Begriff des Historikers Jean Baubérot zu übernehmen, der sich mit dem Laizismus auseinandergesetzt hat – diese Ungleichheiten und sorgen für taube Ohren gegenüber den Europäern muslimischer Kultur oder muslimischen Glaubens. Die mangelnde

Akzeptanz – oder sogar öffentliche Demütigung aufgrund ihrer religiösen und kulturellen Besonderheit – bestärkt deren Ressentiments. In den Medien werden sie ständig aufgefordert, sich zu den Werten der Meinungsfreiheit zu bekennen, während sie wesentlich seltener gebeten werden, ihre Meinung zu diesen Streitthemen frei zu äußern.

Bei der Ursache des Problems handelt es sich nicht um einen Antagonismus zwischen den Werten der französischen Gesellschaft, zwischen denen, die hinter ihnen stehen, und den »anderen«, zwischen denen, die angeblich Humor besitzen, und denen, die ihn vermissen lassen. Das Problem ist vielmehr, dass die Stimmen einer gesellschaftlichen Randgruppe, nämlich die der ganz normalen Muslime, deren Präsenz, deren Standpunkte, deren Sinn für Humor völlig unbeachtet bleiben. Dieses Phänomen hat sich natürlich durch die im Namen des Islam begangenen Gewaltakte noch verschlimmert. Die jungen Mörder haben mit ihrem Anschlag auf die Zeichner von *Charlie Hebdo*, auf die Polizisten und auf die jüdischen Kunden von *Hyper Cacher* den französischen Bürgern muslimischer Kultur – egal welchen Alters, ob gläubig oder nicht – die Stimme genommen. Sie haben die Möglichkeit, die Bilder anders zu interpretieren und die Vielfalt der Sichtweisen zum Ausdruck zu bringen, zunichtegemacht, um mit Gewalt durchzusetzen, was für sie heilig und nicht verhandelbar ist. Mit einer rein ideologischen Auslegung der Scharia wollen diese militanten Sektierer und Antisemiten den Muslimen ihre Autorität aufzwingen und sie dazu bringen, sich von den europäischen Mitbürgern abzugrenzen und sich stattdessen ihnen anzuschließen.

Aber im Gegensatz zur Salman-Rushdie-Affäre vor einem Vierteljahrhundert gab es im Januar 2015 sehr viele Muslime, die die Anschläge sofort verurteilt und sich von den im Namen des Islam begangenen Gewalttaten distanziert haben. Sie übernahmen den Slogan *Not in my name*, der ursprünglich von britischen Staatsbürgern muslimischer Kultur nach den von der Islamistengruppe Daech im Jahre 2014 verübten Gräueltaten verwendet worden war. Einfache Bürger muslimischer Kultur sind damals auf die Straße gegangen, um sich Gehör zu verschaffen und ihre persönliche Meinung kundzutun.

Die unzähligen Kommentare zu den Terroranschlägen haben die verschiedenen Sichtweisen auf den Islam und die Muslime wieder in den Vordergrund gerückt. Manche Leute erklären sich den islamischen Terrorismus mit Eigenheiten, die für den Islam typisch sein sollen. Andere wiederum machen den geopolitischen Kontext und die sozioökonomischen Bedingungen, unter denen die Europäer muslimischer Kultur leben, dafür verantwortlich. In einer ganzen Reihe von Auseinandersetzungen geht es wieder um die religiöse Autorität im zeitgenössischen Islam, um den Stellenwert der Blasphemie und um die als Fatwas verhängten Todesurteile. Die Rekrutierung von verwirrten jungen Menschen durch die Dschihadisten, die Identität der Terroristen, deren sozialer Werdegang, die Gründe für deren Radikalisierung, die Rolle des Internets, das Gefühl von Ungerechtigkeit, die Kriege im Irak und in Syrien, all das kam zur Sprache. Besonders aufmerksam ging man der Frage nach, warum die Integration der muslimischen Bevölkerungsgruppen gescheitert ist. Die Kommunen der Pariser Banlieue, aus denen durch eine semantische Verschiebung »Ghettos« werden, die Schulen und die Gefängnisse wurden als Orte erkannt, an denen sich die Probleme deutlich verdichten. Hinzu kommt, dass durch die Terroranschläge auch das Echo der Repräsentanzen des Islam und der Muslime zunehmend »problematisch« geworden ist, und zwar sowohl in sozialer als auch in religiöser Hinsicht.

Alle diese Themen müssen natürlich verhandelt werden. In diesem Kontext verschwinden aber die ganz normalen Muslime noch mehr von der Bildfläche. Als unbedeutend oder nicht repräsentativ für die »großen Probleme der Gesellschaft« werden sie einfach ausgeklammert. Diejenigen, die von einem sozialen Aufstieg profitieren und zur neuen Mittelschicht gehören – junge Fachleute, Anwälte/Anwältinnen, Ärzte/Ärztinnen, UnternehmerInnen –, und diejenigen, die im Dienstleistungsbereich arbeiten, die kulturellen VermittlerInnen und die KünstlerInnen, beseelt von dem Wunsch, ihre Besonderheit, ihren Glauben und ihre Kultur mit ihrer Staatsbürgerschaft in Einklang zu bringen, werden beiseitegelassen. Alle diese Männer und Frauen, die keinen Widerspruch darin sehen, ein Kopftuch zu tragen, zu beten, *halal* zu essen, ihre Kinder männlichen Geschlechts zu beschneiden, ihre Angehörigen auf einem muslimischen Friedhof zu bestatten und gleichzeitig ein Mitglied der französischen Gesellschaft zu sein, werden nicht gehört. Dabei ist es ja gerade deren Präsenz in der Öffentlichkeit, die einem Großteil der Gesellschaft seit den 80er Jahren »Probleme bereitet«. Und genau der Wunsch dieser ganz normalen Muslime, im Alltag einfach nur als Staatsbürger wahrgenommen zu werden, wurde durch die Terroranschläge deutlich erschwert.

Die Großdemonstrationen vom 11. Januar oder: Wie gestalten wir das gesellschaftliche Zusammenleben?

Am 11. Januar 2015, wenige Tage nach den Anschlägen, kam es in Paris zu einer riesigen Demonstration von der Place de la République zur Place de la Nation. Wie auch die übrigen Demonstrationen in ganz Frankreich zeigte sie den entschlossenen Willen der Gesellschaft, den Terroristen nicht in die Falle zu gehen und zu polarisieren. Kein Slogan gegen den Islam oder gegen die Immigranten, nicht einmal eine Anspielung auf die Mörder. Diese Kundgebungen lieferten den Beweis, dass es sehr wohl möglich ist, die Politik der Angst und der Feindseligkeit gegenüber dem Islam und den Muslimen zu vereiteln. Es waren keine Kundgebungen, die sich auf einen Feind richteten, sondern vielmehr das Bild einer Gesellschaft, die sich selbst beschwor. Diese Bewegung präsentierte eine andere Ausdrucksform der Staatsbürgerschaft, ohne die Unterschiede in der Kategorie des Volkes und der Nation aufheben zu wollen.

Sie waren in großer Zahl gekommen, mit ihren Familien einschließlich der Kinder, und trugen beschriftete Plakate und riesige Bleistifte aus Pappkarton, die sie zu Hause gebaut hatten. Es war die Selbstdarstellung einer ganzen Gesellschaft, mit unterschiedlichen Hintergründen und Sprachen, darüber die Flaggen von Europa und der ganzen Welt. Mit diesen Demonstrationen in Paris und anderen Städten hat man in aller Öffentlichkeit das Experiment gestartet, das gesellschaftliche Miteinander neu in Szene zu setzen. Was dabei zum Ausdruck kam, war eine Neuanpassung des Alltags, auf der Straße und für die Zukunft.

Diese Kundgebungen boten jedem die Möglichkeit, seine Besonderheit auszudrücken, seinen Standpunkt mitzuteilen, dem Anderen, dem Nachbarn sein Gesicht zu zeigen und Verbindungen zu knüpfen. Wie etwa jene beiden Männer, die Arm in Arm gingen: der eine schwenkte ein Plakat mit dem Text »Ich bin Muslim und liebe die Juden«, und der andere zeigte stolz die Botschaft: »Ich bin Jude und liebe die Muslime«. Eine symbolische Geste, Zeugnis für die essentielle Verbindung zwischen Juden und Muslimen, die auf gleichem Boden leben, in einem Alltag, in welchem die koschere Lebensweise und die *Halal*-Regeln nebeneinander praktiziert werden. So wird die Kundgebung zu einer ganz besonderen Erfahrung: Wenn im Kollektiv sowohl die Vertreter der einen als auch die der anderen Richtung zugegen sind, dann wandeln sich die Menschen.

Mit Zurückhaltung und Humor wollten die Teilnehmer zeigen, dass sie sich nicht der Angst vor dem Terrorismus beugen. Das *Slogo* »Ich bin Charlie« – Slogan und Logo zugleich – hatte etwas sehr Persönliches und schweißte die Teilnehmer in Tränen und Empathie zusammen. »Charlie« hat als Figur die ganze Welt umrundet. Aus Solidarität mit den Opfern nahm man sie begeistert auf, aber auch aus Sympathie für Frankreich. »Charlie« warf aber auch die Frage auf, warum sich manch einer im humoristischen Stil von *Charlie Hebdo* nicht wiederfindet. Es bleibt festzuhalten, dass sich Frankreich – wie damals nach den Ereignissen vom Mai '68 – ein weiteres Mal als Inspirationsquelle für ein neues Demokratie-Bild erwiesen hat, und zwar dank seiner Bürger, die in schwierigen Tagen entschlossen für den gesellschaftlichen Zusammenhalt eingetreten sind.

Diese Kundgebungen haben auch der Europäischen Gemeinschaft eine neue Bedeutung verliehen, die von den Bürgern auf der Straße geschmiedet wurde. Durch das Zusammenführen der Unterschiede tut sich eine neue Art von Gemeinschaft auf: eine »kosmopolitische« Gemeinschaft, wie sie die Philosophen Étienne Balibar oder Isabelle Stengers vorschlagen. Deshalb sollten wir die Skepsis gegenüber Europa ablegen. Denn auf unserem Kontinent geschieht Entscheidendes für die Demokratie: Hier können wir anfangen, eine Gesellschaftskultur zu entwickeln, die der Gewalt zivile Umgangsformen entgegensetzt.

Das Buch ist aus einer europäischen Studie über die »ganz normalen Muslime« hervorgegangen, entspringt der Zeit vor und nach dem *Charlie-Hebdo*-Drama und dem antisemitischen Anschlag von Vincennes. Es untersucht die europäische Genealogie der Kontroversen um den Islam und beschränkt sich dabei nicht auf die mediale Ebene der Debatten und auch nicht auf die Frage, ob der Islam nun wirklich mit den »europäischen Werten« kompatibel ist. Mit seinen Berichten taucht das Buch vielmehr in die Welt der einfachen Leute ein. So kann der Leser entdecken, wie die ganz normalen Muslime als kreative Akteure eine neue Gesellschaftskultur ausarbeiten. Es handelt sich in diesem Zusammenhang weder um Optimismus noch um Pessimismus. Die sozialwissenschaftliche Forschung hat die Aufgabe, nicht nur die Entwicklungen der Gegenwart, sondern auch die Grenzen des Möglichen aufzuzeigen. Zu einer verantwortungsbewussten Teilnahme an der Gestaltung der Gesellschaft gehören – von einer »soziologischen Vorstellungskraft« einmal abgesehen – die sorgfältigen, behutsamen Handbewegungen eines Webers, um Kulturen und Menschen geschickt miteinander zu verweben. Ohne die Unterschiede verheimlichen zu wollen, nimmt das Buch die Kontroversen als Ausgangspunkt und zeigt das Entstehen einer neuen Gesellschaftskultur, bemüht um Wahrheit, Gerechtigkeit und Schönheit. Ich möchte auf diese Weise ein Mittel gegen die Übel unserer Gesellschaften vorstellen und dazu beitragen, über eine kulturelle Erneuerung auf intellektueller Ebene einen Paradigmenwechsel einzuleiten.

Anmerkungen

1 Ausstellung ›Gilbert & George: Scapegoat‹, Galerie Thaddaeus Ropac, Paris, November 2014 (siehe den Text von Michael Bracewell im Ausstellungskatalog).

2 In: *Time Out*, 8. September 2014.

3 ›Lachgas: Die Droge, die in England Furore macht‹, in: *Les Inrocks*, 2. Oktober 2014. Die Moschee Jamme Masjid in Brick Lane war ursprünglich – im 18. Jahrhundert – eine protestantische Kirche. Ab 1898 diente sie als Synagoge. 1976 wandelte man sie für die bengalische Gemeinde von London in eine Moschee um. Seit 2009 fällt die muslimische Gebetsstätte durch ein Minarett mit Metallspitze auf.

4 Zur Verwendung des Begriffs »Urbizid« siehe Monique Canot-Sperber: *Le Bien, la Guerre et la Terreur*, Paris 2005, S. 30.

5 Siehe Nilüfer Göle: ›L'instantané terroriste‹, in: *Interpenetrations. L'islam et l'Europe*, Paris 2005, S. 33–42.

6 Der Ausdruck wurde von der extremen Rechten in Frankreich benutzt, später übernahmen ihn einige in den Medien aktive französische Intellektuelle wie Alain Finkielkraut.

7 Luc Boltanski: *Énigmes et Complots. Une enquête à propos d'enquêtes*, Paris 2012, S. 22.

8 Ebd.

9 Nilüfer Göle: *EuroPublicIslam: Islam in the Making of a European Public Sphere*, 2009–2013. Das Projekt wurde finanziert vom Europäischen Rat für Forschung gemäß des 7. Forschungsrahmenprogramms. Siehe die Internetseite des Projektes http://europublicislam.hypotheses.org.

10 Die Route führte uns von Toulouse nach Sarajevo, und zwar über Istanbul, Mailand, Bologna, Köln, Berlin, London, Lyon, Birmingham, Brüssel, Genf, Paris, Córdoba, Amsterdam, Kopenhagen, Madrid, Oslo, Rotterdam, Treviso und Wien.

11 Francesca de Micheli, Alejandra Magnasco und Brian Chauvel: *EuroPublicIslam. Itineraires d'une recherche européenne*, koproduziert in Partnerschaft mit der audiovisuellen Abteilung von EHESS 2013. Französische und englische Untertitel: Pierre Guenoun. Die französische Filmversion ist verfügbar auf Canal U (Web-TV für die weiterführende Bildung): <url.ca//j9qf9>. Die Version mit

278

den englischen Untertiteln ist verfügbar auf der Internetseite von EuroPublicIslam: <url.ca//j9qg5>.

12 Für den Verlust der Handwerksarbeit in den modernen Gesellschaften siehe Richard Sennett: *Ce qui sait la main. La culture de l'artisanat*, Paris 2010.

13 Die Kunsthistoriker haben gezeigt, dass man anhand der alten orientalischen oder byzantinischen Teppiche die Entwicklung der Transformationen verfolgen kann, und zwar auf der Ebene der Details, der Darstellung und der Stilisierung der alltäglichsten Motive (Alois Riegl: *Question de style. Fondements d'une histoire de l'ornementation*, Paris 2002).

14 Siehe Françoise Frontisi-Ducroux: *Ouvrages de dames. Ariane, Héléne, Pénélope*, Paris 2009.

15 Für eine detailliertere Wiedergabe siehe die beiden Sammelbände Nilüfer Göle (Hrsg.): *Islam and Public Controversy in Europe*, London 2014, und Nilüfer Göle (Hrsg.): *En quête de l'Islam européen*, Perpignan 2014.

16 Nilüfer Göle: *Musulmanes et Modernes. Voile et civilisation en Turquie*, Paris 1993.

17 Orhan Pamuk: *Der Blick aus meinem Fenster*, Frankfurt a. M. 2008, S. 46 f.

18 Siehe Thomas Deltombe: *L'islam imaginaire. La construction médiatique de l'islamophobie en France, 1975–2005*, Paris 2005.

19 Siehe Jean Baubérot: *Histoire de la laïcité en France*, Paris 2005; *Laïcité 1905–2005, entre passion et raison*, Paris 2004.

20 Die von Bernard Stasi geleitete Kommission wurde am 3. Juli 2003 ins Leben gerufen. In jener Zeit war die vom damaligen Staatspräsidenten Jacques Chirac geführte Polemik um den »islamischen Schleier« an den Schulen in vollem Gange. Sie bestand aus 20 Mitgliedern und sollte einen Bericht über die Anwendung des Laizitätsgrundsatzes verfassen. Am 11. Dezember legte sie den Schlussbericht vor, woraufhin am 15. März 2004 das Gesetz über die religiösen Symbole an den öffentlichen Schulen sowohl von der Nationalversammlung als auch vom Senat verabschiedet wurde.

21 Marcel Gauchet: *La religion dans la démocratie. Parcours de la laïcité*, Paris 1998. Charles Taylor: *A Secular Age*, Cambridge 2007. Die beiden Referenzwerke verfolgen innerhalb der Geschichte des Christentums die Genealogie des Säkularismus. Aber der Säkularismus wurde über den Kolonialismus oder im Rahmen einer Modernisierung auch an nicht-westliche Länder weitergeleitet, etwa nach Indien oder in die Türkei.

22 Als ich mein Buch über das Phänomen, dass moderne muslimische Frauen den Schleier tragen, veröffentlichen wollte, haben die französischen Herausgeber, die ich deswegen angesprochen hatte, mich gebeten, den ersten Teil wegzulassen. Er beschäftigt sich mit der Geschichte der Laizität in der Türkei, und sie sahen deshalb keinen Zusammenhang mit der Kopftuchfrage. Für sie handelte es sich um eine türkische Anomalie. Inzwischen ist es jedoch undenkbar, über die Kopftuchfrage zu debattieren, ohne deren Zusammenhang mit der Laizität zu erwähnen. Der Verlag La Découverte hat schließlich das Buch in seiner Gesamtheit angenommen (Nilüfer Göle: *Musulmanes et Modernes*, a. a. O.).

23 Gérard Noiriel: *À quoi sert identité «nationale»?*, Marseille 2007.

24 Das »Ministère de l'Immigration, de l'Intégration, de l'Identité nationale et du Développement solidaire« wurde durch ein Dekret vom 18. Mai 2007 eingerichtet und am 13. November 2010 wieder aufgelöst. 2009 starteten französische Intellektuelle eine Petition, die dieses Ministerium als Angriff auf das französische Verständnis von Staatsbürgerschaft anprangerte und dessen Auflösung forderte (›Nous exigeons la suppression du ministère de l'identité nationale et de l'immigration‹, Ausgabe der Tageszeitung *Libération* vom 4. Dezember 2009).

25 Thilo Sarrazin: *Deutschland schafft sich ab. Wie wir unser Land aufs Spiel setzen*, München 2010.

26 A. a. O.

27 A. a. O., S. 306.

28 ›Mögen Sie keine Türken, Herr Sarrazin?‹, in: *Die Welt*, 29. August 2010.

29 Édouard Conte: ›Peut-on devenir allemand?‹, in: *Études rurales*, Nr. 163–164, Juli–Dezember 2002, S. 67–90.

30 Paul Scheffer: ›The multicultural drama‹, in: *NRC Handelsblad*, 29. Januar 2000.

31 ›Angela Merkel admet l'échec du multiculturalisme allemand‹ (dt: Angela gibt das Scheitern des deutschen Multikulturalismus zu), in: *Le Figaro*, 17. Oktober 2010.

32 Jürgen Habermas: ›L'Europe malade de la xénophobie‹, in: *Le Monde*, 4. Januar 2011.

33 A. a. O.

34 A. a. O.

35 Jacques Rancière: ›Racisme, une passion d'en haut‹, in: *Médiapart*, 11. September 2010.

36 Tariq Modood: *Multiculturalism. A Civic Idea*, Cambridge 2007.

37 Vincent Geisser: *La Nouvelle Islamophobie*, Paris 2003.

38 A. a. O., S. 10–11.

39 Stefano Allievi: *Conflicts over Mosques in Europe. Policy Issues and Trends*, London 2009.

40 Siehe auch Thomas Deltombe, *L'Islam imaginaire*, a. a. O.

41 Vincent Geisser, *La Nouvelle Islamophobie*, a. a. O., S. 51.

42 A. a. O., S. 95–112.

43 A. a. O., S. 76.

44 Alain Gresh: ›À propos de l'islamophobie: plaidoyer en faveur d'un concept controversé‹, in: *Les mots sont importants*, ‹http://lmsi.net/› 4. März 2004.

45 Siehe Caroline Fourest und Fiammetta Venner: ›Islamophobie?‹, in: *ProChoix*, Nr. 26/27, 2003; und Pascal Bruckner: ›L'invention de l' 'Islamophobie'‹, in: *Libération*, 23. November 2010. Für die endgültige Klärung der Phantasie-These, dass das Wort eine Erfindung der »iranischen Mullahs« ist, siehe Abdellali Hajjat und Marwan Mohammed: *Islamophobie. Comment les élites françaises fabriquent le »problème musulman«*, Paris 2013.

46 Michel Houellebecq: *Plattform*, Köln 2002.

47 ›Entretien avec Michel Houellebecq‹, in: *Lire*, September 2001. Nach diesen Erklärungen haben muslimische Verbände wegen »Anstiftung zum religiösen Hass« gegen Michel Houellebecq Klage erhoben. Eine Rücknahme des Buches aus dem Handel forderten sie jedoch nicht. Denn es war nicht die fiktive Welt, die zur Klage geführt hatte, sondern die Tatsache, dass der Autor die »sozial inakzeptablen« Ansichten des Erzählers und der Figuren übernommen hatte. Das Verfahren wurde eingestellt.

48 Jérôme Meizoz: ›Le roman et l'inacceptable. Sociologie d'une polémique autour de *Plateforme* de Michel Houellebecq‹, in: *L'Oeil sociologue et la littérature*, Genf 2004, S. 181–209.

49 Deutsche Übersetzung: Oriana Fallaci: *Die Wut und der Stolz*, Berlin 2004. Der erste Teil dieses Pamphlets erschien am 29. Dezember 2001 in der Tageszeitung *Corriere della Sera*. Zunächst vom italienischen Verlag Rizzoli veröffentlicht, wurde das Buch weltweit zu einem Bestseller, der von den Zeitungen und politisch Verantwortlichen reichlich zitiert wurde. Sie fanden darin eine »wissenschaftliche« Unterstützung für ihre ablehnende Haltung gegenüber der Integration von Muslimen und des Islam. Der Text mit seinen offen rassistischen Konnotationen wurde sogar in zahlreichen italienischen Gymnasien auf den Lehrplan gesetzt.

50 Deutsche Übersetzung: Oriana Fallaci: *Inschallah*, Köln 1992.

51 Bruno Cousin und Tommaso Vitale: ›Oriana Fallaci ou la rhétorique matamore‹, in: *Mouvements*, Nr. 23, 2002, S. 146–149.

52 Oriana Fallaci: *Die Wut und der Stolz*, a. a. O.

53 Oriana Fallaci: ›Il nemico che trattiamo da amico‹, in: *Corriere della Sera*, 15. September 2006 (zitiert nach Bartolomeo Conti: *L'Émergence de l'islam dans l'espace publique italien. Les leaders musulmans entre intégration et intégrisme*, bei EHESS vorgestellte Promotionsarbeit, Paris, 31. Oktober 2011).

54 A. a. O.

55 Bruno Cousin: ›Quand le racisme se fait best-seller. Pourquoi les Italiens lisent-ils Oriana Fallaci?‹, in: *La Vie des idées*, Nr. 3, 2005, S. 71–77.

56 Giancarlo Bosetti: ›'Orianism', an ancient vice (and not only an Italian one)‹, in: *Reset DOC*, 5. Februar 2008; und ›Madame et son ennemi‹, in: *Reset DOC*, 5. Februar 2008.

57 Françoise Giroud: ›Voyage au bout de la haine‹, in: *Le Nouvel Observateur*, 30. Mai 2002, (zitiert nach Vincent Geisser: *La Nouvelle Islamophobie*, a. a. O., S. 47–48).

58 Siehe Christine Ockrent: *Françoise Giroud, une ambition française*, Paris 2003; und Laure Adler: *Françoise*, Paris 2011.

59 Ein Phänomen, das von Giancarlo Bosetti mit Ironie analysiert wurde: »Ich bin Madame dankbar, dass sie mir auf eine extreme, leidenschaftliche und leicht entflammbare Art ein kleines Laster offenbart hat, das von bestimmten Herausgebern entschieden kühler, mit wenig Lärm und in echter oder vorgetäuschter Zurückhaltung zum Ausdruck gebracht worden war.« (Giancarlo Bosetti: ›'Orianism', an ancient vice (and not only an Italian one)‹, a. a. O.

60 Gespräch mit dem Bürgermeister von Treviso am 17. Juni 2009.

61 Michel Wieviorka: *Le Front national, entre extrémisme, populisme et démocratie*, Paris 2013.

62 Siehe Cagla Aykac: *Personnage public de l'islam en Europe. Scandales, controverses et performances*, Promotionsarbeit unter der Betreuung von Nilüfer Göle, EHESS, Paris, 2. März 2010.

63 Ayaan Hirsi Ali: *Ich klage an. Plädoyer für die Befreiung der muslimischen Frauen*, München 2005.

64 Siehe Bernard-Henri Lévy: ›Connaissez-vous Ayaan Hirsi Ali?‹, in: *Le Bloc-notes de Bernard-Henri Lévy*, 7. Februar 2008; siehe auch ›L'UMP demande un passeport français pour Ayaan Hirsi Ali‹, in: *Le Nouvel Observateur*, 11. Februar 2008.

65 Caroline Fourest: *Frére Tariq. Discours, stratégie et méthode de Tariq Ramadan*, Paris 2004.

66 Tariq Ramadan: *L'Autre en nous. Pour une philosophie du pluralisme*, Paris 2009.

67 Tariq Ramadan: *Le Musulman d'Occident et l'avenir de l'Islam*, Arles 2003, S. 44 und 68.

68 Alain Roussillon: *La Pensée islamique contemporaine, acteurs et enjeux*, Paris 2005, S. 165; siehe auch Tariq Ramadan: *Islam, la réforme radicale. Éthique et libération*, Paris 2008.

69 Interview mit Issam aus Toulouse am 25. April 2009.

70 Interview mit Sherine aus Kopenhagen am 9. Februar 2010.

71 Interview mit Zeyneb aus Treviso am 19. Juni 2009.

72 Interview mit Muhammed aus Rotterdam am 21. Januar 2010.

73 Interview mit Salima aus Genf am 11. Dezember 2009.

74 Hannah Arendt: *La Vie de l'esprit. La pensée. Le vouloir*, Paris 2013 (die erste Ausgabe erschien 1971 auf Englisch).

75 Étienne Tassin: ›Les gloires ordinaires, actualité du concept arendtien d'espace public‹, in: *Sens public*, Nr. 15–16, Juli 2013, S. 23–38.

76 Erving Goffman: *La Mise en scène de la vie quotidienne. La présentation de soi*, Paris 1996.

77 *Ibâdât* bedeutet »die Angelegenheiten des Kultes und die Säulen des Islam, die den Glauben und das Konzept von *Tawhîd* bewahren und stärken sollen« (Tariq Ramadan: *Les Musulmans d'Occident et l'avenir de l'islam*, a. a. O., S. 44).

78 *Mu'âmalât* bedeutet »das allgemeine Recht und die sozialen Angelegenheiten«; »Dieser Ausdruck bezeichnet den Bereich des Verhandelbaren, der für Interpretationen immer offen ist und für die Kreativität im Islam steht. Was der Veränderung unterworfen ist *(mutaghayyir)*, betrifft die sozialen Angelegenheiten *(al-mu'âmalât)*« (Tariq Ramadan: *Les Musulmans d'Occident et l'avenir de l'islam*, a. a. O., S. 68).

79 Siehe Sarah Bracke: ›Subjects of debate. Dutch Muslim women responding to interpellations about women's emancipation‹, Gespräch auf dem Kolloquium des Columbia Global Center *Feminists, Islamist Women and the Women in Between*, Paris, 18.–19. Januar 2013.

80 Pierre Rosanvallon: *Le Peuple introuvable. Histoire de la représentation démocratique en France*, Paris 1998, S. 341–343.

81 Siehe Augusto Boal: *Théâtre de l'opprimé*, Paris 1977.

82 Pascale Haag und Cyril Lemieux: ›Critiquer: une nécessité‹, in: Pascale Haag und Cyril Lemieux (Hrsg.): *Faire des sciences sociales: critiquer*, Band 1, Paris 2012, S. 13–27.

83 Hadiths: Äußerungen des Propheten Mohammed, die durch deren Überliefererkette beglaubigt sind. Sie stammen aus dem Sahih-Werk des Imam Al-Bukhari, was »Original von Imam Al-Bukhari« bedeutet. Es ist für die Muslime eine der wichtigsten Quellensammlungen.

84 Siehe Saba Mahmood: *Politique de la piété. Le feminism à l'épreuve du renouveau islamique*, Paris 2009, S. 188. Für die Analyse des Gebets als rituelle Übung siehe das vierte Kapitel dieser Arbeit, S. 177–219.

85 Jeannette S. Jouili: *Devenir pieuse. Femmes musulmanes en France et en Allemagne entre réforme de soi et quête de reconnaissance*, 2007, von EHESS geförderte Promotionsarbeit unter der Leitung von Nilüfer Göle und Werner Schiffauer.

86 Tariq Ramadan: *Les Musulmans d'Occident et l'avenir de l'islam*, a. a. O., S. 205.

87 Jean-Michel Riera und Franck Hirsch: *Mosquées de Paris*, L5A3 PROD, die Dokumentation wurde unterstützt von der Stadt Paris und vom *Institut des cultures d'islam*, Frankreich 2009.

88 ›Marine Le Pen compare les 'prières de rue' des musulmans à une 'occupation'‹, in: *Le Monde*, 11. Dezember 2011.

89 ›Guéant: 'Les prières de rue doivent cesser'‹, in: *Le Figaro*, 14. September 2011.

90 Zur Bekräftigung zitierten sie folgenden Hadith: »*Dort, wo du dich zur Gebetszeit aufhältst, musst du die Salaat verrichten, und das ist eine Masdjid* (=Moschee)«, übersetzt aus *L'Encyclopédie de l'islam*, Bd. 6, Leiden/Paris 1991, S. 634–636.

91 Giacomo Biffi erläuterte seine Vision in einem Hirtenbrief mit dem Titel ›Die Stadt von San Petronio im dritten Jahrtausend‹ (›La città di San Petronio nel terzo millennio‹), Bologna 2000, zitiert in der Promotionsarbeit von Bartolomeo Conti, *L'Émergence de l'islam dans l'espace public italien*, a. a. O., S. 211–212.

92 Die *Lega Nord* wurde 1989 von Umberto Bossi gegründet und war ursprünglich eine regionalistische Bewegung mit dem Ziel der Unabhängigkeit Norditaliens. In den neunziger Jahren wurde daraus eine nationale Bewegung, die einen Kreuzzug gegen das »islamistische Komplott gegen das Christentum« führt (siehe Marta Machiavelli: ›La Ligue du Nord et l'invention du 'Padan'‹, in: *Critique internationale*, Bd. 1, Nr. 10, 2001, S. 129–142).

93 Siehe Simone Maddanu: *La Deuxiéme Génération de musulmans en Italie. Nouvelles pratiques quotidiennes chez les jeunes de l'association GMI*, Promotionsarbeit unter der Betreuung von Nilüfer Göle, eingereicht am 5. März 2009 an der EHESS in Paris.

94 Hervé Le Bras: *L'Invention de l'immigré*, La Tour d'Aigues 2012.

95 Simone Maddanu: *La Deuxième Génération de musulmans en Italie*, a. a. O.

96 Élie Lambert: ›Les origines de la mosquée et l'architecture religieuse des Omeyyades‹, in: *Studia islamica*, Nr. 6, 1956, S. 5–18.

97 Shmuel N. Eisenstadt: ›The public sphere in Muslim societies‹, in: Nilüfer Göle und Ludwig Ammann (Hrsg.): *Islam in Public*, Istanbul 2006; Miriam Hoexter, Nehemia Levtzion und Shmuel N. Eisenstadt (Hrsg.): *The Public Sphere in Muslim Societies*, New York 2002.

98 Stefano Allievi: *Conflicts over Mosques in Europe*, a. a. O.

99 Jean-François Mayer: ›Minarets: entre variété architecturale et symbole de l'islam. Autour d'un débat en Suisse‹, in: *Religioscope*, 27. September 2009.

100 Stefano Allievi: ›Conflicts over mosques in Europe: between symbolism and territory‹, in: Nilüfer Göle (Hrsg.): *Islam and Public Controversy in Europe*, a. a. O., S. 69–82.

101 *BBC Online*, 29. November 2008.

102 *Le Monde*, 6. Januar 2009.

103 Es gibt Ausnahmen: Die Moscheen von Fittja (Schweden, 2013) und von Hamburg (2009) haben beispielsweise eine Genehmigung zur Nutzung der Minarette für den Aufruf zum Freitagsgebet.

104 Stefano Allievi: *Conflicts over Mosques in Europe*, a.a.O., S.39–45.

105 Das DITIB (Diyanetisleri Türk Islam Birligi, Föderation islamischer Verbände des türkischen Ministeriums für religiöse Angelegenheiten) wurde Anfang der 80er Jahre vom türkischen Staat gegründet. Man war sich bewusst geworden, dass die Einwanderer in Europa bleiben und ihre religiösen Bedürfnisse dort respektiert werden müssen. Es organisiert die Imams, die jährlichen Pilgerreisen nach Mekka und den Leichentransport (siehe Zana Citak: ›D'acteur national à transnational: La Diyanet en Europe‹, in: *Cahiers de l'Obtic*, Nr.2, Dezember 2012, S.9–14).

106 Für die Analyse und Beschreibung des Bauprozesses der Essalaam-Moschee in Rotterdam siehe Eric R. Roose: *The Architectural Representation of Islam Muslim-Commissioned Mosque Design in The Netherlands*, Amsterdam 2009, besonders das Kapitel ›The Essalaam Mosque, Rotterdam‹, S.210–235. Siehe auch Pooyan Tamimi Arab: ›The biggest mosque in Europe! A symmetrical anthropology of Islamic architecture in Rotterdam‹, in: Oskar Verkaaik (Hrsg.): *Religious Architecture, Anthropological Perspectives*, Amsterdam 2013, S.47–61.

107 Mohammed Arkoun unterscheidet mehrere Arten des göttlichen Wortes, denn es steht für die wohlverwahrte Tafel *(lawhmahfüz)*, für den Korantext als mündliche Überlieferung dieses Wortes an den Propheten Mohammed und für den geschriebenen Text als vollständigen Korpus *(mushaf)*, der zu einem offiziellen, in sich geschlossenen Korpus wird. Für die traditionelle – ascharitische und hanbalitische – Theologie hingegen ist der *Mushaf* das »transzendente Wort Gottes« (siehe Selami Varlik: *La critique philosophique du Fazlur Rahman dans la Turquie contemporaine*, Promotionsarbeit unter der Betreuung von Olivier Abel, EHESS, Paris 2012).

108 Denis Gril: ›Le corps du Prophète‹, in: *Revue du monde musulmans et de la Méditerranée*, Nr.113–114, November 2006, S.37–57.

109 Tariq Ramadan: *Muhammad. Vie du Prophète*, Paris 2006.

110 John L. Esposito (Hrsg.): *The Oxford Dictionary of Islam*, New York 2003, S.305.

111 Denis Gril: ›Le corps du Prophète‹, a.a.O.

112 Sivia Naef: *Y a-t-il une question de l'image en islam?*, Paris 2004.

113 Jean-Claude Poizat: ›Débat entre Abdennour Bidar et Catherine Kintzler sur la laïcité et la place de la religion dans l'espace public‹, in: *Le Philosophoire*, Nr.29, 2007, S.243; siehe auch Abdennour Bidar, *Self Islam, Histoire d'un islam personnel*, Paris 2006.

114 John Tolan: *Les Sarrasins. L'islam dans l'imagination européenne au Moyen Âge*, Paris 2003, S. 16.

115 A. a. O., S. 18.

116 A. a. O., S. 201–202.

117 Für eine detailliertere Analyse der Kontroverse um dieses Fresko siehe Massimo Leoni: ›The sacred, (in)visibility, and communication: an inter-religious dialogue between Goethe and Hafez‹, in: *Christian-Muslim Relations*, Bd. 21, Nr. 4, 2010, S. 373–384.

118 Finbarr Barry Flood: ›Inciting modernity? Images, alterities and the contexts of 'cartoon wars'‹, in: Patricia Spyer und Mary Margaret Steedly, *Images that Move*, Santa Fé 2013, S. 41–72.

119 Ibrahim Kalin: ›Source of tolerance and intolerance in Islam: the case of the people of the Book‹, in: *Religions*, 2009, S. 36–67.

120 Siehe Nilüfer Göle: *Interpénétrations. L'Islam et l'Europe*, a. a. O.

121 Für eine nähere Beschreibung des Ereignisses siehe Jytte Klausen: *The Cartoons that Shook the World*, New Haven/London 2009.

122 Im Arabischen gibt es kein entsprechendes Wort für die »Blasphemie«. Aber es gibt Termini, die im Kontext vergleichbare Fragen der muslimischen Theologie umschreiben. Das Wort *tawhid* steht für die absolute Einzigartigkeit des Schöpfers, für die Unmöglichkeit seiner Darstellung und für den Wahrheitsgehalt seines im Koran geoffenbarten Wortes. Dies sind unabänderliche Grundsätze. Das arabische Wort *shirk* steht für die Assoziierung Gottes mit anderen Gottheiten. Dieser sogenannte Götzendienst ist eine schwere Anklage gegen diejenigen, die sich der Einzigartigkeit Gottes widersetzten. Das Wort *kufr* steht für das Verheimlichen oder Leugnen der göttlichen Offenbarung (Ungläubigkeit, Glaubensverweigerung oder das Vergessen Gottes). Wer den Islam oder einen Teil seiner Regeln leugnet, macht sich der Apostasie *(ridda)* schuldig und wird zum Tode verurteilt. Alles diese Wörter *(shirk, kufr und ridda)* haben einen Bezug zum Blasphemie-Begriff.

123 International Union of Muslim Scholars, ›Statement on insulting cartoons‹, 19. Januar 2006.

124 Gespräch mit Scheich Faiz Siddiqi, Hijaz College, Muslim Arbitration Tribunal, 29. Mai 2009.

125 Saba Mahmood: ›Religious reason and secular affect: an incommensurable divide?‹, in: Talal Asad, Wendy Brown, Judith Butler und Saba Mahmood (Hrsg.): *Is Critique Secular? Blasphemy, Injury and Free Speech*, Oakland 2009, S. 20–63.

126 Talal Asad: ›Free speech, blasphemy, and secular criticism‹, a. a. O., S. 33–34.

127 Jytte Klausen: *The Cartoons that Shook the World*, a. a. O., S. 18.

128 A. a. O., S. 14.

129 Judith Butler: *Trouble dans le genre. Le féminisme et la subversion de l'identité*, Paris 2006.

130 Das *European Muslim Network* (EMN) ist eine Denkfabrik für in Europa lebende muslimische Intellektuelle und Aktivisten. Ihr Ziel ist die Veröffentlichung von Standpunkten und Expertenanalysen, die sich mit der muslimischen Präsenz in Europa beschäftigen (www.euro-muslims.eu).

131 Christian Ruby: ›L'art public dans la ville‹, in: *EspacesTemps.net*, 1. Mai 2002, S. 2.

132 A. a. O., S. 4.

133 Mohammed Hocine Benkheira: ›Sexualité‹, in: Mohammad Ali Amir-Moezzi (Hrsg.), *Dictionnaire du Coran*, Paris 2007, S. 815–818.

134 Emmanuel Terray: ›L'hystérie politique‹, in: Charlotte Nordmann (Hrsg.), *Le Foulard islamique en questions*, Paris 2004, S. 103–117.

135 Nadia Marzouki: *L'Islam introuvable. La construction de l'objet islam par les sciences sociales et l'expertise publique en France et aux Etats-Unis (depuis la fin du XIX. Siècle)*, Promotionsarbeit unter der Betreuung von Olivier Roy, CERI Sciences Po, 2008, S. 365–366.

136 Jean Baubérot: ›La laïcité en question?‹, in: *Policy Paper*, Nr. 12, IFRI, Dezember 2004.

137 Jean Baubérot: *La Laïcité falsifiée*, Paris 2014.

138 Ministre de L'Éducation nationale: ›Charte de la laïcité‹, 6. September 2013.

139 Joan W. Scott: *The Politics of the Veil*, Princeton 2007, S. 97.

140 John R. Bowen: *Why the French don't like Headscarves*, Princeton 2007.

141 Ulrich Beck: *Qu'est-ce que le cosmopolitisme?*, Paris 2006.

142 Die Deutsche Islam-Konferenz wurde auf Initiative des damaligen Innenministers Wolfgang Schäuble einberufen. Näheres über deren Geschichte und Organisation unter www.deutsche-islam-konferenz.de.

143 Schirin Amir Moazami: ›Pitfalls of consensus oriented dialogue, the German Islam Conference (Deutsche Islam-Konferenz)‹, in: *Approaching Religion*, Bd. 1, Mai 2011, S. 2–15.

144 A. a. O., S. 8.

145 Jacques Derrida: *Limited Inc.*, Paris 1990.

146 Das türkische Laizismus-Modell ist insofern eine Besonderheit, als es den Säkularismus innerhalb einer islamischen Kultur bejaht. Die Stellung der Frau war von Anfang an ein zentrales Thema im politischen Säkularisierungsprozess der Türkei.

147 Patrick Weil: ›Headscarf v. Burqa, two French bans with different meanings‹, in: Susanna Marcini und Michel Rosenfeld (Hrsg.), *Constitutional Secularism in an Age of Religious Revival*, Oxford 2014, S. 195–214. Patrick Weil, ein ehemaliges Mitglied der Stasi-Kommission, erinnert daran, dass das französische Gesetz von 2004 das Kopftuch in den öffentlichen Schulen verbietet und die Integration der jungen Musliminnen in Frankreich zum Ziel hat.

148 Sidi Mohammed Barkat: ›La loi contre le droit‹, in: Charlotte Nordmann (Hrsg.), *Le Foulard islamique en questions*, a.a.O., S. 28–35.

149 Tareq Oubrou: ›Pour une visibilité musulmane discrète‹, in: *Le Monde*, 3. Oktober 2013.

150 Zitiert nach Anne-Françoise Hibert: ›Asmaa Abdol-Hamid. La politique du voile‹, in: *Libération*, 12. November 2007.

151 Rikke Andreassen: ›Political Muslim Women in the news media‹, in: Haci Akman (Hrsg.), *Negotiating Identity in Scandinavia. Women, Migration and the Diaspora*, New York/Oxford 2014.

152 A.a.O.

153 Zitiert nach Anne-Françoise Hibert: ›Asmaa Abdol-Hamid. La politique du voile‹, a.a.O.

154 Éric Fassin: ›La démocratie sexuelle et le conflit des civilisations‹, in: *Multitudes*, Nr. 26, 2006, S. 123–131.

155 Monique Canto-Sperber (Hrsg.): *Dictionnaire d'éthique et de philosophie morale*, Paris 1996.

156 Michel Foucault: *Histoire de la sexualité*, Bd. 1, Paris 1994.

157 Serge Moscovici: *Psychologie des minorités actives*, Paris 1991, S. 11.

158 Siehe Zahra Ali (Hrsg.): *Feminismes islamiques*, Paris 2012.

159 Saïda Ounissi: ›La France refuse les mutations du monde‹, in: *Le Monde*, 1. November 2013.

160 Joan W. Scott: *The Politics of the Veil*, a.a.O., S. 105.

161 Rikke Andreassen: ›Political Muslim women in the news media‹, a.a.O.

162 Die Ausstellung wurde im April 2010 während unseres Forschungsaufenthaltes in Kopenhagen gezeigt. Dazu erschien auch ein Ausstellungskatalog: Trine Sondergaard: *Strude*, Kopenhagen 2010.

163 Siehe Baudouin Dupret (Hrsg.): *La Charia aujourd'hui. Usages de la référence au droit islamique*, Paris 2012, und Baudouin Dupret: *La Charia. Des sources à la pratique, un concept pluriel*, Paris 2014.

164 Sami Zubaida: *Law and Power in the Islamic World*, New York/London 2005.

165 Marc Gaborieau und Mailka Zeghal: ›Autorités religieuses en islam‹, in: *Archives des sciences sociales des religions*, Nr. 125, Januar–März 2004, S. 5–21.

166 Malika Zeghal: *Gardien de l'islam. Les oulémas d'Al-Azhar dans l'Égypte contemporaine*, Paris 1996, S. 22.

167 Muhammad Khalid Masud: ›Shari'a et *fatwa*: un regard musulman‹, in: *Religioscope*, 13. April 2002.

168 A.a.O.

169 Franck Fregosi: ›Usages sociaux de la référence à la charia chez les

musulmans d'Europe‹, in: Baudouin Dupret (Hrsg.): *La Charia aujourd'hui*, a. a. O., S. 65–77.

170 Abdelwahab Medder: *Contre-Prêches*, Paris 2006 (zitiert von Franck Fregosi: ›Usages sociaux de la référence à la charia‹, a. a. O., S. 68).

171 Tareq Oubrou: ›La sharî'a de minorité: réflexion sur une intégration légale de l'islam‹, in: Franck Fregosi (Hrsg.): *Lectures contemporaines du droit islamique, Europe – monde arabe*, Straßburg 2004, S. 206.

172 Interview mit David am 11. November 2009 in Genf.

173 Interview mit Issam am 25. April 2009 in Toulouse.

174 Tariq Ramadan: *Les Musulmans d'Occident et l'avenir de l'islam*, a.a.O.

175 A. a. O., S. 101.

176 Alain Roussillon: *La Pensée islamique contemporaine: acteurs et enjeux*, a. a. O.

177 Tariq Ramadan: *Islam, la réforme radicale*, a.a.O., S. 10–11.

178 Tariq Ramadan: *L'Autre en nous. Pour une philosophie du pluralisme*, a.a.O., S. 31.

179 A. a. O.

180 A. a. O., S. 35.

181 A. a. O., S. 32.

182 A. a. O., S. 44.

183 A. a. O., S. 45.

184 A. a. O., S. 67.

185 Franck Fregosi: ›Usages sociaux de la référence à la charia chez les musulmans d'Europe‹, a. a. O., S. 70; Franck Fregosi: ›Les contours discursifs d'une religiosité citoyenne, laïcité et identité islamique chez Tariq Ramadan‹, in: Felice Dassetto (Hrsg.): *Paroles d'islam. Individus, sociétés et discours dans l'islam européen contemporain*, Paris 2000, S. 205–221.

186 Rowan Williams: ›Civil and religious law in England: a religious perspective‹, <url1.ca/i9hr9>, 7. Februar 2008.

187 Rowan Williams: *Faith in the Public Square*, London 2012.

188 John Rawls: *Théorie de la justice*, Paris 2009 (die erste englische Ausgabe erschien 1971).

189 Jean-Philippe Bras: ›The British debate over sharia councils: a French-style controversy?‹, in: Nilüfer Göle (Hrsg.): *Islam and Public Controversy in Europe*, a.a. O., S. 151–158.

190 David Pearl und Werner Menski: *Muslim Family Law*, London 1998.

191 Ihsan Yilmaz: ›Muslim law in Britain: reflections in the socio-legal sphere and differential legal treatment‹, in: *Journal of Muslim Minority Affairs*, Bd. 20, 2001, S. 353–360.

192 Interview mit Faiz Siddiqi am 28. Mai 2009 am Hijaz College in Nuneaton.

193 John R. Bowen: ›How could English courts recognize shariah?‹, in: *University of St. Thomas Law Journal*, Bd. 7, Nr. 3, 2010, S. 411–435.

194 Jean-Philippe Bras: ›Conclusion: des métamorphoses de la charia‹, in: Baudouin Dupret (Hrsg.): *La Charia aujourd'hui*, a. a. O., S. 290.

195 Interview mit Imam Raza vom 29. Mai 2009 im Londoner Muslim College.

196 Interview mit Khurshid Drabu vom 11. Mai 2009 in Winchester.

197 Jean-Philippe Bras: ›Conclusion: des métamorphoses de la charia‹, a. a. O., S. 289.

198 Siehe Fatima Mernissi: *Le Harem politique. Le Prophète et les femmes*, Paris 1987; Leila Ahmed: *A Quiet Revolution. The Veil's Resurgence, from the Middle East to America*, New Haven/London 2011.

199 Julie Billaud: ›Ethics and affects in British sharia councils: 'A simple way of getting to paradise'‹, in: Nilüfer Göle (Hrsg.): *Islam and Public Controversy in Europe*, a. a. O., S. 159–173.

200 Mohammed Hocine Benkheira: *L'Amour de la loi. Essai sur la normativité en islam*, Paris 1997.

201 Mohammed Hocine Benkheira: *Islam et interdits alimentaires. Juguler l'animalité*, Paris 2000, S. 28.

202 A. a. O., S. 201.

203 Yusuf al-Qaradawi: *Le Licite et l'Illicite en islam*, Paris 2005 (1992), S. 42.

204 A. a. O., S. 44–45.

205 Mohammed Hocine Benkheira: *Islam et interdits alimentaires*, a. a. O., S. 174–175.

206 A. a. O., S. 131.

207 A. a. O., S. 178.

208 *Die rituelle Schlachtung im Islam*, Bericht der *Islamischen Organisation für Bildung, Wissenschaft und Kultur* (ISESCO) und der *Weltgesundheitsorganisation* (WHO), Regionalbüro für den östlichen Mittelmeerraum, Kairo 1999.

209 Constant Hames: ›Le sacrifice animal au regard des textes islamiques canoniques‹, in: *Archives des sciences sociales des religions*, Bd. 43, Nr. 101, Januar–März 1998, S. 5–25; siehe auch Pierre Bonte, Anne-Marie Brisebarre und Altan Gokalp (Hrsg.): *Sacrifices en islam. Espaces et temps d'un rituel*, Paris 2013 (1. Ausgabe 1999).

210 Mohammed Hocine Benkheira: *Islam et interdits alimentaires*, a. a. O., S. 202.

211 Im Rahmen der Europäischen Kommission behandelt das DIALREL-Projekt (www.dialrel.eu) die rituelle Schlachtung innerhalb eines interreligiösen Dialogs. Ziel ist es, die Übernahme der »guten Praktiken« zu erleichtern.

212 Léa Delahaye: ›Le végétarisme est-il halal?‹, in: *Le Monde des religions*, 21. August 2014.

213 Alexandre Caeiro: ›The making of the fatwa‹, in: *Archives des sciences sociales des religions*, Nr. 155, Juli–September 2011; siehe auch Yusuf Al-Qaradawi: *Fatwas contemporaines*, Paris 2009.

214 John L. Esposito (Hrsg.): *The Oxford Dictionary of Islam*, Oxford 2003, S. 105.

215 Rachid Id Yassine: ›Eclectic usage of *halal* and conflicts of authority‹, in: Nilüfer Göle (Hrsg.): *Islam and Public controversy in Europe*, a. a. O., S. 173–186.

216 Saïd Nursi (1877–1960) war der Begründer der Nourdjou-Bewegung in der Türkei. Seine Gedanken ließen die wissenschaftliche Tradition des Islam wieder aufleben, und sein Werk *Risale-i-Nur* (Briefe der Aufklärung) ist ein maßgebliches Standardwerk für die Muslime in der ganzen Welt; siehe Sümeyye Ulu Sametoğlu: ›Les *sohbet*: un espace alternatif de socialisation et formation du sujet pieux féminin en France et Allemagne‹, in Nilüfer Göle (Hrsg.): *En quête de l'islam europeén*, a. a. O.

217 A. a. O.

218 Patrick Haenni: ›L'économie politique de la consommation musulmane‹, in: *Religioscope*, Nr. 18, November 2008; siehe auch Patrick Haenni: *L'islam de marché. L'autre révolution conservatrice*, Paris 2005.

219 Rachid Id Yassine: ›Eclectic usage of *halal* and conflicts of authority‹, a. a. O., S. 179.

220 David Brooks: *Bobos in Paradise, The New Upper Class and how they got there*, New York 2001. Der Ausdruck *Bobo* ist eine Abkürzung für »bourgeois bohème« und beschreibt eine Verbindung kapitalistischer Werte mit der Hippie-Kultur der 60er Jahre. Diese neue Bobo-Elite zeichnet sich vor allem durch ihre Vorlieben und ethische Grundsätze hinsichtlich Ökologie, Naturkost und Umweltschutz aus. Man erkennt dies an der Art, wie sie sich kleiden, ernähren oder in der Politik engagieren.

221 Warda Hadjab: ›Le bien-être islamique en Europe‹, präsentiert am 2. Juni 2014 auf dem EHESS-DoktorandInnen-Kolloquium »Les normes publiques à l'épreuve de l'intime« unter der Leitung von Nilüfer Göle.

222 Yasemin Ural: ›La place des défunts musulmans dans les cimitières français et allemands‹, in: Nilüfer Göle (Hrsg.): *Enquête sur l'islam européen*, a. a. O.

223 Isabelle Roberts und Raphaël Garrigos: ›M6 censure une enquête de 'Zone interdite'‹, in: *Libération*, 23. Oktober 2009.

224 Gilles Kepel: *Quatre-Vingt-Treize*, Paris 2012, S. 66.

225 ›Marine Le Pen s'attaque de nouveau au *halal*‹, in: *Le Nouvel Observateur*, 18. Februar 2012.

226 Stéphane Papi: ›Islam, laïcité et commensalité dans les cantines scolaires. Ou comment continuer à manger ensemble 'à table de la République?'‹, in: *Hommes et Migrations*, Nr. 1296, 2012; siehe auch Anne-Marie Brisebarre: ›Manger *halal* en France aujourd'hui: des nourritures domestiques à la restauration collective‹, www.lemangeur-ocha.com, 4. Oktober 2007.

227 Interview von Jean-Pierre Elkabbach mit François Fillon vom 5. März 2012 in Europe 1.

228 Pierre Birnbaum: *La République et le Cochon*, Paris 2013.

229 A. a. O., S. 77.

230 Florence Bergeaud-Blackler: ›Animal rights mouvements and ritual slaughtering, autopsy of a moribund campaign‹, in: Nilüfer Göle (Hrsg.): *Islam and Public Controversy in Europe*, a. a. O., S. 187–200.

231 Éric Macé: *As seen on TV. Les Imaginaires médiatiques*, Amsterdam/ Paris 2006.

232 Siehe vor allem Jocelyne Porcher: *Vivre avec les animaux. Une utopie pour le XXIe siècle*, Paris 2014.

233 *Étudiants musulmans de France* (EMF) ist ein Studentenverband, der 1989 unter dem Namen *Union islamique des étudiants de France* gegründet wurde und eng mit der *Union des organisations islamiques de France* (UOIF) zusammenarbeitet. 2009 war er an mehr als 16 Universitäten vertreten und kümmert sich um die sozialen, kulturellen und arbeitsrechtlichen Belange des Studentenlebens.

234 *Médecins du monde* ist ein privater französischer Verband (Gesetz von 1901), der internationale Solidaritätsprojekte unterstützt. Er trägt sich durch ehrenamtliche Mitarbeiter des Gesundheitsbereichs und leistet humanitäre Hilfe für notleidende Bevölkerung auf der ganzen Welt.

235 *Riposte laïque* ist eine 2007 eingerichtete Webseite, hinter der Franzosen des linken wie des rechten Spektrums stehen, die sich als Bekämpfer der »Islamisierung« Frankreichs bezeichnen. Die Grundlinie der Webseite entspricht einer offen erklärten Islamophobie. Die Verfechter der *Riposte laïque* präsentieren sich als eine laizistisch-republikanische Bewegung, beteiligen sich aber an gemeinsamen Aktionen mit der extremen Rechten.

236 *Ni putes ni soumises* (NPNS) ist eine französische feministische Bewegung, die 2003 von Fadela Amara ins Leben gerufen wurde. Vorausgegangen war eine Reihe von Protestmärschen gegen die Gewalt an den Frauen in den Wohnvierteln von Toulouse. Der Verband – obwohl nur eine Randerscheinung – war in der Berichterstattung der Medien sehr präsent. Von 2007 bis 2010 arbeitete die Begründerin als Staatssekretärin bei der Stadt.

237 *Le Jambon* ist ein Video, das 2008 in Bordeaux mit Frédéric Guerbert, Pédro und Abie gedreht wurde <url1.ca/ilqho>. Der Name der Seite: »À part ça tout va bien. Humour musulman et comédie islamique« (Sonst geht alles gut. Muslimischer Humor und islamische Komödie) www.apartcatoutvabien.com; inzwischen ist die Seite unter dem Namen »À part ça tout va bien, La banlieue fait son cinema« (Sonst geht alles gut. Die Banlieue zieht eine Show ab) mit vielen gleichartigen Kurzfilmen – so lustig wie lehrreich – bereichert worden.

238 Olivier Roy: *La Sainte Ignorance. Le temps de la religion sans culture*, Paris 2008.

239 Patrick Haenni: ›L'économie politique de la consommation musulmane‹, a.a.O.

240 Farid El Asri: ›Islam européen en musique: les rythmes de l'identitaire religieux‹, in: *Sociologies*, 7. März 2014.

241 A.a.O.

242 Yusuf al-Qaradawi: *Le Licite et l'Illicite en islam*, a.a.O., S.299–303.

243 Der *Awra*-Begriff steht für die vom Koran vorgeschriebene Scham hinsichtlich der Körperteile, die – sowohl bei Männern als auch bei Frauen – fremden Blicken entzogen sein müssen. Abhängig von der jeweiligen juristischen Tradition kann sich der feminine *Awra* auch auf die weibliche Stimme beziehen; siehe die von Éric Chaumont formulierte Definition in Mohamed Ali Amir-Moezzi (Hrsg.): *Le Dictionaire du Coran*, Paris 2007, S.925–926.

244 Innes Bowen: *Medina in Birmingham, Najaf in Brent. Inside British Islam*, London 2014.

245 Diese Moschee wurde vom Verband HM2F (Homosexuels musulmans de France) gegründet, um der Ächtungspolitik muslimischer Dissidenten ein Ende zu bereiten; siehe Jean-François Brault: ›Une visibilité islamique dissidente. De HM2F à MPF: l'intrusion d'une mosquée inclusive dans l'espace publique français‹, in: *Tumultes*, Nr. 41, 2013, S.223–240.

246 Zehra Cunillera: *Des imams »importés« aux oulémas »natifs« d'Europe*, soziologische Promotionsarbeit (in Arbeit) unter der Betreuung von Nilüfer Göle, EHESS, Paris.

247 Stefano Allievi: *Conflicts over Mosques in Europe*, a.a.O., S.40–41.

248 Observatoire européen des phénomènes racistes et xénophobes: *Les Musulmans au sein de l'Union européenne. Discrimination et islamophobie*, <url.ca/j4mg0>, Wien 2006, S.89.

249 Collectif contre islamophobie en France: *Islamophobie en France*, www.islamophobie.net, 2009, S.23.

250 Interview mit Yassine vom 27. Mai 2009 in Bologna.

251 Pierre Birnbaum: *La République et le Cochon*, a.a.O., S.28.

252 Wie die muslimische Scharia definiert die für das Judentum verbindliche Halaka das praktischen Recht, die Verhaltenscodes und die gemeinschaftlichen Normen; siehe Phillip Ackerman-Lieberman: ›Halakha et charia, les chemins de la Loi‹, in: Abdelwahab Meddeb und Benjamin Stora (Hrsg.): *Histoire des relations entre Juifs et musulmans des origines à nos jours*, Paris 2013, S.683–693.

253 Siehe Esther Benbassa: *La République face à ses minorités. Les Juifs hier, les musulmans aujourd'hui*, Paris 2004.

254 Mark R. Cohen: ›Modern myths of Muslim anti-Semitism‹, in: Moshe Ma'oz (Hrsg.): *Muslim Attitudes to Jews and Israel*, Brighton 2010, S. 41–47; siehe auch Mark R. Cohen, *Under Crescent and Cross. The Jews in the Middle Ages*, Princeton 1994.

255 *Dhimmi* bedeutet »geschützt«: Die unterworfenen Völker genossen eine weitgehende juristische Autonomie und Religionsfreiheit, mussten dafür aber eine Kopfsteuer – die sogenannte *Dschizya* – zahlen (Henry Laurens, John Tolan und Gilles Veinstein, *l'Islam et l'Europe. Quinze siècles d'histoire*, Paris 2009).

256 Julia Phillips Cohen: *Becoming Ottomans. Sephardi Jews and Imperial Citizenship in den Modern Era*, New York 2014.

257 Mark R. Cohen: ›Modern myths of Muslim anti-Semitism‹, a. a. O.

258 Shai J. Lavi: ›Unequal rites: Jews, Muslims and the history of ritual slaughter in Germany‹, in: José Brunner und Shai J. Lavi (Hrsg.): *Juden und Muslime in Deutschland. Recht, Religion, Identität*, Göttingen 2009, S. 164–184.

259 Shai J. Lavi: ›Enchanting a disenchanted law: on Jewish ritual and secular history in nineteenth century Germany‹, in: *UC Irvine Law Review*, Bd. 1, Nr. 3, 2011, S. 813–842.

260 Robin Judd: *Contested Rituals. Circumcision, Kosher Butchering and Jewish political Life in Germany, 1843–1933*, Ithaca/London 2007, S. 3–5.

261 ›Un tribunal allemand condamne la circoncision d'un enfant pour des motifs religieux‹, in: *Le Monde*, 26. Juni 2012.

262 Mohammad Ali Amir-Moezzi (Hrsg.): *Dictionnaire du Coran*, Paris 2007, S. 167.

263 Ein Film der französischen Regisseurin Nurith Aviv, der über nicht praktizierende Männer und Frauen gedreht wurde, zeigt, dass die Beschneidung dort doch so manche Frage aufwirft. Dabei geht es um die Spuren am Körper, aber auch um die Nachkommenschaft, das Kulturerbe und die Weitergabe. Bei gemischten Paaren kann das Beschneidungsthema zu Konflikten führen (Nurith Aviv, *Circoncision*, Arte 2000).

264 Rainer Maria Kiesow: ›Le jugement du tribunal de grande instance de Cologne de 2012‹, in: *Grief*, Nr. 1, 2014, S. 48–61.

265 A. a. O., S. 60.

266 Mathias Matussek: ›Toleranz und Tabus: Warum Beschneidung kein Verbrechen ist‹, in: *Der Spiegel*, 22. Juli 2012.

267 ›Allemagne: le gouvernement réagit pour endiguer la polémique sur la circoncision‹, in: *Le Nouvel Observateur*, 13. Juli 2012.

268 Dominique Schnapper: ›La sensibilité démocratique et la circoncision‹, in: *Grief*, Nr. 1, 2014, S. 62–67.

269 Marianne Heimbach-Steins: *Religious Freedom and the German Circumcision Debate*, European University Institute/Robert Schuman Centre for Advanced Studies, RELIGIOWEST, EUI Working Paper RSCAS 2013/18.

270 Shai J. Lavi: ›Enchanting a disenchanted law‹, a. a. O., S. 823–827.

271 A. a. O., S. 840.

272 Talal Asad: *Genealogies of Religion. Discipline and Reasons of Power in Christianity and Islam*, Baltimore/London 1993, S. 5–79.

273 Shai J. Lavi: ›Enchanting a disenchanted law‹, a. a. O., S. 826.

274 Leora Batnitzky: *How Judaism Became a Religion. An Introduction to Modern Jewish Thought*, Princeton/Oxford 2011.

275 A. a. O., S. 834.

276 A. a. O.

277 Siehe Amnon Raz-Krakotzkin, *Exil et Souveraineté. Judaïsme, sionisme et pensée binationale*, Paris 2007, S. 66.

278 Gil Anidjar: *The Jew, the Arab. A History of the Enemy, Cultural Memory in the Present*, Palo Alto 2003.

279 Sylvain Gouguenheim: *Aristote au Mont-Saint-Michel. Les racines grecques de l'Europe chrétienne*, Paris 2008.

280 A. a. O., S. 123.

281 Siehe die Artikel von Roger-Pol Droit in der *Le-Monde*-Ausgabe vom 4. April 2008 und von Stéphane Boiron in der *Figaro*-Ausgabe vom 17. April 2008. Eine ganze Reihe von französischen Intellektuellen und Forschern unterstützen Sylvain Gouguenheim und seine These (Jacques le Goff, Paul-François Paoli, Jean Sévillia, Rémi Brague, Christian Jambet ...); siehe vor allem die entsprechende Antwort eines Kollektivs von 56 Forschern, die das Werk schwer kritisieren, weil es »auf einen kulturellen Rassismus hinausläuft«: ›Oui, l'Occident chrétien est redevable au monde islamique‹, in: *Libération*, 30. April 2008.

282 Alain de Libera: *Penser au Moyen Âge*, Paris 1991.

283 Philippe Buttgen, Alain de Libera, Marwan Rashed und Irène Rosier-Catach (Hrsg.): *Les Grecs, les Arabes et nous. Enquête sur l'islamophobie savante*, Paris 2009, S. 7–17.

284 François L'Yvonnet: *L'hellenisation de l'Europe chrétienne: une controverse*, Rio de Janeiro 2009, S. 41–54.

285 Siehe Nilüfer Göle: *Interpénétrations. L'islam et l'Europe*, a. a. O.

286 Jocelyne Dakhlia und Bernard Vincent (Hrsg.): *Les Musulmans dans l'histoire de l'Europe*, Bd. 1, Paris 2011.

287 Gérard Bossuat: ›Histoire d'une controverse: la référence aux heritages spirituels dans la Constitution européenne‹, in: *Matériaux pour l'histoire de notre temps*, Nr. 78, 2005, S. 68–82.

288 Anya Topolski: ›A genealogy of the 'Judeo-Christian' signifier: a tale of Europe's identity crisis‹, www.academia.edu.

295

289 A. a. O.

290 Sari Nusseibeh (mit Anthony David): *Once Upon a Country. A Palestinian Life. Autobiographical Reflections*, New York 2007.

291 Françoise Vergès u. a.: *Ruptures postcoloniales*, Paris 2010.

292 Michael Rothberg und Yasemin Yildiz: ›Memory Citizenship: migrant archives of Holocaust remembrance in contemporary Germany‹, in: *Parallax*, Bd. 17, Nr. 4, 2011, S. 32–48, S. 34.

293 Michael Rothberg: *Multidirectional Memory. Remembering the Holocaust in the Age of Decolonisation*, Palo Alto 2009.

294 Leslie A. Adelson: *The Turkish Turn in Contemporary German Literature. Toward a New Critical Grammar of Migration*, New York 2005.

295 Zafer Şenocak: *Atlas of Tropical Germany. Essays on Politics and Culture 1990–1998*, Lincoln/London 2000, S. 6.

296 Gil Anidjar: *The Jew, the Arab*, a. a. O., S. 112–149. Siehe auch Giorgio Agamben: *Remnants of Auschwitz. The Witness and the Archive*, New York 1999; und Fethi Benslama: ›La représentation et l'impossible‹, in: *Le Genre humain*, Dezember 2001, S. 59–80.

297 Das Aladin-Projekt wurde 2009 gestartet. Ziel ist es, »zwischen Juden und Muslimen eine Brücke des Wissens zu schlagen«, im Hinblick auf die Anerkennung der Shoah (www.projetaladin.org). Die Delegation bestand aus Intellektuellen und Führungskräften aus der Politik und dem Hochschulbereich und fuhr am 1. Februar 2011 auf Einladung des Aladin-Projektes, der Unesco und der Stadt Paris und mit der Unterstützung der französischen Regierung nach Auschwitz.

298 Imre Kertész: *Mensch ohne Schicksal*, Berlin 1990.

299 Cengiz Aktar: *L'Appel au pardon. Des Turcs s'adressent aux Arméniens*, Paris 2009. Der von 30.000 Personen unterzeichnete Text betont vor allem: »Mein Gewissen kann die Gleichgültigkeit gegenüber der großen Katastrophe, die den osmanischen Armeniern 1915 widerfahren ist, nicht tolerieren, auch nicht deren Leugnung. In Anbetracht dieser Ungerechtigkeit fühle und leide ich mit meinen armenischen Schwestern und Brüdern und bitte sie um Vergebung.«

300 Engin F. Isin: ›Claiming European citizenship‹, in: Engin F. Isin und Michael Saward (Hrsg.): *Enacting European Citizenship*, New York 2013, S. 19–46.

301 Diana Pinto: ›The third pillar, toward an European Jewish identity‹, in: András Kovács und Eszter Andor (Hrsg.): *Jewish Studies at the Central European University*, Public Lectures 1996–1999, Budapest 2000, S. 177–201.

302 A. a. O.

303 Nilüfer Göle: ›Islam resetting the European agenda‹, in: *Public Culture*, Bd. 18, Nr. 1, 2005–2006, S. 11–14.

304 Raymond Depardon: ›Berlin m'a toujours accompagné‹, in: *Télérama horizons*, Nr. 1, September 2009, S. 8–19.

305 Olivier Pascal-Moussellard: ›Sarajewo en mille morceaux‹, in: *Télérama horizons*, a.a.O., S. 66–73. Für die Rolle des Widerstandes, die das Theater von Haris Pašović während der Belagerung von Sarajevo spielte, siehe auch Emmanuel Wallon: ›Portrait de l'artiste en témoin: les guerres yougoslaves de la page à l'écran‹, in: David Lescot und Laurent Véray (Hrsg.*): Les Mises en scène de la guerre au XXe siècle, théâtre et cinema*, Paris 2011, S. 381–417.

306 Am 9. April 2004 hat das für Ex-Jugoslawien zuständige internationale Strafgericht endgültig bestätigt, dass das 1995 von serbischen Streitkräften verübte Massaker an 8.000 muslimischen Männern und Jungen aus Srebrenica (Ost-Bosnien) einen Genozid darstellt. Am 11. Juni 2005, dem 10. Jahrestag dieses Dramas, wurde es als das schlimmste aller Massaker beschrieben, die seit dem Ende des Zweiten Weltkriegs in Europa organisiert worden sind.

307 Cyril Hauland-Grønneberg: ›Rencontre avec Gilles Péqueux, ingénieur responsable de la reconstruction du pont Mostar‹, in: *Le Courrier des Balkans*, 21. April 2003.

308 Paul Ricœur: *La Mémoire, l'Histoire, l'Oubli*, Paris 2000, S. 161–162.

309 Gerard Delanty: ›The Making of a post-Western Europe: a civilizational analysis‹, in: *Thesis Eleven*, Nr. 72, S. 8–25, Februar 2003. Siehe auch sein Buch *The Cosmopolitan Imagination. The Renewal of Critical Social Theory*, Cambridge 2009.

310 Siehe besonders Jocelyne Dakhlia und Bernard Vincent (Hrsg.): *Les Musulmans dans l'histoire de l'Europe*, Bd. 1, *Une intégration invisible*, Paris 2011; Jocelyne Dakhlia und Wolfgang Kaiser (Hrsg.): *Les Musulmans dans l'histoire de l'Europe*, Bd. 2, Paris 2013.

311 Charles Hirschkind: ›The contemporary afterlife of Moorish Spain‹, in: Nilüfer Göle (Hrsg.): *Islam and Public Controversy in Europe*, a.a.O., S. 227–240.

312 Jean-Michel Riera, *Mosquées de Paris*, die Dokumentation wurde produziert von L5A3 PROD mit der Unterstützung der Stadt Paris und des Institut des cultures d'islam, France Ô, 2009, 60 mm.

313 Henri Stierlin: *Cordoue, la grande mosquée*, Paris 2012.

314 Mansur Abdussalam Escudero (1947–2010) war eine angesehene Persönlichkeit der spanischen Muslim-Gemeinschaft. 1989 hat er für einen »universalistischen und humanistischen« Islam die *Junta islámica de España* ins Leben gerufen, deren Vorsitz er bis zu seinem Tode innehatte.

315 Rachel Donadio: ›The great mosque of Cordoba: name debate echoes an old clash of faiths‹, in: *The New York Times*, 4. November 2010.

316 Im mittelalterlichen Andalusien sind die »Mauren« ein Synonym für die Muslime. Die »Mauren-Jagd« ist also eine Bezeichnung für die Reconquista-Politik von 1492, als die Muslime aus Spanien vertrieben wurden.

317 Gülru Necipoğlu: ›The life of an imperial monument: *Hagia Sophia* after Byzantium‹, in: Robert Mark und Ahmet Çakmak (Hrsg.): *Hagia Sophia from the Age of Justinian to the Present*, Cambridge 1992, S. 195–225.

318 A. a. O., S. 198–199.

319 Jürgen Habermas: *Europe, the Faltering Project*, Cambridge 2009.

320 Claude Lévi-Strauss: ›Le champ de l'anthropologie‹ (Antrittsrede des Lehrstuhls für soziale Anthropologie, gehalten am 5. Januar 1960 am Collège de France), in: *Anthropologie structurale deux*, Agora, Paris 1996 (1. Ausgabe 1973).

321 Im März 2008 hat Geert Wilders während einer Parlamentsdebatte zum islamischen Aktivismus in den Niederlanden ein Verbot für den Koran gefordert.

322 John Tolan: ›Miroir de nos fantasmes? L'islam dans l'imaginaire européen: perspectives historiques‹, in: Nilüfer Göle (Hrsg.): *Islam and Public Controversy in Europe*, a. a. O., S. 113–122.

323 Beispielsweise Theo Van Gogh und die aus Somalia stammende Ayaan Hirsi Ali in den Niederlanden, Thilo Sarazzin und die türkisch-stämmige Necla Kelek in Deutschland oder Oriana Fallaci und die ägyptisch-stämmige Magdi Allem in Italien.

324 Erving Goffman: *Les Cadres de l'expérience*, Paris 1991, S. 417.

325 Claude Lefort: *Essai sur le politique, XIXe – XXe siècles*, Paris 2001; *L'invention démocratique, les limites de la domination totalitaire*, Paris 1994.

326 Olivier Remaud: ›How do you become contemporary? On controversies and common sense‹, in: Nilüfer Göle (Hrsg.): *Islam and Public Controversy in Europe*, a. a. O., S. 21–36.

327 Bernard F. Scholz: ›Bakhtin's concept of 'chronotope': the Kantian connection‹, in: David Shepherd (Hrsg.): *The Contexts of Bakhtin. Philosophy, Authorship, Aesthetics*, London/New York 1998, S. 146–164.

328 Mikhaïl Bakhtin: *Esthétique et théorie du roman*, Paris 1987, S. 235.

329 Wer über das Werk von Arendt eine Bestätigung für die Phänomenalität in der Politik sucht, für den empfiehlt sich Étienne Tassin: *Hannah Arendt, l'humaine condition politique*, Paris 2003.

330 Louis Quéré: ›L'espace public: de la théorie politique à la métathéorie sociologique‹, in: *Quaderni*, Nr. 18, 1992, S. 75–92.

331 Interview mit Saida am 21. April 2009 in Paris.

332 ›Islam et Europe: pourquoi un concours du plus beau minaret?‹, CaféBabel, <url1.ca/jaefw>, 7. Februar 2011.

333 Diletta Guidi: ›Les réactions artistiques aux controverses. L'espace artistique comme lieu de dédramatisation des grands débats de

société liés à l'islam‹, in: Nilüfer Göle (Hrsg.): *En quête de l'islam européen*, a.a.O.

334 Carla Power: ›Updating the mosque for the 21st Century‹, in: *Time*, 2. April 2009.

335 Die Kampagne startete mit einem Video, das Muslime – Männer, Frauen (mit und ohne Kopftuch) und Jugendliche aus verschiedenen Kulturkreisen – zeigt, die vor der Kamera stehen und in Ruhe folgende Botschaft sprechen: »Die *Daech*-Dschihadisten vertreten weder den Islam noch einen Muslim. Weil es überhaupt nicht islamisch ist, weil sie Unschuldige töten, weil ihr ungerecht seid. Wir müssen uns alle zusammenschließen und versuchen, diese Gruppe, die dem Islam und den Muslimen Schaden zufügt, aufzuhalten. Weil euer Anführer ein Usurpator ist, weil eure Taten keine guten Taten von Kameraden sind, weil euer Kalifat nicht für die Umma steht, weil das, was ihr tut, unmenschlich ist, weil ihr die Herzen und die Gemüter täuscht, weil ihr überhaupt kein Mitgefühl habt. Weil meine Religion die Toleranz predigt und ihr überhaupt keinen Respekt vor mir habt. Nicht in meinem Namen!«

Politik bei Wagenbach

Nilüfer Göle   Anverwandlungen
Der Islam in Europa zwischen Kopftuchverbot und Extremismus
Gibt es zwangsläufig Konflikt zwischen den Religionen? Ist der Westen wirklich in der Moderne und der Islam in Glauben und Tradition verankert? Oder können Glaube und Moderne im Islam neu zusammenfinden, jenseits von Fundamentalismus und Terrorismus?
Aus dem Französischen von Ursel Schäfer
Reihe Politik. Broschiert. 160 Seiten. Deutsche Erstausgabe

Hacı-Halil Uslucan   Dabei und doch nicht mittendrin
Die Integration türkeistämmiger Zuwanderer
Hacı-Halil Uslucan lässt den aufgeblasenen Polemikern und gefährlichen Populisten die Luft ab: Wo liegen die Chancen für unsere Gesellschaft, wenn sie die türkischen Zuwanderer integriert?
Reihe Politik. Gebunden. 112 Seiten

Sibylle Thelen   Die Armenierfrage in der Türkei
Die Vergangenheit kehrt zurück. Die armenische Frage steht im Zentrum der Identitätssuche einer demokratisch-pluralistischen Türkei: Was geschah 1915? Die notwendige »Umsiedlung« einer Bevölkerungsgruppe oder gezielte Massentötung und -vertreibung? Beharrlich erkundet eine neue türkische Zivilgesellschaft ihre verdrängte und vergessene Geschichte.
Reihe Politik. Broschiert. 96 Seiten. Originalausgabe

Tillmann Löhr   Schutz statt Abwehr
Für ein Europa des Asyls
Tillmann Löhr gibt einen Überblick über Geschichte und Gegenwart der Flüchtlingspolitik. Der Autor zeigt realistische Verbesserungsmöglichkeiten auf: Die Staaten der EU sollen sichere und legale Wege nach Europa eröffnen, dürfen Bootsflüchtlinge nicht länger auf Hoher See zurückschicken und müssen zu fairen und europaweit vergleichbaren Gerichtsentscheidungen kommen.
Reihe Politik. Broschiert. 96 Seiten. Originalausgabe

Politik bei Wagenbach

Claus Leggewie/Patrizia Nanz   Die Konsultative
Mehr Demokratie durch Bürgerbeteiligung
Not in my backyard versus Mitsprache für alle. Nur mit der Weisheit der
Vielen können die drängenden Fragen der Zukunft gelöst werden. Die
vierte Gewalt, die Konsultative, ist ihr Sprachrohr. Unsere Demokratie
wird nicht mehr ohne sie auskommen können.
Reihe Politik. Broschiert. 112 Seiten. Originalausgabe

Wolfgang Kaleck/Miriam Saage-Maaß   Unternehmen vor Gericht
Globale Kämpfe für Menschenrechte
Arbeiterinnen in Bangladesch, Gewerkschafter in Kolumbien und die
Landbevölkerung im Sudan nehmen die Verbrechen übermächtiger
Wirtschaftsgiganten nicht mehr länger hin. Unterstützt werden diese
Menschen von zwei Menschenrechtsanwälten: Sie reisen zu den Be-
troffenen, sie ziehen vor Gericht, sie sind im Recht.
Reihe Politik. Broschiert. 128 Seiten. Originalausgabe

Dominic Johnson   Afrika vor dem großen Sprung
Aktualisierte und erweiterte Neuausgabe
Mit dem Arabischen Frühling und dem Umbruch in vielen Ländern
wurde Dominic Johnsons These für viele überraschend bestätigt: Veränderung von unten ist jederzeit möglich, und Afrika ist mitten in viel-
schichtigen Umwälzungen.
Reihe Politik. Broschiert. 144 Seiten

Massimo Livi Bacci   Kurze Geschichte der Migration
Die Geschichte Europas ist eine Jahrhunderte während Geschichte von
Migration. Wenn wir heute unser Territorium in eine nahezu uneinn-
nehmbare Festung verwandeln, bringen wir uns um die Zukunft.
WAT 743. Broschiert. 176 Seiten

Der Islam und Europa

William Montgomery Watt
Der Einfluss des Islam auf das europäische Mittelalter
Die arabische Expansion hat die westliche Welt fast immer nur als Bedrohung, kaum je als Bereicherung erfahren. Dabei brachten die Araber nicht nur Lehren der Naturwissenschaften wie der Physik, Astronomie, Geographie, Mathematik und Medizin aus der Welt des antiken Griechentums nach Europa, sondern auch Poesie, Musiktheorie und Vorstellungen vom verfeinerten Leben.
Aus dem Englischen von Holger Fließbach. Mit einem Vorwort von Ulrich Haarmann. WAT 420. 128 Seiten mit Abbildungen. Broschiert

Peter Heine **Köstlicher Orient**
Eine Geschichte der Esskultur. Mit über 100 Rezepten
Diese kulinarische Kulturgeschichte breitet den ganzen Orient mit seinen duftenden Gewürzen und schillernden Geschichten vor uns aus. Ein faktenreicher Überblick über 1500 Jahre orientalische Küche und Essgewohnheiten mit über 100 Rezepten zum Nachkochen.
Sachbuch. 240 Seiten. Bedrucktes Leinen. Mit sehr vielen Abbildungen

Michael Axworthy **Iran** *Weltreich des Geistes*
Axworthy führt in großem Bogen und zugleich detailreich durch drei Jahrtausende iranischer Kulturgeschichte. Ein längst fälliger Einblick in eine wenig bekannte Region.
Aus dem Englischen von Gennaro Ghirardelli
Sachbuch. 352 Seiten. Gebunden mit Schutzumschlag

Peter Heine/Hans J. Nissen **Von Mesopotamien zum Irak**
Kleine Geschichte eines alten Landes bis heute
Zwischen Euphrat und Tigris entstanden die ersten Städte, das erste Gesetz, die erste Schrift. Heute versinkt die Wiege der Menschheit in einem blutigen Chaos. Der jahrhundertealte Konflikt zwischen Sunniten und Schiiten zerstört das von den USA aufgezwungene brüchige System ebenso wie ein immenses kulturelles Erbe.
WAT 732. 224 Seiten. Broschiert. Aktualisierte Neuausgabe

Kulturgeschichte bei Wagenbach

Timothy Brook   Wie China nach Europa kam
Die unerhörte Karte des Mr. Selden
Wer China heute verstehen will, der muss den Blick zurück an den Beginn seiner Machtentfaltung richten, als China mit der modernen Welt in Berührung kam. Diesen tiefgreifenden Wandel bildet eine unglaubliche, erst 2009 wiederentdeckte Karte voller faszinierender Details ab.
Aus dem Englischen von Robin Cackett
Sachbuch. 240 Seiten mit vielen Abbildungen. Gebunden mit Schutzumschlag

Peter Burke   Die Explosion des Wissens
Von der Encyclopédie bis Wikipedia
Nur ein Medienhistoriker vom Format Peter Burkes versteht es, den grundlegenden Umbruch unserer Wissens- und Informationsgesellschaft im Ganzen zu überblicken und im Detail zu erklären. Seine umfassende Wissensgeschichte ist singulär auf dem Buchmarkt – und höchst aktuell.
Aus dem Englischen von Matthias Wolf unter Mitarbeit von Sebastian Wohlfeil
Sachbuch. 392 Seiten. Gebunden mit Schutzumschlag. Großformat

Anton Tantner   Die ersten Suchmaschinen
Adressbüros, Fragämter, Intelligenz-Comptoirs
Der Historiker Anton Tantner erzählt die Geschichte derer, die nicht zueinander kommen, weil sie nicht voneinander wissen. Und wie dem abgeholfen wurde. Dahinter steht die Frage: Wie war die Gesellschaft vor ein paar hundert Jahren organisiert, und wie ist sie es heute?
Sachbuch. 176 Seiten. Gebunden mit Schutzumschlag

Wenn Sie mehr über den Verlag und seine Bücher wissen möchten, schreiben Sie uns eine Postkarte oder elektronische Nachricht (mit Anschrift und E-Mail). Wir informieren Sie dann regelmäßig über unser Programm und unsere Veranstaltungen.

Verlag Klaus Wagenbach   Emser Straße 40/41   10719 Berlin
www.wagenbach.de   vertrieb@wagenbach.de

Die französische Originalausgabe erschien 2015 unter dem Titel *Musulmans au quotidien: Une enquête européenne sur les controverses autour de l'islam* bei Éditions La Découverte in Paris.

Politik bei Wagenbach
Herausgegeben von Patrizia Nanz

© 2015 Éditions La Découverte, Paris
© 2016 Verlag Klaus Wagenbach, Emser Str. 40/41, 10719 Berlin
www.wagenbach.de. Umschlaggestaltung unter Verwendung einer Fotografie © Leonardo Patrizi/gettyimages und Satz aus der Meridien: Julie August. Vorsatzpapier von peyer graphic GmbH, Leonberg. Gedruckt auf Schleipen Werkdruck Papier und gebunden von der Druckerei Pustet, Regensburg. Printed in Germany.
Alle Rechte vorbehalten.

ISBN: 978 3 8031 3663 3